時間的湧流

一對德國父子記憶中的客家

The Current of Time

Hakka in the

memories

of a German

father and son

區念中 著

所謂"過去"，就是某種必定會被重新發現的存在。

尤迪特·沙朗斯基（Judith Schalansky）

《逝物錄》

目錄

梅州——紹恩多夫

1

我在紹恩多夫（Schorndorf），德國西南部巴登–符騰堡州的一個小城。

我從未來過這個地方。在這裏我一個人也不認識。此刻，時光有一種令人恍惚的虛幻感，昨天我離開廣州，今天早上還在斯圖加特，中午就在這個異國小城漫步。

我祇有一個聽來可笑的目標，從中國遠道而來，祇是為了見一個人。

一個德國人。

我放下行李，從入住的旅館出來。我在市政廳廣場一側的Mack咖啡館外坐下。白色遮陽傘下，臺面上一盆白色小花在綻放，椅子上披了一條紅色毛毯，陽光在上面鍍了一層亮色。

我要了一杯咖啡。繫着曙紅色圍裙的女服務生給我端上以後，又回到店裏。

10月的上午，已經有點涼意，但陽光溫暖愜意。空氣中彌漫着咖啡和烘烤糕點的香味，還有店裏若有若無的鋼琴聲。

我打量眼前這個陌生的德國小城。廣場北面，建於1726年巴洛克風格的市政廳是小城地標，三層建築，二層以上是紅色的外牆，白色窗框，紅色屋頂上有一個青銅色的小塔樓。廣場南面的圓形水池遠看揚起薄薄的白色水霧。旅行最迷人的地方，是面前的場景隨時變換，你的生活經驗不時會和看到的事物交錯，讓人有機會融入到一個不熟悉的世界中去，發現未知。

我小口啜飲咖啡，心裏思量着下午要見的到底是什麼人。

他也許就住在周圍的某個房子裏，站在樓上的窗戶裏打量着我這個忽然進入的陌生人。現在我離家那麼遠，從廣州，梅州，再到紹恩多夫。

祇是為了見這個人，而我們彼此素未謀面。

廣場上行人很少。德國的小城去過不少，雖然各有各的精彩，但感覺總是似曾相識。桁架老房子，紅色屋頂，深棕色的橡木桁條縱橫交錯地在淺色牆壁上拉出一個個小格，像巧克力包裝盒上優美的插畫。如果不是廣場周圍的手機店、藥店和時尚小店，或會讓人產生錯覺，彷彿進入了一個童話世界。

一群鴿子在廣場上空繞了一圈，又忽啦啦地落到地面。一個戴眼鏡的女士推着雙胞胎嬰兒車在不遠處走過，一個老人在路口的石頭雕塑旁邊悠閑地享受着和煦的陽光。

紹恩多夫這個小城，並非旅遊觀光勝地。被稱為旅遊聖經的《孤獨星球》[1]《德國》捲 "巴登–符騰堡州" 中，也沒有給它留出那怕是

1　《孤獨星球》(Lonely Planet)：世界上第一個針對背包客的旅行係列叢書，1972年創立以來廣受背包客推崇。

豆腐塊大小的位置。這裏沒有科隆大教堂和法蘭克福市政廳廣場上熙熙攘攘、唧哩呱啦地搖着小旗的旅遊團隊。小城安靜、簡樸，古色古香。教堂悠悠的鐘聲，從遠處飄來。眼前的景物，仿佛是一部電影裏的"定場鏡頭"。忽然覺得，地點本身就是一個角色，衹是我不知道

紹恩多夫市政廣場。（紹恩多夫，2019，楊和平攝影）

後面的節奏是緊張還是舒緩，該賦予它什麼意義。

2

世界有足夠的色彩讓我對它保持好奇。對紹恩多夫來說，我衹

是一個一晃而過的旅人。我喜歡一位旅行作家所說的，旅行者的身份，“賦予了我既可以置身其中，又可超然世外的特權。在旅行中，我收穫喜悦，卻不必害怕樂極生悲；我見證苦難，卻不必擔心承載重負。沒人知道我是誰，我可以成為任何人。這種自由自在的身份，若有若無的歸屬，大概正是如今最為稀缺的東西。”[2]

我一直在尋找和享受這種自由自在的感覺。一本書、一部電影裹的人、故事和環境，以及它所呈現的莫測的縱深感，都可能會和我人生的某些軌迹相會，成為旅行的理由。我同樣喜歡根據裹面的蛛絲馬迹，去探尋它的古往今來。

尋求未知和印證想像，是旅程中的樂趣。我和妻子在巴黎尋找海明威。手上拿着他的《流動的盛宴》，“當我走近丁香園咖啡館時，燈光正照在我的老朋友内伊元帥的雕像上”，“我在盧森堡公園裹遇見斯泰因小姐”，我用玫紅螢光筆在書上標出作家活動過的地點。我還標出他住過的德斯卡爾街39號的小閣樓，借書光顧的莎士比亞書店，花園街27號斯泰因小姐的沙龍等。查出它們的法文並不困難，我用鉛筆記下。然後我們在巴黎七拐八彎的大街小巷裹漫步。

《根西島文學和土豆皮餡餅俱樂部》的原著和電影，那個二戰中充滿人性美好和衝突的愛情故事，把我們引到從未聽説過的根西島。有趣的是，這個英國皇家屬地在大西洋中，離英國本土那麼遠，卻離法國這麼近。我們從法國布列塔尼的聖馬洛踏上過

2　劉子超：《午夜降臨前抵達》，文匯出版社，2012.8，P2。

海渡輪，來到瑪麗·安·謝弗筆下的傳奇小島。像我們這樣的好奇者來自全世界，島上到處懸掛着大幅的朱麗葉小姐的電影海報，旅遊局櫃臺一位老先生未等發問，就遞上一張導遊圖，"書中描述過的18個地點，都在上面"，他說。主角朱麗葉小姐上島後住過的小旅館、碼頭上的老郵局、農夫道西的農場、德軍從未使用過的地下醫院等等。

海蓮·漢芙的《查令十字街84號》。書中序言已足夠打動人心，"她跨下了一輛黑色的計程車，纖巧單薄的女人，遊移的目光掠過一家家擺着書的櫥窗，68號，72號，76號，78號，82號，尋尋覓覓，像是丟失了件寶物。最終停了下來，但面前的84號卻是空空如也。"而我們第一次來到84號時，已是一家餐館。幾年後更由麥當勞取而代之。街上的小書店一家家先後消失，序言中描寫的，正是我們每次到這裏尋找後的沮喪心情。

亨利·貝斯頓《遙遠的房屋》，把我們引向馬薩諸斯州大西洋邊上的科德角。我們踩在大西洋邊黃色的沙灘上，面對深藍色的海水，試圖尋找當年作家住過的那間孤零零的小木屋。海邊一個小博物館的老館員說，"貝斯頓的房子早已經被海水捲走了"，大洋正在不斷侵觸科德角這片狹長的陸地。"遙遠的房屋"的消逝，無疑是人類自然倫理和生態意識消亡的一個隱喻。

每一次探尋，都讓我們既"置身其中"，又"超然物外"，仿佛在讀一本本人生啓示錄。他人曾經有過的生活，讓我們對世界的廣闊和多樣性有更直觀的感受，是獲得世界經驗的一種方式。

3

我有一種預感。現在，我將要開啓的可能是另一個故事之門。除了我將要見的這個人，我和這個小城沒有任何聯繫，甚至紹恩多夫這個名字，我也是最近才聽説的。眼下，我還有時間，我離開咖啡店，往廣場邊的小巷漫步。這種漫無目的遊蕩讓我放鬆，我可以隨意感受這個城市的呼吸，在潛意識中尋找某些和我生活的世界可能的關聯。

走過一段小方石鋪成的古老路面，街道很窄，右邊是一排老房子。這一帶小餐館、咖啡館、陶藝和花藝店等一家接一家。看不到一家中餐館，唯一一家越南餐館，德文菜單上是價格不菲的越南湯粉。

路過一幢普通老宅，門側的銘牌上，一個名字讓我眼前一亮：

"戴姆勒故居"[3]。

這個幾乎響徹世界的名字，即便不知道其人，也該知道"奔馳"汽車。他竟就出生在這個小城，眼前這棟普通的房子裏，還真讓我有點驚奇。當年從這個門口跳出來的那個小男童，發明並捲起的汽車文化的浪潮，就像一條隱形的神奇魔帶，連通了整個世界。而恰巧，我也是這項發明的受惠者，在旅行轎車上，我通過淡綠色車窗觀察前面的道路和身邊的世界。這條其貌不揚小街的觸角，居

3　戈特利布·戴姆勒(Gottlieb Daimler,1834–1900)，德國工程師和發明家，現代汽車工業的先驅者之一。

然可以伸展到世界各個角落？

　　戴姆勒這個名字讓我和小城的距離瞬間縮短。初來乍到的那種疏離感，開始消退。我後來曾入住的老客棧，一棟17世紀半木結構的老建築，與戴姆勒故居僅一牆之隔。我一時無法相信，我竟成了戴姆勒時空相距的鄰居。這個祇有七個房間的精品客棧，所有房間都用巴登-符騰堡州的名人來命名，像戴姆勒、奔馳[4]和博世[5]等。房間的壁紙上印有最早一代戴姆勒汽車的圖紙。巧的是我所住房間的名字，叫"奔馳"（Benz），奔馳汽車的另一個開創者。是他和戴姆勒讓"奔馳"汽車從德國走向世界。而奔馳汽車的成功，則還因為使用了博世發明的專利——高壓磁電式火花塞。至於我家中雜物房裏放着的一把博世（BOSCH）電鑽，更讓我相信，每一個房間門板上的名字，都和世界互聯，都和當今中國人的生活有着某種聯繫。

　　我這才意識到，城中隨處都可以和"戴姆勒"不期而遇。小廣場上，立着一座戴姆勒的浮雕銅像，晚上燈光打在上面，老戴姆勒仿佛還在凝視這個世界。廣場一側，大型玻璃展架裏，陳列着第一代戴姆勒汽車的原型。它看上去更像一輛四輪馬車，與今天我們所見的奔馳轎車相去甚遠。那是他送給妻子生日的一份好玩的禮物，一輛裝上了發動機的馬車。

　　這難道不是一個隱喻？過去和未來看上去可能完全不同，但其中卻有一綫不可割斷的關聯。因此，紹恩多夫也有了一個驕傲的名

4　卡爾·奔馳（Karl Benz,1844-1929），德國現代汽車工業的先驅者之一。20世紀前期，戴姆勒汽車公司和奔馳的汽車公司合併，組建"戴姆勒—奔馳"汽車公司，生產"奔馳"汽車。
5　羅伯特·博世 (Robert Bosch，1861-1942)，德國企業家，工業時代的先驅者之一。

字，叫"戴姆勒之城"。

"戴姆勒"成了時代和文化的符號。它以技術和文化的激情紐帶，與世界和中國相連，橫跨了西東方，成了紹恩多夫乃至德國耀眼的光環。

4

將要見的這個德國人，我對他所知甚少，筆記本上祇有空落落的一個名字，"克勞斯·奧騰里特（Klaus Autenrieth）"。不過他有一個好記的中國名字，"豪俊和"，時年八十，一位素昧平生的長者。但他是否真的會如約赴會，我心裏沒有底。

看看手機，離約好的時間還早。

穿過廣場，透過手機導航，知道往這條街直走，是小城的老城區，可以直抵中心教堂。

街角一家書店停住了我的腳步。彼得書店。門口擺着幾個長方形的塑料框子，上面竪排着一摞摞折價圖書。一個穿綠色風衣的女士把挑好的書抱在懷裏。

推門進去，店面不大，前廳裏放着咖啡桌椅，臺面小玻璃缸飄着一朵橙紅色玫瑰，點綴出滿室生氣。一排排整齊的書架靠壁而立。書架前擺着一幅油畫，畫中女子似乎端詳着入門的每一個客人，畫的標價1,200歐元。戴眼鏡的店主，灰藍色毛衣，唇上留着胡子，正在整理圖書。他身後書架上整齊地擺放着那些"見過世面"的羊皮封面、燙金書脊的古董書。他抬頭友善地瞧了我一眼，顯然對一個中國人在這個時候進到書店感到一點意外。

　　我想尋找一點東方或中國元素，但可惜，全是德文。唯一可辨認的，是封面上印有歌德頭像的那本《歌德與藝術》，而"藝術"，是我認識的為數不多的德文單詞。

　　店主遞給我一張名片。他祇懂德語，而我一句德語也不會。還好，店裏一個助手會一點英語可以幫助溝通。我忽然想起口袋裏的手機，把它掏出來告訴他，我對歐洲的小書店很感興趣。我把在微信中發過的歐洲書店的圖文專輯給他們看，我想他們至少看得懂圖片。我比比劃劃，努力表現出我對小書店經營者懷有的敬意。手機屏上的圖像，似乎讓我們彼此越過了語言的障礙，打破了沉默的尷尬。

　　作為對這次愉快見面的紀念，出門前店主送了我一本奧地利畫家洪德瓦瑟[6]的精裝小畫冊《通向内心的路》，並且在書的扉頁上簽了名，"彼得·圖斯納"。

　　人與人的溝通，從接觸和語言開始。我想，如果我懂德語，又或者他懂中文，眼前會不會是另一個完全不同的情境？語言是否如撐杆跳高的那條撐杆一樣，助你彈上半空，然後飛身越過高處的橫杆？

　　我又想起我將要見的這個德國人和發生在他們家的故事。他的父親喬治·埃米爾·奧騰里特（Georg Emil Autenrieth）有個中國名字，豪天立。豪天立在上世紀之初，橫跨大洋，在中國一個幾乎任何德國人都想像不到的地方，粵東梅縣客家山區生活了二十餘年。其間有十多年，在一所中學教書，教那裏的客家子弟德語和英語，

――――――――

6　洪德亞瑟（Friedensreich Hundertwasser, 1928–2000），也譯作"百水"，奧地利藝術家、建築設計師。

還有音樂，幫助付不起學費的貧寒學生，籌措助學金。他的妻子瑪格麗特，在他到中國兩年後，也從德國輾轉來到了中國，六個孩子，五個在梅縣地區出生。

從德國西南的施瓦本地區，到中國梅縣的客家山區；一個德國老師和一群客家的學生。迥異的語言和文化，卻進行那麼近距離的接觸。他能給這些寒門子弟帶來什麼？梅縣是否又給他留下什麼帶回德國？

多年前看過電視真人秀《幸存者》[7]，那種在艱難而陌生環境下人與自然、人與人交流與衝突的主題，吸引了全球觀眾的眼光。豪天立和豪俊和父子在上個世紀之初的異國旅行和生活讓我疑惑、着迷，他們如何從歐洲走到那"世界遙遠一角"？在長達20年的旅程中，能否融入另一個世界，讓兩種文化和文明變得融洽？

5

我沿着教堂街向前踱步。街邊的小花園，落了一地金燦燦的黃葉，地面上隆起的一個不銹鋼半圓狀雕塑閃着銀光，兩個女童正在上面玩耍。

那個德國人的故事，祇是一個家庭、一個學校的故事而已？師生間的細微接觸，僅僅是教和學的關係？曠時日久，彼此接觸中的潛移默化，是否也可能折射出一個關於世界在如何變化的故事？

---

7 《幸存者》（Survivor）節目參賽者數人被限定在一個特定的環境，如一個無人荒島上，依靠有限的工具維持生存，最終勝出者將贏得高額獎金。

1941年，一個盛夏的早晨，梅縣北郊客家鄉村目睡崗。一個客家子弟，手臂上夾着一摞課本，身旁的媽媽肩挑一擔谷子，是替他交學費的"學米"。他低頭走着，一言不語，村道通向縣城的學校。他也許並未意識到，每走出一步，都隱含着對改變命運的希冀。

在世界另一端，更早一些時候，1927年，27歲準備遠赴梅縣的豪天立開始學習漢語和客家話，也邁出了改變命運的一步。"豪天立"這個名字，是他到中國後起的，據說來自《詩經》。在中國文化裏，命名是某種神聖的"儀式"，暗含着對這種文化的景仰和認同。一個人的名字也是一種文化，按中國習俗，豪天立六個子女，姓"豪"，名字中都帶一個"俊"字，是俊字輩。我將要見到的這位長者，克勞斯·奧騰里特，是豪天立的第三個兒子，豪俊和。

客家人也好，德國人也好，他們在梅縣的個人和家庭生活，於紛繁的世界，可能如塵埃般微不足道。但是，一個德國人和一個客家人的日常接觸與交流，吃什麼、喜歡什麼、談論什麼、信仰什麼，這些日常生活中的細節，是否依然呈現出人類行為、情感和思想的某種差異，以及它們的多樣性？

在梅縣城中，那個村道上的客家子弟終於在學校裏和德國老師相遇。這不僅是一個學生的故事，更多的客家子弟從附近的紫金、古竹、興寧等縣鎮和鄉村，來到這裏。他們忽然發現，山村外面的世界異常精彩，有一天他們能講德語並能演唱亨德爾四聲部合唱曲《哈里路亞》。另一個早上，他們把二戰盟軍在諾曼底勝利登陸的中文報紙放在德國老師的講壇上。偏遠的梅縣小城，也被世界另一端的戰火深刻地影響着。世界一方的變化，竟如此地觸動着生活在另一個有限空間的人，甚至影響一個地區的文化構成。

我回到住處，隨手打開彼得書店老板所贈的《通向內心的道路》。洪德特瓦瑟看待世界的眼光，和我竟如此的不同。他把眼前的世界，抽象得如夢境一般，讓觀者"仿佛進入童年記憶裏的童話世界"。他設計的建築，每一個窗戶都不重樣，他相信不同的風格和色彩，才能讓窗戶在建築中"跳起舞來"，這樣的建築才是健康、有生命力。顯然，他有一雙和我完全不一樣的眼睛，傳遞了一種多元的審美觀念。

即使在一個有限的局部空間，世界仍然呈現出它的豐富和多樣性。進一步探究這對德國父子的客家故事，或許會發現，梅縣這個僻遠的山區，和歐洲的距離並沒有想像中遙遠，人們彼此之間關係也沒有那麼陌生。每一個人都在以某種方式與世界相連。

如此看來，一對德國父子的客家故事，興許不僅僅是他們與某個客家村落的故事，它也是全球故事的一頁。

6

"正是跨區域和跨文化的交流創造了世界。這是歷史的動力源泉，是世界變化的方式。"[8]

我在豪俊和的家中，看到了這種多樣化交流的呈現。豪天立在

---

8 [加]卜正民（Timothy Brook）：《維米爾的帽子——17世紀和全球化世界的黎明》，（黃中憲譯），湖南人民出版社，2017年7月，中文版序。

中國20年後帶回德國的物件，錫制茶罐、多層象牙球、銅鑼、綉花鞋、水煙壺……都寄托着他對中國的絲絲眷戀。而他離開中國時留給學生的背影，在課堂上的聲音，以及妻子留給梅縣心光盲女院的那臺立式鋼琴，其實都在講述着兩種文化互相滲透、互相影響的故事，是世界微妙變化中的碎片。

加拿大歷史學家卜正民著有《維米爾的帽子——17世紀和全球化世界的黎明》一書。受一次在荷蘭代爾夫特旅行的激發，他從畫家維米爾畫作中的小細節，一頂氣派的毛氈帽、一個繪有中國庭園的青花瓷盆、一個地球儀、一把秤和四枚小金幣中，看到了西方與東方的聯繫。他説，"世界並非自然形成。人們通過自己所做、所説、所信仰——最重要的是通過彼此的交流將其創造出來。"

交流創造世界。我對老師和學生、學校和鄉村在那個年代所形成的雖然衹是局部的"他人文化與生活"感興趣，我渴望了解他們之間的交流，會創造出一個什麼樣的"世界"。我也對許知遠説的"對歷史中模糊、曖昧、灰色地帶"感興趣。我好奇，假如能找到那些可能已經失去的生活片段和細節，並像一個拼圖遊戲[9]那樣，將一塊塊碎片拼合，呈現的會是什麼樣的一幅圖景？

我試着尋找豪天立父子當年留下的足迹，從香港到五華；從梅縣到廣州；從德國的魏爾海姆跨越邊境進入瑞士的巴塞爾。我想感受他們當年的所見所聞。我尋找豪天立留下的文字，日記、筆記、

---

9 拼圖遊戲，一種智力遊戲，將一幅完整的圖案分割成多個小塊，遊戲者將它重新拼合起來。

報告和書信，還有他拍下的照片。

我期待那些零散拼圖的匯合，能産生相應的重量，能讓歷史清晰可辨，予人啓示。

沙朗斯基説，"所謂'過去'，就是某種必定會被重新發現的存在"[10]， 或許她是對的。

---

10 [德]尤迪特·沙朗斯基（Judith Schalansky）：《逝物録》，（陳早譯），中信出版集團，2020年4月。

第一部

從魏爾海姆到巴塞爾

1　失落的"拼圖"

> 過去不曾終結，它仍然在另一個維度
> 上運行。通過舊房子、舊書、舊照片，我
> 們得以窺視那個維度裏的吉光片羽。[1]

1

我試着開始這個"拼圖遊戲"。

我把旅行中收集的每一份資料，視作拼圖的一部分。我期待，那些局部和斷面經過排列組合，即便如"瞎子摸象"，也能魔法般還原出"大象"的概貌。

我並非客家人，但人們稱作"客都"的梅州卻是我去得比較多的地方。它在粵東，距離廣州近四百公里，是客家人聚居之地。從那往東不遠，是福建省，往北是江西省。我在梅州有不少朋友。過去這二十來年，我離"客家"很近。客家的歷史和文化，在我眼裏都是一些具體而鮮活之物。我在梅州走街串巷，在街邊小店吃腌麵，在老屋承德樓和萬秋樓吃客家菜。大紅燈籠燭影下的老屋，門口一列大紅"福"字的酒缸，曲徑回廊，像一部

電影的場景。

　　一年的春分時節，我遊走在平遠縣八尺鄉間。是日恰逢春雨，柚子花開，遠山迷濛。在友人祖富、小維兄的鄉間朋友家中喝過幾杯春茶後，在雨中信步沿田間小路往山裏走去。客家地區的河山，驟眼看去，並無過人之處，既不奇雄，也不巧拙。惟一片水田，一彎小道，村捨若有若無，看似平淡無奇，細細品味，卻繚繞着人間煙火，生活意趣，是一種"雞閑犬臥閉疏籬"的意象。雨下得越來越大，我們借一農戶家中暫避，老太太搬出竹椅讓座。此時，舉目遠望，山外有山，雨霧之中，山川悠遠，客家鄉村的尋常之美，似是詩經中的意境。

　　十來年間，我先後到過梅州城內外的幾十個客家老村落，探訪過村落裏那些略嫌破敗的圍龍屋和老宅子。"花萼樓"[2]和"泰安樓"[3]等讓人嘆為觀止的老建築，呈現出客家村落和建築不同尋常的結構和藝術之美。

　　我也到過廣東漢劇院[4]的後臺，看演員們在鏡子前面抹妝；到過百侯鎮三街十六巷裏廣東漢樂[5]發祥地的老祠堂；看鄉村堂屋天井裏曬着做"娘酒"的稻穀；到過橋溪村的老宅繼善樓，聽朱氏後人，

1　劉子超語，見其《午夜降臨前抵達》，文匯出版社，2021.8，P122。

2　花萼樓，位於廣東省梅州市大埔縣大東鎮聯豐村，建於明萬曆三十六年（1608 年）。屬土木結構的圓形建築，共有三環，因形似花萼，所以取名為"花萼樓"。

3　泰安樓，位於廣東省梅州市大埔縣湖寮鎮龍崗村，始建於1764年。規模宏大，設計精巧，共有200個房間，是中國少見的石方樓。

4　廣東漢劇，國家級非物質文化遺產之一，是廣東省漢族客家戲劇劇種、廣東三大劇種（粵、潮、漢）之一。

5　廣東漢樂，是一千多年前客家先民南遷時帶來的中原古樂，流行於廣東省梅州市一帶，國家級非物質文化遺產之一。

一位八十多歲的老太太給我們解讀刻在木壁板上的 "朱氏家訓"。

"客家文化" 若要深入探尋，説別具特色、博大精深，恐不為過。要説探索，則還有太多地方我沒去，太多未知有待一探究竟。

但豪天立一家的故事，卻屬另類，似乎告訴我這是客家歷史中與眾不同的一頁。這個故事在很久以前，就在世界兩端偏遠地方拉開了序幕——20世紀20年代德國西南部的小鎮魏爾海姆（Weilheim an der Tack）和中國的嘉應州（Kayin，即梅縣、梅州）。

魏爾海姆聖彼得教堂。（魏爾海姆，2016，楊和平攝影）

我從來沒有聽説，梅縣這個遠離省城廣州，偏於廣東省東北一隅的客家山區小城，會有一個德國人和他的一家，從20世紀20年代開始，在那裏前後生活了20年。他1926年離開德國，從香港抵埠，然後從汕頭沿韓江、梅江溯江而上，最後在嘉應州（梅縣）停了下來。他在那裏安家、生兒育女，直到上世紀中才返回德國。他們喝梅江水，習客家話，他們是歐洲來的"客家人"。

我有點驚訝，雖多次往返於廣州與梅州，卻從來沒有聽說過類似的故事？

有一陣子，無論如何也沒能把上個世紀初的客家山區和德國聯繫起來。我想這些零星的隻言片語，也許祇是一幅巨大歷史拼圖中的一塊。如果真是這樣，那幅巨大的拼圖到底是什麼？

2

我又一次來到梅州。在離梅州不遠的鬆口鎮，我站在梅江邊。這是豪天立踏入梅縣的初來之地。江水在我面前緩緩流過，逝者如斯。

江邊那個客家人記憶之中的"火船碼頭"依然還在。石砌臺階從馬路邊一級級探入河中。臺階盡頭有一個小神龕。這個碼頭，是清末民初客家人漂洋過海到南洋、歐美謀生的必經之地，是他們走向世界的一個起點。棄置多年的舊港務局，土黃色的小樓俯視江面，可以想見當年港口的繁忙。小樓前面廣場，立着聯合國教科文組織"中國（梅州）移民紀念廣場"紀念雕塑。

沿江邊那條舊稱"世德新街"的老街，據說當年商鋪一家接一家，是繁華熱鬧之地，可惜人去樓空，僅留下一條孤寂落寞的空巷。一個後生扛着吉他在街上走過；一群拉二胡敲揚琴的長者正在臨街房子的前廳裏自得其樂；一個女子蹲坐在門口小凳上織毛衣；

偶爾有一部摩托車突突一閃而過。越往街盡頭走去，江邊空房子越多，寥落感越是強烈。

老火船碼頭正對的"松江旅社"[6]，上面老招牌灰白色的英文"HOTEL"還依稀可辨。當年豪天立來梅縣，遠渡重洋之後，從這裏靠岸，登上這片於他來說是陌生而神秘的客家土地，這或許是他認識無多的文字之一。來去匆匆的過客，從這個熱鬧的小碼頭出發、歸來，留下紛至沓來的時間足音。

這是一張失落在時光中的歷史拼圖，也可能是解讀歷史的一組密碼，我現在手上拿着的，想必衹是那幅巨大"拼圖"中的若干"殘片"，但它們卻像一個個誘餌，一個巨大的問號，一個未知的世界，攪動着我心中的"好奇"。

我們看世界的態度，有時恰恰定義了我們自己。我們目光所及，往往衹局限於我們生活的有限空間。我們往往不知道，也不太關心，眼前事物究竟和世界有些什麼聯繫。

有時，我們與身邊的世界隔着一簾薄霧，透過這層薄霧，也許就是廣袤無垠的神秘大陸，曾有多少故事湮沒在時光的煙塵之中？如果不將這些故事記錄下來，它們將會徹底地從公衆的視野和我們的記憶中消失。

我努力試着抓住眼前一晃而過的豪天立的影子和他的故事。

2016年10月，我登上了飛往歐洲去的飛機。

---

6 松江旅社，建於1932年，是當年梅縣最繁華、最大的旅社。歷史上華僑從火船碼頭出發漂洋過海，需在松口住宿的，多居住在此旅社，該建築仿西洋風格，2014年改建為"華僑文史博物館"並對外開放。

3

我到了斯圖加特。這是德國第六大城市。我從帝國風格的火車站轉乘城間輕鐵，30分鐘便抵達紹恩多夫。

清冷的火車站。10月底德國西南部，天氣開始有點涼。黑森林的葉子逐漸變黃，輕風吹過，飄落一地黃葉。

這是一個小站。站旁一家麥當勞，祇有三兩個客人，最便宜的是1歐元一個小漢堡。

預訂的旅館離火車站不遠，出車站，往右大約兩百米就是。這個小城可供選擇的住宿有限，選擇它是因為離車站近。

紹恩多夫酷似我遊歷過的眾多德國小鎮，一排排中世紀桁架建築[7]構成了我面前的畫面，很多房頂上插着中國人說的"魚骨電視天綫"。

向左拐是卡爾街，向右走是玫瑰街。我依仗手機導航，拖着箱子，咕嚕咕嚕地在古老石路上行走，迅即來到城牆街。旅館就在前面。

在這個時候來到這個完全陌生的小鎮，的確有那麼點突兀。不過，有時內心的羅盤，就是最好的導航。

我要見的豪俊和，是豪天立家的老三。我和他的唯一聯繫，是

---

7 桁架建築（Fachwerkhaus），又稱半木結構房屋，自公元12世紀以來逐漸演繹成德國最具特色的一種建築風格。深色桁架與白色牆壁營造出簡潔明亮的效果，有的在木梁上刻上精美花紋或文字，古香古色。

電子郵箱，我不知道這把鑰匙能否打開那扇"神秘"之門。

有一陣，我奇怪地想起某些諜戰電影的鏡頭。我坐在酒店大堂的一角，看上去若無其事，其實焦慮地等待一個神秘人物出現。德語？英語？不過可以肯定，即便我認不出他來，他也能一眼就認得出我。在這個小城，極少亞洲面孔出現。是的，我們不需要什麼接頭暗號。

約會時間：下午三點，在旅館二樓的大堂。

手機告訴我，時間還早。我向服務生要了一張當地地圖。地圖上，小鎮有一段殘存的石砌老城牆，是這個十三世紀老城的見證。

沿小街，經過一家珠寶店，一家居家用品店，祇幾分鐘，眼前豁然開朗，到了市政廳廣場。

德國於我並非完全陌生。我和妻子曾駕車環德國繞了一圈。從柏林開始，經魏瑪、紐倫堡沿東南進入阿爾卑斯山區，再繞到西南的黑森林，然後北上北海、波羅的海，呂貝克，再返回柏林。我們有一次甚至也到過斯圖加特，但從未想過會去斯圖加特東面20多公裏的這個紹恩多夫。

那個在梅縣生活過的豪天立是我來這裏的理由。有作家道，"我相信過去不曾終結，它仍然在另一個維度上運行。通過舊房子、舊書、舊照片，我們得以窺視那個維度裏的吉光片羽。"

我手上的"片羽"，是一份30多年前的聘書。這份聘書從中國一個學校寄到當時西德小鎮基斯海姆（Kirchheim an der Teck），鄭重其事，簽署時間是1984年11月10日。

這是我手上緊緊拽住的第一張拼圖。

4

後來才知道，這份蓋着紅色印戳、由"廣東省梅縣樂育中學校友會"簽發的特別聘書，正是寄給當時生活在基希海姆的豪天立先生的。

豪天立校友：

樂育中學校友會，經過一段時間的籌備，於今年二月十二日正式成立。會上推選了校友會的名譽會長、名譽副會長；正、副會長；協商產生了常務理事和理事（詳見《樂中簡訊》第二期）。經過與會同志的協商，您被推選為本會名譽會長。今後，希望您對本會工作多予指導，對母校的發展與進步多予關心。

順致

敬禮！

廣東省梅縣樂育中學

校友會（總會）

一九八四十一月十日

這份聘書對豪天立的意義，外人或許難以理解。在他看來，前半生遠赴中國的意義，全都濃縮在這份聘書上，是對那段歲月價值的一種認定。

自1947年4月離開梅縣、離開樂育中學，已經整整36年。相隔了將近四十年，豪天立一家像斷綫風箏，和學校完全失去了聯繫。

當年曾經朝夕相處的校長、老師、學生，以及其他客家朋友，信息全無。

但在豪天立心中，梅縣這個客家山區，一直被他夫婦和子女視為"第二故鄉"。

可惜，豪天立沒能看到那份聘書。在聘書發出的一年多前，1983年3月26日，與世紀同歲的他已經在基希海姆市去世，長眠於故鄉魏爾海姆的墓園裏。

兩個遠隔萬水千山的地方，廣東梅縣和德國巴登–符騰州基希海姆；一個客家山區的中學和一個德國老人，到底有過些什麼關係，以至事隔幾十年之後，客家山區的人們還想起這位德國老人？而他和後輩，也都念記着"第二故鄉"梅縣？

在那個近百年歷史大河裏，一個人的生命如河中水滴，微不足道。

但再恢宏的時代長卷，不都是由個體生命的頁面組成的嗎？誰可以回答，在那封語焉不詳的聘書後面，是一幅怎樣的圖畫？

2　一部家庭相册的秘密

> 這已經不是一部完全的私人相册，其
> 中家庭的私密性已在歷史上逐漸消解，"
> 成為一部社會檔案"……[1]

1

這個故事的出現，在一次偶然的下午茶敘。

2016年8月。一個共事了二三十年的老同事在一次平常的茶聚中不經意地提起，她父親在梅縣一個客家村落長大，上世紀40年代，他在縣城一所中學讀書，先後學了6年德語。老父今年已經87歲，但在學時的一些往事，在記憶中還歷久彌新。

粵東山區的客家人講客家話，這種方言廣州人也基本上聽不懂。客家人和德語，彷彿是很難關聯的兩個概念。在上世紀那個年代，客家村子裏的孩子，怎麼會和德語發生關係呢？對此，我頗感

1　［英］約翰·伯格（John Berger 1926–2017）語，見其《第七人》，中國美術學院出版社，2019.10。為英國藝術家、小說家、公共知識分子、畫家，被譽為西方左翼浪漫精神的真正傳人。

意外，也頗感疑惑。

據網絡資料，20世紀初，即便在北京、上海或廣州這些大城市裏，中學生的外語教學多以英語或日語為主，少有學習德語的。現在卻聽到，在客家地區一個開門見山的地方，一所學校卻以德語為第一外語，讓那些來自縣城四鄉的客家子弟學習德語。這是一所什麼樣的學校？為什麼要學德語？誰來教他們？

這是一個謎。如果説存在即合理，那我相信其中總有道理。梅縣、山區、客家人和德語，這之間一定有過某種必然的聯繫。

我試着尋找故事的開端：梅縣的哪所中學？哪個小村子？那裏是否藏着我要尋找的"拼圖"？

2

9月，夏末一個晴朗的日子。我和同事開車從廣州前往梅州。我們要去尋訪的中學，現在叫梅州市樂育中學，同事父親出生的小村子，在梅州市北郊的"目睡崗"。我相信那裏會是這個故事開始的地方。

從廣州到梅州的高速公路，如今一路坦途，黑色的柏油路穿山而過。路況好，車輛少。

回到20世紀80年代，從廣州到梅縣的公路卻不是一條坦途，汽車顛顛簸簸，至少要在塵土飛揚的公路上走上一整天。

那時，早上在廣州越秀南路珠江邊的長途汽車總站，登上長途汽車，開出城市，老公路沿着東江，從珠江三角洲向粵東山區蜿蜒而上，一路向東。爬過高低起伏的山區公路，越往東，山勢越高。中午，要在河源縣一個叫燈塔的小鎮停留一個多小時。那裏有一個破陋的飯館，讓饑腸轆轆的乘客和司機填飽肚子，然後汽車吱吱嘎嘎地繼續上路。待到夕陽西下，公路兩旁的客家村落，若隱若現，炊煙縷縷從黛色屋頂飄出，暗綠色的山谷一片迷蒙，疲憊的班車才帶着昏昏欲睡的乘客跌跌撞撞地駛入梅縣城。

現在，從廣州到梅州全程高速，除非節假日，車輛不多。我們早上八點出發，途中在公路邊的休息站小歇了一會兒，中午十二點半，已經將車子穩妥地停在梅州城內"客天下"景區的餐廳前。不急不慢，全程祇需四小時左右。

梅州樂育中學在城西的黃塘。黃塘，是梅州人最為熟悉的地方之一。之所以出名，因為市內最大的醫院，黃塘醫院（今梅州市人民醫院），就在那兒。

地圖上可以找到黃塘村，一條黃塘路由東往西把該地分為南北兩部分，梅江的一條支流，黃塘河，由北往南從這裏穿過，黃塘橋跨過窄窄的河面。

黃塘是市裏最熱鬧的地方，醫院則是它的中心所在。大院內大樓挺立，求醫者絡繹不絕。院外馬路車水馬龍，人來人往。馬路兩邊有很多小攤小店，腌粉、腌麵、冬蟲草、靈芝孢子粉，柚子，鐘點房，要什麼有什麼。

樂育中學在醫院的南面，從黃塘路拐入一條不太寬的沙子墩路，可直達校園的東南門。

3

在樂育中學，校長黃小眉讓一位年輕女教師帶我們參觀校史室。

校史室設在一幢教學樓四樓。二三樓是音樂和美術課室，走廊上擺着學生的繪畫作業，有素描有色彩。

校史顯示，學校創辦已超過百年，是中外合作的產物。清光緒二十八年（1902年），由瑞士巴色差會[2]傳教士馬謨鼎[3]、凌高超[4]，與梅縣鄉賢黃慕羅[5]、吳翰藻[6]等，一起創辦了這所學校，務本學堂，馬謨鼎為首任校長。1903年，學堂分出中學堂和西學堂，各自辦學。後者改名樂育務本中西學堂，由巴色差會主辦，凌高超任校長，租梅城內杜、凌兩姓祠堂上課，為梅縣城中最早的新式學堂之一。[7]

後學堂遷到黃塘現樂育中學的校址上，運作和名字隨時勢幾經變遷，先後更名為"樂育方言學校"[8]、"樂育中學堂"、"樂育德文中學校"等。"1920-1925年間，校舍逐年擴建，學生人數也逐年增加，成為一所具有相當規模的中學校。"

---

2 巴色差會（Basel Mission），基督教新教差會，1815年成立於瑞士北部德語區的巴塞爾（Basel）。

3 馬謨鼎（Martin Maier，1866-1954），男，德國籍，在華時間1894.9-1903；1906-1921.4。

4 凌高超（Friedrich Lindenmayer，1878-1954），男，德國籍，在華時間1901.2-1908.12，1912.11-1920.4。

5 黃慕羅（1877-1925），原名黃文彬，字墨村，晚號慕羅，梅縣黃屋人。清末秀才。參與創辦務本中西學堂。1924年參與創辦嘉應大學並擔任校長。

6 吳翰藻（1858-1912），字肇階，號登初，梅縣水南堡奉政第吳屋人。1881年中秀才。參與創辦務本中西學堂。辦學經費得到家族務本公司支持。

7 《樂育中學建校八十五周年紀念專刊（1902-1987）》，廣東省梅縣市樂育中學校刊編輯部主編，1988年春，P1。

8 方言學堂是清末外國語文學堂的通稱，如京師同文館、廣州同文館、上海廣方言館、武昌自強學堂等，都屬於方言學堂。

　　1926年12月，學校再度改名為梅縣私立樂育中學。同年國民革命軍第二次東征來梅後，學生掀起反帝國主義奴化教育運動，樂育發生學潮，學生和部分老師要求收回教育權。由此，瑞士巴色差會不得不在1927年宣布停辦中學，由中國人接手。

　　1928年前後，校董會開始聘任華人當校長，但學校的基本運作仍然不變，包括繼續聘任歐洲人擔任各科教師。資料稱，"多年來，學校治學嚴謹，校風優良，畢業生投考各大學多獲錄取，聲譽日隆，梅縣地方人士多遣其子女來校就學，原嘉應五屬[9]和閩贛邊區各縣慕名而來的學生也為數不少。"[10]

　　1950年，學校與另一家教會學校梅縣聖約瑟中學合併。後又由私立改為公辦中學。1960年，學校再度改名為"黃塘中學"。1979年才復名為梅縣樂育中學。

　　校史室有一間課室那麼大。四面牆壁、室中分隔展板是歷史回顧文圖，牆邊擺着一列書櫃。展板上有一份"歷任校長名單"，最早七任校長，1902年從馬謨鼎始，到1926年祈烈堅[11]止，二十多年間，不是德國人就是瑞士人。在上面，我終於看到其他歐洲籍教師的照片，瑞士籍的萬保全[12]、德國籍的豪天立和谷靈甦[13]。

9　嘉應州，清雍正十一年(1733年)，程鄉升格為直隸嘉應州，統領興寧、長樂、平遠、鎮平4縣加上本屬的程鄉縣稱"嘉應五屬"，直屬廣東省轄。

10　《樂育中學建校八十五周年紀念專刊（1902-1987）》，廣東省梅縣市樂育中學校刊編輯部主編，1988年春，P1。

11　祈烈堅（Karl Kiehlneker），男，德國籍，在華時間1908.9–1922.7，1923.12–1932.6。

12　萬保全（Ernst Walter,1886–1975），男，瑞士籍，1911加入巴色差會。在華時間1911–1948（曾三度來華）。

13　谷靈甦（Hermann Gläsle, 1904–1972）男，德國籍，1926加入巴色差會。在華時間：1933–1949。

"為什麼那個鄉村孩子會在客家地區的學校裏學了6年德語？"仍是我心中的疑問。校史告訴我，樂育中學"用德語教學，是全國僅有的四間中學之一"。"當時學校為便利學生畢業後能升入上海同濟大學就讀，開設德語課"，"除國文、歷史、地理等科目採用漢語講授外，其餘如自然科學均用德語教學"。[14]另外三所包括上海同濟大學附中和廣州中德中學等。

如此看來，用德語教學，是學校最主要的特色。如果從1902年算起，那曾在樂育中學任教的歐洲人，不祇是豪天立一個。

校史圖片上的校園老建築，多為兩層的教學樓和宿捨樓，是客家建築與歐式建築的混合體。一個寬闊的操場，男女學生在藍球場上打球。身穿"樂中"運動衣的幾個男生，面對照相機，腳下踩着足球。

從校史室外走廊俯瞰今日校園，老建築幾乎全被新高樓代替。昭示歷史已然翻篇。

碩果僅存的是一幢古色古香的兩層老樓，"高超樓"，以紀念學校創辦人凌高超。它一度是校史博物館，現在則為校長及行政辦公樓。

樂育的教育成績讓人刮目相看。牆上一份統計顯示，從這畢業的學生，博士46人，院士5位，其他專家、大學教授，政、商界等人士尚未計算在內。[15]當年粵東貧窮落後的梅縣山區，一所學校能

---

14 《樂育中學建校八十五周年紀念專刊（1902–1987）》，廣東省梅縣市樂育中學校刊編輯部主編，1988年春，P1。

15 見《樂育中學105周年（1902–2007）校慶專刊》，梅江區樂育中學、樂育中學校友會編，2007.12。

培養出這許多人材，難怪學校引以為傲

　　校史室一側書架上，有不少德語和英語的原版圖書。導覽教師說，這些外文圖書，多是外國朋友來訪所贈，他們是當年歐藉校長、教師們在梅縣地區出生的子女，陸續從德國或瑞士回來，重訪出生之地時帶來的。細看，其中有馬斯·普蘭克高級中學圖書館及私人贈送的《巴登-符騰堡州地理》、《樂奇市城市介紹》、《魏爾海姆彼得教堂》等。一本《貝多芬鋼琴奏鳴曲》（樂譜），扉頁上，用中文寫着"送給樂育中學留念，一九九一年到中國訪（問）的德國朋友贈"。這批圖書，隱約顯示了這所學校與眾不同歷史，以及它和遠方世界曾經有過的某種聯繫。

　　4

　　在校史室僻靜一隅，一部私人相册靜靜地躺在陳列架上。相册封面簡單素雅，寫着：

豪天立和斐玉霞全家簡單歷史
豪俊和夫婦敬贈

　　這部相册，主人正是前文提到1984年學校擬聘為校友會名譽會長的西德校友豪天立先生和妻子斐玉霞（Margarete Fritz），贈送者"豪俊和夫婦"，是他們家子女中的老三和太太。

　　輕輕翻開這部家庭相册，裏面幾乎全是黑白照片，是豪天立一家早年在德國和來中國後在五華、梅縣等地的生活記錄。他們家6個孩子，5個在梅縣地區出生，祇有老三豪俊和——這部相冊的贈送人——在德國出生。小俊和1936年隨休假的父母從德國返回中國時，還是襁褓中十個月大的嬰兒，他在梅縣長大，直到到11歲，1947年才隨家人返回德國。

這部陳列在校史室的相冊，是豪俊和夫婦為學校用心制作，1997年8月訪問樂育中學時贈送給學校的紀念品。

相冊裏夾着一張紅色卡片，上面是豪天立本人用鋼筆寫的中文：

"敬賀梅州市樂育中學恢復並舉行七十八周年校慶活動，可惜本人不能參加。（我於）1937-1947當過德、英兩文教員兼當中山大學的教授。豪天立恭賀1980年十一月九日"。

這是豪天立1980年親筆寫給學校的一張自己制作的賀卡。一手流暢的中文繁體字。紅色卡片上貼着自己一張小一寸黑白照片。看來，他那時並不肯定，學校是否還記得他這個曾經的教師。

學校後來把這張賀卡一起夾在相冊裏保存，並在卡片下貼了一方說明："西德朋友豪天立先生，曾於1937-1947年在我校任教十年，1984年被選為樂育中學校友會名譽會長。"

在我的視野範圍內，直到上世紀80年代中國大陸改革開放之後，即便是廣州這樣的南方大城市，先是大學，後是中學才普遍開始有外籍老師任教（僅僅教外語）。從校史室所見，我可以確認，早在清末民初，梅縣客家地區就有德國人和瑞士人在山區裏常駐，並在中學裏用德語教學。

　　借着窗外光綫，我慢慢地翻看這本相册。我詫異，這個來自異國他鄉的德國人，是一個什麼人，一對什麼樣的夫妻，一個什麼樣家庭？

　　從照片上看，豪天立1926年遠渡重洋來中國的時候，風華正茂，年方26。他躊躇滿志，雙眼直視前方，自信而堅定。一頭烏發閃着亮光，雙手按在一本厚厚的書上。21年後，1947年，47歲，人到中年，他、妻子及子女站在一輛汽車旁，和客家鄉親告別，即將啓程回闊別多年的故土家園。在客家地區度過的，正是他的黃金歲月。

　　眼前這本家庭相册，一張張上了年頭的老照片，似乎給他在梅縣的工作和生活留下了實在而鮮活的注腳。這個曾經的樂育中學德語和英語教師，和他學生的生活，開始在我眼前展現。

豪天立家庭合影。（梅縣黃塘，1946）

我把相册拿到校史室外面光綫更好的走廊上，輕輕地攤在地上，一頁一頁地翻拍這部令人驚喜的家庭相册。我想像，一個德國人和他的家庭生活，是如何與中國南部山區的民衆交織在一起的？

歲月流逝，相册内的每一張照片的背後，彷彿都隱藏着一個故事的片斷，讓歷史得以在一個不爲人注意的角落，等待着與未來發現者的對話。

5

我在相册中還有另外的發現。

其中一張照片特別引起我的注意。它估計拍於上世紀三四十年代，但今天看來不但頗有戲劇性，而且包含着更多有待破譯的信息。照片的背景是傳統客家庭院的大門，大門兩旁一副渾厚中文楷書寫就的對聯，右聯"聿修厥德"，左聯"咸與維新"，分別出自中國古籍《詩經》和《尚書》。

這是我特別喜歡客家大宅的原因之一，幾乎任何一幢大宅，大門兩側，總有一些内涵雋永、詩意盎然，充滿人生智慧和哲理的古雅門聯，讓人再三品味。

這張照片的特別之處，或説恰成對照的，是在客家大宅前合影的，是一群外藉人士，看上去是多個家庭的大合影。他們或坐或站，身邊站着、懷裏抱着孩子或嬰兒，有數十人之多。我首先從中認出了豪天立一家人。拍攝地點顯然是當時稱爲嘉應的梅州。後來考證，這就是黃塘歐洲人集中居住的小區"德化門"門前。

　　果然，據後來了解，從19世紀中期到20世紀中葉，將近大半個世紀，從歐洲飄洋過海遠道而來，在粵東客家地區生活過的，除樂育中學的德國和瑞士校長、老師外，豪天立一家外，至少還有兩三百瑞士和德國人。他們身份各異，有傳教士、教師、醫生護士和福利院志願者。照片中身穿白色西服的豪天立和一襲長裙的妻子是他們中間的一分子而已。

　　這些歐洲人，連同他們在梅州一帶客家山區出生、長大的子女，在長達一個世紀裏，先後達上千人之衆。他們大都可以用客家方言與當地人對話，是名副其實的歐洲"客家人"。

　　合上相册，想起約翰·伯格的一段話：

　　"這已經不是一部完全的私人相册，其中家庭的私密性已在歷

巴色差會傳教士家庭在德化門前合影。（梅縣黃塘，1943）

史上逐漸消解，成為一部社會檔案。"

是的，影像無言，難道那個另一個維度上運行的故事開始顯現？這些歐洲人在梅縣地區生活的近百年間，東西方文化的交匯，沒想到在梅縣這個地面上，竟如此直接和密切。他們為何而來，又為何消失得無踪無影？他們現況如何？為什麼我一個土生土長的廣東人，卻從未聽說過有關的故事？山區民眾長達一個世紀與歐洲人的接觸，那是一種什麼樣的情境？

6

同事接着帶我去"目睡崗"，梅江區福瑞崗新田村，那是她祖居"江屋"所在的村子。她那位中學時代就修讀了6年德語的父親就在那出生長大。據說，此地當年是從廣東、江西跨省南來北往的客商必經之地，長途跋涉的馬幫、挑夫的歇腳之地。客家人叫睡覺為"睡目"，故名。

村子裏的人多姓江，故習稱自家祖屋為"江屋"。江屋前對開平臺，米蘭、桂花和龍眼長得正盛。再往外就是田野。江家祖屋前門上"瑞氣蘭芳"幾個楷體大字，進門，還是老的格局，新裝修後的屋子，帶了點現代感。中堂牆上正掛着一男一女兩位先人的黑白炭像。老屋並不寬敞，同事當年學德語的父親和叔叔們直到考上梅城裏的樂育中學，都生活在這棟老屋裏。江家六兄弟，從三哥開始，都與樂育中學結緣。

　　村子裏老屋中錯落着一些新蓋的磚房，老屋有些已經廢棄，露出牆頭上的黃泥，陽光照入院子，地面上長滿探頭探腦的雜草。一屋內一老太太已過九十，看來身體硬朗，人挺精神，見是江家後人回來，高興地出來招呼我們喝茶。客家人多好客，有陌生人那怕祇是路過，打過招呼後，多會請入屋內喝茶。

　　這是一條普通的客家鄉村，村子周圍是農田，田邊是芭蕉樹。村邊有一個新修過的祠堂，村子裏的紅白大事，都在這裏舉行。大概剛辦過喜事，祠堂大門前，鋪了一地紅紅的鞭炮紙。祠堂前有一個大池塘，典型的客家建築的格局。池塘邊上的老井，同事說，她父親和叔伯們就是喝這口井的水長大的。他們先是在村子附近的兩廂小學讀書，後來，先後考進了梅縣城裏的中學，從此離開村子，跨出了他們人生關鍵的一步。

　　村口新近立一大石，上刻“院士故里”幾個紅色大字。同事的叔叔江歡成，江家的老六，當年赤腳的客家少年郎，現在是中國工程院院士，建築學方面的專家。説起樂育中學，至今還能隨手畫出當年學校和周圍的平面圖。操場、教學樓、禮堂，環繞校區的黃塘河，小河對面的盲女院，學校對面的修單車鋪等，歷歷在目。

7

　　校長黃小眉送給我一本小冊子：《豪天立1900-1983》[16]，册子

16　豪俊和：《豪天立1900-1983：一位來自德國魏爾海姆-特克市的，由巴色差會派往中國的傳教士》（何秉虔、王啓華譯），2003.10。

不厚，祇有36頁，是豪天立的簡要回憶錄，由豪俊和編寫。

其中部分文字，是豪天立在1981年到1983年去世前留下的最後回憶。

在兒子豪俊和眼中，父親在中國的經歷，就像"一次緊張的探險旅行"。他在導言中說，"巴色差會在中國架起了一座橋樑，把完全不相同的西方文明與亞洲古老文明聯繫起來了。"

除了豪天立來嘉應（梅縣）前後的生活回憶外，還有豪俊和兄弟回憶兒時在梅州生活的片段，包括一些當年的老照片。如今，我確信，豪天立和他的一家，已經站在我的面前。

冊子末頁留下一條綫索：豪俊和本人的電子郵箱。

粗略計算，如果他還健在，該80有餘。

2016年9月16日。打開電腦，試着用英文給豪俊和發電子郵件。我說，對他父母和他們一家在梅縣的那段生活很感興趣，想知道得更多一點。我不諳德語期待他可能會使用英語或漢語回覆。我用中文複述了英文郵件的內容。郵件發出後，我不肯定是否會得到回應。

幾天後，當月22日，他的英語回郵神奇出現在我的郵箱：

"我也對我父母的那段歷史很感興趣……我1936年在德國蒂賓根出生，同年底即被父母帶到中國（這是他們第二次到中國）。二戰後，1947年，父母帶着我和兩個弟弟一個妹妹回到德國。我離開中國的時候已經11歲了。"

"關於我父母，我家中有很多他們在1926-1947年間留下的文件、信件、書和照片。如果你感興趣，我很樂意提供幫助。"

豪俊和告訴我，他現在已經從他擔任校長的一所中學退休多年，現在和太太安居在德國離斯圖加特不遠的一個小鎮紹恩多夫。

這麼快就收到他肯定的回郵，實在意想不到。

我思忖，一個德國人，來到中國一個堪稱邊遠的地區，和一個獨特的族群——客家人相處多年，傳教、教書，德語和英語，還有音樂，他的學生多數是貧窮的客家弟子，這內裏某種捉摸不透的戲劇感吸引了我。

毫無疑問，也許我能聽到的，祇是一個德國人的"私人生活"，在梅縣的每一天，對他和家人來說，都僅僅屬於他自己和家庭，但我又隱約感到，他們的生活，是否也不僅僅屬於他們自己？

我又想，豪俊和已經不再是相冊上那個11歲的"英俊少年"，這個八十多歲的長者，身體還健康嗎？腦子還好使嗎？他對自己在梅縣當年的生活，對他父母的記憶還清晰嗎？

我同樣感興趣的是，除了他父親以外，豪俊和本人在中國生活了11年，這會給他的人生帶來什麼樣的影響？他是否還能講一口流利的客家話？

也許我應該和他見上一面？

訂機票、預訂了旅館，踏上飛往歐洲的航機。還有，一腦子的疑問，尋找下一個"拼圖"的期待。

3　一個德國人家裏的中國

> 即使一個人不再心縈外物，但總有些事
> 物已經與他有了牽連；這往往是出於一些別人
> 無法理解的原因……[1]

1

紹恩多夫。下午，我提前幾分鐘，在旅館大堂裏候着。

大堂在二樓，這時光，一個客人也沒有，祇有年輕的女服務生埋頭在前臺電腦前敲着。柔和的散射光從屋頂天窗瀉下，牆壁上那幅現代風格的大幅油畫，一個藍眼睛金髮女子正注視着你。

我琢磨着，梅縣當年那個11歲的德國少年豪俊和，70年後的今天會是什麼樣？

準點，從酒店鋼木轉梯上傳來咚咚咚的腳步聲，豪俊和來了：步履穩健，紅紅的臉膛，唇上白色的胡子，看上去神清氣爽，想必年輕時身材挺拔。

---

[1] [法]馬塞爾·普魯斯特（Marcel Proust 1871-1922）語，見其《平原上的城市》，《追憶似水年華》第四卷。轉引自[英]埃德蒙·德瓦爾：《琥珀眼睛的兔子》，山東文藝出版社，2015.9。

　　他面帶微笑，向我問好，講的是客家話。

　　他吐出的第一句客家話，形象和語音產生了有趣的反差。我接觸到的多數外國人，即使能說一口流利中文，能發出準確調子的其實不多。半個多世紀過去了，豪俊和居然還能講音調標準的地道客家話，實在讓人驚奇。

豪俊和還能講音調標準的客家話。（布羅韋勒，2016，楊和平攝影）

　　我可以相信，1947年他離開梅縣時，客家話一定非常熟悉。他告訴我，1965–1967年，他有兩年時間返回香港學習中文，繁體字中文，客家話和粵語。至於普通話，是後來自學的。所以，除了客家話，他還能講粵語和普通話。

　　我們在大堂坐了一小會兒，上了豪俊和的大眾轎車，穿過城市，去他的家。

家在小城東北角邊上的一個小區裏，是一棟連排別墅中一側的房子。門前的花一叢一簇開得燦爛，周圍環境幽靜。從他家再往外百來米，上一個小土坡，是一片綠色的田野。

2

我們在樓下的客廳落座。客廳布置得很雅致，鋪着地毯，中間的圓桌上罩着雪白抽紗臺布，桌面上放着精美中式茶具和小點心。玻璃瓶上展開一束粉色的玫瑰。

柔和的光綫從外面的小花園滲入客廳。豪太太熱情地請我們用茶，綠色茶葉罐上，有"清涼山綠茶"幾個中文字。

不必留心觀察就可發現，這個家到處是別致的中國元素。

客廳牆壁上大幅中國書法，一個"壽"字。立櫃裏放着雕花茶葉罐、釣魚翁陶塑、八仙過海小瓷像、雙龍出海的漆器、半月形打開的折扇，以及一把錫制酒壺，上面蝕有"自稱臣是酒中仙"的字樣。櫃頂上嵌在紅木架子上的孔雀刺繡。

客廳一側有一部鋼琴，琴頂上支撐着幾幅家族黑白老照片。鋼琴側靠牆立着一把大提琴。鋼琴的蓋子打開，譜架上放着樂譜，彷彿宣示主人的愛好和日常。

步上二樓，拐角處掛着一面銅鑼和包上黃布的鑼槌。豪俊和從牆上取下，"咣咣"地輕敲了幾聲，説這是他父親當年從中國帶回來的，"也許來自中國某個鄉下或寺廟"。

樓梯轉角處掛着一幅隸書書法作品，是吟頌桂林灘江的七言絕句。

屋子各處還有許多"藏品"：算盤、秤、銅鑼、二胡、多層的象牙球和綉花小屏風等等，分布在三個樓層的不同位置，彷彿是一個小型的"中國博物館"。

有些"藏品"靜待深究。一封筆迹褪色的舊信，手寫的德文書法，流暢優雅，如行雲流水；一個蓋有"梅林"和"安流"郵戳的老信封，上面貼有"中華民國"的郵票；一本裝釘起來的當年學生寫給他父親的"畢業贈言"，漢語白話文、文言文、德語。

三層頂樓，是書房和工作室。

光綫從屋頂上的天窗漫射進來，灑滿了每一個角落。書房内，寬大的書桌上放着臺式電腦。對面L型排列的高大書架，上面排列着德文、英文和中文圖書、畫册和資料盒。

這些藏書，既有父親的遺物，也有他自己的所好。《飄洋過海的客家人》旁邊緊挨着《墨子白話名解》、《四書白話名解》、《四書全譯》、《尋韻攀桂坊》、《當代道家與道教》、《西遊記》、《中國城市地區叢書——梅縣地區》、《德語與德國文化》和《三字經》等。書旁還放着一個算盤和一把秤——中國直到五六十年代都在使用的計算和計量器。

書架上也排列着多個文件盒，分類放着　"中文"或"漢語"等資料。旁的牆壁上，掛着一幅扇面水墨畫，老樹、寒鴉，一抹紅霞，透着士大夫文人的雅趣。

地板上，整齊地叠着一摞《人民日報（海外版）》。豪俊和說，雖然半個世紀過去，父親和他都仍然關注着來自中國的消息。

由於圖書太多，豪俊和把他父親當年用過的一部分書，精心地存在一個個有編碼的紙箱子裏。他打開其中一個，從裏面掏出綫裝本的《古今格言》、《黜虛崇正論（客話）》、《客話讀本》，梅州科舉最末一科進士楊季岳（楊沅）編撰的《梅諺匯箋》，綫裝本的《毛主席詩詞三十七首》等。有些書本內還夾着他父親當年閱讀和做筆記用的黃色籤條。

豪俊和特別從書架中抽出他父親當年編撰的《禮拜儀式》一書，藍布精裝封面，燙金字，估有六百頁。這是他父親在梅縣時最重要的著作，用客家話編撰，歷時數年，1939年由中華崇真總會出版，凝聚了他對客家語言和宗教儀式的研究與理解。

書架的側板上，掛着紅色中國結，下懸一個"春"字，想必是中國春節的紀念品。書桌後是一個休息區，靠窗一側放着籐制躺椅和茶几。這裏也有兩排略低一點的書架，上面放着"漢語"和"樂育中學"等的多個資料盒子。

書房外有一個櫃子，也放滿了各式各樣來自中國的紀念品，一個祖宗牌位，一個觀音瓷像，一雙綉花鞋等。

有人說，你讀什麼書，會告訴別人你是一個怎麼樣的人。在這個屋子裏，即使是一個完全不熟悉的外人來到，不用介紹，也能猜到這是一個充滿中國故事的家庭。普魯斯特說，"即使一個人不再心縈外物，但總有些事物已經與他有了牽連"，雖然"這往往是出於一些別人無法理解的原因"。的確，如果這與博物館有什麼不同的話，每一件"藏品"，既和主人的生活相關，也寄托着他們對過往歲月的情感，是打開記憶之門的鑰匙。

豪俊和説，父親留下的文件和資料，基本上保留在這個書房裏，他把它們分門別類的整理好，以便查閱。他歉疚地説，年輕時，不太注意保留父母的歷史資料，退休後，才認識到這些資料的價值。

這些資料，包括信件、日記、工作報告，以及教學用過的課本、書籍等，大部分是德文。但所有資料和圖書，都不約而同地指向一個地方：中國梅縣。

有過中國背景的外籍人士，都有這樣共同的收藏愛好？在中國頗有知名度的美國學者蘇珊·桑塔格[2]回憶，還在上世紀二三十年代，她才6歲的時候，父母生活在中國天津，經營一家商行，但他們紐約家的起居室裏，也"到處是中國物品"，"胖墩墩的象牙和薔薇石英大象排成隊列，鍍金木框中鑲嵌着窄幅宣紙水墨字畫，用粉綢綳制的大臺燈罩下一動不動的貪食胖佛，白瓷的慈悲佛身材纖細……用五個小管狀的翡翠制成的手鐲，每個翡翠管的細小末端都鑲着金子……"。她還珍藏着一張父親1931年在天津乘坐人力車時的照片，"他看上去很高興，有些腼腆，一副漫不經心的半大小伙子模樣。他正盯着相機。"[3]

在豪俊和書房一角牆壁上，有一幅近一米長的橫幅黑白照片，"梅江全景"。照片鑲在黑色鏡框裏，佔了一個不小的空間。

2　蘇珊·桑塔格（Susan Sontag, 1933-2004），美國作家、藝術評論家。

3　[美]蘇珊·桑塔格：《中國旅行計劃》（王予霞譯），《蘇珊·桑塔格文集》，上海譯文出版社電子書，2014.3，P1566-1571。

這是上世紀初的梅縣，梅江緩緩流過，岸上排着參差的兩三層的房子。拍攝時間也許正是豪天立在梅縣期間。

豪俊和説，照片是父親一個傳教士朋友所贈，他當年也在梅州。他們就居住和生活在這條河流的後面。雖然他們離開梅縣已久，但那條日夜流淌的梅江，仍在他們的記憶中流淌。"風景不但是地理意義上的，對於那些居於風景背後的人們來説，它同時有着傳記性質和個人色彩"[4]，約翰·伯格寫道。

在風景的大幕後，填充這部"傳記"細節的，無疑是當年往來的書信。寫信人當年未必想到，信件的生命，比書寫者要長。人去樓空，生活卻仍在紙面上活着。

豪俊和搬出一個盒子，裏面裝的全是父母當年的信件。把父母信件保留得如此完整，出乎了我的意料。

書信按照年份，用細繩用心分扎，估計有數百封之多。信封上的郵票，一個個戳印，顯示着它們當年經過的郵路，從中國到德國，從德國到中國。對豪天立而言，寫信更是一種精神上的旅程，不但釋放了身在異鄉的興奮與沮喪，失望與期盼，還讓他捕捉住了流逝的光陰。書信中每一個字符，都恍如生命的脉搏，依然在信頁上跳動。

1926年，豪天立首次前往中國的時候，是單身漢一個。從信封上看，大量是他與未婚妻瑪格麗特間的往來飛鴻。在中國的頭兩

4　[英]約翰·伯格：《幸運者：一個鄉村醫生的故事》（黃月譯），中國美術學院出版社，2019.12，扉頁。

年，寫信、寄信、等待收信，幾乎成了豪天立每天的必修課。另外的信件，多是成家後夫妻兩人與親朋好友、老師，以及寫到總部的通信。

就是這些私人信函，把一個邊遠的中國山區和那裏的日常，送到了歐洲，而數十年後又神奇地呈現在我的面前。

3

我們在書房一角坐下。"梅江全景"江面的小舟，彷彿在我們面前緩緩劃動。

我再次端起茶杯，呷了一口"清涼山"綠茶。我知道這茶來自梅州。我去過清涼山，漫山茶田環山而上，滿眼翠綠。而今那山間茶房出產的綠茶，出現在一個德國人的書房，讓這個下午的時光，餘韵悠長。

我想，當年豪天立父子面對這張梅江老照片，遙想當年的時候，該是一種什麼樣的心情？

豪俊和掏出一本《梅縣樂育中學高中第一九四四屆畢業紀念冊》，那是學生在離校前寫給他父親的畢業贈言。

一個教師保留學生寫給自己的畢業贈言，從中國轉輾帶回德國並終生保留，顯然有不同尋常的意義。細看學生贈言，無論用中文還是德文寫成，都附有留言者的照片。它們被悉心地用細綫串起來，成為一册。這是豪天立與學校、與自己的過去相連的一條"絲綫"。

我一頁頁翻看紀念冊，贈言或長或短，對老師教育之恩溢於言表，是一種中國式情感的表達。這批學生離開樂育中學後，各自走上了人生的旅途。三年後的1947年，老師亦舉家重返德國，從此音信全無。我忽然理解，為什麼豪天立退休後，有兩次重返中國卻未能回到梅縣的惆悵之情。

一個象牙球雕，是豪天立在中國的最後記憶。牙雕白色球體一如當年，裹外多層，每層精雕細刻，且都可以自由轉動。這是我的家鄉廣州最有名而且昂貴的手工藝品之一。1947年，豪天立回國途經廣州，在省城唸大學的樂育中學學生送給他的告別紀念品。

5

豪天立還是個攝影愛好者。在梅縣這二十多年，除了拍攝還自己沖洗照片。

書房外的幾個大盒子裏，裝滿了底片和照片，部分還是攝影術早期使用的玻璃底片。

匆匆過目，照片不但記錄了他和同事在梅縣地區的工作和生活、子女的出生與成長、各種活動，還記載了客家地區在上世紀初的景象。

每一張照片，對歐洲人來說，都敘述着另一種生活和文化，足見世界的多樣性。環境，山川、河流、田野，建築、教堂、學校、住所；衣着，呈現了客居地的氣候和習俗；人群，農人、船夫、學生、挑擔子的女子的模樣，都具體而鮮活地展現在遙遠的家鄉的親友面前。

如果説我在尋找什麼"拼圖"的話，那麼我在這裏認識了豪天立和他的一家：一個滿臉稚氣的孩子成長為躊躇滿志的大學生；孤身遠赴中國、成家、生兒育女；最後携家帶口重返故土。在這，還看到像他那樣生活在梅縣黃塘的歐洲社群的其他成員，他們的家人和子女。他的客家朋友和同事。還有那個年代的五華、梅縣城鄉的風物。

看似零散、隨手拍攝的照片，有着某種無法割裂的内在聯繫。它們是另一個時空的珍貴遺物。裏面呈現的信息，彷彿把我帶到那個遠去的年代。

窗外，白雲在藍天上飄過。在遠離梅州的德國人家裏端詳這些照片，那也是我所未曾經歷的時代，一種別樣的感覺油然而生。

書房有一張帶扶手的藤椅。它和梅縣人家常見藤椅一樣，簡樸卻舒適。

屋角牆壁上掛着豪天立母親凱瑟琳娜的黑白照片。清癯而沉靜的臉，深邃的眼神。她去世時，豪天立還在梅縣，幾個星期後，才從姐姐的信件中獲知這個不幸的消息。

環顧書房，那些千里迢迢從中國來的物品，看似默默不語，其實都有由來，是主人心之所繫。自然，它們是收藏者審美和文化素養的見證，但另一方面，難道它們不也顯示了主人對另一種文化，對更廣闊世界所持有的開放心態？

豪天立無疑已經離開多年了，但他的身影卻滲透着書房的每一個角落。書架上，是他讀過的書、他的日記和筆記；箱子裏，是他的書信、照片；屋角，是他的手風琴、照相機。中國風的銀制蛋糕刀，是他送給太太的生日禮物。每一件物品，都承載着從西方到東方，從東方到西方的信息，無不呈示着他的存在。

那些或然已經過時的物品，如辛波絲卡所説：

"正悄然無聲地慶祝自己戰勝了時間。"⁵

5　維斯瓦娃·辛波絲卡（Wislawa Szymborska，1923–2012），波蘭女作家、詩人，1996年獲諾貝爾文學獎。

4　從魏爾海姆到巴塞爾

　　從某種程度上來說，每個人生都是遺
　　傳和環境的產物…… [1]

1

　　再到豪俊和家的書房，是這天的下午。

　　窗外陽光明媚，天空一片瓦藍。放眼望去，可以看到紹恩多夫城區南面次第鋪開的一排排錯落的紅色屋頂，以及城中保羅教堂高聳的尖塔。更遠，是城堡，森林覆蓋的綠色山丘。豪俊和説，冬春交際，即使到了4月初，窗外還是"霧和雪"，完全不一樣的風景。

　　眼前一份舊剪報，來源於1910年魏爾海姆（Weilheim an der Teck）當地的一份報紙。因為年代久遠，剪報有點發黃。這是一張照片，凱瑟琳娜和她的四個子女，站在她的小雜貨店前。這是一棟

1　W.A.格里斯特語，見其《塞繆爾·柏格理——在華傳教士的開拓者》（東人達等譯），中國文史出版社，2018.11，P3。

臨街的房子，外牆上支着以父親名字命名的"威廉·奧騰里特雜貨店"。透過窗戶，可以看到店內的貨品和貼在櫥窗上的招貼畫。少年豪天立和兩個小妹妹站在媽媽身旁，媽媽懷裏還抱着一個嬰兒。朝陽在他們身後曳出長長的影子。

照片下有說明，包括上面每個人的名字和雜貨店的地址。我好奇，為什麼看上去是一張家庭生活照片，會刊登在報紙上？是店鋪的廣告嗎？豪俊和解釋，他們家族中有一個詩人，他為這張照片寫了幾行小詩，就連詩帶照片登在報紙上了。

照片中的豪天立，10歲，看上去和所有頑皮的孩子無異，短髮，敞開的外衣，黑色的長襪，緊拽的雙手，像是要隨時奔跑的雙

奧騰里特家在魏爾海姆開的小雜貨店前，母親凱瑟琳娜和孩子們(右一為時年10歲的豪天立)。（魏爾海姆，1910）

腿。讓人想起《鐵皮鼓》²裏的那個拒絕長大的小男孩奧斯卡。母親旁邊是兩個妹妹，他離媽媽最遠。

豪俊和書桌上，豪天立編撰的那本厚厚的客語《禮拜儀式》，藍色的封面，沉甸甸的書。1939年出版，那一年他39歲。

在樂育中學校史室有一張豪天立的照片，這個德語和英語老師看上去溫文爾雅，老成持重，和這本厚重的《禮拜儀式》正好匹配。他成年後的氣質，似乎無法和剪報上這個躁動的"迷惘少年"重合在一起。

1910年剪報上的這個10歲男孩，看上去雖然還是一個跟在母親身邊不太懂事的孩子，但內心卻如離綫的風箏，飄向遠方一個與他年齡不相匹配的朦朧願景。

大概沒有什麼人知道他當時的心思。他在想什麼呢？

2

在廣州的家中整理收集來的資料。我暗暗期待，時間會回答這些問題。

我的電腦左側堆放着一些資料，右邊的書架上排着參考圖書。電腦後的粘貼板上釘着各種紙條，上面是梅縣一帶地名的中英（德）文對照、黃塘地區建築的德文名字、豪俊和兄弟姐妹的德、中

2　《鐵皮鼓》，改編自君特·格拉斯的小說《但澤三部曲》第一部《鐵皮鼓》的電影，講述了奧斯卡三歲時目睹成年人世界的醜惡，決心拒絕長大，以反抗他的父母、舅舅，以及納粹的一個人反抗史。

文名字對照等等。電腦後還堆着一些七零八落的紙片，上面記着隨時發現的資料。

資料中出現兩張"離奇"的小紙片。不知道是誰留下來的。

旅行中收集的資料，都堆放在電腦和筆記本中。這一張張零碎的"拼圖"，是多次尋訪的收穫。那些可能有用的卻來不及細閱或摘錄的資料，我通常會翻拍下來以備後用。但由於量太大，日後整理時往往會遺忘它們的出處，就像這兩張小紙條。我不記得是誰給我的，大致肯定它們來自德國或者瑞士之旅。

這兩張小方格紙條上寫了幾行"提示"，我忽然覺得，這或許就是探視豪天立人生足迹的一條重要綫索？

手掌大小的方格紙上，用鉛筆寫的英文："那些影響豪天立的人。"

到底是誰對豪天立的人生道路產生過重要的影響？這正是我很想知道的。

紙條上列着三位：

母親。

施密特（Schmid），一位從非洲回來的傳教士，生活在基斯海姆。由於他，豪天立在少年時就產生了當傳教士的念頭。

威斯曼（Gotthilf Weismann），巴色差會神學院老師，豪天立在學院讀書時關係密切的一位老師。他們長期保持私人通信，直到老師去世。

為什麼是他們？怎麼影響他，誰可以給我進一步的說明？

詢問豪俊和，這兩張筆記，是你給我的嗎？

回復説，不，"但上面寫的都是事實。"

難道是我在瑞士和德國訪問過的人嗎？先後答覆，都説不是。

這到底是誰給我的喻示？是誰為豪天立打開了改變命運之門，讓他進入一個未來的世界？

3

我開始關注豪天立的母親凱瑟琳娜·奧騰里特（Katharina Autenrieth）。

她曾經多次出現在我的眼前。在上述那張1910年的剪報、樂育中學那本私人相册，1916年、1934年的全家福照片上。在豪俊和家裏，她的肖像照片被放大，顯眼地掛在客廳和書房的牆壁上，彷彿仍然注視着這個家的一切。她總是一襲深色長裙，面容清癯，神情專注，頭髮從中間整齊地分向兩邊。她是個基督徒，很容易找到她虔信的證明，照相時雙手總是捧着一本翻開的聖經。

他們一家，住在符騰堡州的小城魏爾海姆。這是一個七口之家，豪天立有一個哥哥，三個妹妹。父親威廉和母親凱瑟琳娜都是斯瓦本人。豪天立回憶，他們住在小城基斯海姆大街一棟普通住宅裏，四周有商店和農舍，一家"公牛"餐廳。威廉當過郵差，每日發送信件和包裹，走遍每一條街巷。母親是家庭婦女，照顧子女，打理家務。

1910年前後，父親以自己的名字做店名，在烏勒街4號臨街一幢兩層房屋裏開了一家雜貨店。凱瑟琳娜邊當主婦邊打理店鋪。不過店鋪沒多久就倒閉了。

20世紀初，小鎮祇有8千人口左右，多是斯瓦本人。斯瓦本人集中生活在德國西南部斯圖加特一帶，是日爾曼民族的一個分支，有自己的方言斯瓦比亞語，以勤勞節儉著稱。其中不乏我們熟悉的歷史名人：愛恩斯坦、黑格爾、黑塞、戴姆勒、博世，以及陸軍元帥隆美爾等等。

魏爾海姆，在紹恩多夫南面大約二十公裏處。從表面上看，它與其他德國其他小城大致相似。小鎮人總是邁着不急不慢的步子，從來不與大城市攀比，他們喜歡小地方的清靜，討厭大城市的喧囂，柏林、斯圖加特從來不是他們嚮往的地方。小城中央的彼得教堂，教堂外大樹參天，滿地金黃的落葉。不遠處是安靜的市政廳、圖書館和銀行。

豪天立說，"魏爾海姆是我成長的搖籃"。

馬克·吐溫說，"人的一生有兩個日子最重要，一個是你出生的那一天，另一個是你知道自己為什麼出生的那一天"。

豪天立最重要的那一天在1900年4月13日。那天星期五，耶穌受難日，他從母親腹中，呱呱落地。

1900年，一個新世紀的開始。魏爾海姆的這個新生嬰兒睜眼看到的，是一個什麼樣的世界？

德國作家菲利普·布羅姆說，1900年，人們面對"一個漂浮不定的世界"，一個令人"暈眩的年代"。[3]豪天立出生那天，4月13日，在柏林教書的讓·索維奇抵達巴黎，"大都市生活的節奏和速度"令他感到吃驚。他遠道趕到巴黎，是因為次日，4月14日，世界矚目的巴黎世界博覽會對公衆開放。巴黎讓他眼花瞭亂，"如同夢幻一般"，"一切都暗示巴黎是一個巨大的露天遊樂場"。

巴黎也讓美國史學家亨利·亞當斯（1838–1918）感到"暈眩"和驚駭。特別是博覽會展館裏那些"不可思議的機器"，"悄無聲息地運行，産生的無形力量卻足以移山挪海"。他忽然覺得，自己面對的世界，就是一個巨大的十字架，"這些40英尺高的電機是一種道德力量，這種感覺類似於早期基督徒對十字架的感受"。[4]

不過，巴黎的光怪陸離似乎並未波及到德國西南部的魏爾海姆。雖然教堂的鐘聲依舊敲響，但奧騰里特一家此時卻因爲新生兒的到來，籠罩在陰雲之中。嬰兒看上去體質孱弱，親人們無不擔憂，一個表姐用斯瓦本語說，"天哪，這孩子弱不經風，恐怕很難養活。"

凱瑟琳娜更是憂心忡忡。那個年代對他們來說，是個艱難歲月。此前她的一個女兒還在襁褓時就夭折了。

凱瑟琳娜每晚祈禱，她仰望基督，祈求上帝保佑這個初生兒。上天似乎回應了她的虔誠，在她的悉心照料下，孩子終於戰勝了死神，闖過人生的第一個難關。凱瑟琳娜相信，這是基督的恩典。

3　[德]菲利普·布羅姆：《暈眩年代：1900–1914年西方的變化與文化》（彭小華譯），四川人民出版社，2016.1.1。
4　同上。

作為虔誠的基督徒，凱瑟琳娜經常參加教堂舉辦的周日下午祈禱會，認真聆聽聖經的教誨。襁褓中的豪天立，從母親那吮吸了乳汁，在祈禱聲中長大。

豪天立回憶，自己小時是個"調皮搗蛋"的孩子。和哥哥威廉形影不離，一起玩耍是童年難忘的快樂。"哥哥把我放在一輛四輪小貨車裏，推着我出去玩"，正玩得高興，"小車突然翻倒，我摔在地上，到家時經已頭破血流。"

"有一回，哥哥帶我上到教堂塔樓的走廊上，我有生以來頭一回從這麼高的地方往下看，嚇得頭暈目眩。我坐在那裏發抖、抽筋，將手指緊緊地插到綳緊的鞋裏，直到手指出血。"

"我們用棉布捆綁成'布棉球'，把它當足球來踢。當時足球還是一項剛剛時興的活動。""我們玩滾鐵環遊戲，用彎形鋼鈎推着鐵環向前滾動，在濕淋淋的街道上來回奔跑，污泥濁水不是濺到伙伴，就是自己身上、臉上。"

"磨坊後面有一條小溪，有一年春天，我想練習跳高，從這頭跳到對面，誰知道腳下一滑，咚的一聲落到水了，祇好像落湯鷄似的回家。"

德國母親無論貧富，都講究孩子的穿着，即便日子艱難，仍注意讓他們乾淨得體地出門。豪天立回憶，那天母親讓哥哥帶他去參加教堂的主日課。他身上穿着草綠色的新衣服，頭上戴着一頂新皮毛小帽，覺得挺神氣的。主日課結束後，"我獨自從教堂出來，又想回去找哥哥。但'撲通'一下，腳下一滑，摔到在路邊的石膏鍋裏。新衣服濕透了，皮毛小帽更是無可挽救，所有毛髮都脫了出來。”

“母親惱怒地問我，你又在幹什麼？”

後來，他們搬到別處的一套小屋。父母用好木材給孩子們做了一個鞦韆。他們還養過一匹馬，夢想着有一天能夠騎在馬背上四處奔跑。然而，雖然細心照料，“但馬還是很瘦，最後死了。”

禮拜天，母親總是帶着他上教堂。平時祇要有空，母親和他一起祈禱，給他讀聖經。和“那位看不見卻無處不在的朋友”的對話。

回首少年，是母親把他引領到一個充滿未知而又令人神往的世界。他在19歲時，在加入巴色差會的申請書上說，“我從小就受到虔誠母親的影響，她的祈禱時時伴隨着我。”[5]

家庭對一個人的成長影響有多大？德國作家赫爾曼·黑塞[6]也是斯瓦本人，出生在離魏爾海姆不遠的卡爾夫，一個基督教家庭。父親和外公都是巴色差會傳教士，曾在印度傳教。他們通曉多種印度方言，是神學和印度學學者。黑塞的母親出生於印度，也曾參加傳教活動。黑塞自幼在濃厚的宗教和學術氣氛中長大。

他晚年回憶家庭環境時說：“這幢屋子裏交錯着許多世界的光芒。人們在這屋裏祈禱和讀《聖經》，研究和學習印度哲學，還演奏許多優美的音樂。這裏有知道佛陀和老子的人，有來自許多不同

5　引自豪天立加入巴色差會的“申請書”，1919.01.07。巴色差會檔案館。
6　赫爾曼·黑塞（Hermann Hesse, 1877–1962），德國作家，詩人。1919年遷居瑞士，後入瑞士籍。1946年獲諾貝爾文學獎。

國度的客人……"他把這歸結為一種"魔力"[7]，在他身上投下揮之不去的影子。

德國來華傳教士韓寧鎬根據自己的人生經驗說，人與家庭，"正如一嘟嚕葡萄反映出土壤和葡萄樹的特徵和質量，每一個人的故鄉和家庭背景也必然會陶冶他的性格。"[8]

我又想起豪天立一家1916年的全家福照片。父親留着俾斯麥式的大胡子，穿着深色西服套裝，領帶結得一絲不苟。穿着深色長裙的母親，眼神堅毅而專注，還有她雙手捧着那本打開的聖經。

或許正如小紙條上寫的，"母親"是第一個對豪天立人生有着重要影響的人，她賦予了豪天立生活之旅最基本的信念。

4

影響豪天立一生第二個重要人物，紙條上祇留下他的姓——"施密特"，名字叫什麼？他是誰？怎麼影響？

我不知道。我也不期待一個電話或者一封電子郵件就可以找到他。他是一個遠去的影子。

但既然他是巴色差會的傳教士，我試着在檔案館網頁上尋找。檔案館"圖片網"上顯示，一共有26個姓"施密特"的人在冊。究竟哪一個才是我要找的人？

7　引自nobelprize.org。
8　[德]赫爾曼·費希爾：《傳教士韓寧鎬與近代中國》，[奧]雷立柏編譯，新星出版社，2015，P5。

　　第一個"施密特"，1880–1928年在美國傳教，另一個1923–1931年在印度傳教，顯然都不是……

　　我轉向檔案館的老文件。果然，又一個"施密特"出現在我眼前。這是豪天立投考巴色差會神學院的申請書，隨附着一封推薦書，推薦人的全名叫"安德魯·施密特"（Andreas Schmid），文件書寫時間是1919年1月7日。

　　是他嗎？我回到網頁上，輸入這個名字，結果出來了：

　　施密特（Andreas Schmid，1865–1940），出生於德國海芬根，1886年加入巴色差會，1893–1913在非洲黃金海岸（後為加納共和國）傳教。返回德國後，在符騰堡州的教堂任副牧師。

　　名字、時間和地點都對。更主要的是，推薦信上所寫的內容，交待了他和豪天立之間那段時間的交往，以及他對豪天立的評價。

　　1913年，豪天立13歲，還在學校唸書，從非洲回國的施密特和他在魏爾海姆相遇。豪天立離開學校後，開始跟施密特學英語，同時幫牧師家裏幹些家務活。"這孩子總是樂於助人，做什麼事情都很麻利，整整有條"，施密特回憶。[9]

　　14歲那年，豪天立接受堅信禮。因為家境不好，能否繼續上學一度成為問題。有一段時間，父親讓豪天立跟一個木匠師傅學手藝，他離開了施密特。在木匠那裏，他學習鋸、刨、鑿、筍接等木

9　見施密特1919.1.7為豪天立寫的證明文件。存巴色差會檔案館。

工技藝，也幫師傅家小農場飼養奶牛。1914年8月一戰爆發，師傅被徵入伍，豪天立祇好收拾行李回家。

賦閒在家的半年，豪天立繼續向施密特學習英語，他們的交往多了起來。施密特回憶，"他給我的印象是真誠、端莊和虔誠"，"我們一起學習英語的4個月，他的熱情、勤奮和良好的理解能力讓我感到驚訝。" [10]

他不但學習英語，而且還從施密特那聽了很多關於傳教士在非洲的故事。傳教士克服萬難，服務公眾的道德榜樣，深深地打動了他。那些來自非洲荒漠和原始部落的所見所聞，也讓豪天立着迷。施密特從黃金海岸帶回的照片，彷彿講述一個個背後的故事。黑白照片上，黑黝黝藤蔓糾纏的神秘叢林，河面上原始的獨木舟，舟上8個劃槳的黑人，岸邊的樹梢彎抵河面。河灘上棄置的幾隻破木舟旁，站着身穿白色外套、頭戴着寬邊草帽的牧師和身着淺色長裙、頭戴綴花禮帽的太太。照片説明是"施密特牧師乘獨木舟離開曼金巴"，拍攝於1906-1911年間。但沒有人明白，為什麼在如此荒涼的叢林裏，牧師太太會手扶一把通常置於室內的老舊歐式扶手椅，他們是準備離開，還是已經離開？遠處，是不知指向何方的茫然水路，彷彿拋給豪天立一個待解的謎。

除了施密特，他還接觸過其他傳教士，他們每個人都有自己的傳説，有不同的經歷。這段時間，豪天立彷彿第一次走出了小鎮，接受了另一個世界的最早啓蒙。

---

10 同上。

他有時也跟隨這些傳教士在符騰堡州當地做過一些傳道的工作。這讓他從孩提開始就從母親那裏直接感受並逐漸增強的"對耶穌基督的信念"，和傳播福音的實踐無縫相接，"成為日後事業發展的主要動力"。他朦朧地意識到，一個人在求生存之外，人生還有另一層面的意義——責任和服務。

其實，更早時候，1910年10歲生日的那一天，也就是馬克・吐溫所說"人一生中兩個重要日子"的一天，豪天立已經隱約明白，自己為什麼要出生了。

施密特有一天忽然問他：

"你長大以後，想成為一個什麼人？"

豪天立的回答讓他有點意外：

"我想成為一名傳教士，自從我10歲生日以來，我就有這個願望。"

這個少年接着說："1913年春天，父親和我談到未來，他希望我日後成為一個教師，但我對父親說'我不能當教師，我想成為一個傳教士。'"[11]

這確實讓施密特感到驚訝："他說得非常認真。而且一直以來都沒有改變。"施密特後來和妻子再三說起，"我相信，這孩子雖然還小，但看起來已經有了使命感。這對於還在青春期、才華橫溢又有才幹的年輕人來說，並不容易。""如果上帝為他的使命鋪平了道路，那麼他就可以成為一名優秀的福音傳播者。"[12]

11　見豪俊和：《豪天立1900–1983》。

12　施密特1919.1.7為豪天立寫的證明文件。存巴色差會檔案館。

那個年代，成為傳教士會是一條讓德國青少年嚮往的人生之路嗎？

曾在梅縣創辦德濟醫院的德國醫生韋嵩山[13] 博士回憶，"當我作為一個大學生宣布我要當教士醫生時，全世界都搖頭，以同情的眼光看着我，好像覺得我頭腦不太正常。"[14] 也許有一句話施密特沒有對豪天立説出來，當傳教士並不輕鬆，"你是否想過這種艱苦的生活？"[15]

那段時間，豪天立的父親在魏爾海姆郵局工作，哥哥威廉也到工廠當了鉗工。豪天立先是在一個紡織公司當學徒。17歲時，他進入基斯海姆高等商業學校學習經濟管理，並獲得證書。期間，他不但堅持學習英語，而且學習法語。

1918年4月，他剛滿18歲，按德國義務兵役制規定，必須參加炮兵部隊的訓練。幾個月後，8月，他被遣送到比利時西綫作戰。有作家描寫當時的情況，"工人、農民、手藝人……無數年輕人的生命像垃圾一樣被傾倒在幾乎靜止的荒謬戰綫上"[16]。所幸三個月後，德國宣布投降，一戰結束，豪天立毫髮無損地回到家中。

但無論經歷如何，未來的目標仍然駐留在他内心的深處。生

13　韋嵩山（Hermann Wittenberg, 1869-1951），男，德國籍，醫學博士。1890年加入巴色差會。他是巴色差會第一個在中國工作的醫生。在華時間1893.9-1899.12；1901.12-1909.3。1896年在嘉應州（今梅州）創辦德濟醫院。

14　韋嵩山在嘉應州寫給岳母奧古斯特·胡布納的信，1908.7.21。

15　[美]伊麗莎白·本尼迪克特（Elizabeth Benedict）：《導師、繆斯和惡魔》，譯林出版社，2012.1,P2。

16　轉引自《1918年，愛因斯坦化解了科學史上最大的人質危機》，ZAKER，2017.6.25。http://www.myzaker.com/article/594f14799490cb092c000003

活，如滴水積聚，終於有一天，他問自己，出於自己"心靈深處的真誠"，當一個傳教士，真的是我未來的理想嗎？

瑞士巴塞爾離魏爾海姆不遠。巴塞爾其時是歐洲文化和宗教的中心，他認識的不少傳教士都是瑞士巴色差會的成員。他想，巴塞爾也許是他走向未來的起點。他邁出決定性的一步，進入巴色差會神學院學習神學。

他向巴色差會遞交了個人簡歷，提出了申請，表達了希望成為一名傳教士願望。申請遞出以後，有一刻，他內心有了一種莊嚴感，"我的內心生活變得更加嚴肅，與上帝的聯繫更加親密，主可以成為我的福氣"，他相信，"在對上帝的愛以及對使命的渴望中，我會變得更加強大。" [17]

父母支持兒子這一常人看來"不太正常"的決定嗎？1919年1月7日，威廉和凱瑟琳娜聯名給巴色差會寫了一份報告書。他們表示，作為父母，他們一致同意，讓兒子進入巴色差會，接受相關的訓練，成為一名傳教士。[18] 施密特牧師也給巴色差會寫了推薦信。

5

我繼續期待影響豪天立一生的第三個人物的出現。但我仍然毫無頭緒。

我眼下能做的，祇是跟隨豪天立的足跡。

17　豪天立加入巴色差會的申請書，存巴色差會檔案館。
18　豪天立父母寫給巴色差會的報告書，存巴色差會檔案館。

　　豪天立離開家鄉，穿過黑森林覆蓋的土地，越過邊境南下，從德國來到瑞士巴塞爾。當巴色差會那棟大樓出現在眼前的時候，他相信，這是離上帝更近的地方。

　　巴塞爾是一個美麗的古城，但豪天立的人生並不如他想像中那樣完美。他沒有料到，死神正蒲伏在某個地方，等着他的到來。到巴塞爾不久，神學院學習還未開始，他就被一個突如其來的意外徹底擊倒。

　　開學前，他一邊利用假期補習功課，一邊在學院前的菜園裏勞動。

　　厄運的到來全無徵兆。"沒多久，我的左手小指磨出了一個小'水泡'，用中國梅縣人的話説：'冇相干'（沒關係）。因此，我仍然繼續勞動。不久，水泡破了，出血，我用橡皮膠布粘貼處理好。"他覺得這不過是一點小意外。

　　8 天之後，他忽然感覺全身不適，牙關緊閉，身體僵直，極度虛弱，"心臟不聽使喚，脉搏130次"。他不得不去看醫生。醫生開始診斷為腰痛，他感覺很不好，無法走路，彷彿隨時都會倒下。"如果不是一個兄弟幫助我，我會像僵硬的薄板那樣倒下。"情況危急，醫生趕忙把他轉送到州立醫院。

　　醫院來了救護車，護士用擔架把他抬到車上，並告訴他，很可能是"破傷風"。豪天立聽罷渾身一顫，明白了這句話的含意。就是到了1968年，一位英國醫學博士對《衛報》説，"即使是最微小、最淺層的傷口也可能感染破傷風。"，"球員擦傷或許毫不在意，但他可能在一周内死亡。"。

在醫院，他被抬進了"單間危重病房"。情況還在進一步惡化，渾身反應更為強烈，"強力痙攣，整個身體寒顫"。醫生診斷，確認為破傷風，並發出"病危通知"。

他躺在醫院的病床上，神智昏迷，奄奄一息。差會總裁聞訊趕到醫院看他，那情形彷彿是一次臨終告別。昏沉中，豪天立知道自己時日不多了。

偶爾清醒的時候，他看着落日的餘光漸漸在窗外逝去，内心一陣悲傷。他才二十歲，自己的信念才剛剛邁出第一步，生活還沒開始便告結束。他幾乎相信，關於未來的一切，都將因為小手指上的一個水泡，成為泡影。

那是一個星期日，下午3點，豪天立躺在病床上，無望地等待生命最後時刻的降臨。

就在這時，他隱約聽到一陣飄渺的歌聲從天而降，透過窗戶飄進他的病房，恍如天籟之音，疑幻疑真。他隱約意識到，這是兒童合唱團的讚美詩。隨後，音樂又像風一樣轉瞬即逝，他又再度陷入昏迷。

此後發生了什麼，他腦子似乎已經停頓，一片空白。

祇記得，星期一早晨，8點鐘左右，他感覺"奇迹出現了"，"不再抽搐，我蘇醒了"。一種無以名狀，以前沒有過的體驗在他腦子中如閃電般劃過，整個人彷彿被某種強大的力量牽制和掌控着。

是的，他終於蘇醒過來，感覺似乎好些了，至少不再抽搐。醫生和護士們見狀，都感到不可思議。豪天立自己也不知道是怎麼回事，仍然昏沉沉地半醒半睡。

主治醫生也詫異地從走廊衝進病房，彎腰對豪天立說：“你應該高興，你應該高興，你已經脫離危險了。”

消息傳到巴色差會大樓，不脛而走，大家深感安慰和興奮。

有一瞬間，豪天立想到了母親的祈禱，想到了施密特的非洲。此刻，他和大家都相信：

“主把我從死亡邊緣挽救回來，上帝再次賜予我生與死的莫大恩典。”

5　巴塞爾——最幸福的五年

> 他(尼采)畢生懷念巴塞爾城的"思辨
> 傳統"，……以及和老師朋友們"在街上
> 漫步的舊日時光"。[1]

1

瑞士巴色差會總部大樓[2]，一棟卓然而立的古典風格建築。

大樓在巴塞爾老城外傳道街21號的一個院子裏，院中綠樹環繞。

大樓四層高，是1860年由前瑞士首富克里斯托夫・梅里安（Christoph Merian)資助建造的。它離巴塞爾老城不遠，往東幾百米，就是斯巴倫老城門。

巴色差會（Basel Evangelical Missionary Society）成立於1815年，是一家國際性和超宗派性機構，所用語言以德語、法語和意大利語為主。

1　［法］丹尼爾・哈列維語，見其《尼采傳：一個特立獨行者的一生》（劉娟譯），貴州人民出版社，2004.1，P58

2　2001年，巴色差會聯同瑞士的其他4個差會組成"使命21（Mission 21）"，事工上由此機構統籌執行，總部也設在該大樓内。巴色差會會長也是"使命21"的列會長。

從衛星圖看，大樓前面有花園和六個方形的菜園，那個當年幾乎要了豪天立命的菜園子，仍在那裏。

走近，建築立面上的古典元素，窗戶和柱子間的連接和過渡，存在某種韻律和音樂感。石頭臺階通向厚重的黑色大木門，進門是敞亮的前廳。

從某種意義上說，20歲的豪天立是在這開始人生旅程的。

在這，他說，"度過了青年時期最幸福的五年"。

蒂賓根的夜晚，下起了瀝瀝淅淅的小雨。微涼。

內卡河畔，夜色中的大學城，兩岸建築被夜色隱沒，像某部電影中的布景，靜謐而神秘。

市政廣場行人稀少。雨水濕潤的地面，反射着周圍奇幻的燈光。一陣香氣徐徐飄來，廣場上賣法式薄餅的小攤熱氣騰騰，仍在做它的生意。旁邊一個顧客說，老人家在這裏賣了幾十年的薄餅了。

豪天立、豪俊和父子都曾是蒂賓根大學的學生，曾夾着書本在廣場上匆匆而過，消失在那些窄窄巷道拐角處。

蒂賓根在紹恩多夫南面，我們選擇住在這裏，為的是第二天可以南行趕到巴塞爾。從這開車去巴塞爾預計要兩個半小時。

從蒂賓根去巴塞爾的公路，路況好，風景佳。雖說瑞士是申庚條約國，持申庚簽證不用邊檢就可以過境，但邊境仍然設有一個關卡，非瑞士車牌的車輛，都得靠在關卡一邊，交40瑞郎公路費。

巴色差會大樓，是巴色差會總部所在地。豪俊和約好與我們在那見面。他已經在那預訂了客房，從紹恩多夫直接乘火車前往。

　　豪俊和説，當年的巴色差會神學院，就在這幢大樓裏。豪天立是巴色差會派出的傳教士，許多個人資料，應該都可以在檔案館找到，包括他當年從梅縣發回的報告、總結等材料。

　　我事前和巴色差會檔案館取得了聯繫，該館的莫薩博士（Dr. Patrick Moser）和萊恩女士（Andrea Rhyn）表示，歡迎我去訪問，他們會全力配合我。我還提前發了一個提綱，以便他們可以將我需要的資料，事先從浩如煙海的檔案庫中找出來。

　　中午到達後，匆匆在附近的一個小咖啡館吃了點東西，權作午餐，就回到大院。陽光正好，天氣有點熱。院子很安靜，微風拂過，祇有歡快的小鳥在樹枝間跳來跳去。

　　2

　　巴塞爾地處法德瑞三國交界，西北面是法國阿爾薩斯地區，東北與德國巴登-符騰堡州的黑森林山脈接壤。萊茵河穿城而過，將城市一分為二。

　　巴塞爾是巴塞爾州的首府，瑞士的第三大城市，屬德語區。巴塞爾古城猶如一顆明星，以宗教及文化的光芒，閃耀西方世界。現在，巴塞爾則以“巴塞爾國際鐘錶珠寶展”（Basel World）和“巴塞爾藝術展”(Art Basel)而世界矚目。

　　巴色差會成立次年即興辦神學院[3]，生源主要來自德、瑞兩國。

3　湯泳詩：《瑞澤香江──香港巴色會》（Early Swiss-Chinese Encounters），香港大學美術博物館，2005.3。

不過，它的觸角卻遠及幾大洲。1820年，差會便開始向世界各地差派傳教士。先是黑海之北、俄國與亞美尼亞交界處的回教地區；1828年，延及非洲黃金海岸（加納），1834年發展到亞洲印度。

1847年，首批傳教士抵達中國。

那一年的3月19日，韓山明[4]和黎力基[5]兩位牧師抵達香港。香港客屬區域以及新安（今深圳寶安）的布吉和李朗是他們最早的傳教之地。他們活動的主要區域在廣東客家地區。

1855年，他們向珠江流域地區發展，在華人信徒的協助下，沿東江溯流而上。三年後在長樂縣（今五華縣）屬下的樟村建立了一個重要的布道基地。

由此，巴色差會在中國南方的活動分成兩區：南區，以香港、李朗為中心；北區，以長樂縣樟村及元坑（1866年）為中心，並向外擴展。南區集中在新安、東莞等平原地區，北區則沿東江一直上溯至嘉應州（今梅州）。

除教會外，還創辦醫院、學校、神學院等。

巴色差會在廣東教會創立之初，行政事務由差會總部委派歐洲職員全權主持。1924年，開始交由華人自理，並更名叫"中華基督教崇真會"。[6]

4　韓山明（Thodore Hamburg 1819-1854），男，瑞典籍，在華時間1846-1854。1854年病逝於香港。

5　黎力基（Rudolph Lechler 1824-1908），男，德國籍，在華時間1846-1899。他與韓山明是巴色差會最早來華的傳教士。

6　［德］施拉德(Wilhelm Schlatter)：《真光照客家》，基督教香港崇真會，2008.3，P18。

3

大病初愈，豪天立回魏爾海姆的家休養。

在父母的釋心照料下，身體迅速恢復。1919年聖誕前，豪天立回到巴塞爾，正式成為巴塞爾神學院的學生。

1920到1925年，他都在神學院度過。此時學院已經有百年歷史。

歷年派出的傳教士，大都先在神學院接受培訓。

神學院也接受來自傳教基地的牧師。1863-1934 年間，共有 6 位中國客家青年到這進修，他們分別是陳明秀(樂真) (1863-1869)、江發蓮 (1865-1871)、李承恩 (1872-1878)、畢安仁（1874-1878)、陳思樟 (1874-1882) 和魏漢藩 (1931-1934)。

陳明秀為新安縣樟坑徑村人，1863年進入神學院學習，1869年畢業後回故鄉樟坑徑教會。李承恩來自李朗，1872年加入巴色差會，1878年由差會派回中國。魏漢藩1931年到神學院學習，學成後回國，曾在神學院任教。

對外人來說，巴色差會的這棟大樓多少有點神秘。在大街上，行人祇能看到大樓立面東北側。若從空中往下看，這是一棟工字形建築。進入大院，繞到東南方正面，可以看到它的正門。大樓對開是一片小樹林。

曾在這神學院讀書的韋嵩山還記得大樓內部的結構。他在1890年夏季學期進入學，1896年由巴色差會派出，在嘉應州（梅縣）創辦德濟醫院並任院長。據他回憶，大樓建築各個樓層的結構相似，主要用於教學以及學生們的生活。

建築南面底層有教師休息室和醫務室，教師的宿舍在二、三層，四層院長專用。底層禮拜堂是師生們每天早晚禮拜的地方。穿過大廳前一條長長的遊廊，便來到了禮拜堂。

遊廊同時也是博物館，世界各地民族文化、宗教、科學及藝術品都在那陳列。牆上掛着一個多世紀以來崇真會傳教人員照片，按照外派年份順次排列。展品中有從中國帶回來的物品。

緊挨北翼是貫穿整個建築的大寢室，一、二年級的學生在三樓，三、四年級在二樓，五、六年級在一樓。寢室設有櫥櫃室，存放個人衣物。

教室設在一樓，空間開闊，有講臺和書架，每個學生都有自己的學習空間。教室旁邊是樓梯間，通向神學教師工作室。教師同時也是各部門的指導老師。[7]

在當年的一張照片裏，二十出頭的豪天立坐在書桌前，桌上放着一本厚厚的書，眼睛直視鏡頭，意氣風發，臉上充滿了自信。如果人生是一個不斷更新的"版本"，照片上的這個青年人看上去無論在精神或體格上，都已經做好了準備，成為一個"更好的版本"。

4

傳教士是如何"煉"成的？

7　韋嵩山：《我的生平回憶——為我的孩子們而做》(下簡稱《我的生平回憶》)，手稿，1938年於Bielefeld。

如果説傳教士將要做的是"拯救人類的靈魂"的工作，那麼"必須具有兩種品質，即智慧和耐心"。而且要求"放棄所有的奢華生活和一己私利"，要"具有思想力量，受過全方位教育，多才多藝。"[8]

在神學院，要經過什麼訓練，掌握什麼知識，培養哪方面的素質，以受用終生？

適應簡樸生活。韓山明1844年9月入學。他對學院設備留下了這樣評價的："每一樣東西都簡單樸素，祇是為了需要而不是為了舒服而設，沒有不必要的舒適"。[9] 這個原則始終如一，到豪天立那個年代都沒有改變。

學生食堂在三樓。據韋嵩山回憶，食堂裏祇有一張長餐桌，一切從簡。食具是錫盤和錫碗。早餐供應牛奶咖啡，每個座位前都擺放着錫碗和勺子。餐桌中央是麵包片，並沒有什麼果醬或黃油。中午和晚上的食物也很簡單，桌上放着一個陶制罐子，裏面裝有略酸的葡萄酒。有桌布但不提供餐巾。

豪天立入學的時候，第一次世界大戰剛結束，作為戰敗國，生活各方面的條件都頗為艱苦，食物緊缺。他回憶説，食物和口味都不好，"如果能吃上加了蘋果的麥片粥，就已經不錯"。

頭兩年，他與其他兩個學生共用一個房間。冬天雖有供暖，但

8　[德]弗裏德裏希·包爾生：《德國大學與大學學習》（張弛等譯），人民教育出版社，2009，P395–396。

9　[瑞]史萊達（Herman Schlyter）：《韓山明——瑞典第一位前往中國的宣教士》，基督教香港崇真會，2008.12。

要靠學生自己課間去花園的柴房裏鋸木頭作燃料。

宿舍和教室都分了小間，方便大家生活和學習。

獨立生活能力的培養是重點之一。地下室供洗衣服、洗澡。自己整理床鋪。工作室在樓梯間和宿舍走廊裏。清潔工作由學生們輪流負責。

按規定，睡彈簧床墊的，夏天陽光好的時候，必須把床墊拉到院子裏曬，並要用力拍打床墊，以滅殺藏在裏面的蟎蟲等害蟲。大家拍打床墊那劈嚦啪啦的聲響，豪天立聽來，"就像是打擊樂隊在表演"。

5

還有更重要的，是神學院學生必須具有各方面充實的知識基礎。

學習緊張，有時暑假壓縮為 6 個星期。神學院給豪天立的整個人生，打下了扎實的基礎。

他系統地學習語言學、神學和哲學。有兩個學期的哲學，由巴塞爾大學的教授來上課。這些課程讓他掌握了從事宗教活動有關的各方面的知識。

他努力學習外語，用 4 年時間學習了 4 門外語，拉丁語、希臘語、阿拉伯語和英語。一年級就開始英語。學習三個老語種時，除了希臘、羅馬作家的作品，更多的是應用聖經中的《以賽亞》和《詩篇》兩卷。

在豪天立看來，“學習一種並不是日常使用的語言，讀和説講都不容易。”他曾想，雖然阿拉伯語與漢語在語法上完全不同，但通過前者，也許能很好地過渡到中文的學習。在進入神學院前，豪天立曾學過英語和法語。

神學院最後一個學期，有些必修課要求嚴格，不允許曠課。此外還要學習與神學相關的神學解釋學、倫理學、宗教史，新舊約概論等等。豪天立覺得，“宗教史和教堂史最有意義。”

此外，如果有時間和興趣，還可以選修數學，天文學和其他自然科學等等。利用望遠鏡可以在夜晚觀望眾星閃爍的天空。通過觀測月亮在一年運行軌跡中出現的徵兆，豪天立覺得特別有意思。

學院認為，掌握一定的醫學知識也是必要的，在將來的工作中會派上用場。所以還開設了解剖學和醫學兩個專業。

在巴色差會神學院讀書時的豪天立。（巴塞爾，1924）

6

未來的傳教士要特別關注自我形象。整潔得體，是起碼的要求。

自我形象訓練，從每天早上做晨禱時開始。晨禱通常由一位傳教士主持，以手風琴伴奏。豪天立喜歡音樂，在這裏學會了手風琴。音樂在他日後的工作，發揮了極大的作用。

大樓頂層閣樓設有獨立的禱告小室，供大家禱告或靜修。

生活手藝也是必修課。為此開設了細木工，鉗工，制鞍具，裁縫及制鞋等等。在孤獨的傳教生活中，這些手藝可能在關鍵時刻派上用場。這些對豪天立來説都不難，他十幾歲的時候，就跟老師傅學木工。當時的作坊裏沒有什麼機器，所有的活兒都是手工操作。

種菜和必要的農活，也是必須掌握的技能。豪天立多年前在木工師傅的小農場幫過忙。有一次，一身農夫衣着的他推着裝滿鳥糞的手推車咕嚕咕嚕地經過巴色差會前的街道時，正好遇上了巴塞爾狂歡節打扮得離奇古怪、手舞足蹈的狂歡人群，相映成趣。

毫無疑問，傳教士必須要有健康的體格，應對未來艱辛的環境。這一點，豪天立在中國的生活中得到驗證。

他堅持有規律的體育運動：器械操（單、雙杠）、跑步、棒球，都喜歡。棒球比賽時他是守門員，但同時他又是一位優秀的阻擊手和擲球同盟者。他常常利用課間休息，進行體育運動。夏天，他們則在萊茵河遊泳。老師告誡學生，這項運動十分重要，曾經有某位傳教士因不會遊泳，淹死在工作附近的小河。

運動的愛好一直伴隨他。在梅林[10]（Moilim）工作的第一年，他用40公斤的啞鈴，吭哧吭哧地練習舉重；在樂育中學時，又和師生們一起踢足球。

7

在巴塞爾的這棟大樓裏，我的尋找終於有了發現。

那張神秘字條上説的，影響豪天立一生的第三個人物："威斯曼牧師"終於出現。

在檔案館的圖片等檔案裏，我找到了威斯曼（Gotthilf Weismann）。

威斯曼是豪天立在神學院的老師，負責他的學習和生活的各個方面。他留着白色大胡子，衣着簡潔得體，温和、慈祥，學識淵博。他1873年出生於德國的歐文鎮。從1912年加入巴色差會到1930年，都在神學院任教。教學之餘，潛心讀書研究，述著甚豐，先後出版了22部神學著作。

每一個工作日午餐後，師生們會結伴到城裏的街道，或者沿萊茵河畔散步一個小時。某種意義上，這也是一種重要的學習方式。豪天立最喜歡和威斯曼一起，邊散步邊討論。這是師生智力之源激撞和噴湧的時刻。他們關係親密，形同父子。

巴塞爾是大學城。1460年成立的巴塞爾大學是瑞士的第一所大

10　梅林鎮，隸屬於廣東省梅州市五華縣，位於縣城西南部51公里。

學。它的各個學院，神學院、醫學院、心理學院等，散落在萊茵河畔。

巴塞爾星光熠熠，散步似乎是他們共同熱愛的學術生活方式。以創立人格心理分析著稱的心理學家榮格（Carl Jung，1875-1961），曾在這裏度過青少年時代並接受大學教育。他的父親是位牧師，8個叔伯中有幾位甚至就是巴色差會的傳教士。他畢生懷念巴塞爾城的"思辨傳統"，以及和老師朋友們"在街上漫步的舊日時光"。他由詞語聯想而發現的"情結"一詞，沒準就是某次漫步討論的結果。

在巴塞爾的街道上，還留下了曾揚言"要在10句話內説完其他人要用一本書才説完"的尼采[11]的足迹。"要是碰上好天氣"，在巴塞爾大學任語言學教授的尼采，喜歡和同事一起，"沿着那個用紅沙石砌成的大教堂和萊茵河之間的平臺散步……在那個平臺上，萊茵河潺潺流過，仍然顯得年輕，卻又那麼強大。"[12]

豪天立和威斯曼常常也會到這個巴塞爾主教教堂的平臺上漫步。這裏視野開闊，萊茵河緩緩向西北流去，河谷遠山悠遠而深邃。他們知道，就在教堂内，荷蘭中世紀思想家、神學家，一個用純正拉丁語寫作的古典學者伊拉斯謨，靜靜地安息，仍在傾聽着萊茵河從遠古而來的無言傾訴。伊拉斯謨曾在巴塞爾居住和任教，

11　尼采（Friedrich Wilhelm Nietzsche，1844-1900），德國哲學家、思想家、語言學家、文化評論家、詩人，24歲時任瑞士巴塞爾大學古典語文學教授，專攻古希臘語，拉丁文文獻。

12　［法］丹尼爾·哈列維：《尼采傳：一個特立獨行者的一生》（劉娟譯），貴州人民出版社，2004.1，P58。

直到辭世，"巴塞爾在那幾年由於伊拉斯謨居住於此而成為歐洲的思想中心"。在他的那個年代，無論貴族、學者，甚至君主，在巴塞爾逗留時都不會錯過拜訪伊拉斯謨的機會。斯蒂芬·茨威格說，"對伊拉斯謨而言，充滿人性的精神溝通乃是人生最美好和最令人愉快的事。"[13]

一句話，仰望巴塞爾的夜空，群星閃爍。如果說，人是環境和社會的產物，那麼在巴塞爾，豪天立在良師指點和環境熏陶下，日漸成熟。

1930年代，豪天立在中國時，威斯曼離開神學院回到德國，在斯圖加特一個教堂當牧師。但無論天涯海角，豪天立都一直與恩師保持通信，工作和生活中碰到什麼問題，必向亦師亦友的威斯曼傾訴。

老師的來信，是豪天立重要的精神源泉。1928年1月24日，到中國一年後，時年28歲的豪天立正在嘉應州（梅縣）學習中文，他給威斯曼的信中道，"感受到家鄉有您這樣一位虔誠的師長能夠時時想着我們，不斷地為我們祈禱，就是我們強大的精神支撐。"落款是"對您感激不盡的學生"。[14]

1937年5月，威斯曼去世。其時，豪天立剛正在五華私立樂育中學和坪塘神學院任教，成了別人的老師，但威斯曼為人師表的表率，說過的話語，伴隨着他的一生。

---

13 ［奧］斯蒂芬·茨威格：《鹿特丹的伊拉斯謨：輝煌與悲情》（舒昌善譯），生活·讀書·新知 三聯書店，2016.4，P148、196。
14 豪天立致威斯曼信，1928.1.24，存巴色差會檔案館。

1925年春，豪天立完成學業，在神學院畢業，被任命為助理傳教士。

同年6月，全體學生在巴色差會大樓前合影。豪天立和同學們，以及基督教男青年會的兄弟們，乘一輛小型運貨車和一輛載重汽車在巴塞爾參加傳教節活動。他們或站或坐在車上下，眼望鏡

豪天立（前排坐者右一）在巴塞爾傳道節時的合影。（巴塞爾，1926）

頭，躊躇滿志。

巴色差會神學院五年，是豪天立一生安身立命的重要起點。他對學院生活充滿留戀和感激，認為這是整個青年時代"最幸福的時光"。

從這裏，他將張開翅膀，飛向明天。

歲月長河中那次遙遠而漫長的旅程，他準備好了嗎？

6　是印度，還是中國？

> 我在兩年內還沒有學通三千個中文字，它們從我的頭腦中飛進又飛出，就像鴿子出入鴿棚那樣。[1]

1

對未來生活可能性的想像，在豪天立面前除除展開。

五年神學院學習結束。坐在大樓前的臺階上，透過前面小樹林上的樹梢，仰望藍色的天空，看朵朵棉絮般的浮雲飄過。

身後那棟大樓，大樓的入口，還如初來時一樣，彷彿不曾發生過任何變化。變化的，祇是他自己。

從10歲孩提時代開始的朦朧願景，走到15年後的今天，終於在巴塞爾變成了一道不確定的選項題：

1　鄧玉函（Johann Schreck，1576–1630）語，見北京行政學院：《青石存史——"利瑪竇和外國傳教士墓地"的四百年滄桑》，北京出版社，2011.7。鄧玉函，字涵璞，德國天主教傳教士，天文學家、醫學家、力學家、機械學家。1623年到達北京，1630年病逝於北京，享年55歲。著有《遠西奇器圖說》。

是印度，還是中國？

我隨着豪天立的足迹，沿傳道大街向東南走，穿過古老的斯巴倫門，進入巴塞爾老城。

我是第一次來巴塞爾。老城就在萊茵河邊上，茨威格寫道，「當時的巴塞爾還是一座小城，或許總共祇有一百條左右的大街小巷和兩三個廣場，城裏的人幾乎都可能互相認識。」[2]

巴塞爾大學各個學院分散在城中的各處，周圍的橫街窄巷馬上吸引了我。路邊的大學圖書館和一間間袖珍書店，流動着書卷的氣息。人行道上，用圖書叠成比人還高的旋梯裝置，彷彿是這一小區的標識。

街區裏還有各類博物館，歷史、音樂、自然史和藥物博物館。再向東，抬頭就是紅沙石外牆的巴塞爾主教教堂哥德風格的尖頂。

教堂倚在萊茵河邊，河水靜靜流淌。在中國的歲月，豪天立與嘉應州的梅江為伴，看到梅江，就讓他不由自主地想起萊茵河，回憶起在這裏度過的青葱歲月。

面對未來，他已經做好了遠行準備。他渴望去印度去當一名傳教士。

印度是巴色差會派出傳教士的主要國家之一。從1833年起，差會就派遣傳教士到印度西海岸分區工作，創立教會。

在豪天立認識的老師和朋友中，有不少從印度回來的傳教士。

2　［奧］斯蒂芬・茨威格：《鹿特丹的伊拉斯謨：輝煌與悲情》（舒昌善譯），生活・讀書・新知 三聯書店，2016.4，P158。

在陌生的亞洲地區，印度在感覺上是一個相對熟悉的地方。至少，多年來用功學習的英語，必能在當時的英國殖民地印度派上用場。

但巴色差會的計劃會和他的願望一致嗎？

1925年5月，有消息說，下一批傳教士很可能都要派往中國。

可以改變差會委員會的決定嗎？潛意識告訴他，這幾乎是不可能的。

是印度，還是中國？

他等待命運的裁決。

1926年5月20日，他收到了委員會的一封信函：

委員會已決定派遣你前往中國。你今年即應啓程，並將在我們的年典之前就職。為中國之行進一步做準備，你需先到英國（進行英語強化訓練），同時希望你盡可能參加9到11月的中文課程。在處理好相關事宜之前，請寫信給我。另外，請代我向董事會致以問候與感謝，感謝他們在相關問題上的配合。

主保佑你的任命。他會保佑你，並幫助你度過準備期及隨後的中國之行。

1926年7月1日，巴色差會公布，豪天立和其他15位傳教士、教師、醫生和護士將會派往中國。差會總牧師迪佩爾（Heinrich Dipper）祝福他們，並希望他們"忠實地把耶穌基督的愛傳播到中國。"

85

1926年12月12日。時年26歲的豪天立在家鄉魏爾海姆聖彼得教堂被按立牧師聖職，準備告別家人，遠赴中國嘉應州。

對一個德國青年來説，中國是一個遙遠而陌生的國度。他將要去的地方，廣東省東部的客家地區，別説是德國人，即便是中國人，北京、上海，甚至是同一個省内的廣州人，都可能是陌生之地。那裏遠離都市，地處山區，有自己的文化和方言，即使在今天，也還是相對貧困的山區。

為了這次遙遠而神秘的中國旅程，從進入巴塞爾神學院的那天算起，豪天立做了七年準備。

2

任命已下，一些重要的準備工作有待進行。

首先是語言。漫長的海上旅程途經多國，能應對各種場合嗎？目的地在中國，能否與當地人溝通？

1926年7月，豪天立一行4人乘火車到達倫敦，進行為期3個月的英語强化訓練。

這年的5月，倫敦剛剛經歷過一次洗禮。英國舉行了歷史上第一次總罷工，持續9天，六百萬以上工人參加，各個行業都受到衝擊。豪天立和同伴到達倫敦時，街頭尚未從混亂中完全恢復過來。

遙看中國。資料記載，"1926年也被稱為中國近代史上動蕩最激烈的一年。這一年，北洋軍閥的統治已經處於崩潰的前夕，軍閥混戰的次數最多，動員的人數最大，涉及的地域也最廣，而大小軍閥之間互相火併、離合擁拒的形勢也發展到最微妙的程度。"[3] 7月9日，北伐革命軍在廣州誓師，北伐戰爭拉開序幕。

但這並未影響豪天立一行的安排。1926年夏天，他們如期前往英國，在語言的實際環境中提高應用能力。他和盧斯醫生[4]及兩位傳教士乘火車經巴黎去倫敦。

英國之行提供一種頗為有趣而實用的學習方式。在倫敦，他們寄宿在薩頓·伯克老師家。主人和他女兒每天給他們講幾個小時課。課餘，用英語交流，充分利用了每一個機會磨練日常會話。

這種寄宿培訓方式，是巴色差會慣例。韋嵩山回憶道，他的老師是一位老先生，"裹着一件破舊的睡袍"，彷彿是英國電影中深居古宅的某個角色，"但課程確實很棒，可以在短時間內學到豐富的知識。"

儘管豪天立學習英語多年，比同伴更強，但加強口語表達能力仍不可或缺。期間有8天，他們跟隨老師到英語"沙龍"。

課外，他們瀏覽首都的名勝古迹，憑護照進入威斯敏斯特宮議會大廈參觀。他們穿行於大街小巷，在酒吧和咖啡館裏和當地人交流。一段時間下來，他們感覺和當地人溝通的能力突飛猛進。

在海德公園大理石拱門附近的演說者之角（Speakers' Corner），他們傾聽演講者的慷慨陳詞，努力捕捉他們口中飛出的每一個句子。

3　羅志田：〈北伐前夕北方軍政格局的演變（1924–1926年）〉，《史林》，2003年第1期。
4　盧斯醫生（Dr Hermann Lutz 1897–1948），中文名露潤黎，男，德國籍，醫學博士。在華時間1926–1947。

離開倫敦的短途旅行學習也頗有趣味。他們到一個小島上旅行，住在島上的旅館。旅行中，與各階層的人士交流，把握如何應對旅途中各種境遇。旅店房間臭蟲讓他夜不能寐，彷彿是未來漫長旅途生活的伏筆。他回憶說，"我已經為以後客鋪上的'臭蟲浪漫史'做好了準備。"

此行讓他們更加明白，英語對日後工作和生活的重要性。

事實證明，無論是以後在香港還是在美國，英語給了他很大的幫助，他可以做簡短但正式的發言和報告。日後他還有機會在梅縣的學校擔任英語教師。

旅行也給生活帶來新鮮的體驗。對豪天立來說，學習結束回德國時，他們取道水路，為將來的遠航作一次預習，有同伴出現嚴重的暈船癥狀。他們在荷蘭鹿特丹上岸，早餐後乘火車到德國。火車上的服務令人滿意，列車長頻頻向他們介紹沿途的美麗風光，"荷蘭鐵路官員對乘客的友好熱情和禮貌"給他留下深刻印象。

3

倫敦回來之後，安排非常緊湊，漢語學習隨即開始。

也許他們並不知道，在倫敦時，曾和最好的中文教師擦肩而過。時年27歲的老舍。[5]

那時老舍剛好在倫敦大學東方學院中文系教授中文。在學院教

---

[5]　老舍（1899-1966），男，原名舒慶春，中國現代小說家、作家、語言大師。代表作有《駱駝祥子》、《四世同堂》，劇本《茶館》、《龍鬚溝》等。

師花名册上，這位青年講師的名字叫"C.C.Shu　舒慶春"。1924年秋天到1929年夏天，在荷蘭花園附近的聖詹姆士公園街31號居住。他一邊教書，一邊寫小説。

2018年夏天，我在倫敦尋找老舍曾經工作過的東方學院。從大英圖書館出來，拐進塔維斯廣場花園，馬路對面是狄更斯的舊居。前行，羅素廣場一帶是倫敦大學各個學院的校舍。當年的東方學院現已改名為亞非學院（School of Oriental and African Studies），在一個安靜的街區。三五學生正站在學院大樓前的臺階上聊天。樓旁草坪上，是印度詩人和哲學家泰魯瓦魯瓦（Thiruvalluvar）的銅綠色座像。

當年在歐洲，學習漢語和中國文化、對東方文化感興趣的，大有其人。也就是從1925年開始，英國詩人艾略特[6]也曾在東方學院對面街角一幢奶黃色的房子居住。他學習梵文和東方文化，並把這些元素融進他的《荒原》等詩篇。他回憶説，在這裏才能找得到一群"嚴格服從高級趣味的人"。諾貝爾文學獎頒獎詞説，"他是諱莫如深的隱士，他的離群索居在鬧市與聲響中愈加難以捉摸"。

老舍到倫敦任教，是燕京大學神學院的教授易文斯推薦的。老舍在散文《東方學院》裏記載了這段生活。

那個年代，在歐洲，除了豪天立和同行外，什麼人對漢語和東方文化感興趣？老舍回憶，他的學生形形色色，"有兩位七十歲的

6　艾略特（Thomas Stearns Eliot，1888–1965年），英國詩人、劇作家和文學批評家，詩歌現代派運動領袖。

老人，一位專門學中國字，不大管它們都唸作什麼，另一位老人指定要跟我學，因為他非常注重發音，他要聽聽華語是什麼味兒。這一對老人外，還有許多學生，有的學語言，有的唸書，有的念元曲，有的唸《漢書》，有的是要往中國去，先來學幾句話，有的是已在中國住過十年八年而想深造……"

倫敦給老舍的印象是，"車站上，地鐵裏，轉運處，咖啡館""外面都是烏黑不起眼，可裏面非常地清潔有秩序。後來我慢慢看到，英國人也是這樣，臉板得要哭似的，心中可是很幽默，很多説話。他們慢，可是有準。"

假期，他埋頭寫小説，"學院裏清靜極了，哪裏都關門，祇有圖書館還開着，讀書的人可也並不甚多。我的《老張的哲學》、《趙子曰》與《二馬》，大部分是在這裏寫的，因為這裏清靜啊……圖書館靠街，也正對着一塊空地，有些花木，像個小公園。讀完了書，到這個小公園去坐一下，倒也方便。"

老舍有個特別的學生，好朋友埃杰頓[7]，那時他還是一個寂寂無名的學子，他學漢語有大抱負，翻譯中國文學巨著《金瓶梅》。為了方便學習切磋，他和老舍合租一間公寓達三年之久，埃杰頓教老舍英文，老舍則教他中文並幫助他翻譯《金瓶梅》。埃杰頓懂拉丁語、德文、希臘文、法文和漢語等多種語言，後來成為英國著名翻譯家。這本《金瓶梅》（*The Golden Lotus*）的英譯本，收藏在亞

---

7 克萊門特·埃杰頓（Clement Egerton），英國翻譯家，譯著《金瓶梅》四卷本（The Golden Lotus）1939年在倫敦出版。

非學院的圖書館。前言裏說，“我在此特別向舒慶春先生致謝。沒有他的慷慨幫助，我根本沒有勇氣接受這個任務。”

在倫敦期間，老舍還用標準的官話（北京話），為英國靈格風出版公司錄製過一套專門針對外國人學習漢語的教材《言語聲片》，用灌製唱片的方式，教發音和會話。

東方學院的漢語教學一直沒有停頓。1939年10月至1942年夏天，蕭乾[8]到學院受聘同一教職。他回憶：“我從1930年在北京就不斷教西方人華語。他們最歡迎北京人教。因為四聲發音準確，尤其喜歡懂得英語語法的北京人。我教過大使館參讚和洋商。當時還協助一位丹麥女漢學家孟泰夫人譯過幾卷《東華錄》[9]……”。在東方學院，蕭乾的漢語教學基本上沿用老舍編纂的教材。其時二戰已經開始，1941年，他曾為40名英國貴格會青年志願救護隊員舉辦為期40天的漢語速成班培訓，這群年輕人志願到中國戰場從事救護工作。

在教英國人漢語的同時，蕭乾讀喬伊斯的《尤利西斯》，他給胡適寄了一張明信片，“這部小說如果有人譯出，對我國創作技巧，必有大影響，惜不是一件輕易工作。”50年後，這部作品的中譯本終於由他和妻子文潔若携手完成。[10]

8　蕭乾（1910-1999），北京人，著名記者、作家、翻譯家。歷任中國作家協會理事、顧問，中央文史館館長等。

9　《東華錄》是清代蔣良騏創作的史料長編，因國史館在東華門內，故題為《東華錄》，對研究清初歷史有重要參考價值。

10　〈蕭乾的對外漢語教學記〉，人民日報海外版，2020.12.4。

　　在倫敦大學亞非學院，老舍既是一個中國作家，也被認為是中國對外漢語教學、東西方文化交流的前輩。

　　其實，不但在英國，更早時候，德國的視野也已經伸展到神秘的東方。各選帝侯對東方文化和語言都很感興趣，大量書籍從中國運到了柏林，柏林成為當時德國乃至歐洲的漢學中心。

　　1878年，萊比錫大學設立第一個漢語教席，由喬治·加柏倫茲（Georg von der Gabelentz，1840–1893）擔任。此君在德累斯頓以譯釋《太極圖》的博士論文獲得博士學位，光緒七年（1881年）出版了《漢文經緯》（*Chinesische Grammatik*）一書。1887年，柏林大學將原來的東方語言系擴建為東方語言學院（Seminar fur Orientalische Spraehen），他則於1889年轉到柏林大學，擔任漢學與普通語言學兼哲學系教授，培養了德國最早的一批漢學家。東方語言學院成立後，師資除德國漢學家外，還從中國聘請了老師。"在柏林大學的課程表上，還有兩位中文母語者的名字，他們在周六之外的時間上語言練習課，一位講北方方言，一位講南方方言。"[11]

　　這兩位中國教師分別是潘飛聲和桂林，由德國駐華公使巴蘭德特邀，1887年赴柏林大學任教，為"東語學堂的華文教習"。潘飛聲來自廣東，是位青年詩人，他1887年8月22日從香港乘船動身抵達柏林。另一位是來自北京的桂林。兩人聘期均為三年。德國人已經注意到中國語言南北的巨大差別，所以安排前者教粵語，後者教

11　吳曉樵：〈關於南社詩人潘飛聲掌教柏林〉，《中國比較文學》，2014年第1期。

北方官話，主要是實踐練習。當時薪酬"言定每月束修三百馬克，房屋自賃，飲食自備。""生徒二十餘名，原定每日教四點鐘，因功課不多，暫作為兩點鐘。每日午後六點起至八點止。"[12]

其後，另一位來自廣東的區鳳墀在1889年受聘出任該校中國語文教師，聘期也是三年。區鳳墀是廣東順德人，1864年受洗成為基督徒，是清末民初廣東華人教會著名長老。他1865年到香港，受倫敦會重用，曾翻譯《聖經》並編寫相關注釋。1883年孫中山從檀香山基督教學院畢業後途徑香港，為了補習中文，曾拜區鳳墀為師，二人由此結為莫逆之交。區鳳墀1885年到廣州主持教務，其時孫中山在廣州開業，二人保持密切聯繫。1895年孫中山在廣州組織興中會，區也積極參加。1889年，他經由香港教育督學歐德理（Ernst J. Eitel）推薦，到柏林大學任教。[13]

4

9月，豪天立們開始學習漢語。

他們將要去的梅縣、五華，在中國廣東省。省域之內，有多種漢語方言，如廣州及附近珠江三角洲一帶的粵語（當地人稱廣州話或白話）；潮汕地區的閩語，主要包括潮州話（即潮語）、學佬話等；還有香港、興梅地區以及粵北一帶的客語。客語也稱客家話、

12　同上。
13　區鳳墀（1847–1914）男，名逢時，字錫桐，號鳳墀、穡叟。廣東順德人。基督教華人傳教士，興中會員，與孫中山系莫逆之交。

水源話等。廣東這些主要方言書寫基本一致，但發音卻完全不同，互相之間幾乎不能溝通。土生土長的廣州人，一般也聽不懂客家話和潮汕話。廣東人如此，更別提歐洲人了。

葡萄牙傳教士加斯帕·達·克路士（Gaspar da Cruz）在1569年出版了《中國志》。書中比較了中外語言的區別，"中國人的書寫沒有字母，他們寫的都是字，用字組成詞，因此他們有大量的字，以一個字表示一件事物，以至祇用一個字表示'天'，另一個表示'地'，另一個表示'人'，以此類推。"14

意大利人利馬竇曾提醒，學習漢語不像學習希臘語或者德語，"漢語是altra cosa，別的東西。"他到過廣東，不過沒有沿東江而上，而是在西江邊上的小城端州府（今肇慶市）駐足。他也許發現，即便端州與廣州相距不遠，但兩地所講的粵語，音調也不盡相同。他在端州建立了中國第一個教堂，教堂看上去像寺廟。此外還設立了或許是中國第一個西文圖書館。這位傳教士深知學習漢語和中國文化的重要，翻譯了《論語》和《大學》等中國經典，是傳教士學習漢語、了解中國文化的重要渠道。15

利馬竇的後來者，德國傳教士鄧玉函（Johann Terrenz Schreck）通曉多國文字，有着驚人的語言天賦，但在學習中文時還是遇到了極大的困難。1622年他在一封信中寫道："我花時間、精力學習這種語言已經兩年。然而既不能說也看不懂書籍，我們好像在學習三

14　張西平：〈歐洲的傳教士漢學何時發展成為專業漢學〉，《文匯學人》，2016.4.22。
15　［英］埃德蒙·德瓦爾（Edmund De Waal）：《白瓷之路——穿越東西方的朝聖之旅》，（梁卿譯），廣西師範大學出版社，2017.9，P119。

種語言（可能是指官話、方言和書面文言文，作者注），我在兩年
內還沒有學通三千個中文字"，"它們從我的頭腦中飛進又飛出，
就像鴿子出入鴿棚那樣"。[16]

現在，豪天立和同伴開始學習這被利馬竇稱為"別的東西"的
中文。他們這批準備前往中國的傳教士，集中到斯圖加特附近的
小鎮費爾巴哈（Fellbach）進行入門培訓。事實上，他們面對的挑
戰，比一般意義上的學習還要艱巨一些，在他們即將的駐地嘉應州
（梅縣），不但要懂漢語官話，包括文言文和白話文，還要通曉當
地方言——客家話。

在費爾巴哈教漢語的是位德國老師，中文名叫經褆福[17]，作為
一個傳教士他曾在客家地區生活了十幾年，專門學習中文、中國文
化，專攻客家話。差會考慮今後派往中國的傳教士，主要在廣東客
家地區，所以必須有這麼一位能夠專門傳習中文和客家話的老師。

經褆福戴近視眼鏡，留着小胡子，體態微胖。他為學生們提供
了自己編寫、由淺入深的教材《客語讀本》。研習中文多年，他掌
握了不少中國民間諺語，他在黑板上寫上一句客家老話，激勵年輕
傳教士："六十六，學不足"。

在梅州市地方志辦公室那個悶熱的房間裏，我在《五華縣志》
上發現了這句五華諺語。

16　北京行政學院：《青石存史——"利瑪竇和外國傳教士墓地"的四百年滄桑》，北京出
版社，2011.7。
17　經褆福（Gotthilf Kilpper 1884–1956），男，德國籍，在華時間1910–1938。

5

10月的早晨。天色微暗，像是要下雨的樣子。我們從紹恩多夫出發去魏爾海姆，那是豪天立的出生地。豪俊和那天穿着杏色長風衣，隨身帶了一把紅黃藍白相間的傘，打開，上面印着紅色中文字"黃塘福音堂成立120周年紀念，1876-1996"。

他坐在副駕駛座，猶如駕校教練，嚴格監控着車子的駕駛速度。祇要導航上速度標志由白色轉為紅色，顯示超速時，他就馬上提醒，"超速了"。就是在小鎮間公路上，前後都沒有其它車輛的情況下，也恪守規矩。

德國開車超速代價，我領教過。在限速50公裏的城市路段，開到59公裏。回國後，罰單寄到我在中國的家，罰款25歐元，準確標明違規的城市和路段，並附有駕駛人當時的照片。一切準確無誤，不容置疑。

魏爾海姆離紹恩多夫不遠。進入小城後，豪俊和指着迎面的一幢小房子説，那個地方曾經是自己的家，可惜原來的老房子已經拆掉了。

我們把車停在聖彼得教堂旁。教堂對面有一家小旅館。教堂外，幾棵參天大樹，一地落葉。樹下幾輛單車，幾個學生模樣的年輕人在聊天。

進入教堂，聖壇上耶穌受難十字架下，兩支白色蠟燭上的火焰在輕輕晃動。光綫透過彩色玻璃窗，燦爛奪目。教堂中殿綠色的座椅分左右整齊排列，後殿二樓上的管風琴熠熠發光。

入門處的牆壁上，掛着馬丁·路德[18]的巨幅油畫像。這位神學博士、基督教新教路德宗的創始人，頭頂黑色氈帽，身着黑色法袍，眼神憂鬱，手上拿着聖經。

忽而，教堂歌聲繚繞。聖壇下，六位男歌唱家和鋼琴師正在排練，譜架上的樂譜顯示正在練習的合唱《Komm Herein》（來吧），中殿上空充溢着多聲部“進來，進來，進來……”，歌聲渾厚。這是教堂即將進行的一場音樂會的曲目。

1926年12月12日。豪天立就在這裏踏上了布道臺。從神學院的單人祈禱室到面對廣大信衆的講壇，後者是一個更為寬廣的舞臺。那一刻，他心中祇有一個信念：“無條件地服從神的旨意是值得的。”

他向在座的差會主管，魏爾海姆的親友和信衆致告別辭，他説，“我要感謝許多朋友以往對我的幫助，要感謝上帝的眷顧”，“死神都已經走近了我，沒有人再能夠幫助我了，然而上帝還掛念我，讓我瞬間奇妙地活過來了”。

那一刻，他滿懷深情，“魏爾海姆有第一次牽手學步的母親和我的親屬，有許多青少年時期的悲歡離合。魏爾海姆是我成長的搖籃，到目前為止，我的生命歷程與家鄉禮拜堂緊密相聯”。

我想像豪天立的聲音還在教堂內繚繞，他的父母和兄妹仍坐在布道臺前綠色的那排木椅上，眼內閃着淚光。

18　馬丁·路德（Martin Luther，1483–1546），16世紀歐洲宗教改革運動發起人、基督教新教的創立者、德國宗教改革家。

近百年的時光，轉瞬即逝。教堂內複合的男聲，由淺綠色廊柱拱綫向上飛升，直指蒼穹，彷彿是歷史的回音。歌聲喚起人們記憶的某種機制，如阿蘭·德波頓所說，旨在提醒人們"應當敬愛什麼，感恩什麼"。

歌聲進入高潮，"好吧，開始吧！上帝賜予我們靈巧的雙手，讓我們開始工作吧。"

6

在巴色差會檔案館地下檔案庫裏，有兩件難得的藏品，豪天立往返中國使用的箱子，一個鐵皮箱和一個大木箱。這是豪俊和送給檔案館收藏的。

灰白色鐵皮箱的邊角上，有點銹色，一個旅行牌還掛在把手上，上寫："Swatow"（汕頭）字樣。這個地名的羅馬字拼寫，不是現在的普通話發音，衹有懂潮汕話發音人，才能確認它所指的地方。有朋友在英國研究潮汕地區的古村落，每周都到大英圖書館去查閱資料，試圖找到汕頭一帶村落的古地圖。多次用普通話發音的"Shantou"輸入電腦搜索，皆無結果。我提醒說，試用潮汕話發音的"Swatow"輸入？問題迎刃而解。

另一個漆着藍色油漆的木箱子比鐵皮箱大一些，側面寫着"Via Hamburg to Stuttgart（經漢堡到斯圖加特）"，說明了當年的旅途周折。

兒行千里母擔憂。雖然父母都支持兒子當傳教士，但當兒子真的被送往中國時，母親卻一時難以接受。考慮到此去要在中國待上8年的漫長時光，母親和家人開始為豪天立周詳地準備行裝，特別放上在熱帶生活需要的衣物、床單以及可能有用的相關用品。

那些熱帶地區用的外衣和便帽，由母親用家中那架老式縫紉機，一件一件地縫製。考慮到漫長的旅途會經歷由盛夏到秋涼的季節，他們又特別用薄金屬板制成三個大小不一的箱子，其中包括現被檔案館收藏的鐵皮箱，防止蛀蟲侵蝕羊毛衣物。

豪天立還不忘帶上正在練習的小提琴，還有那部袖珍手風琴。

行李中還有一件寶貝，一臺可折疊式鏡頭照相機和腳架。這是來自於基督教男青年會的禮物。所有這一切，都將在中國，顯示出它們的意義。

7

出發前，除了對未知的不安感外，內心另有牽掛。愛情之門對他來說，就像黑塞所說的，"還祇是一座關着門的花園，我畏怯而急切地期待在入口處。"

他時年26歲，將離開故土七八年之久，人生中最重要的一件事情，婚姻，能否在去國之前明朗？

或許是上天安排，在魏爾海姆教堂向大家告別前不久，愛情向他發出了清楚的召喚：瑪格麗特·費里茨（Margarete Elisabeth Fritz）出現在他的面前。其時，她從烏爾姆也到巴色差會進修。在那，他們相遇。愛情"花園"之門，向他們徐徐打開。

　　雖然未來的生活尚未知曉，但豪天立知道，以往的生活，成為過去，他將進入一個新的世界。他後來對子女說，"冥冥中上帝引領我走進費里茨（Fritz）的世界。"

　　事不宜遲，離出發時日無多了。1926年11月3日。他完成了人生中最重要的一件事情：與瑪格麗特訂婚。

　　瑪格麗特的父親費里茨（Christian　Gottlieb　Fritz）也是巴色差會傳教士，1887年加入巴色差會，1894年派出印度傳教多年。母親瑪爾塔（Martha Elsaesser Fritz）也是基督徒，他們1898年在印度結婚。在印度，他們沒有任何親戚。作為傳教士，他們在印度傳播耶穌基督的福音，並因而對印度的宗教、文化和生活有着深切的了解。在這樣的家庭環境中長大，對瑪格麗特的人生有着深深的影響。

　　費里茨先生有七個子女，除長子外，其他都是女兒。瑪格麗特在兄妹中排行第三。她比豪天立小三歲，1903年6月23日在出生印度，其時父親正在那裏傳道。她上有哥哥和姐姐，下有四個妹妹。

　　1904年10月，在瑪格麗特一歲四個月的時候，全家從印度回到德國。

　　兩年之後，1906年，父母再度遠赴印度的傳道，兄妹三人則留在德國。此後到她6歲那年，一直都寄養在紹恩多夫一個親戚家裏。

　　父母的第二個任期沒有預期的長，兩年後的1908年，因為熱帶氣候引起的健康問題，父親病重，父母不得不從印度回國。全家得以重聚。

1909年，瑪格麗特六歲，在紹恩多夫唸小學。學校那座磚紅色的大樓，至今猶在原地，窗户上貼着翻飛的蝴蝶。

他們曾在蒂賓根居住了一年。1911年，全家搬到多瑙河畔的烏爾姆（Ulm），也就是愛恩斯坦的出生地。在那，他們生活十餘年，直到1928年。

1917年，瑪格麗特上高中學拉丁文和希臘文。對女生而言，這個選擇與眾不同。她對音樂有特別的愛好，對鋼琴情有獨鐘。

1922年，她以優異成績畢業，原想攻讀醫學，當醫生。在印度，祇有女醫生才能給女病人看病。瑪格麗特希望像父母一樣，經過巴色差會的遣派前往印度，幫助那裏的平民百姓，她了解缺醫少藥給貧苦民眾帶來的不幸。"我想去印度，尤其是印度的女性世界，他們缺少醫生"[19]，她在一個報告中寫道。

一戰之後的德國，物質匱乏，通貨澎漲，普通老百姓的生活非常艱難。她父親作為傳教士，七個孩子的父親，傾其所有，也祇能為長子西奧多（Theodor Fritz）提供進入醫學院的學費，沒有錢供瑪格麗特實現理想。

瑪格麗特不氣餒，當不了醫生，可以當個護士。但她還有四個妹妹，眼下她既要幫助家庭，也要養活自己。她用幾個月的時間，到一個縫紉學校學習，掌握了22種手縫和機縫的手藝。之後，她去了離烏爾姆不遠的瑞士東部小鎮梅恩菲德（Maienfeld）當家庭保

19　瑪格麗特申請加入巴色差會的申請書，存巴色差會檔案館。

姆。一年後，去萊茵河上遊的沙夫豪森（Schaffhausen），照顧一個殘疾的兒童。

1924年1月，她終於有機會在烏爾姆一所醫院申請護士職業培訓，"我喜歡守夜。我能夠以極大的愛心照顧尤其是重病的人"，她回憶道。1925年春天，她和三名學生一起參加了州的考試，最後在奧芬巴赫的醫院成為一個注冊的高素質護士。她心裏，卻還想着那些印度的窮人。

豪俊和的記憶中，母親溫婉美麗、勤奮努力。

在一張大約1924年拍攝的全家合福中，站在父母後面的瑪格麗特頭戴護士帽，右手搭在穿西服的哥哥左肩上。大家臉上都蕩漾着幸福的笑意，祇有醫學院畢業的哥哥滿面嚴肅地注視着另一方向。

瑪格麗特（後右三）七兄妹和父母。（烏爾姆，1926）

當時他們生活在烏爾姆。

1926年6月14日，瑪格麗特離開奧芬巴赫的醫院，去巴塞爾參加聖經學習課程。在同學和老師眼中，她是一個有天份、勤奮、溫和，有音樂天賦並且充滿信心和愛的人。

在巴色差會檔案館裏，我曾見過她當年申請成為差會護士的申請書。

申請書寫道，"我出生在印度，從小成長在一個充滿愛的傳教士家庭和福音傳播的環境中。如果我要問自己，對迄今為止的生活和未來有些什麼展望的話，那這個願望就是我什麼時候能夠有機會把上帝的福音傳遞到那些需要的人中去"，"使命的概念從小就植根於我的生活中。"[20]

命運改變了她前往印度的意願。也就是在那一段時日，她未來的丈夫豪天立也在巴塞爾，並且剛剛完成了神學院的學業，正在準備出發到中國去。

在萊茵河畔美麗的古城巴塞爾，豪天立和瑪格麗特兩條命運的曲綫，終於有了一個對他們一生來說最重要的交匯點。

對他們的人生來說，這是一個好消息，也是一個壞消息。好消息是，1926年11月3日，就在豪天立要動身前，他倆訂婚了。壞消息是，根據巴色差會的規定，未婚妻是否適合從事傳道工作，尚需要得到教會委員會的審核。因而，瑪格麗特暫時還不能和豪天立一起到中國去。

20　瑪格麗特申請加入巴色差會的申請書，存巴色差會檔案館。

1926年11月3日，豪天立和瑪格麗特訂婚。（巴塞爾，1926）

這讓他們痛苦。訂婚後馬上分開，至少長達兩年。再說，她的未婚夫要去的地方，是遙遠的中國，而不是她的出生地，印度。

兩年之後能否相見，這讓豪天立和瑪格麗特都憂心忡忡。

8

1926年12月28日早上，離別的一刻終於降臨。

豪天立一行在巴色差會大樓集中，親朋好友把他們送到火車站。

旅途充滿了不可操縱的、隱含不安的未知元素。唯一明確的，是前面的道路將通向"世界遙遠的一角"。

遙遠的中國在西方人心目中意味着什麼？英國著名藝術史家恩

斯特·貢布里希回憶，“在我上小學時，中國對我們來說在‘世界的盡頭’”，“在歐洲國家裏，人們知道中國，首先是通過那裏的藝術大師制作的精致瓷器和象牙制品”。[21]

1939年，當時還是小學一年級學生的蘇珊·桑格塔希望誇大自己與同學的差異，她想到了中國，她對同學們説，“我是在中國出生的”，她想讓人以為，自己與這個遙遠的國土有關聯。中國，她後來説，似乎是“人能去的最遠的地方了”。可以確認的是，她父母長年生活在天津，成功經營一家毛皮公司。而她本人，則是在紐約出生的，母親“平安生下蘇珊後不久，她就重返中國，回到丈夫身邊”。[22]

是的，中國，無論在地理還是心理上，對豪天立的同輩來説，遙遠且陌生。

火車緩緩開動，豪天立揮手向親人告別，一陣冷風在他面前掠過。

在那個寒冷的冬日，他回憶道，“一種從未有過的孤獨感襲來。”

21　［英］恩斯特·貢布里希（Ernst H. Gombrich）：《世界小史》（吳秀杰譯），廣西師範大學出版社，2016.3，P78。

22　[美]卡爾·羅利森、莉薩·帕多克：《鑄造偶像：蘇珊·桑塔格傳》（姚群偉譯），上海譯文出版社，2009.4，P5。蘇珊·桑塔格（Susan Sontag, 1933-2004），美國作家、藝術評論家。

7 熱那亞——香港：死亡並不像我們想像那樣遙遠

> 儘管死亡是一幅遠景，但它總在不斷
> 逼近，總是蜷伏在每個瞬間的陰影之中。[1]

1

青年牧師豪天立一行，離開瑞士巴塞爾，經陸路到達意大利港口城市熱那亞。

熱那亞位於利古里亞海北岸，是意大利最大的港口，地中海沿岸僅次於馬賽的第二大港。

他們將從這裏登船，告別歐洲，穿越地中海、印度洋和太平洋，由西往東，最後抵達目的地：中國。

從西往東的大洋航行，曾經是商人、傳教士和冒險家的不二之選。馬可·波羅讓他們相信，東方的中國，是一個美好的所在。加拿大歷史學家卜正民寫道，17世紀最狂熱的追求，是橫渡"東西海

---

1 [英]彼得·伯克賽爾（Peter Boxall）語，英國學者和作家，薩塞克斯大學英語系的教授，因主編《有生之年一定要讀的1001本書》而廣為人知。

洋間未知的水道"；是通過旅行、接觸、接受新知識，縮減原本無可彌合的距離；是以自己的故鄉為抵押，換取一個自己嚮往的世界。那是17世紀人心中的火焰。那股無休止的移動浪潮，將許多人分散到全球各地。[2] "而今天，正是同樣的願望、野心、渴望與動力在推動着世界變小。" [3]

到了20世紀，人們對東西大洋間的水道，已經不再陌生。然而，茫茫大洋，水天迷蒙，船頭所向，仍然充滿未知和不確定性。

現在是21世紀。2月的歐洲，寒意尚濃。

昨天離開巴黎時，灰蒙蒙的天空飄着小雪。我從巴黎飛尼斯，再從機場乘車取道意大利熱那亞，途經摩納哥、聖雷莫，沿着地中海的海岸公路由西往東開。地中海煙波浩渺，海灣怪石嶙峋，路邊別致的別墅一幢幢向後退去。公路邊的巉岩和山坳的田野上，覆蓋着昨夜的殘雪。大約兩個半小時的車程，下午三點鐘，到達意大利熱那亞港口。

和豪天立八十多年前不同，在熱那亞港口碼頭等候我的，是一艘十幾萬噸級的郵輪，二十幾層高，從碼頭往上看，巨輪就像一座從海面拔起的大廈，巋然屹立。

冬日的熱那亞。陽光隱沒在雲層後面。從港口向外望去，第勒尼安海面呈深沉的鉛灰色，海浪輕輕的拍打着碼頭外的防波堤，濺

2　［加］卜正民（Timothy Brook）：《維米爾的帽子——17世紀和全球化世界的黎明》（黃中憲譯），湖南人民出版社，2017.7，P204。

3　［印］納揚·昌達（Nayan Chanda）：《綁在一起——商人、傳教士、冒險家、武夫是如何促成全球化的》（Bound Together），（劉波譯），中信出版社，2008.5，PVIII。

起灰白色的細碎水花。

我預定了第十八層一個帶陽臺的海景房。從陽臺俯瞰碼頭，依山而建的熱那亞城，層層疊疊的建築從港口一直向山上次第上升。高架路在城市的建築間一劃而過。遠望，隱約可見山中錯落的房子和遠山頂上的白色積雪。一股寒風在臉上掠過，我趕緊返回房間。

4點整，郵輪啓航。這是一艘環地中海航行的郵輪。我們將在船上度過七個日夜。前方是巴塞羅那、羅馬、突尼斯和西西里島。郵輪在地中海上轉了一圈以後，乘客既可以選擇回到熱那亞下船，也可以直接就在沿途的某個港口下船離開。

此行大部分時候，地中海風平浪靜，這艘十幾萬噸級的巨輪，除了偶然有點晃動外，基本不會有什麼不適的感覺。遊客的注意力，被吸引到每天晚上精彩的魔術和雜技演出上。每天上午10點鐘，米其林廚師在船尾酒吧示範如何做地中海菜。白天，可以埋首於幾個全天候的音樂咖啡吧，欣賞風格各異的音樂。餐廳裏，每個遊客有一張固定的餐臺，在專門服務生的細心服務中享受意大利大餐。此外，自助餐廳全天供應的餐食，足以讓你眼花瞭亂，可以邊用餐邊欣賞大洋上的日出日落。一切看來賞心悅目。

不過，郵輪啓動半小時後，所有乘客都集中在一個大廳，每人一件分發橙紅色的救生衣，讓你套在脖子上，學習如何使用。這無疑是一個提示，即便此刻風平浪靜，海上的航程其實風雲莫測，風險隨時出現。

踏入郵輪上的圖書館那一刻，我恍然想起泰坦尼克號，也想起豪天立第一次海上之旅，他也從這裏踏上遠航的輪船。

2

那也是一個冬天。

從歐洲到中國的海上之旅，遙遠而漫長，費時一個多月。

在巴色差會的史冊上，遠航是"生與死"的代名詞。1920年，七位前往中國梅縣的傳教士也是從熱那亞出發，其中兩位在船上感染了流行性感冒並引發肺炎。3月24日到達香港後立即送進醫院，其中一位得以復原，但施萊達[4]牧師，一位瑞士農民的兒子，不幸病逝於醫院。同船蘇瑪利（M. Schweizer）護士，一路上精心照料兩位患病的同伴，因此也傳染了流行性感冒，雖然終於捱到梅縣，但兩個月後，卻也離開人世。[5]

從中國返回歐洲的航程，也同樣充滿風險。1920年7月，曾在梅縣樂育中學任教的德國籍教師梅顧道[6]回國休假，途經上海時因病住院，最終未能返回家鄉，病逝於上海的醫院，年僅32歲。

《虔貞女校》一書提供了一組統計數字。1920到1922年，僅僅兩年，巴色差會派到中國來的27位男傳教士、11位女傳教士，3位醫生，19位婦女，共60人。其中有4位傳教士因故喪失生命。

1926年12月29日，豪天立一行共15人，從熱那亞踏上他們遠赴

4　施萊達（Friedrich Schlatter, 1890–1920），男，瑞士籍，1912年加入巴色差會，在華時間1920.1.6–1920.4.4。

5　唐冬眉、王艷霞：《虔貞女校》，花城出版社，2015.8，P159。

6　梅顧道（Kurt Rosenhauer 1888–1920），男，德國籍，在華時間1913–1920。1920.7.16病逝於上海。

中國的航程。對他們大多數人來說，是人生中的第一次遠航。

　　啓航之前的那個下午，豪天立一行得以在熱那亞匆匆一遊。熱那亞是哥倫布的出生地。從11世紀開始，就是地中海地區重要的港口之一，商船頻頻往來於歐亞之間的水道，市場之手遠及中國。對哥倫布那一代生長在沿海城市的男孩子而言，"海洋是通往冒險的寬闊大道，是充滿浪漫的區域"，"遍訪每一個國家、在海上遊弋、在每個海域戰鬥等"，往往最能燃起他們心中的激情。不過熱那亞一位歷史學家說，根據長久的經驗，我們知道，假如有20人離開熱那亞，能夠返回的還不到兩人：他們要麼死於國外，要麼要國外定居，或者就此隱姓埋名。[7]

　　此時，德國客輪"德富靈格"號泊在碼頭上。船中央的大煙囱

停泊在熱那亞港口的"德富格靈"號遠洋輪。（意大利熱那亞，1926）

―――――――――

7　[美]華盛頓·歐文：《哥倫布與大航海時代》（代曉麗譯），中國友誼出版公司，2020.10，P29。

冒着淡淡的黑煙。這艘遠洋客輪看上去大約祇有近萬噸的排水量。在當時看來，它堪稱“外觀雄偉”。

和豪天立一起上船的，有他的好朋友、來自斯圖加特的露潤黎醫生。醫生已婚並有一個年幼的兒子，所以獲准帶上家人同行。一行中還有護士馬愛仁[8]以及在費爾巴哈教過漢語的教師經提福等人。

在船上，豪天立幸運地分到了一個有兩個窗戶的房間。很多房間卻連一扇窗也沒有。

下午兩點到六點，行李裝船，一件件貼着“請勿倒置”的行李，被搬運工人重重地拋進貨艙。就像現在我們有時在飛機舷窗往外看到的那樣，搬運工將人家小心奕奕地包裝好的箱子，從行李車上拖出來，然後用力拋上通往機艙的傳送帶上。

熱那亞城依山而建，夜幕降臨，萬家燈火。

船員收起舷梯，豪天立和家鄉的最後聯繫，彷彿就此切斷。輪船的銅管樂隊，整齊排列，一首接一首地演奏鼓舞人心的進行曲，像是要給這些即將遠離家國的旅人鼓氣。

豪天立站在上甲板的尾部，一時浮想聯翩，彷彿彌漫的思緒之網，能拖住即將啟航的輪船，延緩和歐洲的分離。

船員們麻利地收起最後一根纜繩，大聲喊道：“準備就緒！”

客輪緩緩滑入茫茫的夜色之中。前面是風雲變幻的無邊海洋，

---

8 馬愛仁（Emma Martin, 1899-1975），女，護士，德國籍，在華時間：1926-1947。

遠方是戰爭連綿、動蕩的中國大地，自己遠離故鄉和家人的命運是否也安排就緒了呢？祇有上帝知道！

人們在船上忍不住頻頻回首，直到陸地上最後一點燈光也完全消遁。輪船被嚴實地裹在黑暗裏。

豪天立回到船艙。他拆開朋友直接寄到船上的信，思念的翅膀，飛向隱沒在夜色中的歐洲。

在船上，時間變得富裕。他回到房間，在隨身行李中翻出打字機，插上紙，噼噼啪啪地敲出了海上筆記的第一行句子： "Unsere Reise Mach China，29. Dez.1926（我們的中國之行，1926年12月29日）"。[9]

藍色的字母在紙面上跳躍，人生新的一頁就此翻開。

3

新年除夕。他寫道：

晚上，大海開始興風作浪，向我們發起挑戰。船體搖晃，不少人連除夕晚宴也不能參加了，平常人滿為患的餐廳最後祇剩下六個人。

一位來自柏林的醫生中午還吃得興致勃勃，說十分期待晚上再來大快朵頤。但到了晚上，他雖然真的來了，但眼睜睜地看着眼前美食，無法下咽，不得不悄然收兵。

---

9 豪天立：《我們的中國之行》（船上旅行筆記）（Unsere Reise Mach China,29.Dez.1926），豪俊和提供。

我還好，獨坐一旁，觀察周圍各人的反應。這時，我有點"幸災樂禍"地說："又一位英雄戰死疆場！"

保留下來的海上筆記有6頁。深藍色的德文字母，密密麻麻地擠在一塊，看似呼吸艱難。豪天立慶幸自己沒有暈船，他繼續敲擊字母鍵，以興奮的心情迎接即將到來的新年：1927年。

1月1日，大海恢復平靜。

風平浪靜時，他們在船上的生活倒也愜意。同行有多位傳教士，除了他們15位巴色差會牧師，還有8位瑞典和芬蘭牧師、1位布雷克魯姆傳教士和1名柏林修會大夫。他們每天都在幾乎歸他們專用的後甲板上作晨禱。雖然各有來路，目的地也不一樣，但在這趟將世界縮小的航程中（納揚·昌達語），卻也情同手足。

每逢禮拜天和節假日，他們做全船大禮聖祭，其他乘客也會參加。根據教規，他們不參與任何"傷風敗俗"的娛樂和消遣，大部分時間都在埋頭讀書或交談。他們珍惜當下，因為知道，不久，他們將奔赴偏遠地區傳教，開始孤獨的傳道生涯。

陪伴他們的還有輪船樂隊。每天上午11到12點、晚上8到10點，是音樂會時間。這時，音樂聲與大海的濤聲互相呼應，讓乘客一時忘卻外頭的風浪。

輪船靠岸的第一個地方，是埃及的塞德港，地中海通往紅海蘇伊士運河的入口。

對在海上飄浮的乘客來說，停靠在每一個碼頭，都是節日。悶在船上幾天，所有人這會兒都會興高采烈地下船，投寄信件、體驗當地的民俗風情。氣候逐漸遠離歐洲的嚴寒，這裏甚至與熱那亞都完全不同，艷陽高照，大家換上了夏裝，還買了太陽帽遮擋烈日的曝曬。

豪天立帶着發現的驚奇回到船艙，在日記上回憶道：

我們剛一上岸，一群當地人就爭着為我們當導遊，很多商販也千方百計地向我們兜售商品。我發現，一旦我一個人落在後面，商販們就會圍上來，向我兜售明信片和各種首飾，其中一個甚至說自己也是德國人，我們要躲進到一間帽子店裏。但一出來，他們又像先前一樣尾隨着我們。我們選了看上去最規矩的一位當地導遊，並付給他兩先令。

我們想參觀清真寺，但老守門人根本不想開門。雖然倫茨牧師反覆表示我們會獻儀，但他隔着窗戶打量我們良久，仍然無動於衷。透過窗戶，我看到有一位穆斯林正在祈禱，他立正站好、跪下、親吻地面、全身匍匐、起立，如此反覆。

我們終於說服看門人讓我們進去，他說去拿鑰匙，卻好久未找到。後來我們發現可以從後門進去，換上秸稈編織的拖鞋後就自行進去了。清真寺雅致的拱門和阿拉伯廊柱讓人讚嘆不已，裝飾格調非凡，整個建築讓人嘆為觀止。

我們回船的路上，遇到一群賣地毯、絲巾和所謂鴕鳥毛的小商販。我看到，有人頭腦一熱豪擲二十先令買的東西，後來竟然被殺價到三先令。

夜幕降臨後，我們準備啓航，商販們雖然下了船，但仍划着舢板來到輪船邊不停地兜售。他們高喊"阿莫斯"、"瑪麗女士"拉生意，有一個居然做成了，在最後一分鐘賣出一套波斯掛毯，要價一百先令，二十成交。商販把纜繩拋到輪船上，把裝着成交貨物的籃子送上去，再把錢拉回來。

啓航前，一個穿着遊泳褲的黑人來甲板上收錢，説馬上給大家表演雜技，眾人紛紛解囊。他把錢放進自己的大嘴，爬到最高處縱身躍進大海，不見了踪影，留下一船望洋興嘆的看客。

黄昏時分，輪船駛進蘇伊士運河，緩慢而沉靜。太陽浸入大海，把沙丘間時隱時現的柔軟海面染成深紅，熠熠生輝，美不勝收。水面上浮動着岸上棕櫚和其它熱帶植物倒影。一切好像一幅熱帶黄昏詩意圖！

最後一抹陽光消逝。黑夜伴隨着"德富靈格"號，蝸牛般地穿越狹窄的蘇伊士運河。

從蘇伊士運河到紅海這一段，天氣出奇的涼爽，與之前的悶熱大相徑庭。

12小時後，客輪渡過了蘇伊士運河。

這時，右側是非洲大陸的挺拔山峰，左側是阿拉伯半島的連綿沙丘、駝群和帳篷。不久，左邊祇剩下光秃秃的紅色山脉。接下來兩天的航行，客輪兩側都祇是茫茫大海。遠航恍如一次地理和人文的探索，豪天立發現，紅海雖然以紅為名，但海水卻是藍色的。人們的生存環境、條件和生活方式，竟也有如此巨大的差別。他繼續寫道：

1月9日，我們駛抵也門的丕林島，它面積不大，扼守紅海大門。小島異常堅固，除了光禿禿的石頭外沒有任何誘人之處。

我們中午登島，島上居民多骨瘦如柴，房子簡陋。島上有一座英國人經營的煤廠。此外，除了石頭還是石頭。我看到的唯一綠色植物是長在木屋陰影中的一叢刺柏。這樣的島嶼居然會有人和動物，真是不解之謎。

我們進到村子裏，男女老幼立即圍上來討錢。碼頭停着的運煤船上全是人，根本看不到煤。所有人都當搬煤工，一條船上一百多號人。他們遠遠看到我們的輪船，都像孩子似的使勁揮手吶喊，興高采烈，有的還在煤堆上跳起原始舞蹈。

晚上，乘客們告別丕林島。客輪駛出紅海，繼續向印度洋的亞丁灣和阿拉伯海航行。對豪天立而言，印度洋的東岸，是他未婚妻瑪格麗特出生的美麗國家印度，也是他曾經充滿暇想的國度。

1月17日，我們抵達錫蘭首都科倫坡。它與窮困的丕林島相比真有天壤之別。這裏到處是高挑的棕櫚和果實累累的芭蕉樹。錫蘭人看來營養充裕，手臂滾圓，和丕林人的嶙峋瘦骨形成鮮明對照。

印度公牛拉着一車車色彩斑斕的水果悠閒地走向集市，我們也好奇地一同前往。水果集市貨物豐富，可稱物美價廉，小販們靜待買主。我們大有收穫，帶着滿足感離開市場，然後取道人間天堂般的維多利亞公園返回。

途中我們順道參觀了一座佛寺。和塞德港不同，寺廟的人熱情地請我們脫鞋後進去。管理員友好地帶我們參觀寺廟。對基督教他也有所了解，並樂於和我們進行交流。當天恰逢滿月節，很多香客帶着鮮花、貢品前來朝拜。他們滿懷敬畏地匍匐在地，頂禮膜拜。

漫步街頭，臨街有不少工匠、理髮師和裁縫，他們來自不同民族，信仰不同宗教：基督教、佛教、伊斯蘭教。印度教徒服飾精美，氣宇軒昂；阿拉伯人或穆斯林則頭戴紅色菲斯帽。我們在海邊棕櫚樹蔭下駐足，觀賞吐着泡沫的湛藍海洋。

路經一所郵電局，人滿為患。

回港口時，有同伴發現丟了一支貴重的相機三腳架，回去找，三腳架仍在原地，毫髮無損。和意大利人的偷盜滑狎相比，異教徒印度人的童叟無欺讓我們感慨萬千。意大利人不僅偷了我們的地毯和珍貴信件，還把船上的座椅布割下盜走。

輪船再次開動，我們在甲板上一直眺望錫蘭的富饒海岸，久久不忍離去。

4

離開科倫坡第二天，大家擔心的事情終於發生。

豪天立回憶道，那天，傳教士們剛祈禱完，祇見一名年輕乘客跑過甲板，上氣不接下氣地大喊：“有人落水了！”

豪天立和同伴立即趕過去。輪船離出事地點已經開出了一段距離，紅色救生圈漂浮在海面。輪船正在緊急調頭，同時把載有救援隊和指揮官的救生艇放下。二十分鐘，才艱難地在把頭調回去，開往出事地點。救援隊奮力划槳，在海面上搜尋因安全繩斷裂而落水的遇難者。所有人都盯着海面，仔細地尋找，但過了大約半小時後不得不無功而返。

奇怪，落水的這位船員水性很好，又有不少救生圈，怎麼會落水遇難呢?也許他墜落時受了重傷，也許被吸進了螺旋槳的漩渦之中，也許遇到了經常在那一帶遊弋的鯊魚？無論哪種原因，事情就發生眼前，就在瞬刻之間。看來，“儘管死亡是一幅遠景，但它總在不斷逼近，總是蜷伏在每個瞬間的陰影之中。” [10]

德富靈格號繞出事地點一周，降半旗致哀後祇好繼續前行。遇難者祇能聽天由命，幸存的機會甚微。當天，噩耗傳到他的家人，大家都在哀悼這位為服務大家而殉職的船員。

晚上，翁德里牧師在為遇難者舉行追思彌撒，諄諄告誡眾人，“死亡並不像我們想像的那樣遙遠，而是近在咫尺。”

在死亡的陰影籠罩下，客輪重啓它的航程。經過烏拉灣後，於1月24日抵達新加坡。

---

10 ［英］彼得·伯克賽爾：《有生之年一定要讀的1001本書》，中國畫報出版社，2021.9，序。

　　進港時，我們對這個昔日的漁村充滿好奇。港口緊挨英式宮殿般的建築和防禦工事。儘管每天都有衆多遠洋巨輪從它身邊耀武揚威地駛過，但它並不自慚形穢。我們的輪船緩緩駛入港口。

　　上岸後參觀的第一個景點是新加坡植物園，其富饒美麗讓我們大飽眼福。最令我們嘖嘖稱奇的是被高大的棕櫚樹和參天的竹林層層環繞的一湖碧水。湖面上蓮花盛開，爭奇鬥妍。她們像聖潔的女王，高聳在片片荷葉上，略帶羞澀地張開花萼，沐浴在被棕櫚葉打碎的和煦陽光裏。

　　在這裏，一直有朋友陪着我們。上午是一位來自卡倫的中國教友。輪船一靠岸，他就大聲喊着向我們做自我介紹，毫不做作。下午，一位修女的親戚請我們乘車遊覽市容。

　　從離開熱那亞向東航行以來，每停一個港口，豪天立對紛繁的世界就多了一份體驗。新加坡街頭簡直就像是一個種族博物館，各色人種、東西方的語言和方言，世界各民族文化在這裏濃縮交融。每一個十字路口，筆直挺立、維持車輛和黃包車交通的是印度錫克族警察；拉黃包車滿大街穿梭的是華人；開車有驚無險避開川流人潮的是衣着簡樸的馬來人。還有身着白色亞麻衣服的歐洲人。

　　新加坡當時是世界第二大商港，每天有五十艘巨輪停靠，是東亞和東南亞各國通往世界的大門。英國正投入巨資把新加坡擴建成自己在東方最大的海軍基地。當地人靠種植和加工橡膠發家致富。新加坡的房屋質量千差萬別：富豪的宮殿般的建築奢華無比，風格迴異；而農夫和苦力的棚屋則寒酸簡陋。英國人規劃的商業區和街道布局堪稱典範。居住在這裏的外國人甚至包括一部分德國人。

1月24日至31日，我們從新加坡開往香港，一路驚濤駭浪。許多人暈船，臥床不起，其他人祇好傾力幫助，連單身漢都擔負起給嬰兒餵奶的職責。大海咆哮，巨浪騰空，追逐着輪船，拍打着艦橋和甲板，其壯美令人心生敬畏。波濤呼嘯，洶涌的大海不斷改變容顏。陽光與浪花，幻作五彩。狂野的海水變幻出的絕美彩虹，借助風傳送到一個個波谷浪尖。我樂在其中，猛然發現自己從頭到腳都和海水親密接觸，嘴裏不時嘗到了它的鹹味。

我情不自禁，想用相機拍下海浪前赴後繼衝向船體的雄姿，但剛按下快門，巨浪就衝上甲板，慌亂之中我不得不立即躍過欄杆跳上樓梯才躲過一劫。後來洗照片時，我發現根本沒拍上，失望至極。還有一次，海浪的衝力把我拋向通風竪井，我死命抓住欄杆，總算沒掉下去砸傷下面休息室裏的神父。他正在那裏吸雪茄、喝啤酒玩牌呢。

離開新加坡不久，客輪即抵達此行的最南端，離赤道僅十二海里的海面。然後調頭北上，穿過南中國海，直奔中國。離中國越近，豪天立的心情越是不安。他在打字機上繼續敲打：

海上突然狂風驟起，巨浪滔天，似乎要讓我們做好去中國的心理準備。

我們忐忑不安，在風暴的拖延下，1月31日才終於抵達香港。

　　迎接我們的，不再是鬱鬱蔥蔥的印度式棕櫚山嶺，而是一望無際的禿山坡。它們雖然也不無魅力，但和印度的熱帶美景相比則風格迥異。我們要去的中國不是童話國度，而是殘酷現實。我們看到的，不是漫山遍野的和平棕櫚樹，而是英國人修建的堅固工事和遍布香港的戰艦。

　　1927年1月31日，客輪終於向香港碼頭駛近。從意大利的熱那亞出發，途經埃及、印度、新加坡等地，經過一個多月的海上顛簸，航行終於結束在香港。

豪天立（後排左一）一行傳教士們在輪船上合影。（1926）

　　夜色中的維多利亞港燈火明滅，時值冬季，1月的海風冰涼地貼在臉上，但比起歐洲，這裏顯然要暖和多了。

　　世界以自己的多姿與新奇，給首次離開歐洲的年輕傳教士上了第一課。以前，豪天立衹能在地圖上感知這個世界；現在，展現在眼前的是和歐洲完全不同的自然景物、地貌，膚色、衣着、語言和文化。不管準備好了沒有，遠航讓世界流動，讓彼此的世界逼近。你或可以選擇接近，也可以選擇固守自己熟悉的一切，徘徊在交流和融入之外。

　　遙望中國，硝煙彌漫。去年冬，北伐軍攻陷南昌，孫傳芳主力被殲；這個月初，軍閥郭松齡與張作霖在東北混戰。就在12月29日，豪天立從意大利啓航的那天，軍閥徐樹靜在廊坊遇刺，被馮玉祥的部下在火車站槍殺。

　　豪天立面前，彷彿是布滿暗礁的航道。

　　他走下舷梯，漫長的中國之旅，正式開始。

第二部　山道悠長

8　香港──中文和客家話

> 他聽着人們的話音起起落落，不知道自
> 己該怎麼站立，怎麼鞠躬，不知道是該注視
> 對方的眼睛，還是把視綫移開，不知道搖頭
> 是什麼意思，飯該怎麼吃……[1]

1

1927年的香港。2月18日，大雨滂沱。

其時，已經在廣州中山大學任教的魯迅先生應香港中華基督教青年會邀請，在香港做了兩次分別以《無聲的中國》和《老調子已經唱完》為題的講演。他説，"浙江、陝西都在打仗"，但香港"似乎很太平"。

2月14日《華僑日報》在預告魯迅來港的消息時介紹説，"周樹人（即魯迅）先生為現代吾國學術界泰斗，革新運動先驅，海內外聞名。"

那天，基督教青年會小禮堂内，來聽演講的人不少。但魯迅先生的演講，一口江浙口音，在以粵語為主的香港，據當時報刊反

1　［英］埃德蒙·德瓦爾語：見其《白瓷之路》，廣西師範大學出版社，2017.9，P119。

映，能完全聽懂的人卻不多。

香港學者盧瑋鑾談到這次演講時說，魯迅來港，祇作了兩場演講，逗留時間不長，而且講粵語的聽眾聽不懂他的浙江話，演講祇能靠許廣平（廣東人）現場翻譯成粵語，"所以魯迅來港的影響力雖然可能很深遠，但在當時，卻不是可以引發出火花的。"[2]

語言是人際溝通的重要橋梁。據說時任第十七任港督，在印度出生的英國人金文泰爵士（Sir Cecil Clementi），為了更好地與香港人打交道，不得不花功夫用心學習中文，熟悉中國傳統文化，逐步精通中國官話和粵語，以致當年印度詩人泰戈爾訪問中國途過經香港時，也驚訝於金文泰的語言能力。

太平山頂是當時英國和歐洲的達官貴人聚居之地，有纜車來往於山頂與中環之間。在太平山頂上，可以遙望維多利亞港藍色的海面。英國殖民者的紳士和淑女們坐在1873年開張的山頂酒店（The Peak Hotel）高雅的咖啡廳裏喝着下午茶，煞有介事地討論着當日的股市行情和中國的局勢。

"香港曾是一塊山石嶙峋的高地，佔地26平方英里，曾是漁民和走私者抵擋風暴的掩蔽所……來自全球不同角落的各種因素——英國商人、印度鴉片、中國茶、新大陸日益減少的白銀，匯合成一股大漩渦，催生了香港。"[3]

山下，1927年1月31日，豪天和一眾傳教士抵達香港，還未來

2　趙稀方：《魯迅1927在香港的演講影響有多大》，《羊城晚報》，2016.4.24。
3　［印］納揚·昌達：《綁在一起》，中信出版社，2008.5，P142。

得及領略維多利亞港的美麗風光，就受到香港修會兄弟姐妹的熱情迎接。他們的行李，一個個沉重的鐵皮箱和木箱，由帶着草帽、赤膊的挑夫從船上搬運到半山上的"巴色差會樓"。

巴色差會樓，在香港深水埗，是巴色差會行政機構所在地，從1905年到1951年，這裏也同時成為差會來回歐洲及各國傳教士的中轉站。他們通常在香港這個"華洋混雜"的地方居住和學習一段時間，以適應中國南方的環境和氣候，學習中國文字和語言。

豪天立一行踏上新大陸，在這裏，他們第一次見到中國教友。豪天立馬上發現，儘管他在德國學過一些漢語，卻無法和他們交流，彷彿中間隔着一條壕溝。英國作家埃德蒙·德瓦爾這樣描述傳教士們踏上新大陸時的窘境，"他聽着人們的話音起起落落，不知道自己該怎麼站立，怎麼鞠躬，不知道是該注視對方的眼睛，還是把視綫移開，不知道搖頭是什麼意思，飯該怎麼吃，這是什麼食物，上一頓飯又是什麼食物。"

然而這正是豪天立要在香港停留的目的。按預定計劃，他們先留在香港，在差會新成立的中文語言學校學習半年或三個月漢語。

2

巴色差會首批派往香港的傳教士於1847年抵達。1861年在西營盤高街設立總部和教堂"四角樓"，同時辦女校"巴色女義學"推動女子教育。當時西營盤一帶居住的，以客家人為主，教會採用客家話宣教。

　　1931年，教會重建"四角樓"，也就是今天的"救恩堂"，在一條街道的斜坡上，現為香港一級歷史建築。

　　豪天立和同伴在"巴色差會樓"安頓停當，很快就投入到中文的學習之中。一張老照片留下了他們學習時的情境。7位學生圍坐在一張小長方桌旁，低頭看着課本，露潤黎醫生坐在桌子後中間的位置，豪天立則坐在他的旁邊。穿白襯衣的老師經禔福和一位着長衫的中國老師，站在背面墙壁上一幅巨大的"中華大地圖"前。

在香港巴色差會樓的中文語言學校學習中文和客家話。豪天立（左四）、露潤黎（左五）和教師經禔福（右五）。（香港，1926）

1927年4月14日，豪天立在發給巴塞爾的1927年"第一季度"報告[4]中寫道：

2月22日，中文語言學校開課，對我們這些新生而言，是一個令人愉快的時刻。我很珍惜這個學習機會，借此我想對該校的建立表示衷心感謝。在香港停留，並非為了舒適和安全，而是為了學習使用語言這一強大武器。我們參加學習的每一個人，都希望努力投入到這個全新的學習中去。我們將充分利用好這段學習的時間。

我們六名新生分成兩個班，每個班三個學生。那些已經在德國費爾巴赫上過中文課的，在A班；在這裏才開始學習中文的，在B班。我自然是在A班。今天學習寫第697個中文字。

我們每天上午有兩節課：從9點到10點，老師是經褆福兄弟，12點半到1點半是中國老師的課。其餘時間是輔導課，對話練習等等。

和中國傭人們一起上街，也有很多可以練習對話的機會。

聽中文講經，以及每周聽寫課程上，我們能聽到連貫的中文發言。每一次聽寫前會進行翻譯等練習，通過多次重複以記住學過的內容。經褆福老師在課上主要講那些我們不熟悉的慣用語和句子結構。每人根據時間和精力進行書寫練習。課上的材料我們都盡量背下來，學完一節後，我們背誦或者複述剛學完的內容。

很快我們就會用學過的詞匯，寫作短文。

經褆福老師精心備課、上課認真，對幫助我們掌握中文這門困

4　豪天立：1927年第一季度報告，藏巴色差會檔案館。

難的語言很有幫助。

　　我每天學習8到10個小時，有時間和精力的話還會複習課程B的教材。在費爾巴赫上的課程B主要是日常口語。課程A的表達和書面語書寫更加豐富一些。

　　學習雖然緊張，但我們頭腦清醒，身體健康。

　　經過一個階段的學習之後，老師給他們做了一次聽寫，内容是司馬遷《史記·留侯世家》[5]中關於張良[6]的兩段故事。一段是"張良刺秦"，公元前218年張良在博浪沙刺殺秦始皇的故事；另一段是"孺子可教"，張良在沂水坦水橋上三遇隱士，經受多次隱忍考驗後，終獲隱士授予《太公兵法》[7]。張良精心研讀《太公兵法》，後成為漢高祖的重要謀士，為漢朝的建立，立下汗馬功勞。

　　豪天立把這個故事也寫在報告中，"我在老師的幫助下把它從漢語文言文翻譯出來"，"從語言學角度來看，故事不僅有趣，而且讓我對中國的思想世界有了啓發性的認識"。

　　他發現，其實讀過的每一個故事，都隱含中國文化的"啓示"，都能從中得到啓發。他寫道，"中國的敘述者喜歡在故事中

5　司馬遷，西漢史學家、散文家，後世尊稱為太史公。公元前104年，司馬遷開始《史記》寫作，歷時14年完成，是中國歷史上第一部紀傳體通史，記載了從上古至漢武帝太初四年間共3000多年的歷史。《留侯世家》收錄於《史記》中，是一篇關於張良的傳記。

6　張良，潁川城父（今河南郟縣）人，出身於韓國貴族世家，秦末漢初傑出謀臣，西漢開國功臣，政治家，與韓信、蕭何並稱為"漢初三傑"。秦滅韓後，為報國亡家破之恨，在公元前218年（秦始皇二十九年），借秦始皇東巡之機，在博浪沙（河南省原陽縣東郊）刺殺秦始皇，行刺失敗，成功逃脫。

7　《太公兵法》，又稱《太公六韜》、《六韜》，據說是中國先秦時期典籍《太公》的兵法部分。

添加'道德'元素。""張良經歷過博浪沙和圯水橋上的挫折，可謂歷經考驗。在這之後，才取得了成功，成為中國歷史上的著名人物。"

豪天立還注意到老師對故事的評論，"他試圖把中國的精神遺產和耶穌的教導相結合，讓中國文化與基督教和諧相處。用中國思想文化對聖經條文進行全新解釋，對我們來說頗為新鮮。"

他們同時還學習中國地理。了解中國的環境，包括地理和氣候，民間信仰和風俗等。在課堂裏那幅"中華大地圖"上，找到了將要前往的地方，嘉應州（梅縣）。它看上去實在是毫不起眼的一個小點而已。

課餘，他們到香港各處遊覽，感受這個由英國人管治的殖民地。如果天清氣爽，站在太平山頂上，可以俯瞰整座城市。英國人亨利・卜力曾以同樣的視角觀察上世紀初的香港和維多利亞港，在他的記憶中，"我們能看到九龍這座平坦的半島，還有從東面一直蔓延到西面的崎嶇山群。不過，香港最吸引人的地方是海港，豪華大氣，蔚藍色懷抱裏倚靠與遠東地區進行商貿活動的各國大汽船。海港内還有350艘汽艇，海港以此為傲，它們在擁擠的海港中全速行駛，證明了中國船員驚人的膽略。晚上，這裏的景色更加迷人，因為海上和岸邊有無數的燈光閃爍跳躍。海岸綫在燈光的映襯下顯得格外醒目，黑漆漆的海面上倒映出來的星光似乎比別處更加耀眼，與船上的萬點燈光交相輝映。"[8]

8　〔英〕亨利・卜力：《遇見中國》，上海社會科學院出版社，2017.11，P105。

香港的市井生活，讓傳教士們覺得新奇。在九龍旺角一帶的廟街和油麻地等小街，店鋪招牌林立，鋪面小巧精緻，商店、飯館通宵營業，擺賣小商品的小攤一個挨着一個，還有算命占卜，街頭賣藝，老式餅店、麻雀館，是香港人口密度最大，最為市井的街區。

"香港的早晨很有意思"，"忙碌的街頭熙熙攘攘都是身着藍色衣物的人"，亨利寫道，人們"在街邊的店鋪吃早餐，桌子都擺在街邊，上面擺滿了米飯和粥，還有已經摘擇好了的各種蔬菜、肉類，包括生的家禽內臟、魚片，以及醬油和其他調味品。"[9]傳教士們發現，這裏是另一種語言——粵語的世界，學過中文和客家話的德國人，一句也聽不懂這裏的方言。

倒是回到教會裏，彷彿到了一個客家人的世界。客家人來香港開荒定居有三百多年的歷史。在18世紀中期，就陸續有客家人從五華、興寧來香港創業，曾有多達一百多萬的客家人居住在香港，建立了400多個村莊。[10]由此他們明白了為什麼人稱巴色差會為"客家人的教會"。

時間飛逝。在香港轉眼間半年就過去了。8月，豪天立的語言學習要轉到內地的梅縣去。梅縣號稱是客家人的中心，那裏是學習客家話最好不過的環境。

他們收拾行李，準備上路。有人提醒説，廣東不太安全，從香港到梅縣的旅行，要經過漫長的內河水路，而沿河不時可能會有強盜襲擊。卜力在《遇見中國》一書中寫道，在上世紀之初，中國主

9　同上，P108。
10　林文映：《客家人南遷香港的五個時期》，梅州日報，《掌上梅州》，2017.8.31。

要運輸要道的內河，"也是河盜經常出沒的地方"，"如果不支付被勒索的金額並插上暗示已付錢的旗子，中國的船不可能安然通過河流。"

有聞於此，豪天立不免擔心起來，要不要先把值錢的東西藏起來？他拿起那枚珍貴的、有紀念意義的鍍金訂婚戒指，"我要不要把它藏在衣領裏面，以免萬一被強盜搶去？"

臨行，他在巴色差會樓預訂了一個客房。他寫信告訴未婚妻瑪格麗特，"我已經訂下這個房間作為兩年後的婚禮之用。"

3

1927年7月9日，星期六。豪天立一行準備向中國內地進發，"祇帶了一根棍子和一捆隨身行李"。

他們在香港的語言學校學習了5個半月的漢語，現在幾個人之間可以用客家話磕磕碰碰地進行簡單的對話了。對中國南方濕熱的熱帶氣候，他們也慢慢地適應了。

10人的行李終於打包，整裝待發。9日下午，他們離開住了接近半年的"度假屋"，從半山來到碼頭，登上了開往汕頭的輪船。

讓他們感到莫名其妙的是，原以為輪船馬上就出發，但實際上拖到第二天，10日星期天的早上，船還沒有啓航。輪船上下，中國船員還在忙前忙後，往船上搬東西，似乎完全沒有"準時"這個概念。沒有人告訴他們什麼時候啓航，什麼時候抵達目的地。他們也不知道是否要敦促主人開船。

1894年，愛丁堡大學醫科學生喬治·莫里循"打扮成一個中國教書先生，穿着厚棉布長袍、長褲、襪子和麻鞋，戴着中國帽子，拖着辮子，沿長江徒步旅行，直到雲南、緬甸。他的秘密是"在中國旅行如果要圖快，就千萬不要着急。對所有偶然的事情要顯得不在意，不能被任何延誤惹得冒火，即使真的着急趕路，也要假裝根本無所謂。"11

最後總算是開船了，但碼頭上卻仍有不少人想擠上輪船，一片喧嘩。有人冒着掉下海的危險，在朋友的幫助下奮不顧身地從登陸橋爬到已經在海面上緩緩移動的輪船上，那些僥幸爬上輪船的，興奮之情溢於言表。

輪船駛離維多利亞港，沿着廣東省的海岸綫向東航行。不久，香港便在他們的視綫中隱去。

傳教士們的心境，從等待開船時的焦慮慢慢平復。再次回到大海，讓他們回想起半年前那次從歐洲到亞洲整整一個月的遠航。

"大海再一次展示了自己美妙的魔法，像一個不光滑的鏡子一般托着我們，看起來親切、平和"。

"我們一步步踏入了動盪的中國大門"，豪天立在日記中寫道。

---

11 ［澳］喬治·莫里循（1862–1920）：《1894中國紀行》（李磊譯），中華書局出版社，2017.4，P328。

9　車馬很遠，書信很慢

> 我們人類有一種本能——記錄可能隨着
> 時間的流逝而丟失的感情和記憶，並與他人
> 分享。[1]

1

傳教士是最早將中國的信息傳遞到西方的傳播者之一。

其中，書信是最常用的傳遞方式。

衛三畏[2]是美國最早來華的新教傳教士之一，1835年秋天，他從廣州乘船到澳門，珠江兩岸秋收的風光，吸引了他的目光。

沿途看到農民正在收割水稻，他在一封信裏留下了這樣的文字：

1　[英]西蒙·蒙蒂菲奧里（Simon Montefiore）語，見其《書信中的世界史》(王濤譯)，湖南人民出版社，2020., P1。

2　衛三畏 (Samuel Wells Williams, 1812–1884)，美國漢學研究的先驅、第一位漢學教授。從1833年10月26日抵達廣州，直到1876年返美，在華時間長達43年。著有1600餘萬字的《中國總論》（The Middle Kingdom）一書。

……珠江兩岸都可以看見……男人、婦女和兒童勞作，人工打谷，風車揚谷，婦孺拾穗。天氣宜人，男女老少齊上陣，一年四季都像這樣幹得歡，連乞丐都來參加，收割土地上的果實……今年秋天的收成相當好　……不遠處的山頂上有兩座寶塔，明麗如畫，引人注目。

　　他在信中詳細記載了在中國的所見所聞。在廣州，他走街串巷，"從不漏掉以前未察覺的東西"。晚上則在書信或日記裏，把當日所見，事無巨細都記下來。[3]書信中隱藏着他的抱負——為日後關於中國的鴻篇巨制積累素材。

　　這麼做的西方人不止一個。早在1785年前後，荷蘭裔美國商人范百瀾[4]曾在中國的鄉間旅行，他對觀察這個古老中央帝國的鄉村有濃厚興趣，每有發現，都會在書信中詳細錄下[5]：

　　我敢説，在我的目力所及的四面八方空間裏，沒有任何令人不快的景觀……外表上看，一切都展現出繁榮和幸福。

　　在山頂上修寶塔，使美景增色。在河流上插入水車，其設計遠勝美國水車。他們在山上修梯田，增加種植莊稼的空間。

3　[美]約翰・海達德（John Haddad）：《中國傳奇——美國人眼裏的中國》（何道寬譯），花城出版社，2015.7，P207。

4　范百瀾(Andreas Everardus van Braam Houckgeest, 1739-1801)，荷蘭裔美國商人，荷蘭特使。喜愛中國文化，1796年在費城附近買下一家農場，修建了一座宏偉的"中國休閑居"，舉辦中國展覽會。

5　[美]約翰・海達德（John Haddad）：《中國傳奇》(何道寬譯)，花城出版社，2015.7，P20。

兩條山脈之間的美景令人震驚。我肯定，許多歐洲人願意千里迢迢來欣賞如此令人陶醉的美景。

范百瀾保持獨立觀察，提醒自己，決不在書信或日記中收入"任何遊人或作家的任何文字"，他"寧可少休息幾個小時，也不能漏掉任何令人注目的東西。"[6]

據説18、19世紀歐美文人寫信，喜歡自留底稿，將原信抄上一遍再寄出。在他們看來，書信也是一種創作，日後寫作或出書信集時，這些原始記錄可以派上用場。如此，書信不但可在親友間傳遞信息和情感，而且可能流傳後世。

無論是衛三畏還是范百瀾，他們在書信和日記上，根據個人觀察，也帶着想像，留下自認為客觀的記錄，成為早期西方人解讀和重構中國的重要文本。

2

除了日記和工作匯報，豪天立也勤於寫信。

1927年7月11日，周一上午。他們一行在從香港登上去往汕頭的輪船，一路向東。客船沿廣東海岸航行，海風拂面。

豪天立當年是否也有過日後書寫"鴻篇世制"的打算，不得而知。但有一點可以肯定，正如拜倫所説的，"書信是連接孤獨與良

6　[美]約翰·海達德（John Haddad）：《中國傳奇》(何道寬譯)，花城出版社，2015.7，P20。

伴的唯一工具"。豪天立要給遠在德國的未婚妻瑪格麗特和親友們寫信，分享所見所聞，以排遣心中的孤獨。從香港到汕頭，再到梅縣的這一路上，他和衛三畏與范百瀾做着同樣的事情，詳細紀錄沿途所見的一切，還有自己的心境。

有人説，旅行中最大的困難不是抵達，而是如何抵達。豪天立知道，到達汕頭後將不會有人接應，一切都要靠自己。船頭在波浪中起起伏伏，正如他此刻的心境。他在給未婚妻的信中不無擔憂地寫道，"我們的生命像小船一般，飄蕩在反覆無常的波浪上，沒有任何人的幫助，祇有靠對上帝的信仰。"

輪船接近汕頭，豪天立急切地想從目中所及，找到認識和理解中國的路徑。他在信中寫道：

當我們從船上俯視海面時，突然看到一艘小船正在努力靠近我們的輪船。開始還以為是它運氣不好，差點撞上我們的蒸汽船，但事實並非如此。

當我們還沒來得及弄清是什麼回事，小船上的人就已經用鈎子鈎住輪船的艙口靠近我們。旋即，有六七個人從小船爬上輪船，並馬上混入輪船的旅客中。祇有兩名男子還留在小船上。誰都不知道發生了什麼。

我們這艘船的船長是一位英國人，他非常生氣地從船橋上走下來，想把小船趕走，但沒成功。隨後，他打電話向兩名印度士兵求助，但還是不管用。船長再次出現時，乾脆直接用輪船上的煤塊砸向小船上的人。印度士兵則試圖解開小船掛在輪船上的鈎子，但這些頑固的"追隨者"知道如何巧妙地避開煤塊並牢牢地扣住輪船。船長和船員的所有努力都失敗了，遭到那些機敏靈巧的無賴之徒的哄笑。

我這時覺得，這似乎不是一個講秩序的世界，歐洲人在中國也沒有什麼大的影響力，甚至船長對自己的船都沒有絕對的控制。

緊接着，又出現一艘接一艘的小船以同樣方式掛靠在輪船上，並將小船上的人用繩索和杆子送上輪船。最後我們粗略算了一下，船的左右兩邊加起來共有數十艘小船，我們的輪船不得不一路拖着它們往前駛。中途爬上輪船的人馬上和原有的乘客混在一起，難分彼此，艱難地擠在船的走廊上（幸運的是，他們祇是普通背着行李的旅客，而不是劫匪）。我們不得不佩服這些人的大膽和靈巧，並為那些未能登上甲板而滑落水中的人感到遺憾。

當我們終於靠岸時，輪船和碼頭擁擠不堪，水面上一片混亂。一條小船在混亂中傾斜，行李生掉落到水裏，發出淒慘的喊叫聲。雖然有人落水，但小船上的人看上去卻沒什麼反應，對生命的消亡似乎麻木不仁。

靠岸後，我不小心把同行安娜一把貴重椅子掉到水裏。因為我夠不着它，旁邊一條船上的一個中國人把它抓住了。讓我非常失望的是，他把椅子藏了起來。然後他把椅子放在火上烘乾，舒服地坐在上面。我向他做手勢，讓他把椅子還給我，但他臉無表情，毫無反應。我讓我們船上的船夫向他交涉。結果是我不得不給了他一個半馬克，要回了這張原來並不屬於他的椅子。

　　所有這些，對我們這些外來人來説，都顯得陌生。

　　汕頭，是豪天立踏上中國内地的第一個城市。他們要在這裏住下，轉乘内河船，繼續下一段旅程。

　　汕頭其時是一個繁忙的商埠，是一個重要的通商口岸。1860年開埠的"汕頭埠"，擁有中國最大的内海灣，港口成了水路交通的中樞。粵東地區去往港澳、珠江三角洲以及海外的商客，多不走顛簸費時的陸路，而從水路到汕頭，再轉海輪前往。

　　據文獻介紹，開埠前僅1857年，進入汕頭的外國船隻就多達120艘。1858年，清政府與英國簽訂《天津條約》，將汕頭開通為通商口岸。西方一些國家的輪船公司，先後在汕頭設立分公司或辦事處，並開通了多條海内外的航綫。這裏先後設有十幾個國家的領事館。汕頭一時"商賈雲集，樓船萬國"。

　　恩格斯於1858年11月18日刊登在《紐約每日論壇報》的《俄國在遠東的成功》一文中，稱汕頭是《南京條約》繼五口（廣州、廈門、福州、寧波、上海）通商之後　"唯一有一點商業意義的口岸"。

　　其時，汕頭透着港口商業城市的氣息。永平路一帶的騎樓街，車水馬龍，商鋪林立，門前招牌次第排列。臨海的外馬路，可見歐陸風格的建築，郵局外立面有英文"Post Office"和中文"郵局"字樣。小公園一帶是商業中心，抽紗公司、大洋行的職員衣冠楚楚，富小姐和太太身著旗袍，在傳教士們前招搖而過。

　　在汕頭，他們一再體驗到中國方言的複雜性。和他們擦肩而過的中國人，既不講官話或粵語，也不講客家話，説的是潮汕話。這種方言，給正努力學習客家話的德國人澆了一盆冷水，既覺得有趣，也很困惑。

"在中國，各省（地）使用的方言都不一樣。過去，因為語言的不通，打鬥和衝突不斷。直到今日，汕頭的船在香港港口靠岸卸貨，港口要雇用許多汕頭的苦力，如果港口的苦力都是廣州人，那港口就可能因為語言不通而陷入混亂，在貨物卸載完成之前可能就會發生打鬥。"[7]曾任港督的英國人卜力在他的書中説。

傳教士們在碼頭附近找了一家旅館住下。晚上，他們站在陽臺上舉目觀望，到處都是"來去匆匆的行人"。碼頭周圍是苦力、來往的乘客、叫賣的小商販，還有拉着黃包車四處攬客的車夫。

中國是陌生的。從香港到汕頭，他們一路所見，無論自然風物、城市景觀，特別是這裏的人，他們的行為舉止，也和自己熟悉的大為不同。

豪天立在信中告訴瑪格麗特：

在汕頭，我們住在Palace旅館。旅館頗為歐化，美食和服務都不錯。但床單和桌布都不太好，桌布上有很多洞。自然，服務生的英語也差強人意。

我們稍後去税務局。走到市場附近，看到有一個成年男子站在水面的船上，赤身裸體地沐浴，他不是在水中，而是在一條船上，

7　[英]亨利・卜力：《遇見中國》，上海社會科學院出版社，2017.11，P 44。

把水往自己的身上澆，旁若無人。這裏可是一個半現代化的港口汕頭，有十五萬個居民啊。

事實上，我們看到許多類似事情。一方面我們敬佩中國人的單純和謙虛，但另一方面他們有些行為舉止卻讓我們驚訝。晚上，在旅館門前，我看到一個中國人搬來一張床，把它放在大街上，他把鞋子放在床下，在周圍的喧囂中入睡。

汕頭這個港口城市承受着巨大的壓力。但對於我這個陌生人來說，更感壓抑的，是到處都是人。在狹窄街道，幾乎看不到馬車，看不到汽車，祇有人，到處都是。

晚上，當我們站在旅館陽臺上時，看到了一幅典型的中國畫面，這麼多人擠在這麼窄小的空間裏生活在一起，真不容易。

衛生狀況也讓豪天立和同伴擔憂。他們看到，河水非常髒，糞便在水上漂流，但船民直接飲用沒有燒開過的河水。就歐洲人當時的衛生常識，無論是自來水還是井水，都必須燒開後才能飲用，否則容易得痢疾。

儘管如此，為了準備下一段的航程，他們開始學習新的“課程”，與這裏的人打交道，海關、碼頭、船運：

昨天，我們得先把行李從海關那裏提取出來，並裝上開往梅縣的船，這費了我們不少時間。船主告訴我們，還得等待潮汐合適的時間，才能開船。

等到我們能夠出發的時候，已經過去了一天半的時間。

一句話，這裏的一切，"festina lente"（拉丁語，意為"欲速則不達"）。

7月12日中午，他們終於登上了開往梅縣的河船。這是通過一個經紀人事先租好的，船乾淨而寬敞。儘管行李佔了不少空間，但覺得還好，最高興的是除了船夫和他們一行傳教士，沒有其他陌生的搭客。

在碼頭停泊的時候，這艘船和周遭其他船隻緊緊擠在一塊，難以想像怎麼啓航。不過，船夫嗓門大，沒多久，船就用力撞出了一條水路，駛出港口，離開汕頭。

河船首先進入韓江，往北方開去。船夫們用力地划着滿載的船，一邊大聲嚷嚷，一邊唱着勞動號子，長長的船槳，吱吱嘎嘎地震動了整艘船。

豪天立第一次乘搭這樣的大蓬船。它既是客船也是貨船，船上裝什麼，全由租客決定。他們將有好幾天要待在河船上。從汕頭，經由潮州，沿韓江、梅江北上，到梅縣。

船夫們很友好。聽到這些藍眼睛高鼻子的外國人居然能説一點客家話，讓他們非常高興，馬上泡茶招呼。

3

關於粵東韓江、梅江流域的鄉村風土人情，在傳教士到來之前，鮮見外國人深入到這樣的角落並留下文字和圖片記錄。

進入廣東的内河後，畫風和香港完全不同。船沿韓江北上。船上，船夫們使勁地搖着船槳，逆流而上。這是一艘帶風帆的大蓬船，船夫們有時候划槳，有時候張開風帆，借助風力航行。船夫，是教士們最早在内地近距離接觸的中國人。

現在，豪天立坐在睡袋上，把一個小箱子放在胸前權當桌子，動筆給瑪格麗特寫信。眼前的一切，充滿了新鮮感，都是可以描述的故事。

我們上了一艘漂亮的河船，船上有10名勇敢的中國船夫，船向河流的上遊駛去。

船滿載乘客和行李，逆流而上，行進得相當緩慢。船夫們互相配合，臉上透着堅毅的神情。

他們熱情地招呼我們喝茶。我帶着一點奇怪的感覺，小心翼翼地端起看上去不太清潔的杯子，在主人熱切的期待中喝下第一口地道的中國茶。

船艙中央放着一張小桌子，上面放着口盅和杯子，四圍放着幾把竹椅子和一張小藤椅，這是客人們吃飯的地方。船艙兩邊有兩張小床，床上掛着蚊帳。蓬頂上吊着香蕉和晾乾了的蒜頭，還拉着繩子，上面掛着晾洗的衣服。光綫從可以挪動的拱蓬間空隙進入窄窄的艙室。

船艙前的地板上卷着纜繩，艙門板外放着兩個柴爐和一個木桶。這裏是船夫們做飯的地方。至於用水，出奇地方便，河水像是一個取之不盡的大水缸，從船上彎腰舀起來便是。

　　船上由主人提供飲食。中午，飯菜在艙室中間的桌子上擺開，教士們所見，沒有刀叉，祇有兩根"神奇的棍子"。

　　我們每天吃兩頓中餐，一切都很好，飯菜也很豐富。沒有面包，我們像中國人一樣，吃米飯、肉和蔬菜，喝茶。有時經提福的傭人給我們做飯。然後我們圍着一張竹桌，坐在我們的行李包和箱子上吃飯。

　　我們還不擅長用中國筷子。漢語有個成語"騎虎難下"，在祇有筷子的（緊急）情況下，我們祇好一邊玩笑，一邊用這種奇怪方式接受這項傳統技巧的挑戰。

　　我們剩下太多飯菜，不過中國廚師倒沒有抱怨。[8]

　　豪天立貪婪地用眼睛搜索，祇見沿河兩岸風景像電影畫面般不斷切換。透過輕紗般的薄霧，不時見到散落在山邊掩映在樹叢中的客家村落。這一切，離歐洲那麼遠，在初來乍到的年輕教士眼中，"像是一個夢"。

　　現在他心情輕鬆，以抒情的筆調，描述眼中的風景：

　　很快，我們見到了充滿生機的中國農村。這裏，在一片綠色中，她最深處的祥和景象一覽無遺。岸邊竹林在陽光下舒適地搖

---

8 豪天立給瑪格麗特的信，編號74。

曳，山脉在我們面前如此寧靜，美麗的小村莊從它們的藏身之處安然地迎接我們，彷彿上帝就平和地生活在那裏。

傍晚，太陽柔和的金色灑在河面上，與山脉天鵝絨般的綠色相映襯。夕陽西下，太陽閃耀了最後一下，然後嘟囔着沉了下去。

寧靜的夜晚到來了，夜色彌漫在河面和岸上的村莊。

近晚，船半途停泊在一個村莊附近，這是當天的目的地。忙碌的船夫收拾停當後就馬上休息了。

豪天立祈禱，"聖潔的夜晚，你將來自天堂的平安注入心中，給疲憊的朝聖者安息，並撫平他的痛苦......"。

現在，我們第一次在河船上過夜。船上有兩個隔間，一間是給有家庭的人用的，另一個間住的都是單身漢（很遺憾我還屬於這個行列。但我明白，傳教士的生活總是伴隨着約束）。船夫們則在另一個地方休息。

一條窄窄的通道貫穿全船，通道兩側是隔間。這邊睡着我們三個單身漢，那邊睡着三位女護士。我們都睡在厚厚的蟻帳下，燈光昏暗。

我躺在睡袋和中國墊子上。我開始睡得很好，後來卻要不斷地起來打蚊子。

整個晚上，姐妹們頭頂上的燈都亮着，彷彿船蓬頂下一個聖潔的角落。

讓女士們吃驚的是，一個船夫衝進船艙，隨即躺在他們睡覺的地方吸起煙來，煙味在窄小的船艙裏彌漫。幾乎每頓飯後，甚至一直到深夜，我們都被這種"甜蜜有毒"的氣味籠罩。我不能肯定，他們吸的是鴉片嗎？

第二天，河船繼續前行，韓江兩岸，時而出現的田園詩般的意境，再次讓豪天立着迷。平緩的山坡上鑲嵌着綠色的田野，山谷裏彌漫着淡藍色地煙霧，就像畫家用心描繪的畫卷，他不禁想起故鄉萊茵河兩岸的風光：

我們經過的地方，風景非常美麗，讓人着迷。這裏河面的寬度，和德國萊茵河在格倫扎克鎮的那一段接近。河谷又寬又平，直到背影中的山突然出現。兩岸風光特別迷人，可愛的鄉村一個接一個，遠遠可以看到村落裏古老的客家房子。竹林在風中舞動，舉目所至皆是這樣優美的景觀。

眼前的畫面不斷變化。山巒時近時遠，這一刻平順如波，另一刻卻挺拔如峰。山上沒有森林，但覆蓋着新鮮的綠草。

河水泛黃，有點髒，時深時淺。今天早上我們原地不動。沿河岸相當陡峭。在平坦的地方，竹林背後隱藏着的小村莊，看起來真好。竹林或高或低，在風中搖擺，如此可愛，彷彿輕輕地在風中親吻對方。一些小船在竹林陰影下休憩。如果河兩岸都長滿了竹林，風景更為更美麗。

傍晚，我們的船靜靜地滑行於呈橙紅色、閃閃發光的水面，寬闊的江面如鏡子一般。河道上船來船往，朝着沒有強盜出沒的安全之地駛去。

夜裏，我躺在船上，靜觀天空中那奇妙的光。它是如此寧逸，似乎我們那一刻並不在一個"不安全"的中國。

此時，我猶如在夢境中：明年，年輕快樂的我們將一起享受這裏所有的美。即便這是一個危險、陌生的世界，你和我將幸福地生活在美麗的家園。

我的心愛人，我真希望和你一起，傾聽微拂的清風、緩緩流動的河水。在這塊美麗的土地上，我想和你在一起，聽你可愛的聲音與天籟之樂。在這樣一個地方，我想吻你。眼前這個美麗、陌生的世界，將會變成我們的家，因為你在哪裏，哪裏就是我的家。

現在我們快要到達潮州府了。晚上，我將盡快發出這封信。願上帝保佑你。[9]

4

離開香港的第8天，他們到達潮州府。

潮州府是個水上交通的中轉站。下一段，從潮州往梅縣的水路，河船需要有動力的汽船來牽引。碼頭用抽籤的方式決定先後。教士們詢問，如果付費的話是否就可以獲得優先通行的機會？

但出租汽船的當地人告訴他們："先生們，其他人也有錢。"

9　豪天立從潮州府發給瑪格麗特的信，1927.7.14。

他們略感意外，但也高興，因為全憑抽簽的話，機會就比較公平了。他們的運氣還不錯，抽簽的結果是祇需要等待一天就可以離開。這倒也不壞，恰好讓他們有時間到潮州城內作一日遊。

第二天，豪天立一行入城。他們獲知，潮州是個有名的古城，是潮汕人的祖籍和重要的聚居地。明清時期，它是廣東省轄下的一個府，他們即將前往的嘉應州（梅縣）等客家地區，也都在潮州府統轄之下。

和汕頭相比，潮州有另一番氣象，少了點洋味，多了點書卷之氣。唐代著名文學家韓愈與潮州的密切關系，讓當地人頗感自豪。公元819年，號稱"唐宋八大家"之首的韓愈被貶為潮州刺史。儘管他在這裏祇逗留了7個月，但留下了不少佳話，成為潮州的傳奇。當地人建韓文公祠，並把流經的河段稱為韓江，以為紀念。

城中氣度不凡的開元古寺，暮鼓晨鐘，據說平日香火盛旺，人來人往。豪天立去遊覽的那天"卻沒看到太多人來朝拜"，樂得清靜。更讓教士們高興的，是看到了東門外被譽為"中國四大古橋"的湘子橋。中國古代築橋技術和藝術，讓他們嘆為觀止。"我們還欣賞了大約從查爾斯大帝時代[10]就存在的古老石橋，它結構堅固，巨大的石塊架在一根根石柱上，今天仍可以供行人安全地來往"，豪天立寫道。

他還說，"我們看到了一個真正的中國城市，它的歷史可以和歐洲任何一個城市相比。"

---

10 日爾曼查爾斯大帝時代，約在公元742–814年。

一群歐洲人在古城裏出現，當地人有什麼反應？豪天立發現，人們的表情各有不同，"既有出於驚訝的讚賞，也有出於害怕的厭惡"，他後來在報告中寫道。

5

旅途中，豪天立記錄的並非都是詩情畫意。時而傳來"強盜出沒"的壞消息，讓船夫們和搭客們都頗為憂慮。豪天立想到自己的訂婚戒指，也不免惴惴不安。

傳聞，大約10天前，因強盜出沒，這一帶的鄉村極不安全。可幸的是，據說政府剛抓了一幫匪徒，情況已有改善。

7月16日，汽船牽着河船，繼續在江上往目的地行駛。豪天立在船上埋頭寫他的"第75號"信：

早安，親愛的，現在航行又開始了。一艘小汽船牽引着我們的河船前行。宜人的微風輕拂我們的船隻。我的身體和情緒都甚佳。今天，我們的旅行真美妙。船在蜿蜒的河道上航行，清風送爽到每一個角落。

昨天晚上，放下簾子準備睡覺時，聽到女僕大約 12 歲的女兒在船頭和船夫談論我們生活中的上帝。她可愛的聲音純稚自然，讓人愉悅，給我留下深刻印象。她離開去後，船夫還在繼續談論。

我們每天兩次誦唱聖歌。在燈光下，我們唱了很久，旋律在熱帶的夜空中回蕩。

上帝奇迹般地守護着我們，讓我們免遭敵意和强盜的襲擊。這可能是一個神聖而仁慈的天意。

6

船沿韓江北行，至三河壩（今三河鎮）。這裏是韓江、梅江、梅潭河三江交匯處，江面開闊，四面環山。船經過三河鎮的老碼頭，祇見古宅、商鋪沿岸排列，老城墻隱隱現現。繞過小鎮向西，蓬船開始進入梅江水道。

汽船牽引河船的終點站，是梅江邊上的小鎮，松口。

松口也是千年古鎮，客家人由閩遷粵的始居地之一。它的建制甚至還早於嘉應（梅縣），所以當地人有"松口自古不認州"的說法。明朝末年以來，這裏一直是客家人往來南洋的第一站，人來客往，商貿繁榮。松口港曾是廣東內河的第二大港，有個火船碼頭，沿河停泊着來往的商船和客船。

直到上世紀60年代，韓江與梅江之間的往來水運依然繁忙。從梅縣往潮汕去的是煤炭、水泥、柴火竹木等原材料為主的貨物；從潮汕往梅州來的則是海產、食鹽及農副食產品。

在梅江，常有由原木搭成的木筏在江面上緩緩順流而下，山區的木材沿此水路運出山外。木筏有幾十到百米長不等，駕木筏的筏工吃、住都在上面，順流而下。

　　船上數日，傳教士們與船夫相伴，同吃同住。船夫們對沿途的風景熟視無睹，他們或唱歌，或喊號子，或沉默不語，都衹為了抵達目的地。豪天立眼中那些"勇敢的船夫"，以船為家，幹的是力氣活，挣的是辛苦錢，是最底層的勞苦大眾。

　　即使到了上世紀六七十年代，船家的生活方式仍沒有多大的改變。松口一位船夫回憶道，舊日船夫風餐露宿，在船板上席地而卧。早餐通常是稀飯咸菜。吃喝洗刷全靠河水，"船上沒有廁所，都是對着大河撒歡的"。"船上配有小水缸或木桶，河水渾濁時，會用裝有明礬的竹筒攪動缸裏的河水，懸浮物沉澱後，河水即清澈可用。

　　如果是逆水行舟，那既是體力活也是技術活，"但我們也有自己的輕巧辦法。梅江河上不時有動力船拖拽着一串駁船上行，每次我們都向主航道的船隊靠過去，抓住駁船的船幫借力前行"，船隊自然不悦，但喝斥、驅趕多無效果，"好説歹説、軟磨硬泡、死皮癩臉，耍流氓似的糾纏"，不覺中船已走出了一二里地。這樣往復幾次，十幾公里水路，一小半就"好風憑借力"地"蹭"了過來。

　　沒活兒的時候，客家船夫們不得不整日耗在船上，百無聊賴。有時在潮州港輪候拖船，一兩天甚或長達兩三天都無所事事。"晚上實在太悶，就上岸去看潮劇，其實一句也聽不懂潮州話在唱什麼，就是打發日子。"[11]

11　卜新民：《梅江船夫》，《記憶》公眾號，406期，2019.04.30。

在松口停泊了一夜，雖未有"江楓漁火"、"夜半鐘聲"的意境，卻也平安無事。第二天，船離開碼頭，繼續沿梅江航行。河道蜿蜒，河水靜靜流淌，在陽光的照耀下熠熠閃亮。豪天立站在船頭上，舒展困倦的雙臂，迎接這新的一天。

船夫告訴他們，"快了，大約還要兩天時間，就能到達梅縣"。[12]

1927年7月17日。很快就要到嘉應州了，豪天立匆匆寫下了他給未婚妻瑪格麗特的"第76號"信件：

親愛的，嘉應州就在眼前！你那裏的時間是早上五點半，你此刻正站在上帝的面前。在這艘動蕩的船上，我與你向上帝真誠地禱告。也許我上岸後就能夠收到你可愛的信。此刻，我在嘉應州第一次深深地吻你。

7

2019月6月。德國紹恩多夫。

這個下午，艷陽高照。從豪俊和家頂樓書房的側窗往外看，晴空一碧如洗，天邊飄着幾片白雲。近處的山坡上，草地和果樹特別的綠。街道空寂，衹停着兩輛黑色的轎車。

豪俊和把父母當年的信件找到了。"我收藏了父母的信件，父親寫過的報告、筆記等文本文件，我哥哥則收藏了他們所有的照

---

12 豪天立在梅縣寫給巴色差會的報告，1927年7月31日，藏巴色差會檔案館。

片。當我意識到照片的價值時，又從他那複製了一部分，並保留了下來。"

車馬很遠，書信很慢。"這些信件，在漫長的郵路上，大約要費時4到6個星期才能遞到對方的手上。保險起見，也方便查尋信件是否寄失，他們在發信時會在封信上寫上編號。這樣做，在回信談到某個話題時，可以指出話題出自哪個編號的信函。"

豪俊和搬出一個大紙盒子，打開，信件整整齊齊地放在盒子裏。所有信函都按照當年寄發日期以及編號等，連同信封一起分成若幹小捆。

從德國發往中國的郵件。編號1，1927年1月2日，兩人分別才幾天，瑪格麗特迫不及待給豪天立發出"第一封信"，從烏爾姆到香港。其時，豪天立剛剛啟程不久，還在遠航的客輪上。

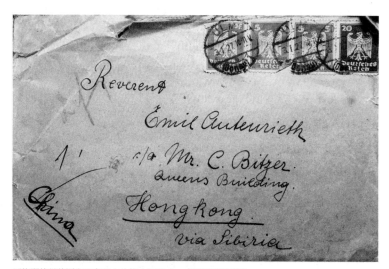

瑪格麗特從德國寫給豪天立的信（編號1），從烏爾姆到香港。

親愛的埃米爾，此刻，我有一種奇異的感覺。我知道你的輪船仍在去往中國的大海之上，我卻在如此遙遠的地方給你寫信。是的，我渴望了解你的航程，知道那艘輪船將帶你經過的每一個國家，以及你生活中的每一個瞬間。我想和你一起經歷這所有的一切。

親愛的，我和你一起，祈求上帝的精神和力量，即便道途困難，也願他給你的內心灑滿陽光。"[13]

信封上寫着"via Sibiria"(經由西伯利亞)，這意味着這封信離開德國多瑙河邊的烏爾姆後，會先北上莫斯科，走西伯利亞大鐵路到遠東的海參崴，最後才到抵達香港。西伯利亞大鐵路1916年全綫通車，從莫斯科到海參崴，全程9288公里，據說是世界上最長的鐵路。

我看到一張經過同樣郵路的明信片。這是1912年由德國寄往中國長樂（五華）萬保全牧師收的。明信片也同樣經過西伯利亞鐵路，上面注明"經西伯利亞、汕頭"，信封上留下了上海、汕頭、興寧等5個郵戳，最後才到達長樂。

從中國到德國的郵件呢？細看豪天立1928年12月27日從廣東梅林發給德國魏爾海姆父母的信。信封背面的封口處，加蓋了豪天立長方形的個人印章，印章方框內左邊刻着"安流梅林"，右邊"耶穌教堂"，中間是寄信人的名字和地址"Rev. E. Autenrieth, Moilim.

---

13 瑪格麗特寫給豪天立的信，編號1，1927.1.2。

On Liu, via Swatow, China"。信件每經過一個地方，都蓋上當地的郵戳。從郵戳上看，這封信要經過安流、梅縣、汕頭三地之後，才能離開中國。信封上的郵票，顯示當時從梅林寄往魏爾海姆的郵資合計1角8分，三枚"中華民國郵政"郵票分別是1角，6分和2分。

無論往或來中國與德國的郵件，都顯示汕頭在當時是一個重要的郵路中轉站。

豪俊和說，二戰時期，信件再也不能經過西伯利亞鐵路傳遞了，祇能通過船運。這使中德兩國的信件大為延長。

在19世紀下半葉，"巴色差會和在外傳教士之間的溝通全靠書信來往，海郵緩慢，一來一往歷時數月或半年"，因為信息溝通不暢，以至常常會"引起諸多痛苦和誤會。"[14]

即使到了20世紀三四十年代，戰爭對郵路的影響依然很大。柏恩明[15]是繼豪天立之後到梅林的歐洲傳教士，幾十年後他仍然記得，"從中國往歐洲，或歐洲往中國的郵件，取決於所採取的郵政綫路，但無論通過船運水路，還是通過陸上西伯利亞及俄羅斯鐵路，雖然也有按時到達的，但延遲和丢失經常發生。"他的郵件，主要來自夫人計望嘉[16]在瑞士的家族，"他們是在瑞士巴塞爾感受戰爭的，巴塞爾是離德國和法國很近的邊境城市，也是德國和法國難民通往更美好世界的通道。當我收到那裏來的郵件，知道那邊的

---

14 [瑞]施拉德：《真光照客家——巴色差會早期來華宣教簡史》，基督教香港崇真會，2008.3，P6。
15 柏恩明（Emil Bach, 1910-1964），男，法國籍，在華時間1936.10-1947.3。
16 計望嘉（Monika Bach-Gelzer, 1918-2004），女，瑞士籍，在華時間 1940.1-1947.3。

消息時，總是在3到6個月之後，同樣的情況也發生在從中國到瑞士的郵件中。"[17]

雖然20世紀初已經發明了電報，但價格昂貴，一般人望而卻步。在嘉應州，傳教士醫生韋嵩山寫信告訴德國的家人說，電報的費用，一個單詞要 7 馬克，"像我這樣的窮醫生是負擔不起的"。[18]

這個下午，豪俊和在書房裏一邊整理盒子裏的信件，一邊說，那兩年，父親在中國，母親在德國，他們之間的"兩地書"來往頻繁，"父親一共寫了220封，母親寫了171封。"

這些信件保管完好，儘管紙質已微微發黃，但字跡清晰，流暢的字體彷彿隨着寫信人起伏的思緒，在紙面上起舞。大部分信封上還保留着依稀可辨的郵戳，不難推斷當時的郵路。

不能忽略的還有隨信件寄出的照片。豪天立愛好攝影，除了拍攝還自己冲洗照片，隨信寄出。

瑪格麗特特別喜歡那些照片。照片讓她直觀地看到中國鄉間的村落和田野，遠山小路，客家人和他們的房子。在一張照片上，她留意到未婚夫衣著的變化，他身著白色中式唐裝，坐在藤椅上，正聚精會神地寫信。桌面上放着一本厚厚的書，小花瓶上幾支菊花正在盛開。她還注意到桌子上擺放着自己的照片，感覺他們從未分

17　[美] Gabriel GF Bach：*Missionary Journeys：To China, Alsace and Tahiti*（中國、阿爾薩斯和大溪地的宣教之旅），Gatekeeper Press，2022。
18　韋嵩山寫給在哈勒的岳母奧古斯特·胡布納的信，1908.7.21。存巴色差會檔案館。

開：

　　你房間拍攝那些的照片，讓我知道了很多。在那張桌子上，你在學習和研究，你在給我寫那些可愛的信，那上面有那麼多優美的詩句和文字。

　　房間小小的一角，讓你的靈魂感受到它的力量，帶給你生活的目標，帶給你愉快和苦痛，這是你每天面對上帝的地方嗎？

　　其他照片，我也非常喜歡。有很長一段時間，我都渴望能夠想象你周邊的一切。照片中那些房子多麼整齊和清潔啊。

8

　　在衛三畏和范百瀾的那個年代，書信要多長時間才能夠到達遙遠的彼方，對他們來說，或許已經不那麼重要了，重要的是信中記錄了什麼和想到了什麼。

　　1846年，衛三畏回美國紐約並開始寫作《中國總論》。他在中國生活的43年間所書寫的信函和筆記，都派上了用場。他"意在把自己所知的一切合成一本書，不用簡要的歸納，不省掉細節。"他給友人寫信說，"寫書耗去很大一部分時間，但我希望，它能推進偉大中國人民的福祉，使人們更關心中國人的福利。"[19]1848年，1200頁的巨著《中國總論》出版，是美國最早的漢學研究著

---

19 [美]約翰·海達德：《中國傳奇——美國人眼中的中國》（何道寬譯），花城出版社，2015.7，P223。

作。衛三畏因此書帶來名氣，1848年紐約州聯合學院授予他名譽法學博士，1877年耶魯大學聘其為漢學講座首任教授。該書傳至歐洲，讓他"躋身歐洲最傑出漢學家的行列"。

而范百瀾離開生活了15年的中國回美國時，除了自己的筆記、書信底稿和速寫畫稿外，還帶了大量中國畫和瓷器等藏品。他在費城郊外置地439英畝，建造了一座中國寶塔式的住宅，命名為"中國休閑居"。他把中國僕人也帶回美國，讓他們負責房子的建築和裝飾，陳列藏品。有觀者說，"范百瀾先生收藏的一切都使我們想起中國。"不過，也有評論家說，"參觀過他的展覽、看過他大多數收藏畫以後，人們還會相信真正的中國就像青花瓷的圖案"，"許多美國人對中國的了解與其說是一個地理現實，不如說是一幅東方幻境"。[20]

豪天立和瑪格麗特這將近四百封往來信函，對他們的至親朋友甚至周遭的人而言，是"對歐洲以外世界"的一種書寫。他們關於自己和子女在中國的生活的描述，也許還會成為教友或左鄰右里的談資。由於豪天立的生活選擇，中國不再是一個與他們毫無關聯、僅在想象中存在的國度。

歌德曾說，"書信是一個人可以留下的最重要的紀念物"。豪天立夫婦給家人的那些重要的紀念物，現在全部都保存在豪俊和家中。

豪天立寄往巴色差會總部的信件，則收藏於巴色差會檔案館。

---

20 同上，P35。

埃德蒙·德瓦爾説，寫信是傳教士的重要工作，“不管你在哪裏——是困在僻遠的鄉村，還是生活在城市——都要定期寫信，面面俱到地向上級匯報你的精神和世俗生活的動向。寫作是自省，是在上帝面前捫心自問。你寫信，寄信，等待。”[21]

隨着時間的流逝，那些原屬個人“紀念物”的文本，也開始呈現公共性質的意義。這個下午，我看到的祇是豪天立夫婦私人信函中的極小部分。那裏，記載了他們在梅林和梅縣生活點滴，如何與客家人共處、共事，重要日子慶祝方式，遇到的難題和解決的方法，等等。長達二十年的客居生活中的那些日常觀察和體驗，今天在我面前展現時，已經不再僅僅屬於他們或後輩子孫，不再僅僅是他們的“客居史”。當豪俊和把父母那一封封信打開並且耐心地替我翻譯過來時，我看到了多種可能：重構當年客家地區的環境、人文及公衆生活；重構一段曾經被遺忘的歷史；重構被“宏大敘事”忽略的那些方方面面……

西蒙·蒙蒂菲奧里説，歷史是被書寫的，它往往充滿流言、猜測與誤解；而書信是真實的，它定格了書寫者所見所聞的那一個個瞬間。[22]

21　[英]埃德蒙·德瓦爾：《白瓷之路：穿越東西方的朝聖之旅》，廣西師範大學出版社，2017.9，P122。

22　[英]西蒙·蒙蒂菲奧里（Simon Montefiore）：《書信中的世界史》（王濤譯），湖南人民出版社，2020.9。

10 梅縣——黃塘和德化門

> 我心懷好意，有很多感想，願意與周圍
> 的人説話，願意儘快回應來自各方的迫切需
> 求，但就是不能説出一句完整的話。[1]

1

1927年7月20日，離開香港第十天。

站在船頭上的船夫大叫一聲，"看，看前面，梅城到了。"

順着他指的方向，豪天立一行終於看到了前方的梅縣城。

下午十二點半左右，大蓬船駛近城區，梅江北岸，老城墻、八角亭、凌風樓，鄰水的南城門和碼頭，逐漸映入眼簾。

梅江岸上，房子參差排列，沿岸停泊着許多小蓬船。碼頭的石頭臺階從江面引上南門。

他們和船夫告別，離開了那艘住了一個多星期的河船。豪天立

---

1 韓寧鎬語，見[德]赫爾曼·費希爾《傳教士韓寧鎬與近代中國》，新星出版社，2015.10。

沒忘記拿出照相機，回身拍下這難忘的一刻。他們終於踏上了梅縣
穩實的土地。

河船將豪天立一行從汕頭沿韓江、梅江送到梅縣。（梅縣，1927）

　　他們穿過南門，進入熱鬧的城區。德國醫生韋嵩山早年留下對
梅縣城的第一印象，"最大最老的商鋪，都在沿河南城牆邊的長街
上。依河而建的店鋪，後門有臺階引向河邊貨運船的泊位。店鋪整
日開門，賣面料、成衣的絲綢店，賣幹魚和咸魚的咸雜店，賣肉的
肉鋪，賣蠟燭和神像以及祭奠先人用的紙衣服、紙人的冥品店，還
有藥店等等。也有不少大排檔，爐子上點着明火，或煮、或煎，鍋
上的菜品飄着誘人香味。"[2]

　　豪天立一行穿過街市，老街熱鬧、喧嘩，熱氣騰騰。夏日潮濕

────────────

2　韋嵩山：《我的生平回憶》（手稿），1938。

的空氣籠罩全身，小食店裏飄忽着莫名的氣味。如韋嵩山當年所說的，有一種他們"無法定義的中國味道"。[3]

中國的江邊小鎮，有共通的地方。英國作家毛姆[4]上世紀20年代曾在中國旅行，在他的筆下，江邊小鎮充滿"異域"情調，提供了我們對當年梅縣老城的想象。"熙熙攘攘的人群湧上凹凸不平的人行道，或者擠在深深的小巷裏；做苦力的人們扛着重物，用短促而尖銳的叫喊聲使行人讓路；小商販們則用沙啞的叫賣聲兜售他們的商品。"[5]

豪天立他們沒在城內逗留，而是沿着一條四五米寬滿是商鋪的街道，穿過人流，經西門到城西。時近收穫，城外的農田是豐收在望的稻田。他們隨身沒有帶多少行李，步行大約半小時就到了此行的終點站，位於城西黃塘巴色差會在粵東最著名的傳教站，德化門（Dedfamun）。

在路上，他們遇見了一位來接他們的中國醫生。豪天立迫不及待，馬上掏出已經寫好的一封信，請醫生幫忙投寄，這是一封在船上就寫好的給"遠方的瑪格麗特"的信。

2

梅縣，城區範圍不大。民國年間的老地圖顯示，這是一個矩形

---

3 同上。

4 威廉·薩默塞特·毛姆（William Somerset Maugham，1874-1965），英國小說家、劇作家。

5 [英]毛姆：《在中國的屏風上》（盛世教育西方名著翻譯委員會譯），世界圖書出版公司，2018，P2。

小城。老城之內，原有5座城門，東至水巷，東門塘已在城外；西門在仲元西路中段西箭角。南門分上、下南門兩個，臨梅江；北門在元城路北端的楊屋附近（見附2：梅縣東街西街合圖：1918）。

古城始於宋開寶四年（971年），歷代變遷，至清嘉慶十二年（1807年）改為嘉應府，嘉慶十七年（1812年）改為嘉應州，宣統三年（1911）復名為梅州，至民國三年（1914年）改名梅縣。1988年，梅縣改為梅州市，下轄原興梅7縣和梅江區[6]。不過，在巴色差會傳教士以及當年外籍人士相關的報告和歷史記錄中，直到上世紀三四十年代，還習慣性地稱梅縣為嘉應（Kayin）。

1894年，德國韋嵩山醫生來到梅縣，他後來寫道，"嘉應城（梅縣）被一個高五米的城墻圍住，城墻很寬，人可以在上面行走。東西南北方向各有一扇城門，互相垂直的街道從城中穿過。在城墻裏面是行政部門（衙門）最重要的建築群。有無數的庭院、辦公區域、住房、監獄，還有兵營。城墻的遠處分布着很多寺廟，城隍廟、地方保護神廟、孔廟和考試大廳。"[7]

《乾隆嘉應州志》有一句從城隍廟引伸出來的歇後語，"城隍廟，落炸彈——詐神詐鬼"（裝神弄鬼）。

梅縣縣城當地人稱"梅城"，是嘉應州衙門所在地。科舉時代，嘉應州屬下的梅縣、長樂（今五華）、興寧、平遠、蕉嶺的考生都來這裏考取功名，寫八股文以孔聖廟為考院，騎馬射箭則在西

6　梅州市現下轄梅江區、梅縣區、平遠縣、蕉嶺縣、大埔縣、豐順縣、五華縣，代管興寧市。

7　韋嵩山：《我的生平回憶》，手稿，1938。

箭角。城中橫街窄巷分布着各姓氏的祠堂。考生多住在本姓祠堂裏。外縣來的，要坐船沿梅江到南門碼頭上岸後入城。

廢科舉百年之後，在老城一帶已經沒有城墻的痕迹。原在江邊的八角亭則被重修，前面是一條金利來大街。站在亭子平臺上，已經無法望到梅江。城中的老街，如凌風路、中山路一帶，隱約可見舊日痕跡，馬路兩旁新近粉飾的騎樓下，一如當年，各類小商鋪、小食店林立。凌風西路一帶，馬路兩側向内交錯着不少以姓氏聚居命名的小巷，如"藍屋巷"、"黎屋巷"等，巷子中藏着本姓或大或小的宗族祠堂。小巷内斑駁的墙壁上，依舊可辨舊日的蛛絲馬迹。巷子外的馬路上，汽車和小摩托車來往穿梭，可以想像當年熱鬧的光景。

嘉應州曾屬潮州府管轄。大英圖書館地圖室收藏的一張潮州府老地圖上，可見嘉應州城外，黄塘地段有"Basel Mission"(巴色差會)的英文標記。黄塘在老城西門之外，屬荒郊野外，所以，清末官衙特許瑞士巴色差會在此地建教堂、醫院、學校和福利院。

據豪俊和憶述，巴色差會被派往梅縣的大部分歐洲傳教士和家庭，都聚居在黄塘的"德化門"傳教站大院内。一部分醫護人員則住在黄塘河西岸德濟醫院區域内。

1890年前後，巴色差會傳教士戴約翰[8]和瑞靄多[9]已經先後在嘉

8　戴約翰（Johannes Dilger，1857-1947），男，德國籍，在華時間1883.9-1906.5。
9　瑞靄多(Otto Schultze，1857-1930)，男，英國籍，在華時間1881.9-1920.6。

應工作。戴約翰和屈能伸[10]後來獲準在黃塘一座崩塌當鋪原址上建造房子。此處因常受雷擊，當地人認為"風水不好"。差會第一棟房屋就是在這"風水不好"的地方建起。房子有兩層，南面和西面有陽臺，每層各有四個房間。1890年夏天，一個雷電交加的日子，"風水"之說應驗，雷電擊中剛建好的房屋[11]。不過，房子裝上了避雷針以後，這類事故就再沒有發生過。

1894年，差會來到嘉應的第一個醫生韋嵩山，就住在這棟房子裏。

德化門由一道圍墻包圍着整個院子，圍墻以西，河對岸是農田和菜地，東圍墻外，是樂育中學。四周散落着一些如昆玉樓等人家的圍屋、老宅和房子。

從外表看，德化門的正面，與其他客家院宅沒有太大的差別，完全是傳統客家風格。正門兩側有一副中文對聯。走上八九級臺階，入院子，有兩條小叉道，分別通向院子兩邊的房間。整座院子是一個相對獨立的小社區。

與外觀不同，院子内的建築帶歐洲風格。中庭一個大花園，兩側的房子都有兩層，有歐洲常見的半地下室，陽臺和走廊，通風和采光都有講究。

10　屈能伸（Rudolf Kutter，1861~1927），男，瑞士籍，在華時間1884.9~1904.11。

11　據巴色差會檔案館資料，1900年4月23日來自嘉應州報告，房屋在當年2月16日受到雷擊。

豪天立：嘉應傳教站德化門大院。1927年9月27日至1928年4月28日，我住在右側的房間。
（梅縣，1928，豪天立攝影）

黃塘福音堂。左側可見黃塘橋。（梅縣，1946）

經過漫長的旅途後，豪天立終於抵達新家了。他們穿過德化門正門，進入院子。時值盛夏，地處亞熱帶的梅縣天氣酷熱。當天，德化門內的傳教士和其他人都到附近的清凉山避暑度假去了，祗留下舒爾西太太（Karoline Schultheis）在站裏接待他們。

同行的兩個傳教士和豪天立返回河邊照看船隻和搬運行李。他們臨時僱用了幾個客家婦女，把沉重的箱子逐個抬到站裏，再一一搬到各人的房間。

他們很快留意到，客家地區做粗重活兒的，幾乎全是婦女。和當時普遍婦女纏足的傳統習俗不同，客家婦女不纏足，是一切勞作，包括耕田、收割的主力。這讓豪天立他們幾個男子漢有點不好意思。

天氣陰晴不定，一時陽光普照稻田，一時大雨飄潑。在變幻的氣候中，他們協助辛苦的客家婦女搬運。由於量大，直到第二天晚上，才總算把行李全部搬運入屋並安置妥當。

頭兩個晚上，因為還未來得及打開行李，他們就先住在舒爾西太太準備的客房裏。

他們一行中的三個單身漢住在挨近樂育中學的房子裏，每人一個大房間，歐式家具，帶兩個浴室、一個廚房。房子三面環河，還有一個漂亮的花園。他們驚訝地發現，雖然是鄉下，房子裏並沒有蚊子，不用掛蚊帳就可以安睡。回想在香港的時候，他們被蚊子折磨得很厲害，沒有蚊帳根本別想睡覺。

舒爾西太太為他們準備了茶點、蔬菜和水果。這讓初來咋到的豪天立頗有感觸，"覺得自己像個富豪"。

晚飯時候，一群失明的小女孩從小河對岸的心光盲女院裏過來。盲女院由德國慈善機構喜迪堪會（Hildesheim mission）資助，收養那些被遺棄的盲嬰。女孩子們穿着整潔的制服，排成一行，後面的那位把手搭在前面同伴的肩膀上，緩緩而行，走過那道小木橋，進入德化門。

這是為遠道而來的人專門安排的歡迎儀式。她們排成一列，用德語演唱讚美詩"Nun danket alle Gott"(感謝上帝)。

在盲女院，有一個客家老婦人照料她們日常起居，做飯、洗衣服、熨衣服，並負責購買食物和打掃衛生。老婦人在家吃住，每月薪酬是9美元。

黃塘福音堂旁邊的黃塘橋。（梅縣，1928，豪天立攝影）

168

3

　　初到梅縣，豪天立們的任務，仍是進一步學習漢語和客家話。

　　廣東境內的客家人，主要分佈在粵東、粵中、粵北和粵西的偏僻的山區。粵東則主要分佈在現在的五華、興寧、梅州一帶。

　　梅州是客家方言的中心區域，自稱為"客家之都"，在外地工作的客家人，若不細究，也多籠統地稱自己為梅縣人。

　　梅縣話是客家方言的"標準語"，大家學習和仿效的對象。究其原因，此地是客家先民入粵定居較早的地區，一直是客家人主要聚居地的州府。近幾百年間，許多地方的客家人從福建南遷，又從梅縣一帶遷移出去。

　　掌握母語以外的語言往往都不容易。語言是一個既恢宏又精密的系統，不同語言中的温度、色調以及情感千變萬化，其中微妙之處，常常祇可意會，不可言傳。掌握中文和當地的方言，是所有來華傳教士都必須面對的第一道難關。

　　19世紀末，在山東的德國傳教士韓寧鎬深有體會，"來華的新傳教士真的必須經歷學徒時期。首先必須學習漢語，而漢語並不是很容易掌握的語言。祇有學過漢語的人才了解一位年輕、剛剛來中國的傳教士會有什麼樣的感受。我自己學過各種領域的知識，而且學了好幾年，但是一來到中國，我卻變成比小孩子更無能的人。一個七八歲的小孩至少可以隨意說話，我卻連說話也不會。我滿懷好意，有很多感想，願意與周圍的人交流，願意儘快回應來自各方的迫切需求，但就是不能説出一句完整的話。"[12]

　　初來乍到的豪天立面臨同樣的窘境。他決心改變現狀，向中國老師和懂中文的同事學習。他為此設立了目標，每天記住25個新字，掌握它們的説和讀。

　　"入鄉隨俗"也許是豪天立最早學會的中國諺語之一。他不能改變自己的膚色和容貌，卻可以"隨俗"給自己一個漢語名字。他根據自己的姓"Autenrieth"的德文發音，起了一個名字，叫"豪天立"。據他後來的學生考據，"它來自《詩經》，意思是天所指定的能手。"不少來華工作和生活的外籍人士，都會根據自己姓名的發音，在中國的"百家姓"裏找到一個相關的姓氏，起一個聽起來和自己原名發音接近，含義古雅的中國名字。當地的文人雅士，也很樂於為他們起名提出建議。"隨俗"的結果，容易被當地人記住

豪天立在德化門住所內。（梅縣，1929）

12　[德]赫爾曼·費希爾：《傳教士韓寧鎬與近代中國》（[奧]雷立柏編譯），新星出版社，2015.10。

你的名字。

有意思的是，直到今天，在梅州市樂育中學，"豪天立"這個名字耳熟能詳，也聞諸當地人的口頭傳述和報紙電視報道，卻幾乎沒有誰能夠準確拼寫出他的德文姓氏。

香港學者湯泳詩説，"巴色差會特別重視學習宣教對象的本土語文及地方習俗"，"他們學習中文，改穿華服，留髮辮，每天學習漢字三百個，第一周便與中國信徒出外，聽他們講道，並與中國人來往。"[13]

在梅縣定居後，豪天立自我感覺身體狀況尚好。這裏是亞熱帶，和歐洲有着完全不一樣的氣候。天氣炎熱、潮濕，無論在飲食或衣著方面，來自嚴寒地帶的歐洲人不得不學着逐步適應。他有時間就到梅城周圍逛，看客家人的居所，觀察他們的生活。一次走到南門附近梅江邊，一不小心還滑到江裏。他吃客家菜，並開始穿中式的唐裝。

豪天立：梅城南門外，流動的梅江河，我最近在這裏掉進水裏。（梅縣，1929，豪天立攝影）

13　湯泳詩：《瑞澤香江──香港巴色會》，香港大學美術博物館，2005.3。

　　對西方人在梅縣出現，客家人似乎沒有外人想像的那麼保守。王啟華教授是樂育中學44屆畢業生，他說，"梅縣其實對外開放得早，他們很早就有人到印尼等東南亞國家去謀生了，我們叫下南洋。所以客家人對外國人並不陌生。""來梅縣後的歐洲人，一般都請客家人幫忙做家務活，所以他們的生活方式也逐漸客家化了，言談舉止，穿戴，很大程度上融入了本地生活。"[14]

　　在語言學習方面，當地人是最好的老師。"他們很努力學中文和客家話"，王啟華記得，"我有一個親戚鍾梅甦，是五華縣雙頭鎮人，家境較好，從小飽讀詩書，有扎實的國文和語言基礎。上世紀二三十年代，鍾梅甦由崇真會委派，到黃塘擔任梅縣樂育小學校長，住在小學的宿舍裏。樂育小學和樂育中學同在一個大院裏，離德濟醫院和歐洲人住的德化門很近，所以崇真會同時推薦鍾梅甦擔任他們的中文和客家話教師，給剛到梅縣的傳教士和他們的家屬上課。"

　　據《梅州市志》記載，五華是巴色差會往粵東發展涉足較早的地區之一，五華縣長布鎮的樟村福音堂，是粵東第一座基督教教堂，建於清咸豐八年（1858年）。鍾梅甦成長於信教家庭，二十年代，五華一帶信教且又有一定文化修養的人並不多，所以鍾梅甦被崇真會選中，擔任小學校長以及傳教士的中文和客家話教師，似是順理成章。[15]

　　曾任崇真會總幹事的曾福全介紹，"歐洲的傳教士抵達內地後，一般會集中在興寧坪塘和長樂（五華）學習客家話，每位傳教士會安排一位客語老師。他們學習後要接受兩次以客語講道的考試，如順利通過，才算初步畢業，開始獨立工作。"[16]

年輕傳教士司徒雷登當年也有一個中國老師，他回憶說，"在剛開始的時候，他並不知道如何向人教授語言。在遇到我之前，他沒有和外國人打交道的經驗……一段短暫的磨合之後，我們之間的合作越來越愉快……對此我獲益良多。我能夠熟練地運用很多常用的諺語和方言，這一切都歸功於他的幫助。"司徒雷登尤其看重與當地居民交談對提高語言能力的幫助，"我學習中文的進步，在很大程度上要歸功於當地居民習慣用自己的方言和我交流。"[17]

在德化門附近的黃塘福音堂，豪天立參加主日崇拜，周圍都是客家教友，他主動和他們交談，覺得這是提高客家話口語和聽力的好機會。不久，他發現，自己對客家話的理解，與日俱增，這讓他倍受鼓舞。

語言與文化典藉密不可分。在學習語言的同時，豪天立也學習中國文化典籍。在他帶回德國的中國古籍經典裏，有《論語》、《孟子》、《書經》、《詩經》和《春秋》。[18]常用的工具書有《十三經注疏》、《辭海部首索引》、《德漢詞典》、《中華諺海》和《中華七體大字典》等。

16　作者對曾福全郵件訪問，2020.11.10。

17　[美]司徒雷登：《原來他鄉是故鄉：司徒雷登回憶綠》（杜智穎譯），江蘇人民出版社，2014.7，P60-61。

18　James Legge：《中國經典》（The Chinese Classics），Hong Kong/London,1861。

　　至今，豪俊和家中還保存着父親留下的上海1925年出版的《德文月刊》(Deutsche Monatsschrift)。這本月刊在1924年1月創刊，由同濟大學德文月刊社出版，是一本語言學習刊物，既供中國學生學習德文，也供德國人學習中文。刊內既有歌德《半愚半智》等德國名作的中譯，也有《詩經》等中國經典的德譯。

　　中文和客家話學習，有助於熟悉並融入中國社會。與此同時，也是一個對客居文化探究和理解的過程。

　　在豪天立的筆記裏，可以找到他的體會：

　　"學習孔子的《論語》時我做了筆記，'君子周而不比，小人比而不周'，意思是君子以公正之心對待眾人，沒有成見和私心；品格卑下之人則因私利而結黨營私。"有時在信中也和未婚妻分享自己的心得。

　　正當他一門心思攻克語言關的時候，工作的挑戰意外地提前到來。教會學校需要加強德語師資，如果豪天立願意的話，可以去那裏當老師。他放棄了這個機會，而一心學習語言。他理解，"對一所中學來説，開設外語課自然必不可少，其他學科如科學，也用德語講授，所以需要有講德語的教師到學校去。""但我更需要時間學習中文，現在就到中學教德語，不是最理想的選擇。"

　　1928年2月13日，他在給瑪格麗特的信上，談到自己的想法，"親愛的，我們當然都要一同禱告，求主把我們安置在合適的地方。"

　　按原來計劃，巴色差會所有傳教士到達中國後，至少要完成兩年中文和當地語言的學習，才開始傳教工作。現在豪天立的中文學得不錯，客家話也有長足進步。他估計今後有可能會被派到附近的興寧，在坪塘神學院任教，又或者到古竹、新豐等地方傳道。

眼下，他祇想着如何充分利用機會，讓自己的中文和客家話學得更好。

4

一個突如其來的決定，讓豪天立措手不及。

1928年1月9日，豪天立抵達梅縣半年後，教會的一個通知，中斷了他的學習。通知讓他立即準備開始傳道工作，派出的地點是梅林（Moilim）。梅林是長樂（五華縣）屬下的一個鎮，有不少村莊。

這個意外的通知把原計劃的培訓時間縮短了一半。從1927年2月開始，豪天立在香港接受正式語言培訓，按計劃，他應該在兩年後的1929年才會分派到具體的傳教點。時間幾乎提前了一年。

崇真會委員會要求豪天立在未來幾周內，儘快接管長樂的梅林傳教站。那個傳教點原來的歐洲牧師生病了，休假六個月，而中國助理和教徒們需要歐洲傳教士的支持。所以，這個站點比以往任何時候都更需要歐洲派來的傳教士。豪天立必須在這期間，接管該站和巡訪外站的行政工作。曾在這工作的德籍牧師毛鼎如[19] 答應，在2月份可以代替豪天立或者一起巡訪分站，幫助他熟悉環境，但在

19　毛鼎如（Hermann Maurer，1882-1951），男，德國籍，在華時間1908.11-1938.8。

眼下，豪天立必須一個人承擔兩個人的工作量。

豪天立年方28。獨自在一個完全陌生的環境開展工作，一點經驗都沒有，學習又未完成，不免憂心忡忡。

1月22日，他給委員會寫信："我願意去任何需要我的地方，願意毫無怨言地履行我的職責，願意面對職責中遇到的任何困難。但在這之前，我在語言學校的培訓不過10個月。這10個月裏，除了短暫的假期，光是從香港搬遷到梅縣就花了整整一個月時間。語言培訓第一階段專注於書面語以及與之相關的課程。要待打好基礎後，第二年才能更輕鬆地掌握語言的實際應用，以及各種書寫文體。"

"因為語言的障礙，在履行責任時我曾不止一次遭遇挫折。我特別缺乏經驗，也得不到有經驗的歐洲牧師的輔導，一切完全得靠我自己。這可能導致因業務不熟練而犯錯，把自己弄得狼狽不堪。"

"有經驗的傳教士曾多次強調為期兩年的語言學習的必要性。來自老隆的牧師最近很嚴肅地提出，在學滿三年漢語之前，年輕的傳教士不應該過早開始這項工作。由於傳教站的工作壓力，我的語言培訓時間被壓縮了一半，而且將不得不被中斷。"

"祇受9個月的語言培訓，我覺得自己底氣不足，仍然無法承擔教區工作，沒有辦法讓梅林的教徒和助手滿意，甚至可能會讓他們失望。"

曾經擔任他中文教師的經提福提醒説，因為梅林的客家話，發音與梅縣人不完全一致，這種方言有時會讓中文初學者感到迷茫，甚至讓他們的中文學習陷入危機。

豪天立繼續寫道，"基於以上原因，經過再三考慮後，我決定向您提交申請，放棄馬上到梅林工作的機會，並允許我完成兩年語言學習的請求。以我目前的語言能力，挑起危機重重的梅林站區大樑還為時尚早，還是應該盡早突破語言學習上的重大阻礙！"

他也給巴塞爾神學院的老師威斯曼寫信，表達自己的困惑。1月24日，他在信中談到這項任務時説，"梅林傳教站目前困難重重，時局和周遭環境都一片混亂。"他寫道，他如果去上任了，"將是那裏唯一的歐洲人"，"這項任務祇能由有經驗且精通中文來擔任的傳教士，因為精通中文才能講授福音。以我現在的中文能力講授福音，信眾會笑着跑光的。"他問："親愛的牧師，您覺得呢？"[20]

豪天立的擔憂也許不無道理。在山東省的傳教士韓寧鎬做過這樣的比喻，"我們祇要想一想，假如一個中國人去德國，並在街頭或飯店裏用半中半德、結結巴巴的話語來向德國人講道理，德國同胞會説些什麼呢？"

然而，委員會沒有接受豪天立的請求。

豪天立的中文和客家話培訓祇好告一段落，告別一起學習的同事和老師，打點行裝，離開梅縣，忐忑不安地走上曲折的山間小路，向南朝梅林出發。

五華，崇山峻嶺，峰巒嶂叠，蓮花山脉，雲遮霧罩。

20　豪天立致威斯曼通信，1928.1.24。存巴色差會檔案館。

11　梅林——山道悠長

> 在豪天立年輕的歲月年輪中，德國記憶
> 和中國記憶在這裏開始柔合、交織。

1

豪天立來到了梅林傳教站。[1]

放下簡單行李，從陽臺向外望去，梅林的春天陌生又新鮮。遠處的田野一片蔥綠，芭蕉林後白墙、土墙黛瓦的農舍，一道小溪在村中流過。傳教站院子裏的芭蕉和木瓜樹正茂盛生長。

這裏和梅縣黃塘不一樣，是真正的鄉下。傳教站在村子的一個小山坡上，依山而建，離梅林鎮有幾公里的鄉村小道。

巴色差會各地傳教站的建築，大體相似，彷彿出自同一設計師之手。兩層或三層的房子，有開闊的陽臺，中式屋頂，但整個格局

1　傳教站，傳教士比較固定的居住地和佈道場所。站內通常包括教堂、住宅和學校等。其時巴色差會的每個傳教站，至少有一名歐洲傳教士主持工作，由數名中國教徒擔當助手。

卻與客家傳統建築有明顯的區別。傳教站院子對開，是山㘭裏一片開闊的水田，水田上，是房子白色的倒影。院子有一個客家風格小門，房子藏在低矮的樹叢後，進入院內，左側是教堂，中間是傳教人員的住所，右側是小學。

五華梅林傳教站。教堂、小學和住舍都在圍墻內。（五華梅林，時間不詳）

　　梅林鎮現屬梅州市五華縣，位於縣城西南部51公里處。從梅縣沿梅江河南下，到五華縣，江水分成兩路，往西去是五華河，往南走是琴江。

　　五華舊稱長樂，民國初年改為五華。但長樂（Tschonglock）一名，在巴色差會的老文件中，仍常常出現。

　　《五華縣志》描述當年的長樂，"本縣西南東三面崇山峻嶺"，地形複雜多變，山多地少，九成是山地和丘陵，餘下的河谷冲積平原和盆地佔不到一成。梅林鎮處於西部盆地和東南山地丘陵之間，北起玳瑁山，南至南琴江，西至白雲嶂、七目嶂，東南邊境是綿延80多公里的蓮花山。"蓮花山峰巒重疊，有千米山峰21座。"村鎮分佈在山嶺之間的小盆地和琴江、五華河的河谷地帶。[2]

落在這深山鄉野的豪天立，像一個初學遊泳者，第一次被人猛然推進深水之中，衹有奮力向前划水。傳教站的歐洲人衹有他一個，負責周邊多個小村子的福音傳播。獨自一人來到這個開門見山的地方，孤獨感和壓力將他緊緊拽住。五華客家話，與梅縣的音調不一樣，雖然在梅縣學過幾個月客家話，但豪天立聽當地的方言，仍然相當吃力。

在豪天立年輕的歲月年輪之中，德國記憶和中國記憶在這裏開始糅合、交織。入夜，春雨瀝淅，落在院子裏的芭蕉葉上，如節拍器輕輕晃動的聲音，伴隨着對家人的思念。此刻，豪天立彷彿在天涯海角，離家很遠，很遠。

2

2019年盛夏，驕陽如火。我站在梅林鎮宣優村的鄉道上，放眼四望，彷彿徑直走進了豪天立的世界。

在異國他鄉被派遣到一個荒僻的客家鄉村，在尚未掌握當地語言和風俗的情況下要孤身地開展工作，會遇到怎麼樣的挑戰？將近

---

2 《五華縣志》，廣東人民出版社，1991.6。

一個世紀的風霜洗禮後，豪天立當年工作和生活的鄉村傳教站，今尤在？

幾天前的一個上午，當我從廣州開車到梅州，高速公路就讓我過電影般地對豪天立當年輾轉居留和傳道的地方回憶了一遍：紫金、古竹、梅林、安流、水寨、興寧，梅州。

那天下午，梅州地方志辦公室三樓資料室悶熱異常。一張小桌子，兩把椅子。來查尋資料的人想必有限。管理員熱心地讓我在資料架上查找我關心的內容，但收穫甚微。

第二天，梅州劍英圖書館。前臺年輕的服務生很熱心，替我在電腦上查閱資料。她對我要尋找的"嘉應州"感到茫然，她坦然說並不知道嘉應州就是自己身處的梅州。歷史並不遙遠，但遺忘的步伐卻很匆忙。館內有《嘉應州志》，但上世紀初老梅城的地圖卻沒有。要確認巴色差會所辦的學校和醫院在黃塘的具體位置變得困難。

幾天後的一個早上，艷陽高照。離開梅州。按GPS導航沿濟廣高速公路南行，大約一個小時後，在公路上標志"梅林"的出口下了高速。琴江在梅林鎮邊上流趟，我越過江上的蘇區大橋。正午時分，酷熱難耐，一個人也沒有。我把車停在橋邊，步上大橋。上世紀二十年代，或許還沒有這座橋，豪天立若要過河，則必須借助擺渡小艇。

從大橋往下看，琴江寬闊，往北一段的河道，河底露出沙丘，將本來就少的水流分成幾支，河灘上長着雜草。往南一段河水較多，寬闊的河面兩岸，西岸是梅林鎮城區整齊的房子，東岸河灘上長着雜草，間或可見一塊塊村民開墾的菜地。從地圖上看，沿琴江北上十公里上下，就應該是豪天立記憶中的橫流渡，現在的安流鎮。

離開蘇區大橋，沿253村道東行三公里左右，是一個小村莊的入口，路旁一塊大石，刻着"宣優村"三個紅色大字。狹窄的村道修在山谷間，道路兩旁，那些客家地區常見的老屋早已消失。舉目所見，大都是近年新蓋的那些盒子般的兩三層磚房，有些祇有一個框架，紅色的磚墙裸露在外。村道上電綫縱橫交錯。房子前有的堆着紅磚，有的停靠着麵包車或摩托車。

盛夏的正午，太陽烤得路面發燙。一個中年婦女提着一隻白色的塑料桶在烈日下匆匆走過，一輛朝梅林鎮方向駛去的摩托車一晃而過。村莊偏僻而略顯荒涼。

1886年，巴色差會就開始在這裏購置房產建立傳教站、開設教堂。1889年，在北面的小山旁築起了中西合璧的三層樓房。1905年，房子的旁邊建起了小學。巴色差會傳教士祭真[3]和毛鼎如曾在這裏傳道。祭真1877年來中國，38年後，1915年10月28日在梅林病逝。毛鼎如1908年來到中國。

一個上了年紀的村民把我領到村道上。村道邊是一條小溪。他説，宣優村也叫宣優坑村，被山環繞。他指着北面山下的一片坡地説，傳教士當年來五華梅林的時候，房子就建在宣優坑村山腰上的那個地方。那裏有一座小福音堂和樂育小學，還有他們的住宅。房子依山而建，後面的樹林一直到山頂。傳教士離開後，建築年久失修，日漸頹敗，老房子的磚瓦和木料先後被村民拆走他用，原址已

---

3 祭真（Heinrich Ziegler，1853-1915），男，瑞士籍，在華時間1877.9-1915.10。1915年10月在梅林去世。

經踪迹難覓。

現在，村裏仍有一座梅林福音堂，卻不在原址上，而在村道南面的山坡上，和原址遙遙相對。倒是堂內墻上的鏡框裏，有原福音堂的兩張黑白老照片，以及祭真和毛鼎如兩家人的合影，可以大致一睹當年的面貌，也證明了它的歷史傳承。

“五華信息港”的網頁上也有這兩張老照片。一位網友留言說：

“照片中的人物都已經離開了，每個人都祇有一小段屬於他的時光”。

3

現在，豪天立總算在梅林安頓下來。他所服務的教區，分佈在梅林附近的許多村莊，他打算走遍這些地方，甚至是每一個教友的家。

興梅大埔一帶，山巒叠嶂，樹高林密，道路崎嶇狹窄，不但行路艱難，且野獸出沒。當地人輕易不敢入山取柴火。

清末光緒三十二年（1906年）四月初二《嶺東日報》以“大埔虎患”作報，“又聞各鄉近日亦多有虎患”，“雙髻山岩石層叠，古木參差，向為虎豹之處。月來有虎一頭，四出吃人家畜牧，又常於陰雨黑夜之間，到附近人家衝撞門戶，鄉人患之，相戒不敢入山樵牧。”

從傳教站到周邊的村莊，沒有公路，更沒有汽車，祇有高低不平、彎彎曲曲的小道，兩旁雜樹叢生，在山間蜿蜒曲折。

梅林傳教站建站以來，先後有多位歐洲傳教士常駐。早期的邊得志[4]通常從住所出發，每天平均要步行5小時，探訪四周15個村莊和農舍的教友。禮拜天，他在樟村和源坑講道，兩地相隔4小時步行路程。豪天立如今要去的村鎮，包括橫流渡（今安流）、大都、鯉魚崗、下壩、雙頭、洛陽圍、下洋和老田等村鎮，都在他的教區範圍內。

早上，豪天立推開窗門，梅林彷彿是一個遊離於時間之外的地方，完全不同於以往在德國和瑞士生活過的任何一個地方。琴江在幾公里外的梅林鎮穿過，一條彎曲的鄉道從傳教站緩緩探入山谷。

從傳教站到附近村落走訪，騎馬是最方便的方式。（五華梅林，1929年前後）

4　邊得志（Heinrich Bender 1832–1900.6），男，德國籍，在華時間1862.5–1900。元坑足球運動開創人，詳見第23章。

184

土地教會了他分辨季節。每天，從陽臺往外看，遠處墨綠色的山林背後，彷彿藏着悠然歲月無法捉摸的秘密。近處山坳裏的水田和田野上的色彩和質感的變化，提醒他四季的變換和時間的流逝。

走出大院，他不時與扛着鋤頭在田埂走過的村民擦身而過，他們對來自遠方的外國來客習以為常。村民有時會和他打個招呼，問一聲"食朝麼？"（早上吃了嗎）。豪天立的客家話還剛剛入門，衹能和他們進行簡單溝通，說說天氣，互相問候。但他有另一種語言，微笑。如羅伯特·普羅文所說，語言有數千種，方言更是有幾十萬種，但無論你說漢語、法語還是英語，每種語言的笑聲，幾乎是相同的，是友善的一種簡單表達方式。[5]

進入鄉間小道，他見到了毛姆描述遍中國二十年代的那些"司空見慣的場景"："一個大腿深浸在水田裏的農民，用他父輩們四千年來所用的一樣的原始犁耕田。水牛濺起泥漿，兇狠地犁着地。它那憤世嫉俗的雙眼好像在問，這樣無休無止地勞作到底何時是個頭。一個身着藍色罩衫、短藍色褲頭的老婦人從身旁經過……"，"一個有着黃色象牙般平滑肌膚的年輕母親"，"背篼裏裝着孩子，輕盈地朝前走"，"你的眼前還有滿臉皺紋、飽經風霜的老漢"。"每一個你遇到的人都是一個插曲，不管如何渺小，都能讓你引發幻想。"[6]

---

5 羅伯特·普羅文，美國馬里蘭大學神經科學家，著有《笑：一項科學調查》，轉引自蕭恩·白塞爾《書商日記》，廣西師範大學出版社，2019.9，P92。
6 [英]毛姆：《在中國的屏風上》（盛世教育西方名著翻譯委員會譯），上海世界圖書出版公司，2018.11，P97。

在客家山村的水田上，人們用水牛來牽引一個大的鐵耙在田裏翻掘，直到整塊田都變成一片稀軟的沼澤地。然後他們把水稻秧苗從秧田裏拔出來，捆成小札，以大約相應的間隔分插到準備好的水田裏。他們要等待雨水來填滿坡地裏的水田。人們進入田間勞作時，泥水會直接沒到膝蓋。[7]

時逢亂世，土匪和盜賊騷擾。他們憑借山地之險，佔山為王，打家劫舍，來無蹤去無影，給當地百姓帶來災難，他們打着各種旗號，真假莫辨，連政府軍也拿他們沒辦法。

但豪天立似乎沒有被嚇倒，他需要儘快熟悉當地的環境和人。"明天，我會騎馬去梅林一個外圍傳教站。有傳聞，那裏的秩序混亂，土匪出沒，殺人越貨。我希望那僅僅是一個傳聞，局勢並沒有那麼壞。那裏的民眾想必長時間生活在痛苦中。"[8]

開始的時候，常有中國助手或信眾陪同他下鄉。祇要有機會，豪天立也到客家人家中傳教，在他們的家中和他們交談，彷彿在讀一本客家人的百科全書，更容易了解和體驗他們的生活，理解他們的想法，增長了自己與客家人打交道的經驗。

歲月逐漸消解了豪天立作為異鄉人的不安，消解了他在田間小徑上獨步時的孤寂感。他一天的工作是這樣開始的：翻身上馬，穩穩地坐在馬鞍上，小腿上打着綁腿，手上抓着繮繩，一個裝着重要物品的小皮包掛在身前，開始他的走訪。他小時曾有在養馬、騎馬的願望，沒想到在中國能夠實現。

7　韋嵩山：《我的生平回憶》（手稿），1938。

8　豪天立1929.1.24通信。

　　在蜿蜒的山道上，有時半天也見不到一個人。從豪天立拍攝的照片中可以看到：偶爾，小道邊的石階會出現一兩個挑着柴禾的客家女子從山上步履艱難地下山。有時，會遇到推着獨輪"鷄公車"的農夫，車上面堆放着各種雜物。村口一間歪歪斜斜的茶寮，供往來人客小歇。村子裏，補鍋師傅在院場上擺着攤子，給各家修補舊鍋。河邊，幾個頭戴斗笠的農人在篩選河沙。

　　在一些當地基督徒協助下，豪天立嘗試着到人流較大的街道或集市傳道。街市上，店鋪一家挨着一家。如逢墟日，賣仙人板的父子，打着赤膊，把攤子擺在街邊吆喝；賣小吃的婦人，面前擺着一個鐵鍋，一個竹籮，也不吆喝，低頭做針綫活；豆腐挑子，白布上攤着嫩嫩的豆腐；賣豆幹的老人，把秤橫在籮筐上，等待買主。賣毛筆、墨水和紙張的小攤，在街頭一角；賣米的成行成市，在街邊列成一行，還有賣草藥、柿子和小鷄的，好不熱鬧。

　　在熙熙攘攘的墟市入口的墻壁上，寫着警醒世人的古訓："人之有恩，可念不可忘；人之有仇，可忘不可念"。雨後，打着傘和戴着斗笠的人群從前面走過。

　　豪天立從德國帶來的那部小手風琴派上了用場。他和中國助手來到集市，在路旁擺開陣勢，拉起了手風琴，演奏音樂，以吸引過路好奇的客家聽衆。人們向這個陌生的洋人圍攏，好奇地盯着那個一開一合的奇怪風箱，聽從風箱裏發出的奇妙的聲音，議論紛紛想一探究竟。把村民吸引過來以後，他便展開中文彩色掛圖，上面有簡單易懂的聖經故事和格言。

　　伴隨豪天文一生的那部小手風琴，一直在豪俊和家中保存。手風琴存放在一個小盒子裏，琴聲依然悅耳。在市集上展示的宣傳海報，也是豪俊和"家庭博物館"的"藏品"之一。海報印刷雖然粗糙，但能讓村民一目了然，加上用客家話講解，大致也足以對村民進行初步的"傳道解惑"。

一旦有人願意和他搭話，他就用簡單的客家話，與中國助手一起和那些感興趣的人交流，並邀請他們周日到小教堂聽道。

學者孫立新寫道，無論在教堂還是公衆場所，"口頭佈道是傳教士與中國民衆直接交往的一個途徑，他們的言談舉止即使不能説服人們入教，也會給人以深刻印象。""幾乎所有的傳教士都作過口頭佈道工作，他們經常在街頭巷尾和集市廟會等公共所合，聚衆演説，宣講基督教義，解答聽衆的疑問，勸導人們嚮往天堂。""傳教士也走門串户，深入平民或教徒家中，進行個別宣傳和研討。若有人對基督教産生了興趣，通過了'考驗'，傳教士就為他們施洗，接受他們加入教會。"[9]

一張拍攝於1933年2月11日的"五華大田靈修會盛況攝影紀念"老照片，一直由豪天立保存着，是他是這一時期工作的側影。照片上成人和孩子男女老少近百人，有留着長鬚的長者，有懷中抱着嬰兒的婦女，更多為青壯年，從下到上一共6排，大都衣着整潔，神情專注，面容平靜，凝視鏡頭。豪天立身着長衫，隱立於人群右側一婦女之後，是其中唯一的歐洲人。

---

9 孫立新：《從中西文化關係角度看19世紀德國新教的中國傳教》，《文史哲》2003年第5期（總第278期）。

4

夜幕降臨，黑暗籠罩着田野和山巒，豪天立獨自騎着馬趁着夜色趕路。他的身影隱沒在黑暗之中，每有動靜，都讓他毛骨悚然。山道上遇襲喪生時有發生。每個旅途，都感覺危機四伏。

拂曉後不久，他來到一個嶺崗邊的茶寮，客家人也叫山寮屋。它既是山裏人家的住處，也兼出售自家采制的茶葉、梅菜乾等山貨，並給過往訪客提供食宿。

屋裏一位老人問："這麼早就來了？"

豪天立問，"我能在這吃早飯嗎？我趕時間。"

老人喃喃自語，"這可沒有什麼好東西吃"。回身走到屋角，翻出一塊肉和一條咸魚。肉看上去不怎麼新鮮。

豪天立説，"就吃咸魚吧"。

很快，爐子燒起來了，咸魚在鍋中發出香氣。

隔壁有一個大約12歲的男孩。豪天立順口問，這是你兒子嗎？

老人臉色一沉，説，兩個兒子已經死了。他們被誤作共產黨，被政府軍槍殺了，家裏祇留下這個男孩。老人不但失去孩子，同時失去了所有財産。

豪天立為老人一家的遭遇感到悲傷。沉默了一會兒，豪天立安慰説，在這個令人痛苦的世界之外，人生仍然有一種更好和堅不可摧的幸福，可以在耶穌那裏找到了真正的安慰。他告訴老人，在沿河上方，有一個基督教教堂，在那裏他可以聽到更多來自上帝的福音。

老人點了點頭，説他的兒子都曾經在那裏上學。老人不再語言，繼續侍弄爐子。

吃早餐時，幾個年輕人突然出現，當他們看到豪天立時，馬上就跑開了。豪天立覺得他們行踪可疑，決意馬上離開，於是翻身上馬，匆匆地離開山寮屋。

局勢的動蕩，禍及到長樂這個貧窮的山溝。壞消息接連不斷。山寮屋那段記憶很快被梅林會衆太多的不幸冲淡。在狂風暴雨過後的一天，豪天立又經過那間山寮屋。老人不在。有人説，過些天吧，老人就會回來開店。幾周過後卻有消息説，政府軍隊再次佔領了該地區，老人被捉起來了，懷疑他窩藏共産黨，被判處死刑。

復活節前的三天。那是一個"聖星期四"，耶穌昇天節。傳教站有機會與長樂政府和軍隊官員接觸。豪天立想借此讓他們饒恕老人。但他卻被告知，老人和他的老婆都被證明是共産黨，弄不好將丟掉性命。

"星期五"來臨，這一天是耶穌受難日。豪天立惦記着老人，希望他得到憐憫。

崇拜服務結束後，他決定在中國牧師的陪同下拜訪官府，再次爭取救老人一命。事不宜遲，一天也不能耽擱。

路上，他們碰巧遇到了一位相識的軍官，他以前曾是一個傳道人。軍官表示願意幫忙，碰碰運氣，看能否赦免老人。豪天立彷彿看到了一綫希望，"當天是'星期五'耶穌受難日，他答應要盡最大的努力。"

交涉終於傳來福音。幾天後，17名囚犯從梅林地區被帶到長樂處死，其中的16人失去生命。在最後一刻，調解產生了效果，老人得以死裏逃生。

雖然老人的橘子園被封、店裏的貨物也被偷，但保住了生命。

在接下來的幾個月裏，傳教站在嶺崗有洗禮課。老人和他的家人都參加。豪天立認為，在親身經歷過"生與死"的體驗後，老人期望把自己永遠放在主的庇護之下。

當豪天立再次騎馬經過他的山寮屋時，老人的臉不再像以前那樣苦澀，而變得友善。他堅持一定要請豪天立吃午飯。

可惜那天豪天立行程緊張，不能領情。於是老人塞給他一些香蕉和橘子，並不住地說："謝謝！" 他對老人說，"應該感謝耶穌，他才是你生命的救主。要相信他、忠於他。"[10]

多年後，豪天立還記得他和老人的這段人生的"插曲"。

---

10 豪天立：《救人一命》，巴色差會《信使》雜志（1932年第7期），P104。

12　入鄉

> 一個年輕傳教士的妻子在家鄉沒有學習
> 過哪怕是一點中文，現在卻每天在一個孤島
> 般的傳教站面對一眾客家人……[1]

1

1928年9月18日。熱那亞。意大利。

塞布洛因號（Zweibrucken）輪船緩緩駛出港口，開始了它面向東方的又一次遠航。

瑪格麗特迎着海風，站在客輪前甲板船舷邊。身後的歐洲逐漸遠去。

經過近兩年的期待，瑪格麗特的中國之旅終於成行。更讓她激動的是，在訂婚兩周年紀念日的那天，她和豪天立的婚禮將如期在香港舉行。

此刻，遼闊的大海給了她全新的感覺，她深深地吸了一口氣，彷彿她就是在海面上自由飛翔的海鷗。

1　豪天立語，見其從梅林"致巴色差會神學院老師威斯曼"信。存巴色差會檔案館。

　　她不由想起前些天在多瑙河邊的烏爾姆，和家裏親人們揮淚告別的那一刻，她知道自己生活新的一頁即將開始。

　　在全家合影上，留下了她與家庭分別的時刻。這個頭帶護士帽的姑娘一隻手搭在哥哥的肩膀上，外表看上去美麗、溫婉，略帶羞澀，但內裏卻是一個獨立、有主見、做事執着的姑娘。父親費爾茨先生毫無疑問看到了這一點。她出生在印度，在紹恩多夫和烏爾姆長大，高中時選擇學習拉丁文、希臘文，志向是當一名醫生，像父親一樣，去印度，幫助那裏的窮人。她也深知和理解，父親作為一名傳教士，收入有限，一家七個子女，祇能供哥哥進入醫學院。但她不氣餒，決定依靠自己，高中畢業後毅然去當家庭護理，攢錢幫助家裏，幾年後再通過自己的努力，學習並獲得護士資格。

　　她又想起，巴塞爾的日與夜，與豪天立的相遇，改變了她的一生。她一直覺得，自己的生命與某個遙遠的地方相聯。命運讓她誕生在印度，她的父母，成長的家，充滿了印度故事。她夢想成為一個醫生，命運卻讓當了一個護士，而她的歸宿——如果是上帝安排的話——卻是另一個國度，中國。

　　船破浪前行，浪花如時光之流，從兩側一閃而過。

　　終於，趁巴色差會總裁卡爾‧哈滕施泰因（Karl Hartenstein）到亞洲檢查工作的機會，瑪格麗特獲準隨隊同行。高興的是，同船的還有二十多個差會的兄弟姐妹。

　　大海變幻無窮，雄偉而莊嚴。

　　她在日記裏寫道，"這是我記事後第一次在海上，眼前是陌生而雄偉的景象，我忽然產生一種莫名的奇異感。"

在日記本上，她留下了感慨的詩句：

大海啊，我們從未如此親近，

你的美麗和偉大，

讓大地之靈變得渺小，

那是一種自由和永恒。

1928年10月20日，瑪格麗特像往日一樣，在日記上向豪天立傾訴：

到達馬尼拉前的兩天，我們再次遇到暴風雨，同行的魯夫太太不得不整天躺下來。我熱切地期待到馬尼拉後的休息日。

我們今天抵達馬尼拉，這是我們重聚前的最後一站！我知道你已經在香港，親愛的，等著我。讀了你最近期的那封信，至今興奮不已！一切都很好，感謝上帝，我現在非常健康。

這是一趟我從未經歷的長途旅程，現在我已經勇敢地跑在最後一圈的賽道上。輪船上的人很少，可以在船上自由行動。前晚有一場精彩的音樂會，音樂家們表現得相當不錯。大海波濤絲毫沒有影響他們的演奏。願上帝保佑他們。

輪船上的生活在繼續，早晚時分，大海展示出莊嚴的美麗。但海洋的暴力也給我留下了深刻的印象。日落時分，溫暖柔和的斜陽照在海面上，閃耀著金黃色的光。輪船華燈初上時，夜景特別美麗。親愛的，你的愛在我的身上閃耀。

在香港，此刻，豪天立懷着興奮的心情，已迫不及待地從梅林來到香港巴色差會樓，為婚禮做準備。新房在兩年前就已經預訂好了。

他一直生活在梅縣的山區裏，發現離開香港才不到兩年，那已發生了不少變化。6月，第一個無綫廣播電臺正式啓播；8月，第一本白話文學雜志《伴侶》出版，標志香港進入新文藝時期。同時，九龍維多利亞港灣畔的半島酒店也接近峻工，將在12月開業；同年香港中國旅行社成立。

瑪格麗特乘搭的輪船抵達香港的那天，豪天立直奔維多利亞港。在碼頭，他遠遠就看到了那艘來自歐洲的客輪。在下船的乘客中，一眼就看到了未婚妻的身影。在碼頭上，久別的他們熱烈相擁。

2

1928年11月3日，他們在香港正式舉行婚禮。婚禮由巴色差會樓的紀振綱（Heinrich Giess）先生主持。豪天立身着深色套裝，瑪格麗特則是白色的婚紗，懷抱象徵幸福的花束。

雖然家鄉的父母、兄弟姐妹、叔舅姨姑，以及堂表兄妹和朋友們都未能參加婚禮，但差會的傳教士按巴色差會的習俗，像兄弟姐妹一樣向他們致以熱烈祝賀。

　　應瑪格麗特的要求，紀振綱先生在婚禮上宣讀了聖經《新約》"約翰福音"第15章第4和第5節，"你們要常在我裏面，我也常在你們裏面。枝子若不常在葡萄樹上，自己就不能結果，你們若不常在我裏面，也是這樣……"。

　　新婚夫婦同時收到了威斯曼老師及巴色差會總會兄弟們的祝福。豪天立後來給威斯曼老師回信中說，"您的祝福出現在我們的婚禮上，我們倍加高興，也深受鼓舞。"他對老師說，"在這裏，能多了一位虔誠的伴侶，並肩工作，這無疑是上天的保佑。"[2]

　　豪天立繼續寫道，"祇有仰望高高在上的光芒，貼近耶穌，我們的婚姻盟約才有意義，也祇有這樣，我們才能從葡萄樹裏汲取力量，在這個國家困難的地區開展傳教工作。"

1928年11月3日，豪天立和瑪格麗特在香港巴色差會之家舉行婚禮。（香港，1928）

2　豪天立1929.1.27從梅林致巴色差會神學院老師威斯曼信。存巴色差會檔案館。

婚禮後，新婚夫婦從香港乘船過澳門度蜜月。他們在那個洋溢着葡國風情的小鎮度過了一段幸福快樂的時光。古樸優雅的聖地亞哥古堡，葡萄牙美食讓他們流連忘返。

3

蜜月結束後，新婚夫婦從香港返回長樂的梅林。

他們先乘內河小蓬船，雇了挑夫和馬匹，馱着他們的行李，一路跋涉到梅林。他們翻山涉水，行走於起伏不平的山路，小心翼翼地穿過田埂，越過樹幹搭成的窄小木橋。對瑪格麗特來說，一切都是新鮮的，她從沒想像過生活中會經歷這樣的故事。她想像過騎在大象上走過印度的小村莊，看印度藝人讓眼鏡蛇在人前舞蹈。但如今自己像雜技藝人一般，拖着腳步踏上搖搖晃晃的獨木橋，河水在腳下嘩嘩流過的感覺，卻從未試過。

豪天立在香港特別為妻子準備了一份結婚禮物，一臺鋼琴，"一臺小的，但適應熱帶氣候的鋼琴"。但即便這樣，把這臺沉重而結構精密的鋼琴搬回梅林小山村，也實在不易。為此，他們訂製了一個大木箱，把鋼琴小心地裝進箱子。八個挑夫前後各四人，小心翼翼、舉步維艱地抬着這個大箱子走過崎嶇的鄉間小道。瑪格麗特帶來的行李箱子，則由幾匹馬馱着，跟在挑夫的後面。

1928年12月4日，兩人終於到達梅林的家。儘管條件有限，但豪天立還是花盡心機，佈置了一間看上去還舒適的房子。

4

2020年11月，廣州。

廣東省博物館舉辦了"17、18世紀中國外銷瓷展"。

展櫃裏的一個青花瓷盤引起了我的興趣。在聚光燈光下，它熠熠生輝。瓷盤由景德鎮生產，紋樣不是常見的山水和花鳥，而是出自荷蘭畫家、設計師普龍克（Cornelis Pronk，1691-1759）之手的《三酸圖》[3]。設計師借助中國古代繪畫的立意，讓蘇東坡、佛印和尚和黃庭堅三位"博士"分別代表儒、道、釋三家，圍坐樹下共同品嘗桃花醋，縱論人生苦樂。盤中人物神采飛揚，栩栩如生。紋樣在荷蘭繪製，送到景德鎮，製成青花和粉彩瓷器，然後通過廣州出口，再返回歐洲人的家裏。普龍克的設計，反映一般西方文人對中國文化的理解和想像。

展覽中最常見的紋樣是柳樹、湖邊雅致的亭子和寶塔、彈琴的仕女、小橋和釣魚翁、天上的飛鳥，綫條"彎曲曼妙"。對歐美買家而言，在廣州碼頭上見到的"藍青花瓷"，無疑"帶有遠方異域的味道和風情"。

英國作家查爾斯·蘭姆曾這樣描述這些瓷器上的圖案，"一位年輕的中國官員彬彬有禮，正用托盤向一位夫人獻茶，他們之間的

3　《三酸圖》為中國宋代後的一個繪畫題材。畫中人物蘇東坡、佛印和尚與黃庭堅三人，圍坐一大醋缸，每人嘗了一點桃花醋，表情迥異。三位大家被引申為儒家、佛家、道家三種文化代表。儒家認為醋是酸的，佛家認為醋是苦的，道家認為醋是甜的。映射出三種文化對人、對社會、對世界的不同看法。

距離是兩里。距離就是這樣衍生崇敬的！"這位女士正要踏上一條小巧的船，小船停在一個安逸花園的小溪邊。"她輕輕地挪動着小巧的步子，如果估計正確的話，絕對會踏上一片鮮花滿布的草地"。"遠處可以看見馬、樹、塔等正跳着圓圈舞。一頭奶牛、一隻兔子伏首地上，畫中的中國晴空萬裏"。[4]

在17、18世紀，中國對歐洲人來說，還僅僅是一個抽象的概念，而這些進入家庭的青花瓷器，成了他們認識中國的主要途徑之一。約翰·海達德在《中國傳奇》一書中說，"這些形象不僅富有東方價值，還打開了一個通向奇特世界的門戶，即'夢幻中國'的門戶。"[5]

豪天立和瑪格麗特父母、親戚朋友家的廚櫃裏，是否也有這麼一些青化瓷盆，讓他們展開對中國的想像？

1928年底，德國魏爾海姆，威廉大街4號。

自從兒子去中國後，威廉和凱瑟琳娜晚餐時的話題，往往會圍繞豪天立在中國的生活。親戚朋友也不時來打聽他在中國的生活，住什麼地方，吃些什麼，來往都是些什麼人，能適應那裏的氣候嗎？

得知兒子在香港的婚禮剛剛結束，雖然他們不能參加，卻也為

4　[英]查爾斯·蘭姆（Charles Lamb，1775-1834），英國傑出的小品文作家、散文家，代表作為《伊利亞隨筆》和續集。引文見《伊利亞隨筆》（劉炳善譯）中的《古瓷》，上海譯文出版社，2006.12。
5　[美]約翰·海達德（John Haddad）：《中國傳奇–美國人眼裏的中國》(何道寬譯)，花城出版社，2015.7，P45。

兒子兒媳感到高興。對他們來說，中國實在遙遠。從前，他們或許祇能從古老的青花瓷盤來構建他們對中國的想像。如今，兒子兒媳的信件和照片，讓他們有機會更直接地感受到一個活生生的中國。

凱瑟琳娜每天都為兒子祈禱。等待兒子的來信，成了生活中重要的事情。聖誕節前夕，她給兒子寄去了櫻桃，好讓他們做一個"黑森林櫻桃蛋糕"。

新年將至，她高興地收到了兒子從梅林新家寫來的信。這封信落款日期是1928年12月28日，由中國北上，經過西伯利亞鐵路，再到德國。

親愛的爸爸媽媽、兄弟姐妹們，

現在，我們已經在梅林的新家中度過14天快樂的日子了。房子已經完全佈置好。你們沒來看，真有點可惜。令人高興的是，每個房間都按照自己的喜好來佈置，我們終於有了一個舒適的安樂窩。

我們用老的貴妃椅、床墊、地毯等製成了沙發。此外還縫製了一些舒服的枕頭。我們倆有各自的書房，瑪格麗特的在樓上，我的在樓下。當然，還有飯廳、客廳、臥室和浴室。我們給窗戶配上不同的窗簾。每個房間都掛着畫像，看上去很漂亮。

在巴塞爾，威斯曼老師也收到了豪天立的來信，"我們的家在聖誕節前幾乎佈置妥當，添置了必要的家居用品。"客廳裏盡可能配上了歐式家具，中間的圓桌上鋪着方格桌布，四周是古典風格的扶手椅。從香港運回的鋼琴在客廳的一角，鋼琴上方的牆壁掛着耶穌受難的十字架雕像，親切的歐洲氣息洋溢滿屋。

1928年12月27日，聖誕節後的第二天，瑪格麗特給德國親人們寫信：

我和丈夫在中國共同度過了第一個聖誕節。

此前，我們和僕人一起忙着佈置公寓，同時還照料生病的廚師，幾個星期一晃而過。我們沒有太多時間為聖誕節做準備，不過，我還是做了一些小蛋糕和一個大櫻桃蛋糕。親愛的媽媽，您從魏爾海姆家裏寄來櫻桃真好，你把它們放在罐子裏，保存得非常好，再次感謝您。

聖誕節前夕，我們在小教堂裏舉行儀式。那天，學生們整個下午都在那裏排練，熱鬧非常，管樂器、鼓和喇叭齊鳴。據説，他們正在驅趕鬼魂。入夜七點，當我來到教堂時，我幾乎以為這是一個狂歡節，到處都是帶漢字的各種裝飾物和花朵。祭壇前擺放着一棵掛滿彩色條紋紙和鮮花的聖誕樹。教堂內四周掛着中國燈籠，五彩繽紛。

男女老幼，到處都是人。他們帽子上的鈴鐺發出有趣的聲音，小家伙四處奔跑。為了增添節日的歡樂氣氛，租了一臺留聲機，在佈道後他們急切地想播放中文唱碟。他們慶祝節日的方式略為不同，但我們感到非常高興。

那天夜裏，他們很晚才回到家裏。推開門，是安逸的起居室。鋼琴在墙角處，琴頂白色抽紗上放了一盆小花。鋼琴旁的譜架放着

1928年12月27日，瑪格麗特從梅林寫給豪天立父母的信。

樂譜，是朋友們來練習唱歌時用的。鋼琴左邊的一個中式的小桌上，擺着他們正在閱讀的書籍。房間中的圓桌上鋪着歐洲風格的桌布，上面堆放着結着彩色絲帶的聖誕禮物。

他們為自己在梅林的第一個聖誕節舉行私人的慶祝儀式。他們用蠟燭點綴聖誕樹，並穿上婚禮的服裝。唱完讚美詩和播放音樂後，一起祈禱。然後他們打開彼此相贈的聖誕禮物。豪天立不忘取出照相機，用閃光燈拍了一些照片。他對瑪格麗特說，要儘快把照片冲洗出來，讓家裏人看到漂亮新居。

瑪格麗特在信中這樣描述聖誕見聞：

第二天是聖誕節，我們家也熱鬧起來了，不少人來我們家作客。從各處來的基督徒到教堂來，自然也希望拜訪傳教士們。那天早上，我和30名婦女和孩子一起聚集在客廳裏。我彈鋼琴，和他們一起唱讚美詩，有意思的是女士們用中文唱，我用德語唱，直到丈夫過來幫我翻譯。一撥人離開以後，又會有一群新的朋友來問候我們。

聖誕之夜，我們和僕人一起舉行了一個小小的慶祝活動。感謝上帝，原來生病的那位男園丁，看起來好多了，他自我感覺不錯。我覺得我們要對他承擔責任，必須在醫生的同意下才能重新開始工作，以免耽誤病情。當然，我們讓他自己做決定，如果他想看中國"醫生"，也都可以。但他決定要照顧我們，他非常感謝我們。我們很高興，希望他的身體早日康復。

現在，我們的家庭增添了新成員，除了原來就有的一隻貓，一祇狗和母鷄外，最近幾天還添了一匹小馬。我們會好好照顧牠們。

現在丈夫和我都在努力學習漢語和客家話。到目前為止，家務時我試着和僕人們用客家話交流，我現在已經能聽懂一點了。很高興，每個星期天參加教堂客家話崇拜時都能多明白一點。這附近沒有女傳教士，遺憾的是，和當地婦女一塊工作或談論聖經還需要假以時日。但我沒有怨言，我們實在有許多值得感恩的事情。我相信，上帝會祝福我，賜予我時間。

對德國的親友來説，這真是一個他們從未看到過的聖誕節，彷彿是一部充滿異國風情的電影。信中所描繪的情景，帶着客家生活的豐富細節和與歐洲不同的風俗習慣，他們也許忽然發現，對遙遠東方古國的認識，不僅僅是青花瓷盆上的"風花雪月"。信件經過漫長郵路，幾經曲折抵達德國，他們的故事，從家人、朋友和老師的口裏，也許會傳得更遠，超越了小圈子的影響。

5

對豪天立夫婦而言，在中國的生活才剛剛開始。

他們都愛好音樂，瑪格麗特能彈得一手好鋼琴。她帶來的琴譜有一大叠，包括了貝多芬、莫扎特和舒曼等等。

二人世界琴瑟和鳴。他們共同生活，一起從事傳教工作。日後幾十年的共同生活將證明，他們情投意合，同甘共苦，夫唱婦隨，是一段上帝眷顧的姻緣。

和當地人成為朋友，是他們融入客家社會的第一步。瑪格麗特

有了一個中文名字，斐玉霞，一個聽起來像客家山村裏鄰家女孩的
名字。

　　他們慢慢結交許多新朋友。當地人似乎對他們的生活充滿好
奇，特別喜歡來看一下他們的新居。豪天立給家人寫信時說，"每
天的任何時候，都會有中國人到家裏來，看我們的家，所以家裏總
是擠滿了人。男的來找我，女的則會圍着我太太。和他們相處，我
們很高興。"豪天立初來時覺得客家人"待人冷漠"，但這種印象
正隨着時間而消失，他寫信告訴父母，"祇要理解和愛他們，你就
會意識到，所謂的'中國式冷漠'，已經煙消雲散。"[6]

　　斐玉霞現在是村子裏的一員，剛到中國的她在高興的同時，卻
也有困惑。在人們到他們家裏來的時候，豪天立留意到了："當
然，這樣的人際交往方式帶給我們快樂的同時，也有痛苦。有些中
國女人發現我太太一點客家話都不會說時，流露出失望的神情。"
豪天立給威斯曼老師寫信時也提到這種感覺，"親愛的牧師，一個
年輕傳教士的妻子在家鄉沒有學習過哪怕是一點中文，現在卻每天
在一個孤島般的傳教站面對一衆客家人，她的無助您能理解嗎？"

　　他們努力改變這種窘境。豪天立給太太在當地找了一個中文和
客家話老師。老師名叫曾京棠。他中式布衫，不苟言笑，一頭灰白
的頭髮，把老花眼鏡擱在額頭上，一副鄉村老學究派頭。他們把老
師請到家裏，在陽臺擺上桌子上課。陽臺外是花園，遠處是山坳裏
的水田。

6　豪天立致父母信，1929.1.27。

瑪格麗特到梅林後向客家老師曾京棠學習中文和客家話。（五華，1929）

不久，斐玉霞的客家話與日俱進，逐漸可以開口講了。在梅林的教堂裏，她努力練習，嘗試與當地的客家婦女和教會年輕同事進行交流。

朋友們也逐漸熟絡，常常在他們的客廳裏聚會。她的音樂專長發揮了意想不到的作用，不用說話，人們也聽得懂。大家或聽她彈奏，或和她一起唱歌，練習主日崇拜的讚美詩，和她一起幫助組織在節日的音樂表演。

客家朋友在豪家聽斐玉霞彈鋼琴。（五華，1930年前後）

　　家裏的傭人成了朋友和最好的老師。她學着與他們交流，揣摩他們發音的語氣語調，感受他們的喜怒哀樂。

　　生於印度的她，雖然孩提時期就回到德國，但她從小就從在印度當傳教士的父親口裏知道，在亞洲，無論是印度還是中國，人們過着與歐洲人完全不同的生活，有自己的傳統習俗，有和歐洲人完全不同的待人接物方式。她必須學會尊重，儘快熟悉陌生環境和面孔。

　　豪天立在年度報告裏寫道，"12月1日，第一個聖靈降臨日，我在梅林開始福音宣講，所有外站人員和助理都被邀請了過來。我妻子也想體驗福音宣講和洗禮教學。"

6

轉眼之間兩年過去了。時局不穩，社會動蕩，強盜出沒，生活中充斥恐怖和危險。豪天立碰到很多困難，也獲得了不少寶貴的經驗。在1929年的年度報告中他寫道，這是"充滿麻煩和困惑"的一年。

香港崇真會的一本刊物中有關於這一段時期的記載。1920-1940年的宣教工作面臨各種挑戰。中國百姓渴望統一，渴望結束四分五裂的局面。國內經濟及社會狀況同時還受到各種外部因素的影響而每況愈下：西方列強僵硬的態度、俄國革命所帶來的影響、還有日本帝國驕橫跋扈的侵略，等等。在心靈和思想領域，儒家傳統思維、自由民主思潮、俄國革命思想等各種影響，正衝擊着中國大地，處於激烈的爭奪中。[7]

梅林的地方管理，進入了一個幾乎完全無序的無政府主義時期。地處鄉僻、宗族械鬥、盜匪橫行、社會動亂。強盜常常打着各種旗號，糾合起來，四處打家劫舍，掠奪錢財。

1929年8月17日，豪天立忽然聽到一個驚人消息，有三個傳教士在清涼山被綁架了。其中就有梅縣樂育中學第五任校長萬保全、賀允恭[8]和豪天立的中文老師經褆福。飽受磨難的十六個月後，1930年12月11日，他們才終於全部獲救。另一個傳教士毛鼎如也於1930年10月13日被綁架，兩個月後，12月12日才重獲自由。危

---

7 威一致（Hermann Witschi）：《波瀾起伏靠主恩——巴色差會來華宣教簡史續集》，香港崇真會，2010.1，P60。

8 賀允恭（Ernst Fischle, 1897-1969），男，德國籍，在華時間1925.12-1940.11。

機四伏的現狀，讓傳教士們感到惶恐不安，極度緊張。

一有風吹草動，豪天立夫婦就不得不考慮轉移，到別的地方避過風頭。"當四個兄弟先後被綁架並囚禁的消息傳來時，我們也不得不設法轉移躲避。"在猛烈的打擊下，先行者們數十載的努力彷彿頃刻之間就"徹底崩潰了"。[9]

這期間，紅軍也曾三顧嘉應。那年10月，朱德將軍率領的紅四軍占領了嘉應州，德濟醫院就曾經救治過受傷的紅軍。為了德濟醫院免受滋擾，朱德特別簽署命令，要"保護醫院，不許滋擾"。命令函上蓋着"紅軍第四軍"的紅色印章。

這個隊伍中不乏友善的人。豪天立愛和他們當中的一些年輕人一起，談論福音、討論死亡的問題。他們和那些打着旗號的土匪完全不一樣。

在惶恐中，大家都得逃命。豪天立原打算堅守梅林，但教會長老致信告誡他們，"服從遠勝於犧牲"，不要讓自己處於無謂的危險之中，同時要求委員會做出撤離危險站點的決定。在教會的勸說下，豪天立決定與妻子一起暫時離開到別處躲避。

在1929年的年度報告裏，豪天立寫道，接到命令後，他們暫停了工作，緊急撤離。讓豪天立擔憂的是，妻子已經有幾個月身孕。"1929年12月21日黎明前，我們步行撤退。此刻，已經很難找到搬運工來幫忙搬運最起碼的行李。妻子懷孕，為讓她免於過度勞累，卻找不到誰來扛滑竿。我們留下了幾乎所有的財物，把最需要

9　豪天立：《信使》雜志（1932年第6期），P88。

的東西捆綁在一起，背在身上。半夜，我們在一些客家朋友的陪伴下，從一條鮮為人知的山路磕磕碰碰地撤離。」

令人焦慮的消息接踵而至。幾天前，四個中國人被抓，因為沒錢交贖金就被殺了。在撤離路上，朋友不放心，堅持要陪伴着豪天立夫婦，一起闖出危險之地。到達安全區域後，才交待他們自己走。豪天立心懷感激：「感謝我們中國同事的幫助，午夜時分，我們終於抵達安全的避難點。妻子因為緊張的趕路而累壞了。感謝上帝，他已經聽到我們的祈禱，這是他的憐憫，我們仍然活着。」

在給豪天立夫婦提供幫助的中國朋友中，有在梅林樂育小學任教的湯恩錫。他1921年畢業於古竹樂育中學，其時在小學邊教書邊兼管財務。時局不穩，他讓豪天立夫婦到他老家安流鎮吉水村避難。豪天立與湯恩錫相識，剛到梅林（坳下）教堂時，還曾與他父親湯作雨共事，兩人關係不錯。吉水村離梅林禮拜堂八里路，有一條山間小道相連。湯作雨是前清秀才，在村子裏頗有威望，豪夫婦逃到吉水村時，來不及敘舊就連忙安頓驚魂未定的來客歇息。異國他鄉，得人相助，讓豪天立夫婦感激涕零。幾天後風波平息時，豪天立便告辭，臨行時以一份小禮物，表達對湯作雨的謝意。[10]

豪天立的報告詳盡地記述了梅林的危情。通常的強盜多為錢財，祇要交得起贖金，多能化險為夷。

厄運難逃。一天，豪天立回到梅林傳教站辦公室，祇見門已被撞開，窗門玻璃被敲碎，抽屜櫃子都被拉開，凌亂的紙片滿地都

---

10 作者對湯兆平的訪問。廣東龍川縣老隆鎮，2020.12.14。

是，一片狼藉。破門而入者掠去一切值錢的東西。所幸當時站裏無人，得以躲過一劫。

"磨難使我們禱告愈發虔誠，並加深了福音宣講和洗禮教學的效力。"豪天立寫道。

7

斐玉霞產期將近。那段四處逃命的日子，過度勞累和緊張，對孕婦是一種折磨。所幸她緊咬牙關挺過來了。

1930年1月3日，他們的第一個兒子在河源的醫院出生。這是一家由巴色差會開辦的醫院，有專業的傳教士醫生。

巴色差會在客家地區先後開辦過四家醫院，一家在河源，叫仁濟醫院，一家在梅縣，叫德濟醫院。德濟醫院在鶴市和長樂有兩個支院。

雖是驚魂未定，初為人父母的年輕夫婦對兒子的出生感到幸福與自豪。孩子的德文名字叫羅格爾（Roger Immanuel），中文名字則是豪俊民。俊民出生不久就接受洗禮。

初為人母的斐玉霞，模仿客家婦女用背帶背兒子。兒子不諳時勢艱難，在母親溫暖的背後舒服地安睡。

兒子出生後不久，豪天立被調到長樂的另一個傳教站。1930年3月4日，夫婦倆離開了梅林。

這個傳教站已經有一年沒有歐洲傳教士了。因此，一切工作都得重新組織安排。這個教區較大，有多個村鎮，大布坪、嵩頭、潭下、水寨、岐嶺、孔目洞、轉水角，蓮塘等。有了梅林的工作經驗，豪天立自信多了。

教區有不少中國同事。豪天立的工作是培訓和幫助他們傳教。他參加集會和禱告會，組織大家研讀聖經，討論問題。他常和他們一起，傾聽並幫助他們解決問題。遇到挫折，幫助分析原因並安撫他們。此外，他還協助同事組織主日崇拜，唱詩和佈道。

豪天立與五華大田的信眾在靈修會後合影。（五華，1933）

豪天立的日記上，記載着許多親歷的事，無論好壞，他都忠實地記錄下來。他知道，由客家人傳道，可能比西方傳教士更容易被當地人接納。

美國史學家史景遷曾説，中國人在西方人面前説話總是多有保留，面對自己同胞則能夠比較坦承説出自己的私密之事。因此，歐洲教士都利用中國傳道師去接觸有可能皈依基督教的對象，了解他們内心的疑慮、化解他們的家庭問題，以促使他們投入基督教的信仰。[11]

豪天立的經歷，似乎印證了史景遷的結論。他回憶道，"我們的信衆中有一位年長的客家女子，她在信仰上達到一定程度後，成為其他信衆的'母親'。她會去看望其他基督教婦女，和她們交流，訴説見證了上帝對她做了什麼。""一些住在集市上的基督徒，每星期四晚上都會在一家店鋪聚會，一起聆聽上帝的話。非基督徒偶爾經過，聽了他們的討論，也往往會激發他們對信仰的興趣。"

豪天立每天仍一如既往地騎着馬，走訪當地七個村鎮的信衆。他訪問各個基督徒小組，和信衆緊密接觸。他和他們交朋友，住在他們家，和他們吃在一起，聆聽他們的故事，交談生活中的一切。他寫道，"感謝上帝，儘管局勢動蕩，但福音傳播的任務並未消失。"[12]

在旅途中，他會捕捉任何傳播福音的機會。一天，他路過一個被火燒過的祠堂。客家村落裹的祠堂，常常也是這個村子的學堂，那裏有一個老師給大約20個小男孩上課。課間，他和老師聊開了以

---

11 [美]史景遷（Jonathan D. Spence）：《胡若望的疑問》（陳信宏譯），廣西師範大學出版社，2014.3。

12 豪天立：《信使》雜誌（1932年第6期），P88。

後，老師說他們準備重修這幢祠堂作為學校，並問教會能否派一位基督教老師來學校，薪水由村裏支付。村裏的長老重視晚輩的教育，認為可以讓耶穌的教誨改變他們村民。

豪天立感到意外。這裏的村民一年前還很敵視教會，沒有人願意進教堂，還曾威脅說要燒毀傳教站。現在卻主動接受他們的老師。豪天立感嘆道，"上帝竭盡所能。淚珠也許會在它下落的地方生長。"[13]

無論走到哪裏，豪天立都樂於和當地人交談。他通過交流，積累了對客家人和客家文化的了解，客家話也大有長進。他學會了不少中國諺語，並從中理解客家人的生活哲學，他在筆記中記下：

"入鄉問俗，入鄉隨俗"，"入門問谷，出門觀天"。

"關注社會低下階層的歸信，推動教會的自立發展"，一直是巴色差會的努力。[14]豪天立當時的工作之一，是幫助會眾逐漸實現獨立的自我學習和管理。為此，他着手編撰針對客家人的基督教文本，用於傳道和佈道。他和斐玉霞以及一位中國助手，把一些漢語文本，轉化為客家話文本，以方便客家人讀懂和聽懂：

如，"願爾發出爾介真光，普照所有住在黑暗地中介人，顯出爾無限量介能力……"等。他修訂了新的客家讚美詩，祈禱和佈道文本，並印刷出版。

13　豪天立：《信使》雜誌（1932年第6期），P88。
14　湯泳詩：《瑞澤香江——香港巴色會》，香港大學美術博物館，2005.3。

　　所幸，差會多年的福音傳播，已經取得了許多寶貴經驗和成績，出版了不少供客家人閱讀的《客語讀本》。

　　在這一階段的報告中，豪天立寫道：“儘管信眾必然會經歷所有的危機，但我們仍然有許多希望的跡象。社區基督徒常一起祈禱，他們對聖經的需求在增加，對他人傳道以及在會眾中建立精神生活的意願也在提升。我們要做的，是加強對他們的關心和幫助。”

　　長樂的日子仍然伴隨着社會動蕩。5月5日，風聲又緊，他們不得不再次轉移。家庭分為兩路，斐玉霞帶着兒子前往鶴樹下，他則單身前往興寧，看望那裏的基督徒，隨後祇身回長樂。一家三口分居兩地，直至月底。

8

　　1932年4月30日，兒子滿兩歲時，豪天立夫婦迎來了第二個新生命，一個女孩。她也有一個中國名字，豪俊嫻（Adelheid Margarete），誕生在梅縣的德濟醫院。在一張老照片中，兒子在兩個手持聖經的客家女人後面玩耍。對這些在梅縣出生的德國兒童來說，客家人不是陌生人，而是身邊熟悉的面孔，是人生中除父母外的老師。

　　作為一個四口之家的主婦，斐玉霞承擔着重任，照顧家人的起居飲食。他們與當地人關係緊密，家庭生活幸福。在接受相關神學培訓，語言能力提高後，她與助手一起，也開始在基督之家給信眾講授聖經課。

　　他們把自己的生活方式和理念，帶到了客家山區。每逢假日，如果日子太平，他們會到元坑或清涼山的山間度假。他們熱愛自然，享受自然給予的慰藉。這裏四面青山，環境幽靜，空氣清新。山裏的客家人，更是純樸而友善。

　　豪天立也有機會參觀附近的客家村落，光顧客家大宅。中國的村落和建築的風格，自然與德國乃至歐洲相去甚遠，但它有自己的美麗和倫理，靠山面水，後有青山，宅前半月型的池塘，門前的石獅子，都給他留下深刻的印象。門上的橫匾、對聯的哲理和意趣，他懂得的漢語越豐富，越能領會，彷彿歷經一次次德中文化對話。

　　他給所見的每一個尋常物件和景物，添上故事。

　　故事的主角，正是他們自己。

13　橫流渡的一天

> 學校裏最小的孩子——一個小女孩，她
> 什麼都知道。

1

1929年6月，豪天立在梅林傳教站普通的一天。

炎熱的清晨。他出發前往橫流渡(今五華安流鎮)，那裏的一所教會學校將進行考試。

據《虔貞女校》[1]一書記載，對巴色差會來説，"學校與教堂如鳥之雙翼"，"清末民初，由於國內廣泛開展洋務運動及洋務學堂對人才需求的刺激，形成重視教育的興學運動，這給了基督教學校一個擴張機會。巴色差會在這一時期加大了對華傳教辦學的支持，因而教會學校得以迅速發展。"

該書記載，早在清同治四年（1865年）之前，在長樂縣的樟

---

[1]　唐冬眉、王艷霞：《虔貞女校》，花城出版社，2015.8，P168。

村、元坑、粘坑、黃石坑就已經辦有教會寄宿學校。

洋務運動促進了大批大型近代工業的問世。1861年，曾國藩在安徽創辦安慶軍械所；1865年，李鴻章在上海創辦江南機器製造總局；1866年，左宗棠在福建設立福州船政局，不一而足。因應對外合作和產業對人才的需求，中國教育也邁開了近代化發展的步伐，新學之風也逐漸吹到了偏僻的客家山區。

進入20世紀，清光緒廿七年（1901年）後，興寧縣坪塘成為粵東北的一個教育中心。1915年初，坪塘男童學校有177名學生，女童學校有63名學生。

1904年，中英書院在梅林開辦，這是一間現代學校，授課語言全部使用英語。校舍上飄揚着一面旗幟，上用拉丁文寫着"Veritas vincit"（真理得勝）。可惜好景不常，1906年學校因生源不足，祇得關閉。

此後，巴色差會在各地辦學，時起時伏，但總體上仍在繼續拓展。橫流渡的小學，是其中一所。

橫流渡鎮在梅林的北面，琴江穿鎮而過，如今是五華縣屬下的一個鎮。據《五華縣志》，"橫流渡距縣城水寨鎮33公里，是五華南部的農貿圩鎮和交通要衝。橫流渡在明代已有市場，清初店鋪增多而成圩。入民國後，始易名安流。"

這裏的傳教點，在豪天立服務的教區範圍內。教會辦的學校，是他關注的重點之一。他在1929年7月17日第二季度報告中寫道：

　　我出發前往橫流渡的外圍傳教站，去那裏的教會學校查看。

　　我到得早，一些學生和老師正在學校門口等我。因為要考試，大家可能都有一點緊張。學生還沒有完全到齊，有些在吃早餐，有些還在路上。他們有的住得挺遠，到學校要走很遠的路。還有些學生，自從教堂附近發生過一次槍戰以後，擔心出事，就再也沒有回過學校。

　　上午的上半場，是高年級學生的宗教科測試。老師想知道，上了這些課以後，有多少同學能回答所有的題目，又有多少人能夠完整地敘述整個聖經故事。

　　老師知道，對於中國學生來説，記住課本上出現的外國人名是件困難的事。有些可能會混淆諾亞和亞伯拉罕，有些記不住上帝在創世六日中，到底創造了什麼。豪天立認為，雖然中國學生一般都強於背誦和記憶，但重要的不是記住地名或人名，而是牢記聖經裏的故事。

　　其時，舊學與新學，文言文與白話文交替，豪天立擔心，這有可能會影響學生理解和背誦聖經的内容。然而時局動蕩，學校根本沒有辦法適時給學生們提供適合的教科書。

　　什麼樣的教科書才適合學生學習？當時爭論的焦點之一，是課本到底應該使用文言文，還是白話文。舊學的老師堅持，用白話文學習的學生，永遠都不可能真的把書裏的内容記住。但從實際效果來看，如果一所學校所有科目都用更接近日常生活口頭表達的白話文課本，那麼學生比較容易理解和記住每節課的主要内容。

豪天立和五華私立樂育小學高小第四屆畢業生合影。（五華，1930）

為了方便學生理解授課內容，教會學校使用白話文編寫教科書。

上午的下半場考試，是低年級學生的宗教課測驗。老師和其他同事在課程剛開始時曾告訴豪天立說，孩子們還不到能夠接受聖經故事的年齡。但豪天立卻認為，在自己的家鄉，大家接觸聖經故事比他們這個年齡段早得多。所以他對老師們說，也許情況並不像大家以為的那樣。

他認為自己的這種想法很快得到了驗證：

學校裏最小的孩子——一個小女孩，她什麼都知道。我點她的名，我以為她還坐着，就反覆點她的名。她尷尬地低下了額前留着劉海的頭，從眼角的餘光裏向上偷瞄我。雖然非常害羞，但她極其聰明，能流利地背誦聖經故事和讚美詩，就像上了發條的鐘一樣。聽她背誦簡直是一種享受。

不過，也許這個孩子的能力不是教師的功績，而是受益於教徒家庭氛圍。

與之相對比的是她的同桌，這個男孩似乎沒有意識到這一天的重要性。當同學們流利地回答問題時，他甚至很快就打起了瞌睡。輪到他回答問題時，他看起來好像剛剛進入這個世界，一問三不知。這可能是學校裏成績最低的一個。

豪天立還發現，低年級學生在記憶方面通常優於高年級。他猜這很可能是因為高年級學生用的是用文言文寫的課文。

中午，學生們去準備午餐。午餐後，等待下午的考試。這是一個悶熱的夏天，熱得人慵慵的，打不起精神。

下午三點考試繼續。科目是算術，這完全是新內容，用的是歐洲的教材。學生們集中精力接受挑戰。經過一段時間的學習，現在要看是否能夠運用學到的知識解答考題。

有些學生在無框的黑板上用短短的粉筆演算，有些按照老習慣用毛筆在紙上寫阿拉伯數字，還有第三種人試圖用手指計算結果。總的來說，考試結果令人滿意。

當天其他科目的測試，如中文、書法、通識等等，在其他課室進行。

因為是教會學校，考試的尾聲是唱頌歌，這是教會學校特有的程序。豪天立那天一直保持沉默，細心觀察，沒給出任何反饋。在歌聲中，他發現，中國兒童有不少很有音樂天賦，沒唱得非常棒。他想，如果今後加強音樂教育，給學生提供指導和配備樂器，學生很大可能會得到更全面的發展。

在橫流渡和其他地方，宗教科目和頌歌吟唱方面的進步是毫無疑問的。在這裏，學生每年都會流動，變化很大，大多數學生都來自既不唱頌歌也不聆聽神的話語的異教徒家庭。傳教士致力於此的一大願望就在於，不論是不是教徒的孩子，在學校裏所學的知識，能幫助他們的心靈得到提昇，使之更上一層！

2

在一張拍攝於1930年的 "五華私立樂育中學第四屆畢業生攝影紀念（民國十九年冬）" 黑白老照片上，前、後排為學生，中排坐着教職員工，穿著西服的豪天立端坐其中。在另一張1933年12月12日拍攝的 "五華縣私立樂育中學第七屆畢業員生攝影紀念" 的照片中，男女學生共18位，豪天立的身份標示為 "教員"，時任校長為羅元英。

從這一時期開始，豪天立正式擔任學校的教職。如果說，此前他還是從外部觀察學校運作的話，那麼從現在開始，他的一生將作為老師與教學結緣。

在1931年的年度報告中，豪天立高興地提到，那一時期社會形勢相對穩定，在五華到處走動，不再感到危機四伏，生活相對平靜。

五華私立樂育中學，校舍位於小山崗下的河邊，河岸上長着茂密的竹林，牛在河邊的草地吃草，水面上泊着帶蓬的小艇。學校辦學條件艱苦，缺教材也缺師資。

從1901年始，巴色差會先後在客家地區修建了多所小學、中學和女子學校。所有的學校都冠以"樂育"二字，取"樂於培育人才"之意。

在五華，豪天立初步涉足教育。他穿上白色的西服，緩步走上教壇。他擔任的是高年級的"德語會話"課老師。不久，根據需要，又開辦每周一到兩節"德語新約課"，還有可以預約的德語課程。他和學生建立了良好的關係，"我與學生的關係很好。感謝上帝，我成功了。"他回憶道。

個別好學的學生喜歡在課餘到這個平易近人的老師家裏交談，既練習會話，也交流思想。豪天立沿襲了他在巴色差會神學院的習慣，晚上散步。學生們喜歡和他一起散步，邊聊天，邊提高口語。

逐漸地，學生們接受和習慣了這個德國教師。德語課程是自選課，但來參加的往往是整個班的同學，他們中既有基督徒也有非基督徒。隨着學習深入，有學生要求增加德語課程。音樂也是豪天立夫婦的愛好，學生們喜歡唱歌，特別要求老師開一門唱歌課。

學校就在他們家旁，每周幾個晚上，學生們來到老師家的客廳。那裏有一部鋼琴和一個温婉、隨和的師母，他們一起唱歌，排練。在學校畢業禮上，演唱這些歌曲。

3

對一些家境貧窮的客家子弟來説，完成幾年的學業並非易事。不少學生因為家境貧寒，或家庭變故，能否繼續上學成為問題。這時，教會的資助就成為他們繼續昇學的重要來源。

有一陣子，豪天立想起父親威廉早年希望他成為一名教師的期待。他現在也想到了 "授人以魚，不如授人以漁" 那句古老的中國諺語。成為一名教師，並幫助學生成材，對豪天立而言，似乎是一件冥冥中早有安排的事。

在1931年的年度報告[2]中，豪天立提到幾個自己幫助過的學生。

存放在巴色差會檔案館這份報告，附上了學生用中文或德文寫的信件，同時附上了豪天立關於這些學生家庭情況的説明。

以下一封是學生李仙林（音）寫給老師豪天立的信件：

尊敬的豪天立牧師：

我非常想念您，因為我錯過了您的不少諄諄教導。聽説您身體

2　豪天立：《1931年年度報告》，1932年3月完成於五華，存巴色差會檔案館。

安康，我感到非常高興。我們上次見面已經一個多月過去了。我真誠地希望，在主的幫助下，您不僅身體越來越健康，知識也會每天增長。

全靠您的好意，我才能在新的一年繼續學業。您提供了我的學費和生活費，我希望通過勤奮學習能夠實現您的期望，成為一個有用的人。感謝您同意我的請求，以"我們宗教的和平"名義，對您表達最誠摯的問候！

李仙林上過三年學，勤奮、善良，平和而有天賦，但家裏沒有能力供他繼續念書，豪天立認為"他學到的還遠遠不夠賺錢養家"。豪天立向巴塞爾方面提出申請，繼續給這個學生兩年的幫助，以完成學業。巴塞爾的反饋是積極的，有人捐助了大約60美元，這筆捐贈對學生來説是一份"大禮"，能維持繼續學習的費用。

豪天立還打算，"兩年後把他送到醫院接受護理培訓，讓他可以在那裏自食其力。令我欣喜的是，儘管他以前體弱，現在身體已經健康強壯。如果讓他繼續學習兩年，或許能勝任我們醫院的工作……成為一個有用的人"。

學生寧寶松（音）給豪天立的信，是用德語寫的：

親愛的朋友：

非常抱歉，我還從來沒有給你們寫過信。我祝你們身體健康。

目前我正在長樂的中學學習，大約有兩個月了（我們學校的名字是樂育Loy Jug，意思是一個寓教於樂的學校）。每周上39節課。德語和數學比其他科目都難，所以每周要上七個小時。另外我們還有自然歷史、世界歷史、地理、中文等等。晚上我復習三個小時，然後才去睡覺。我覺得每天學習10小時，然後休息10小時非常正確，對此我感覺特別好。

非常抱歉我的德語水平不好。

這一周，我的老師豪天立先生給了我一份禮物。非常感謝您！

豪天立很高興學生能用德文寫信：「寧寶松自己獨立寫了隨附的這封信。我修改了一些可能導致誤解的語法錯誤。寶松一直是最好、最忠實的學生之一。在他父親的小教堂，他擔任小學老師。我很樂意進一步支持他，使他成為一名傳道人，但這可能已經超出了通常的經費範圍。幾年後如果他父親能渡過經濟困難，這個想法對他來說便可實現。」

女學生梅雲（音）的信：

謹致以我善良的朋友們和平的問候！

2月11日我回到了五華女子學校，經歷了這一切後，我真誠地感謝上帝的祝福和朋友的愛。去年我從小學畢業，他們允許我今年進入初中一年級。

我的父母已經做了36年傳道工作，他們在去年3月退休了。現在他們仍然住在我家鄉的小教堂裏，兢兢業業履行他們的公務。

我們家有六個兄弟姐妹。我的兄弟桂峰（Gui fong）（兄弟中排行第五）正在梅縣小學學習，到今年暑假便會完成學業。我本來也想和他一起去梅縣。但不幸的是，每年的新年慶祝活動讓此事不能成行。此外河水也幹枯了，沒有船祇能夠過去（去梅縣通常得乘船），或者暑假之後我的願望便很可能實現。

我的父母過着樸素的生活，每年的養老金祇有100美元左右。實際上，我的父母不想再送我去學校了。幸運的是，我通過豪天立先生（來自歐洲的朋友）收到了一筆捐款，我父母便願意送我回到學校。

如果您有時間，我懇請您給我提出意見並指正我的不完美之處，請收下這篇"簡短的草稿"，非常感謝您！

豪天立給委員會的報告説："上述學生都有良好的天賦、堅實的品格，但由於家庭條件困難，我為她提供了來自寄養兒童基金會的資助。我一直希望梅雲稍後會在我們一個女子學校擔任職務。希望我們在長樂的舉措能得到家鄉朋友們的理解。"

學生李叔金（音）的信：

當我從長樂母校畢業時，靠着您的推薦我才能夠進入神學院學前班，為將來宣講福音做好準備。但隨後經費不夠，使我繼續學習非常困難。然後由於主的恩典，您的善意突然傳到了我身上。您支付了我的學費，我便能夠繼續在學校學習福音。我將永遠感激您。

再次感謝您，衷心祝願您得到主的幫助！

此前，豪天立曾在一份報告中說，"李叔金來自水寨的一個基督教家庭。他的哥哥都已離家，給父母帶來了無盡的苦惱和悲傷。他們十分感謝上帝對小兒子叔金的勸勵。他學習勤奮、品行端正，唸中學時便十分出眾。我很高興他能進神學院學前班就讀。不幸的是，他家境貧寒，全家節衣縮食，供兒子讀書。但直到他父親生病，他才道出實情，讓我們確知他們實在有多困難。他是社區中最忠誠的基督徒之一，儘管貧窮，卻仍然保持着高尚的克制。我們認為他不應該放棄必要的幫助。他父親希望兒子今年能進入神學院讀書。對於這家人來說，這是一個沉重的負擔。如果叔金能從寄養兒童基金會中獲得一筆小額捐款，繼續讀書，則有望成為一位有尊嚴的傳道人。"

秦茂發（音）的信：

學生秦茂發（他在信中用第三人稱呼自己）住在五華（長樂）區，現年14歲。因為家庭生活困難，我的父母和其他親屬於1927年出國。家裏祇有我的祖母留下了。我的叔叔已經為教會服務了好幾年。因為我的祖母已經老了，沒有人可以照顧她，所以我的叔叔把她和我帶到了他身邊。

我讀了四年小學。在去年的第二學期，我升入到高級小學一年級。後來我的叔叔經濟狀況出現困難，因為他不得不負擔六個人的生計。出於這個原因，我無法在第二學期繼續上學，祇能去尋找自己的生計。感謝您的幫助，讓我可以繼續學習。您莫大的友善（您慷慨的善心），我實在無法報答。

啊，時間過得真快！此刻又過了一年。我決心在明年春天（在學校）繼續學習，但我有意圖（意志）而沒有力量（意味着財力）。所以我祇能繼續期望您的善意和自我犧牲。如果您不拒絕我，我懇求你保持你的手（錢包）打開並幫助我完成學業。我的感激之情將是 "無限的"。這就是我對您真誠的請求以及對您的敬重。

豪天立報告， "該學生來自水寨地區的一個基督教氛圍濃厚的家庭。年輕一代受到基督教教育的强化，在異教徒的環境中也能證明自己是福音的承擔者。這一點很重要。如果因為失去了社區的家庭而痛失傳教的基地，那將是一種極大的遺憾。今年春天，秦茂發和叔叔一起搬到了坪塘，可能會繼續得到兒童寄養基金會的支持。"

豪天立堅信，對有上進心的學生，作為老師就是要幫助他們燃起人生路上的希望之光。

1933年，五華私立樂育中學第七屆學生畢業，畢業生離校前的晚上，豪天立邀請他們到家中喝茶，還特意準備了花式蛋糕和新鮮水果，為學生們餞行。

　　五華樂育中學上世紀80年代取名五華縣華西中學。據校長戴遠通近年回憶，學校是1898年由德國傳教士創辦的，1898年至1925年的兩任校長都由德國人擔任。前後分別為樂育小學、樂育中學、樂賢中學，後又改名為五華中學分校、華僑中學，1980年正式定名為五華縣華西中學。

　　戴校長說，德國傳教士當年為學校帶來了西方現代的教育理念，包括它的管理制度，教學方式、教學經驗，為學校的發展奠定了良好的基礎。119年來，學校培養了很多傑出的人才。五華縣出來的唯一的中國工程院院士鍾世鎮[3]，就曾經就在這個學校讀書。初中畢業後他到梅縣樂育中學讀高中，後來他考取了私立嶺南大學孫逸仙博士紀念醫學院（現中山大學醫學院）。[4]

　　在豪天立保留的梅縣樂育中學"高二年級學生名單"上，有鍾世鎮。

　　鍾世鎮是五華縣周江鎮冰坎村人，1925年9月出生。他小時的教育，新學舊學參半，一半在冰坎村裏祖屋"琴書第"的私塾，背誦《幼學故事瓊林》，"當時我是年齡最小的學生，先生不太理會我"；另一半則在省城廣州培英中學附小讀書，識字唱歌。1937年6月，他回到鄉下，仍在一所私塾讀《四書》、《五經》，然後在村裏一所"洋學堂"裏學習"算學、地理一類的課程"。之後，在五華私立樂育中學讀初中。

3　鍾世鎮，南方醫科大學教授，臨床解剖學專家，中國現代臨床解剖學奠基人，中國數字人和數字醫學研究倡導者。1997年當選為中國工程院院士。
4　黃慰汕訪問戴遠通，並整理。

五華樂育中學祇有初中，所以高中就要到梅縣去。1942年秋，他離開家鄉，到梅縣樂育中學上學。當時從五華到梅縣大概要走一天半時間，"當年上學，途中有時可以搭乘木炭汽車，有時需要長途步行"，"我一般會邀上幾個同學一起，背了乾糧走，途中還要住宿一夜，借宿在農家"。他回憶道，"梅縣比五華繁華多了"。[5]

1946年梅縣樂育中學畢業後，他考上了中山大學醫學院。1951年，他畢業留校，先後在中山大學醫學院、第三軍醫大學和南方醫科大學等院校任教。他選擇臨床解剖學為研究方向，成為中國顯微外科解剖學的奠基人，1997年當選中國工程院院士。

4

1933年夏天，豪天立接受了一項特別的任務。

客家教會議事會決定，要專門編撰一本供客家教會禮拜儀式用的書。這是一項重要的工作。他們要求客家教會的總牧師何樹德[6]統籌推進此事。何樹德希望能與巴色差會合作來完成這項工作，他請求巴色差會派一名歐洲人負責編寫，由中國助手協助完成。

這項任務落在豪天立身上。他是傳教士和學者委員會中唯一的歐洲人。他回憶道，"這樣一來，這項工作的全部責任都落到我的肩膀上了。在巨大的責任面前，我暗暗地擔憂這本專供客家教會使

5　李劍、張曉紅：《我的配角人生：鍾世鎮學術自述》，中國科學技術出版社，2019.10。
6　何樹德，廣東興寧永和鄉人，生於1880年，畢業於深圳李朗神學院。1924年，在華的基督教巴色差會本土化，更名中華基督教崇真會，總部設在龍川縣老隆鎮，何樹德任崇真會教務幹事，1943年任崇真會總牧。

用的第一部禮拜程序的未來。"

豪天立清楚，當人們進入教堂的時候，一個好的禮拜儀式，應該能夠鼓勵人們放下傲慢，正視自己的恐懼和弱點，讓個人在群體中獲得溫暖和力量。儀式循環往復，有助於建立信眾群體的歸屬感，將支離破碎、脆弱不堪的社會凝聚起來。"閱讀完資料，明白了禮拜儀式的過程後，我開始動筆。"

初稿花費了整整一年的時間才完成。"我與年青的中國同事一起討論，把手稿交給他們校對和繕寫正本。就這樣，一個一個字地寫、一頁接一頁地編，直到我們把有幾百頁內容豐富的稿件完成。"

1934年4月，教會議會在五華鶴樹下舉行周日、節日和聖禮儀式，首次使用這部《禮拜儀式》。實際應用證實，這部客語《禮拜儀式》在形式和內容上都很好。夏天，豪天立把書稿帶到香港，讓總牧師何樹德以及教會的文字權威審讀，同時將書呈報巴塞爾的巴色差會委員會。

5

轉眼，豪天立在中國度過了近八個年頭。《禮拜儀式》初稿完成後，他迎來了第一個回國休養假期，時間是兩年。巴色差會考慮到工作環境的艱苦以及傳教士遠離家鄉的思鄉之苦，通常把傳教士的任期分為兩段，工作幾年後回國休息兩年，然後再繼續第二階段的工作。

1934年10月，秋高氣爽。豪天立帶全家回德國。他們取道香港，登上富爾達號遠洋客輪。

10月25日早上，富爾達號啓航。

豪天立夫婦帶着兩個歡蹦亂跳的子女走進客輪的餐廳。風浪不大，從舷窗看出去，藍色的大海忽高忽低。此刻，他的心情既平靜又激動。在中國的工作告一段落，回想這八年的日子，環境雖然艱辛，但上帝保佑，他完成了該做的工作；他在這裏成了家，有了孩子，更難得的是一家人平平安安。

餐廳裏飄着咖啡和奶酪的香氣，這是他們久違了的歐洲的味道。

1927年初，他初到中國時，年方27，涉世未深，祇懂幾句簡單的客家話，對中國人和客家人的生活和習慣所知甚少。但八年之後，中國這本教科書讓他快速成長。他現在34歲，已經成為一名成熟的牧師，一個有經驗的德語教師。

這八年，他彷彿完成了一次中國文化的學習和洗禮。他能寫一手好看的漢字，那些記在他筆記裏的繁體中文字，是他努力學習中國文化的記錄，已經成為他血液裏文化的一部分：

四海之內皆兄弟也

識時務者為俊杰

殺身成仁（孔）

捨生成義（孟）

上帝臨汝，無二你心

予畏上帝不敢不正

在家庭生活方面，來的時候，他是一個"單身漢"，開門見山，形單影隻，孤獨感如影相隨。踏上富爾達號輪船的歸航時，除了他和愛妻斐玉霞之外，還有一雙活潑的子女，兒子豪俊民4歲半，女兒豪俊嫻2歲。

他們在餐廳挑了一個安靜的地方坐下，打開當天的早餐單。上面是他們曾經熟悉、堪稱"豪華"的歐式早餐：

炖西梅

蘋果

奶粥或燕麥粥

玉米片

煮雞蛋

雞蛋炒西芹

葡萄乾煎餅

玉米煎餅

楓糖漿

冷飲

博洛尼亞香腸

埃德姆奶酪

奶油

桔子醬，杏梅醬

花式麵包，多士

茶，咖啡，牛奶[7]

餐廳不允許吸煙。

中國旅程的第一階段即將結束。遠處，起伏不平的中國海岸綫，在船舷一側漸漸隱去。有一刻，他甚至有些懷念剛剛過去的那些歲月，懷念那些曾朝夕相處的客家同事和朋友，那些兄弟姐妹。

船上的生活，重新喚起了他們對歐洲生活的記憶。

兩年的休假期，豪天立打算如何度過？

7　見豪俊和保存的當時船上的餐單。

14　布羅韋勒和蒂賓根

> 按中國習俗，他們給這個男孩也起了個
> 中文名，豪俊和。

1

1934年歲末，經過一個多月的海上航行，豪天立夫婦帶着兩個在中國出生的孩子，回到了闊別八年的祖國。

孩子的祖父祖母和外公外婆及其他親人歡聚一堂，慶賀他們的歸來。

如果願意，兩年假期，他們一家可以選擇在某個環境優美、氣候適宜的地方度假。但豪天立有另外的想法。

稍事休息之後，1935年2月，豪天立接受符騰堡教會安排，在布羅韋勒（Bronnweiler）的聖瑪麗恩教堂當牧師。在這同時，他在附近的蒂賓根大學[1]新教神學院報讀神學課程，準備參加教會的二級神學考試。

　　夫婦把家安在布羅韋勒，就住在教堂旁的牧師樓裏。布羅韋勒離蒂賓根不遠，無論是到大學上學和去教堂布道都方便。

聖瑪利恩教堂牧師樓。（布羅韋勒，1935）

　　布羅韋勒為森林環繞。遠眺是山坡上聖瑪麗恩教堂的紅色屋頂，還有森林四周的老房子。教堂建於12世紀上半葉，門很小。教堂外有一棵參天的紅杉樹，枝繁葉茂，猶如一座高聳的紀念碑。據說這棵紅杉樹出身顯貴，皇恩浩蕩，是威廉皇帝一世在1860年前後由土耳其帶回來的種子培育而成。

1　蒂賓根大學，也譯作圖賓根大學，位於巴登符騰堡州蒂賓根，是歐洲最古老的大學之一。

　　安頓下來後，斐玉霞雇請了一名年輕的保姆，幫忙料理家務、照顧孩子。一家四口過上了平和、穩定的家庭生活。長樂那段東藏西躲、顛沛流離，叫人喘不過氣來的生活，不時讓她在夢中驚醒。斐玉霞享受當下的安逸，環顧居所四周，和煦的陽光從窗外漫入，孩子在室內外遊戲，她感慨：“這個家，有一種愛的氣息。”

　　豪天立買了一輛德國產的小車歐寶（Opel）P4，以應付布羅韋勒和蒂賓根兩地的奔波。這是剛剛推出的最新車款，1.1匹四缸引擎，最高速度為每小時85公里，看上去不錯。兩個大孩子高興地繞着小車跑來跑去。豪天立抱着海迪坐在駕駛座上，手把方向盤，不免懷念起梅林那匹帶他雲遊四鄉的瘦馬。

　　他們不時帶着孩子回魏爾海姆看望父母。現在奧騰里特家族聚會熱鬧多了，在豪天立1926年離開到回來這九年間，不但他自己帶

豪天立一家回德國休假時和父母、兄弟姐妹全家合影。父親威廉·奧騰里特（後排左三）、母親凱瑟琳娜（後排左六）。（魏爾海姆，1935）

回一家四口，哥哥威廉和妹妹貝爾塔、瑪麗也先後成家。在一張拍於1935年秋天的全家大合照上，幾個家庭齊聚魏爾海姆，大人們簇擁着坐在中間的爺爺奶奶，老人家喜上眉梢，9個年紀大小不一擺頭探腦的孫子孫女圍繞在他們膝前，衹有小妹妹安娜還一人靜靜地坐在父母中間，注視着鏡頭。

照相後不久奧騰里特家族又有好消息。1936年1月8日，豪天立夫婦告訴父母，他們的第三個孩子，克勞斯（Klaus）在蒂賓根的醫院出生了。按中國習俗，他們給這個男孩也起了個中文名，豪俊和。

這一年，大兒子豪俊民6歲，開始上學，唸一年級。

2

八十多年過去後，豪俊和大約想帶我們進入某幅歷史圖景之中。而我則更想知道，一個地方會如何改變和塑造一個人的生活。

這就是上文提到的布羅韋勒和蒂賓根。前者是豪俊和接受洗禮的地方，後者是他出生，也是他和父親都先後就讀的地方。

10月的一個早晨，我們從紹恩多夫出發，公路兩側田野，銀灰色的天空，薄霧彌漫。

布羅韋勒聖瑪麗恩教堂仍在。那棵巨大的紅杉樹，依然緊挨着教堂的墻壁。墨綠色的樹梢越過屋頂，直衝雲霄。

莫特薩（Motzer）先生在教堂門前等候我們。他是教堂的管理者，教堂就好像他翻得嫻熟的一本書，一切瞭如指掌。從教堂小門進去，中殿顯得昏暗，光線透過兩側的窗戶散射進來，可以看到墙壁上經過修復的古老壁畫。教堂規模不大，莫特薩告訴我們，它建於1215年，留意者可以發現，建築後部為羅馬風格，前部在天堂和唱詩班位置，則為哥德風格，是教堂八百年演化史的記錄。

1936年2月24日，那個寒冷的冬日，就在這個教堂裏，豪俊和躺在母親溫暖的懷裏，接受外祖父費裏茨牧師為他舉行的洗禮儀式。洗禮結束後，參加儀式的家人聚在教堂的聖器室前合影留念。大家穿着深色長呢子大衣，女士們戴着禮帽，可以想像外面的襲人寒氣。

今日的瑪麗恩教堂，仍保留着一種神秘的氣息。教堂內側，中殿和"天堂"交界一側，有一間不大的聖器室，除了保存聖器，還是牧師佈道前更換聖服的地方。光線從高處哥特式窗戶照射進來，落在窗邊的一個桌子上，一個大十字架豎在桌子上方。聖器室由一扇700年的古老木門把守，門板上保留着黑色鑄鐵裝飾的圖案，房間中央一張大桌子後面，貼墻立着一個巨大的木櫃子。莫特薩先生輕敲櫃門，説，"這櫃子比門更古老，800年了。"

他打開櫃門，取出一把手臂長短的黑鐵鑰匙和一個金光閃閃的聖杯，讓我們鑒賞。聖杯在窗外透進來的光線下，晶光閃爍，神秘莫測，那情景讓人想起丹·布朗《達芬奇密碼》小説裏的一幕。莫特薩先生説，這聖杯是平時不輕易示人，是教堂的"鎮堂之寶"。

我在教堂仔細觀賞墻壁上殘存的老壁畫，墙壁斑斑駁駁，畫面若隱若現。四周靜謐，了無聲響。豪天立在這任職時，家有三個孩子，又在大學進修，往返於蒂賓根大學與布羅韋勒的家和教堂之間，想必總是行色匆匆。他在這裏，暫且卸下父親和學生角色，在聖器室裏換上牧師長袍、整理好儀容，轉換成牧師的身份，然後走上佈道臺面向信衆。在那一刻，他是否會想起他在五華和梅縣曾經面對的客家信衆？他在佈道中，是否會和德國信衆分享他在中國的故事？

在教堂古老的穹頂下，我從這一端走到另一端，心想，八百多年來，每一個來過這裏的人，都不過是一個匆匆過客。就在這一刻，在那個窄小的聖器室，踏在堅硬的石地板上時，我再次走近了豪天立的德國生活。

教堂現任牧師克里斯汀（Christine Wandel）走進門内，她是個年輕女士。按新教的傳統，牧師不但可以結婚，而且也可以由女子擔任。那天不是禮拜日，克里斯汀穿着便服，專門帶着孩子來見我們。她佩戴金色的十字胸飾，臉上掛着憩靜的笑意，問我們有什麼要幫忙的。如果在路上碰到，我們無法想象這位衣著簡樸洗練的年輕女士是一個神職人員。她與電影和小説中的牧師形象相去千里。這彷彿是一種明示，教堂雖然肩負歷史，但世界已然進入21世紀。

走出昏暗的教堂，光綫有點晃眼。我們繞到旁邊的牧師樓，豪天立一家曾生活的地方。斐玉霞在這裏料理家務，帶着三個年幼的孩子。

一位男士從窗口探出身子，向豪俊和打招呼，他認識曾經在這個教堂裏服務過的豪天立牧師和他的家人。

村子很安靜。中午，我們在一家希臘餐廳Rose Gasthaus共進午餐。

3

　　我們前往蒂賓根。它位於斯圖加特西南方，座落在山清水秀的
內卡河畔，是著名的大學城，一個既古典又現代的小城。

　　深秋時節，河谷裏內卡河緩緩流動，兩岸的樹林如油畫般染上
了紅、黃、金的顏色。陽光穿過樹梢，金色的倒影在河面上流光溢
彩。

內卡河畔的荷爾德林塔。（蒂賓根，2017，楊和平攝影）

　　豪俊和在蒂賓根出生，後來又在這上大學。父子二人在不同年
代在它的新教神學院攻讀。

　　我曾三次拜訪蒂賓根。幾年前，我慕名而來，呼吸這裏的學術
氣息。我在山城中匆匆而過，但怡人的山光水色，深厚文化底蘊，

給我留下難忘的印象。

　　衹是當年絕不會想到，這裏和遙遠的梅州客家地區會有什麼關聯。而今重訪，我們的嚮導在這裏出生，卻在梅州長大，然後又回到這讀書。他的父親在這裏唸書，卻又曾在梅州教書。父子倆都將梅州稱為自己的"第二故鄉"。我和他們在這裏相遇，冥冥中的安排？

　　不過，豪俊和雖在蒂賓根出生，但10個月後就隨父母萬裏迢迢遠航到了中國梅縣。他要到二戰之後，11歲那一年，才有機會回到出生地。他的少年時期幾乎都在客家山區度過。中國山區生活的影子，梅縣黃塘那個他出出進進的"德化門"，已經在他身上留下深深的烙印。

　　蒂賓根古城依山而建，街道狹窄，轉彎抹角。豪俊和讓我們把車停在城外，然後步行進城。

　　邁入古城，和德國許多小城一樣，猶如進入了一個童話世界。老建築比比皆是。即便是被戰火摧毀過，德國人也會根據當年刻意保留下來的建築圖紙，嚴格遵照建築師早年的設計，重新恢復它的原貌。

　　有人説蒂賓根本身就是一座大學。走在街道上，四處飄蕩着濃厚文化和學術氣息。街上摩肩接踵而過的，説不定就是曾經或將要影響世界的知名學者。據説，全市8萬多人口中，有3萬多都與大學有關，城市由此得了一個雅號，"學者共和國"。

　　究竟是大學造就了學者，還是學者造就了大學？500多年來，從這裏走出了無數為世界作出傑出貢獻的知名人士。在這裏，大學教授和種葡萄的農夫、叛逆學生與施瓦本居民相遇，市政廳塔樓與夜總會狂熱吉他和諧相處。老城和宮殿，陡峭的樓梯、狹窄的小巷和尖尖的山牆，是這裏特別的景象。

這裏迸發的一波波學術浪潮，讓它成為德國人文科學著作出版重鎮。有學生回憶道，在一些路段，"書店就像三步一崗，五步一哨"，密集的程度在德國屈指可數。我在威廉大街的奧西安德（Osiander）書店轉悠，發現它竟然已有四百多年歷史。誰會想到，詩人埃哈德·塞利烏斯（Erhard Cellius）1596年在長巷街開創，印刷和出版兩位一體、前店後廠的小店，今日竟成為南部德國最顯赫的連鎖書店？

想必當年豪天立和豪俊和父子也是這裏的常客。威廉大街上的威利（Willi）書店，彷彿是專為他們而開的。學者眼中這家"蒂賓根最後一家真正的書店"專門出售高質量的哲學和神學書藉。柏拉圖、亞里士多德的專著，黑格爾和荷爾德林的全集。書店的標誌，是一副巨大的夾鼻圓眼鏡。赫肯豪爾（Heckenhauer）書店，因作家赫爾曼·黑塞[2]而聞名。黑塞19歲從附近的小鎮卡爾夫來到這裏，當了四年學徒和助手。如今老店還在，祇是生意冷清，陰暗的房間裏掛着很多當年黑塞的照片。店主靜靜地靠在一角讀書。

整個小城就是一個寧靜愜意的大學。它的新教神學院，天主教神學院，法學院，經濟學院，理論醫學學院，臨床醫學學院和哲學

2　赫爾曼·黑塞（Hermann Hesse，1877–1962），德國作家，詩人。1946年獲諾貝爾文學獎。

院等分布在小城各處。

從山坡往下看，内卡河上學生划着小艇在水面上滑行，與英國劍橋頗有幾分相似。

我們和豪俊和步行過内卡河橋，沿河邊小路上山。河邊石頭圍基上，坐着不少埋頭讀書的學子。半山上，坐落着他和父親求學的新教神學院。

新教神學院聲名遠播。在德國人心目中星光奪目的"蒂賓根三傑"，詩人荷爾德林[3]、哲學家黑格爾[4]和謝林[5]，都是它的校友。

河畔一條通往山坡的小路盡頭，立着詩人荷爾德林的故居"荷爾德林塔"。一棟外表普通的小塔樓，奶黃色的墙壁上攀着常青藤。塔樓臨江而立，詩人在這裏生活了36年，直到去世。因此，蒂賓根也被稱作"荷爾德林之城"（Stadt Holderlins）。這位人稱"蒂賓根第一號人物"的德國著名詩人，1788年獲得蒂賓根神學院獎學金，同學中有同樣著作等身的黑格爾和謝林等人，學生年代，三人同居一室。

神學和哲學有着密不可分的關係。黑格爾在這求學的五年，頭兩年主要攻讀神學，後三年則專研哲學，他選擇的課程包括福音史、舊約、詩篇研究、西塞羅論神的本性、哲學史，形而上學與自然哲學等。有意思的是他還自選了解剖學。在同學的印象中，

3　弗里德里希·荷爾德林（Johann Christian Friedrich Hölderlin，1770—1843），德國著名詩人。古典浪漫派詩歌的先驅，曾被世界遺忘了將近一個世紀。

4　格奧爾格·威廉·弗里德里希·黑格爾（Georg Wilhelm Friedrich Hegel，1770-1831），德國哲學家。

5　弗里德里希·威廉姆·約瑟夫·謝林（Friedrich Wilhelm Joseph Schelling，1775-1854年），德國哲學家。

他"穿着粗俗、陳舊，行動呆滯、遲緩"，被喊作"小老頭"[6]。畢業證書上老師的評語是"……不善辭令，沉默寡言；天賦高，記憶力強……；作風正派，有時不太用功，體質一般；神學有成績，雖然講道不無熱情，但看來不是一名優秀的傳教士；語言知識豐富，哲學上十分努力"[7]。但正是這個"不善辭令"的"小老頭"，若干年後掀起一股影響世界的哲學潮流，直至如今。

無論是荷爾德林、黑格爾還是謝林，從神學院畢業後都沒有成為神職人員。茨威格在一本書中寫到荷爾德林，説儘管"他已經能夠很好地進行佈道，……通往世俗或教會職業——講臺或佈道臺的道路暢通無阻……"。[8]但三人都選擇了講臺，成了教書匠。荷爾德林痴迷於詩歌創作，黑格爾和謝林醉心哲學。在蒂賓根的那段年輕歲月，醖醸了他們的思想爆發力。豪天立當年踏着他們的足跡，在那條小路上緩步上行。茨威格那句話，彷彿也是豪天立一生的寫照。

中國生物學家貝時璋、外交家喬冠華，也是蒂賓根大學的校友。就在豪天立在蒂賓根大學求學時，1935年11月，作為清華大學與德國簽訂的交換研究生，22歲的喬冠華也進入這所大學的哲學院學習。一年多以後，他的"莊子哲學"研究論文在1937年2月18日通過了哲學博士學位的答辯。

6　[法]雅克·董特：《黑格爾傳》（李成季、鄧剛譯），上海人民出版社，2015.11，P56。

7　[蘇]阿爾森·古留加：《黑格爾傳》（劉半九、伯幼等譯），商務印書館，1995.4，P12。

8　[奧]斯蒂芬·茨威格：《與魔鬼的鬥爭：荷爾德林、克萊斯特、尼采》（徐暢譯），引自"荷爾德林——詩人的使命"，譯文出版社，2015.7。

蒂賓根大學檔案館至今還保存着喬冠華檔案，他的博士論文後有一份個人簡歷，簡歷下是他的德語簽名。上面記載着他博士考試的三個課目：哲學、心理學和宗教史。論文兩位評閱者之一雅各布·威廉·豪爾教授，是印度學和比較宗教學家。他也曾是巴色差會的傳教士，1906-1911年在印度傳教。他是喬冠華在宗教史方面的導師。我們無法考證，同一時期在這裏求學的豪天立與喬冠華是否有過交集。巧的是，豪天立與豪爾教授同為巴色差會傳教士，而豪天立和喬冠華兩人又都攻讀宗教史等科目。在課間或課餘擦肩而過，似也不無可能。

走過荷爾德林塔，右拐，從小道沿斜坡往上走，在一條石頭小街的一側，是豪天立和豪俊和的母校——新教神學院。校舍原來是奧古斯丁修道院。這裏的生活也有修道院特色，早起、禱告、早飯、上課、自修和散步，全都有嚴格規定。學生們要逐漸適應"脫離並遠離家人，幾乎是隱修的生活"。學院大門後，是一個敞開的院子。豪俊和帶我們進入他當年的學生飯堂和禮拜堂。適逢假日，學院裏學生不多。飯堂寬敞明亮，中央設一個講壇，豪俊和説，午餐時間也成了老師宣講和學生練習佈道的講壇。

山腰處一幢黃色的建築，頂樓上的一間房子是豪俊和當年的宿舍。街頭的咖啡館內外，坐滿了老師和學生。這裏曾是荷爾德林和黑格爾對酒狂歌、縱論神學、哲學和詩歌的地方，豪天立父子也曾在這和同學讀書論道。課餘，他們沿河邊散步、上教堂、去學生俱樂部。

無論倘佯街頭，還是走凹凸不平由方塊石砌成的城堡道上，豪俊和一點不像有80多歲的高齡。他步伐矯健，總是把我們甩在他身後兩三米遠。

山頂的城堡，據說曾是神學系和考古學系，現在是大學的一個博物館。這裏可以俯視山谷裏的城市。城堡前的小廣場，一群學生正在老師的指導下排練戲劇。

30年代中期，正是納粹統治時期，"德國大學所擁有的自治權已經被剝奪，在教與研上的自由也散失殆盡。""大學教師的數量和質量也發生了變化，猶太人教授以及納粹黨反對者都在30年代早、中期被解雇或被迫移居其他國家，到1939年，1933年時執教的教師中幾乎一半被替換了。"⁹這兩年間，豪天立在蒂賓根與布羅魏勒間的公路上來去匆匆，閒餘時間則忙於修改《禮拜儀式》書稿，未能看到他留下更多的資料。

眼下，豪俊和腦子那本書，從父親的30年代，彷彿飛快地翻到60年代他在這裏的學生生活，他拿着小相機，試圖留住往日的踪跡。他甚至專門進入四面墙壁上布滿塗鴉、一角排滿單車的學生宿舍。面對校園變化，他不由感慨，時間過得真快。

下山後，我們到聖喬治學院教堂裏歇息。歌德風格的教堂建於1470年，外墙方正堅實，佈滿了歲月的痕迹。教堂內光綫幽暗，襯出四壁彩繪玻璃窗的奪目亮澤。

一個樂團和合唱隊正在為晚上的演出排練。我們在後排的座椅

9 陳暘：《論德國納粹統治時期的教育》，《漳州師範學院學報（哲學社會科學版）》，2006年第3期，P126。

上靜坐，音樂在空曠的教堂迴響，定音鼓敲得地面發顫。

豪俊和聽出是莫扎特的作品，想必有父母的音樂遺傳和環境薰陶。還在襁褓時，他在母親優美的琴聲中長大，年幼便跟母親學鋼琴。在梅縣的少年時代，有多少個夜晚，樂育中學的學生圍坐周圍，由母親彈奏音樂，父親指揮，一起排練讚美詩。多少個夜晚，豪俊和在巴赫和舒伯特的曲子中入睡。母親似乎永遠也離不開那臺鋼琴。1934年他的父母回國休假時，將它也帶回了德國。

1936年，豪天立重返中國時，他們添置了新的鋼琴。1947年回國時，這臺鋼琴送給了梅縣心光盲女院。1986年豪俊和訪問心光盲女院（梅州市福利院）時，驚訝地發現，那臺鋼琴居然還在，雖然表面的油漆已有磨損，但還在給人們帶來美妙的音樂。

4

在德國休假的時光飛逝。1936年底，豪天立結束了學業，並於11月順利通過了二級神學考試。他面臨的，是回中國繼續完成第二期的工作。

擺在面前的問題是，他們三個孩子都不滿10歲：兩個在唸小學，還有一個才10個月的嬰兒。把他們留在德國，還是把他們都帶回中國？

入夜，布羅韋勒瑪麗恩教堂鐘聲悠遠，向周邊的森林和原野漫去。家裏，三個孩子已經安然入夢，但夫婦倆卻輾轉反側，難以入眠。

如果把到了上學年齡的子女帶回中國，以客家山區的條件，不會有和德國相對應的學校讓他們接受正規的教育。他們做出了一個艱難的決定，讓孩子留在歐洲。這意味着不得不忍受和子女的長期分離，飽受牽腸掛肚的痛楚。此行豪天立的任期是六年，也就是說，在孩子成長最需要父母悉心照料的時候，卻得不到父母在身邊呵護。

至於在蒂賓根出生的俊和，毫無疑問，必須隨父母同行。不管行程有多波折。

1936年夏天，回中國的日期剛確定，他們就馬上着手作安排。選擇之一，是把孩子托管到巴色差會的兒童之家。不少派駐海外的傳教士，如果家人不能代為照顧的話，就會考慮把子女寄托在兒童之家。

思量再三，豪天立動筆給巴色差會寫了一個報告。

巴色差會檔案館還保存着這份報告。像許多同事一樣，豪天立請求，把兩個子女寄托在兒童之家，讓他們得到照顧、接受教育，以便健康成長。小兒子豪俊和因為還在襁褓中，所以準備帶上他一起到中國去。

這個請求被接受了。

行將回中國時，附近小鎮格寧根（Gönningen）教區的牧師恩斯特·舒勒（Ernst Schüle）上門來拜訪。

在聊到孩子的安排時，舒勒問："你們離開德國後，孩子住在哪裏？"

豪天立回答說：“我打算讓他們住在巴塞爾，在巴色差會的兒童之家。”

舒勒突然問：“想不想把孩子託付給我們？”

格寧根在布羅韋勒南面不遠，但豪天立夫婦有點猶豫，因為兒子俊民最近得了腸胃病，經過醫生治療後，還在康復中。麻煩的是，他還剛得了肺部感染。格寧根環境和空氣都不錯，也許有助於他恢復？

經過反覆考慮並咨詢巴塞爾的意見後，他們改變了原來的決定，接受舒勒牧師的好意，把兩個孩子託付給舒勒夫婦。

1936年10月9日的早晨，豪天立夫婦向父母、留下的兩個孩子以及親朋好友告別。夫婦倆帶着兒子俊和從布羅韋勒到斯圖加特，乘坐從斯圖加特至巴塞爾的特快列車，先到巴塞爾集中。同行還有五個成人和兩個孩子。列車向南越過邊境，黑森林在車窗兩旁退去。“每過一秒鐘，我們就離親人和家鄉更遠一些。”豪天立回憶道。

當天晚上，巴色差會大樓會議室裏燈火通明，差會的主要領導、派遣團體的代表和行將出發的傳教士見面，再一次給予上帝的祝福和必要的指示。第二天晚上，在巴塞爾城裏的馬丁教堂安排了一個小型的聚會，豪天立一行得到兄弟們的鼓勵，知道自己並非唯一在傳福音地區奮鬥的個人，“那裏有許多忠實的朋友，無論是萊茵河河畔還是遠方的目的地，無數的朋友在遠方給我幫助，為我們祈禱。”

10月13日清晨，一群兄弟姐妹和他們一起聚集在差會教會博物館裏為他們送行。博物館的玻璃展櫃陳列着來自非洲和亞洲的展品。那些瞪大眼睛的神靈，從裏面注視着他們。他們唱歌、祈禱，願此行順利，不辱使命。

隨後，他們登上了列車，取道瑞士和北意大利，來到了熱那亞。十年前，豪天立也是從這個碼頭出發離開歐洲，他又一次"看到了熱那亞港口上高高的桅杆"。

這次，豪天立並非孤身寡人。儘管把兩個子女留在德國的痛楚仍在，但幸有妻子和不滿周歲的兒子相伴。

客輪汽笛長鳴，離開泊位，海色如鉛，又一次中國遠航，就此開啓。

第三部　得天下英才而育之

15 鶴樹下

> 我們搬出一個大箱子作餐桌，用小板
> 凳、行李箱和提包權當椅子，我們自如地
> 使用中國筷子。這美妙的一餐，像吉普賽
> 人的流浪生活……[1]

1

客家人對世界的觀察和記錄，或許比想像的要早。

一艘商船緩緩駛入葡萄牙里斯本港。謝清高是船上的水手，他
站在前甲板上，緊握纜繩，做着泊船前的準備。

謝清高是客家人，眼前所見，和萬里之外的家鄉嘉應州，截然
不同。天清海藍，滿眼鮮亮。他腳踏的葡萄牙商船，滿載貨物從澳
門遠航歸來。

詩人費爾南多・佩索阿[2]是里斯本人，他曾說，"對於那些從
海上來的旅行者，里斯本，即便是遠觀，也像是在美夢中的幻景一

---

1 豪天立語，見《豪天立1900–1983》。

2 費爾南多・佩索阿（Fernando Antonio Nogueira De Seabra Pessoa， 1888–1935），葡萄牙詩
人、作家，葡萄牙後期像徵主義的代表人物。

樣。在亮藍色天空和金色的太陽底下，里斯本的輪廓那麼清晰。教堂頂、塔碑和老教堂聳立在無數房屋之上……"

謝清高留意海口的炮臺，"海口南向有二炮臺，謂之交牙炮臺，儲大銅炮四、五百架，有兵二千守之。"

他不是第一次來里斯本，也不是第一次在太平洋、印度洋和大西洋上航行。葡萄牙商船遠航中國，通常沿非洲西海岸一路向南，從直布羅陀好望角向東到印度洋孟加拉灣，穿過馬六甲海峽，到南中國海，然後抵達澳門。卸下貨物後，又滿載貨物，原路返回。

謝清高（1765—1821）是廣東梅縣程鄉金盤堡人（今梅縣丙村金盤鄉程江村），1782年，他虛歲18，就開始隨商船出海謀生。一次開往海南的航行，不幸遇上風暴，商船傾覆。茫茫大海，上天有眼，被一艘恰好經過的葡萄牙商船救起。此後，他便留在船上當一名水手。

沒有誰在意，這個客家人究竟是如何離開山區，繼而漂洋過海的。但可以確定的是，從1782年到1795年，前後長達14年的遠洋航行中，他的足跡幾乎踏遍世界幾大洲。

至今沒有資料顯示，他少年時在村裏是否接受過教育，但他自幼聰明機敏，記憶力強。他對世界充滿好奇，每到一地，不但細心觀察文化和風土人情，並用心學習當地語言。十幾年海上生活後，他不幸雙目失明，祇好返回澳門定居。其時，澳門是一大通商口岸，國內外商船雲集，貨如輪轉。謝清高出不了海，憑粗通多國語言，替中外客商作口譯，以此謀生。

機緣巧合，清嘉慶二十五年（1820年），他遇到同鄉舉人楊炳南，梅城下市攀桂坊人。閒聊中提起自己多年的海上見聞，令自以為見過世面的舉人大為驚詫。兩人商定，由謝清高口述，楊炳南筆錄並整理，最後成書《海錄》[3]，署"粵東嘉應謝清高著"，並於當年底刊印。此書與《馬可·波羅遊記》成書的過程略為神似，當年馬可·波羅困在熱那亞的監獄中，由他口述，獄友意大利作家魯斯蒂謙（Rustichello da Pisa），用法語作筆錄並寫成。

楊炳南在《海錄》序言中介紹這位客家同鄉，"餘鄉有謝清高者，少敏異，從賈人走海南，遇風覆其舟，拯於番舶，遂隨販焉。每歲遍歷海中諸國，所至輒習其言語，記其島嶼阨塞風俗物產，十四年而後返粵，自由浮海者所未有也。後盲於目，不能復治生產，流寓澳門，為通譯以自給。"[4]

研究者王俊杰曾對《海錄》進行專門研究，認為這是中國第一本介紹世界地理、歷史及風土人情的著作。全書約25000字，記述了世界上90多個國家和地區的情況。[5]難能可貴之處，在於書中記載並非想像和虛構、道聽途說，皆出於謝清高親身所見所聞。以今天的眼光來看，文中所錄略為粗淺，不過，它對閉關鎖國的清代國人無疑打開了一扇認識世界的窗口。

大洋上往來航綫，是連通世界各大洲的水上網路。謝清高所在的葡萄牙商船，來往最多的自然是葡萄牙，他將其稱為"大西洋

---

3 [清]謝清高口述，楊炳南筆錄並整理：《海錄》，清嘉慶二十五年（1820年）刊印。2016年8月，岳麓書社重新出版發行。
4 楊炳南：《海錄》序，補讀軒藏版，光緒九年重鎸。
5 王俊杰：《海錄》述評，南洋研究院。

國"。同時去得較多的還有荷蘭國和"英吉利國"（英國）等當年的航海大國。

關於葡萄牙，他的記憶包括方方面面。比如入港時的檢疫制度。為了避免流行病從國外傳入，港口當年就制訂了專門的檢疫制度，"凡有海艘回國及各國船到本國，必先遣人查看有無出痘疱者，若有則不許入口，須待痘疱平愈，方得進港。"

其禮儀也與清國不同，"凡軍民見王及官長，門外去帽，入門趨而進，手撫其足而嗅之，然後垂手屈身拖腿，向後退步，立而言，不跪。"

當地人的衣著習俗與中國的寬袍大袖截然不同，"男子上衣短衣，下穿褲，皆極窄，僅可束身。有事則加一衣，前短後長，若蟬翅然。女人上衣亦短窄，下不穿褲，以裙圍之，多至八、九重。貧者以布，富者以絲，俱以輕薄為上。"

他還留意到，葡萄牙人每七天就會去教堂做禮拜，不但非常準時，而且衣冠楚楚，神情虔敬。僧侶和修女在國中地位崇高。受宗教約束，從國王到平民一律都是一夫一妻制。大婚儀式需要到教堂裏由主教操持舉辦。

《海錄》還記載了當地特產和生產方式，"土產金、銀、銅、鐵、白鐵、珊瑚、硇砂、鼻煙、柴、魚、蒲桃酒、番鹼、哆囉絨、羽紗、嗶嘰、鐘錶。""民多種麥，無稻，耕犁俱用馬。"

關於英國，他全面、詳細地描述了"英吉利"（英國）的地理位置和國力。英國"在佛郎機（法國）西南對海……海中獨峙，周圍數千里"。英人善於經商和長於海外貿易，"急功尚利，以海舶商賈為生涯"。該國軍事，"國雖小而強兵十餘萬，海外諸國多懼之"，四處殖民擴張，"海中有利之區咸欲爭之"，"明呀喇（孟加拉），英吉利所轄地，周圍數千里，西南諸番一大都會也"；孟買，"為英吉利所轄地。有城郭"。

謝清高不愧是個有心人，對有些國家的法治制度，也有所觀察。他在英國殖民地明呀喇（孟加拉）看到了英國的"客長"陪審審理制度，這可能是中文文獻中對外國陪審制度的最早介紹。

謝清高囿於自己的所見，也有誤判的地方。比如他以為美國衹是一個島上小國。可能是他逗留的時間不長，因此不清楚北美是一個獨立大陸，而誤把它當成了一個海島。但從英格蘭出發航海半個月可到美國東海岸的記載，至今看還是非常靠譜。關於美國的由來，謝清高倒是基本清楚，他記得美國最早是由英國分封，後來獨立，所以語言和風俗大致與英格蘭相似。由於剛剛獨立不久，所以美國疆土集中在東海岸，謝清高看到的衹是它很小一部分。

《海錄》中還有不少關於歐洲工業文明的記錄，包括倫敦的自來水供應系統、高大精美的建築、富足的生活、科技先進等。

《海錄》也透露出一個新的信息：當時清朝以自己為中心的"萬國來朝"的朝貢體系面臨崩潰，西方殖民者正取而代之。"舊港國（印尼）不知尊中國，而畏荷蘭、英吉利如虎。"

一個客家人對世界如此開闊的視野，在那個世紀實屬罕見。據說鴉片戰爭前夕，連道光皇帝也不知道英國在世界哪個角落，以為英國在新疆的西部不遠處，從陸上就可到達，可見《海錄》的記載極其可貴。

《海錄》也是清代最早記述南海諸島的著作之一，對西沙、東沙、南沙群島都有記載。對華人在東南亞的情況也多有描述。

鴉片戰爭前夕，林則徐為了解外國情況，曾仔細閱讀《海錄》。在道光十九年(1839年)的一份奏稿中，他專門提到：“《海錄》一書系嘉慶二十五年在粵刊行，所載外國事頗為精審。”奏稿中還引用了謝清高記述英國情況的材料。[6]

後世的徐繼畬著《瀛寰誌略》、魏源編撰《海國圖志》，也大量引用了《海錄》的資料。[7]

很少人注意到，謝清高、楊炳南從遊歷、觀察、寫作到出版這部書的過程，蘊藏着一段全球交流的故事，“是一個中國人帶着他的中國和客家背景，從東方到西方完成的一次對世界的考察”。[8]商船往來世界各大洲編織了商業之網，文明在身歷其境過程中得以相互認知和傳遞，這些都推動着世界之間的關係，成為全球變化發展的潛在動力。

我到梅州丙村鎮程江村尋找謝清高的足跡。村道很窄，祇能容一輛車單向行駛。村子女書記劉繼環把我們帶到他家族的祖屋“能安堂”，這是一處常見的客家圍屋，門前有一金字對聯“能容乃大，安居則祥”，外牆有一碑記，示老屋興建“已有兩三百年之久”，逐年破敗，但近年後裔出資重新修繕，所以乾淨整潔。後院向外遠望，可見遠處電廠的巨大柱型煙囪。也許因為年代久遠，謝

6《林則徐集·奏稿》中冊，中華書局1956年版。轉引自賴某深，“謝清高與《海錄》”，《文匯讀書周報》第1737號第四版。
7 王俊杰：《海錄》述評，南洋研究院。
8 同上。

清高在村裏留下的信息很少。書記説，因為《海錄》一書的影響，他們也在收集整理相關資料。可惜前幾年清高的後裔曾回來認祖歸宗，但因為當時沒什麼了解的人在家，他們就離開了，也沒有留下聯繫方式。關於謝清高少時是否受過教育，她説“據村中老人推測，清高公應該受過教育，什麼程度則無據可查。但《海錄》所記之事非常具體，想必須在眼睛尚好之時，做過一些記錄。”

林則徐之後，國人似乎忽略了這本書所提供的豐富信息。百年後，《海錄》對世界觀察和發現的意義才被再次發掘。《海錄》一版再版，清代學者呂調陽在“重刻《海錄》序文”中説：“中國人著書談海事，遠及大西洋外，自謝清高始。”[9]

2

1936年10月。謝清高記憶中的葡萄牙這個航海大國，已今非昔比，日漸衰落。《海錄》出版後的一個世紀，造船和航海業飛速發展，跨越洲際的遠航已把地球大大縮小。

意大利的熱那亞。港口喧囂、繁忙，碼頭上充斥着各色人等。意大利語、德語、英語、斯洛文尼亞語等等語種的客人正登上各自的輪船。

德國“格奈澤努”號（Gneisenau）輪船泊在碼頭上，這是一艘新的一萬八千噸的蒸汽船。它比豪天立10年前乘搭的那艘輪船更大、更先進。來往東方的人越來越多，商人、探險家、傳教士，都

9　賴某深：“謝清高與《海錄》”，《文匯讀書周報》第1737號第四版。

從這裏上船，駛向遙遠的東方。

豪天立一行衆人上船。他一家三口入住的船艙漂亮，但很小，小俊和玩耍的空間都沒有。

早上6點，與陸地相連的纜繩和橋板收起了。起航。風平浪靜，船航行於利古里亞海，向南駛去。

1926年第一次遠航中國時，豪天立年方26歲，初次離開歐洲大地。第二度前往中國，正當盛年，已經是一個經驗豐富的傳教士。旅行是對世界，對自己和他人的審視。隨着生活經驗的積累，航程中的人和事更能引起他的關注。

一艘船就是一個社會。旅客中，傳教士依然是國際旅行人群的主要構成。船上有來自不同國家和民族的神職人員，除了他們一行11人來自瑞士巴塞爾之外，還有英國、丹麥和美國的傳教士。其餘乘客有來自德國巴姆、布雷克盧姆、萊比錫的，也有來自中國內陸的兩姐妹。與德國乘客相比，其他國家的人更多。輪船新而且票價適宜，對大衆有吸引力。

當人們逐漸開始互相認識後，如毛姆在他的短篇《雨》中所説的"同舟的情誼"悠然而生，"這種情誼如果説是由於共同的愛好，倒不如説是由於氣質上的近似"[10]。相同的語言也有助與人們形成小社團。説德語、説英語，還有其他語種的，自然而然地聚在一起。豪天立旅行報告中寫道，"最後，人們常常忘了誰屬於哪個地方，誰已婚，誰未婚。人們自然地從故土中脱離出來。"[11]

10　毛姆：《雨》（馮亦代譯），選自《毛姆短篇小説精選集》，譯林出版社，2012.12，P7。
11　豪天立：《旅行報告》，1936.12.10，寫於五華鶴樹下。

遠航的日子似乎讓人放鬆。在甲板上，大家漫步、閒聊，看海鷗在波浪上翻飛。進入茫茫大海後，人們貪婪地搜索可能出現的每一塊陸地。那些細長的銀色沙灘、草木茂盛的山崗、樹叢中若隱若現的錯落草屋、偶爾點綴其間的尖頂小教堂……茫茫大海中一切目所能及的，都會成為乘客眼中的奇觀。

夜裏，如果風平浪靜，人們不約而同湧到舞臺前。那是讓陌生人相互交流，流連忘返的地方。

晚上的舞會不斷，管弦樂隊的演奏直到凌晨一點鐘方休。不過，通常到凌晨3點，跳舞的人還不願意離開，還繼續遊樂，邊唱邊跳。早晨6點左右，舞場才清靜下來。

在輪船這個小社會，人們來自天南地北，有不同的信仰、信念。讓豪天立失望的是，雖然神職人員不少，卻未必有所謂"同舟情誼"，甚至一起進行禮拜儀式也不可能。每天早上的晨禱，傳教團人員往往會在輪船某個安靜的角落公開舉行，並提前把消息張貼在公告牌上，好讓信徒們來參加。船長同意在上午10點到11點之間，把"女士沙龍"讓給他們使用。巴色差會傳教士考慮到使用德語的乘客並不多，如果用英語來舉行禮拜活動會更方便信眾。他們和美國傳教士商量，請他們協助每隔一天舉行一次英語禮拜活動。沒想到，這個提議被美國人否絕了。豪天立寫道：

美國人解釋說，他們屬於路德宗神秘主教會，因此，他們不可能在一個教會不統一的團體中一起做禮拜。這讓我們頗感意外，我完全沒有料到，在瑞士和德國之外，新教教會內部的兄弟之間，還會有這樣的衝突。

我把一本德語的讚美詩送到了一位意大利天主教徒的手中，他們禮貌地致謝，便立即消失了。

我們別無選擇，祇能用德語舉行禮拜。

在錫蘭科隆坡，他發現，有時共同的信仰會讓人親近。

我們都希望能去遊覽這個近在咫尺美妙的棕櫚城市。這裏有大量的出租車，遇到的多是深色皮膚的印度人。其中一個出租車司機將我們拉到一邊，開了一個特別低廉的價格。

我們感到驚訝，問為什麼？

他說他是一名基督徒，"我一下子就看出來你們是傳教士，我不能在你們身上賺太多錢。"

新上船的客人彷彿告訴豪天立，中國越來越接近了。在馬來亞檳城，開始有華人上船。一位華裔商人帶着妻子、兩個男孩和親友一起登船。聽他們說話的口音，應該是東南亞一帶的華人。還有不少搭客看來來自廣東的客家地區，因為他們講客家話。

抵達新加坡後，華人的影子更無處不在。從膚色上看，街上除了深膚色的印度人，棕色皮膚的馬來人，還有黃皮膚的華人，等等。

在新加坡，歐洲乘客開始減少。一個巴塞爾人要前往婆羅洲，他下船離開了我們。

華人強大的影響讓人震驚。每隔一家商店就有一家華商店鋪。這個城市最富有的，並非作為殖民者統治者的英國人，而是這些東方的"猶太人"——華人。留聲機的聲音敲擊着我們的耳膜、華商雜貨店的氣味刺激我們的嗅覺。

出乎意料，豪天立在這裏遇到了巴色差會傳教士魏伯賢，他任期剛滿，正和夫人及一家大小乘"波茨坦"號回家。魏伯賢牧師是奧地利人，農民出身，1897年加入巴色差會，1903年派出到中國。此時，他已經在客家地區服務長達33年之久。

船在新加坡到達了旅程的最南端，北緯3度。像10年前一樣，從那開始，輪船再次轉向，往北方的南中國海方向航行。

在外人看來，"格奈澤努"號輪船上的豪天立夫婦是一對正在度假中的歐洲旅客。遠離北歐寒冷的深秋，10月下旬的亞洲風和日麗。豪天文穿着白色的短袖襯衣，頭戴寬邊的紳士草帽；瑪格麗特則一襲歐式長裙，頭上的彩色頭巾隨風飄逸。他們在輪船的甲板上散步，懷抱着一個不到一歲、手舞足蹈的快樂男嬰。海風吹拂他們的臉，遠處是無盡的藍色大海。

抵達菲律賓馬尼拉後，不用兩天就要抵達香港了。輪船三個星期的航行行將結束。給船員的小費準備好了，為了緊接着的行程，行李箱也重新打包好了。

11月3日早上，輪船抵達這次遠航的終點，香港。幾個月來，香港下了第一場雨，彷彿歡迎他們的到來。巴色差會幾個傳教士到登陸橋迎接他們。賀允恭牧師是特意從李朗那邊趕來的。

旅行或會讓一個人更為理性、開放和豁達，對世界的理解更開闊、全面。豪天立翻閱過不少介紹香港的書刊，"每個環球旅行者都會快速地翻看這些書刊，然後自己寫一本厚厚的書。"但經過之前8年在梅縣的生活，豪天立知道，香港其實是一個西化了的城市，還不是所謂原汁原味的中國，真正的中國更為豐富而複雜。

3

豪天立又回到了中國。他知道"入鄉隨俗"這句中國俗語的意思，在中國就得用中國的方式。凡事學會妥協，才能走得更遠。

海輪離開香港後，沿着海岸向東開。"海輪現在進入了純粹的中國，歐洲的船艙和駕駛艙被兩條堅固的鐵條與船的其他部分隔離開，並且日夜由軍警守護。每個上船的中國人都要經過嚴格的檢查，是否携帶武器。這一帶強盜出沒，誰也不知道海盜是否會混入乘客中或在半夜闖入駕駛艙，用手槍威迫船長，使船改變航道進入他們的強盜窩。"

船到汕頭，碼頭的秩序和十年前幾乎一樣：

有艘中國小駁船擋住了我們本應該停靠的碼頭。當我們的蒸汽船開過來時，他們並不讓路。在這裏，看來沒有誰會遵守法律和規則。一名海警闖過去把他們所有還沒有搬到船上的東西都扔到海裏，他們這才反應過來，給我們讓路。

在汕頭，他們希冀能儘快通過海關。手提行李倒是很快就檢查過關了，海關職員上船看他們是傳教士，付清款後似乎一切順利。大件行李卻讓他們擔憂。他們去海關辦公室提交了申報物品清單。海關職員要求把所有的箱子都打開。雜役拿了斧頭和錘子，把一個個箱子打開並翻了個底朝天。精心打包的聖誕包裹被粗暴地撕開，扔在一邊。

當一切程序完成，海關職員終於將箱子搬到海關大院時，教士們才緩了一口氣。

在海關，我把妻子和兒子安置在一個俱樂部裏。

我從一個辦公室跑到另一個辦公室，從一個碼頭跑到另一個碼頭，不停地跟海關交涉。

如果我們當天晚上就能轉到河船上，可以節省超過40美元的住宿費用。根據航程，離開汕頭後，我們將要在船上待上一個星期左右，我們必須快速購買一些食品、烹飪鍋、煤油燈、陶器、裝水容器和其他必不可少的簡單食品和器具。

經過在一番討價還價，他們請雜役把行李搬到河船上。

當他們來到停泊內河船的港口時，苦力們正忙着將行李裝上河船。租船時，豪天立曾對"船長"說，"我們把整艘船租下來，除了我們之外，不要再接受其他任何的貨物。"但當他們一家到達港口後，十幾個巨大的三公擔重的棉包占船整整一半的空間，原本就很小的船艙沒剩下多少多餘空間。他不得不用家鄉"施瓦本"語對船長大聲地嚷嚷。船長當然聽不明白，但知道租客生氣了，又費了半天功夫把大部分棉包搬走。然而一些棉包卻仍然堆在船上，因為它們"不能再移動"了。豪天立清楚不能和船上的人鬧得太僵，雖然有理在身，還是決定妥協。

豪天立在船頂油燈下找到一個落腳安息的地方。每天晚上，船的左右兩側的燈都會點亮。如果有人想在夜間偷偷潛入船上，必須經過這裏，暴露在燈光下。豪天立將蚊帳繫在上方的划船杆上，在船板上放置了墊子和地毯，一張床就準備好了。

小船黎明前出發。13個小時航行了40多公里。船上的人對他們還好，一位船夫看來廚藝不錯，他負責煮米飯和白菜，裏面加些肉，像變魔術一樣端出一桌飯菜。他們搬出一個大箱子作餐桌，用小凳子、手提箱和大提包權當椅子坐下。豪天立夫婦已經能熟練地使用中國筷子，這美妙的一餐，頗像吉普賽人的流浪生活，倒也覺得蠻有趣的。

第二天中午，他們到達潮州汽船碼頭。船夫把小船拖掛到前面的一艘汽船上。這艘小汽船能夠拖着5艘小船前進。他們的船在中間，後面是一艘裝滿了豬的船。

皮膚黝黑的客家船夫與豪天立一家倒也不生分，有時會抱着小俊和坐在船的一頭，逗他玩，享受着江風拂面的快樂。和父母在一起，小俊和完全沒意識到自己跨入了一個完全陌生的世界。

不到一歲的豪俊和與客家船夫在返回梅縣的河船上。（梅江，1936）

　　星期六下午，他們終於抵達此行終點，松口鎮。這幾年間，梅縣的交通已逐步改善，不用再像上次那樣要在松口轉乘另一條船前往梅縣。一條新的梅松公路在1932年底通車，可以直接從松口乘車往梅縣。這樣他們就可以在第二天趕到梅縣，還來得及參加德濟醫院新樓的奠基儀式。

　　豪天立馬上租了一輛汽車。車穿過山巒和峽谷，輾過橋面鋪着鬆散木板的橋樑，四個輪子像機關槍一樣嘎嘎作響，整輛車就像散架了一般。還好，一路平安，如期在當晚到達梅縣。

　　在公路修成之前，從松口到梅縣祇能走水路，要乘兩天的船。當地在短短兩年時間內，克服了許多地形和天氣的挑戰，開闢了這麼多條公路，是了不起的成就。豪天立對此深有感觸。

豪天立此行大部分的同行者都在梅縣到達了他們的最終目的地。不過，豪天立一家還要繼續旅行140公里，向梅林出發。

幾天後，小俊和與我們再次乘坐在一輛汽車旅行。上車時，我們就再次清楚地意識到了我們是在中國：我們的行李背後藏着兩個人。他們想省錢搭順風車。我們不認識他們，當我們打照面時，他們向我們微笑，似乎我們是老朋友一樣。我們不得不對其中一個說些好話，讓他把我們的位置騰出來，這樣我才可以坐下。對兩個躲票的人，我們祇能睜一祇眼閉一祇眼。如果做不到這一點，在中國就不會有太平日子。

汽車經過五小時的快速行駛，到達了目的地，梅林。

回梅林後不幾個月，1937年1月30日，豪天立的工作有了調整，一家三口遷往五華鶴樹下墟教會。

豪天立第二個任期正式開始。"我們希望上帝保祐，來到這裏不是徒勞無功。"豪天立寫道。幸而，鶴樹下的工作開展得還算順利。

不過，夫妻倆的心頭一直都放不下對德國的牽腸掛肚。夜裏，他們給兩個不滿十歲的子女寫信，表達他們的關愛。遠方的孩子，俊民、俊嫻，你們還好嗎？

然而，一個忽如其來的消息，打破了平靜的生活。

16　孩子和戰時生活

> 　轟炸機從天空上呼嘯而過，隨之而來
> 是可怕的爆炸聲，這把全家人都嚇壞了。
> 爆炸的碎片擊打在陽臺的牆壁，殘牆碎瓦
> 嘩啦啦地落了一地。

舒勒牧師太太的一封來信，讓豪天立夫婦措手不及。

他們兩個子女寄養在牧師家裏。

舒勒夫人在信中大吐苦水，“新年大幅減薪，我們的日子越來越艱難。因此，我們再也無法繼續撫養羅傑（俊民）和海迪（俊嫻）兩個孩子了。”

信息太突然，豪天立夫婦猝不及防，彷彿腳下的道路突然坍塌。如何安置兩個孩子？他們的心又被緊揪了起來。

其實，舒勒夫人的信，本應在兩個月前就該送到。1937年7月7日，盧溝橋事變，中日戰爭正式爆發。豪天立記得，“突然爆發的戰爭延誤了此地郵局的工作，以至於我們兩個月後才收到舒勒夫人從德國寄來的信。這已經太晚了。”

　　沒有選擇的餘地。1937年12月28日，豪天立致信巴色差會兒童之家的負責人古勒（Kühnle）夫婦，向他們求助，"我們收到了舒勒牧師夫婦的來信。他們因故不能繼續撫養我們的兩個孩子，決定在1938年1月或2月將他們送往巴塞爾的兒童之家。""我們完全不了解情況，也別無選擇，祇能相信他們。這些天，我們深感在養育孩子方面的無助，從未感到過如此尷尬，這麼深的壓力。"

　　"他們的來信也讓我們對實際情況多了一分了解。憑兒童補助、我們的經濟補貼還有親戚們讚助的衣物，並不足以支付孩子的開銷。對於牧師一家來説，新年減薪讓他們自顧不暇，祇能選擇放棄撫養孩子。"

　　"您收到這封信時，我們的孩子或許已經搬到您那兒了。我們還是想衷心地感謝您收留並撫育我們的孩子，對此我們報以十萬分的感謝和信任。"

　　"羅傑（俊民）春季就要上完小學二年級了。我們希望開學前他能適應了您的學校，這樣，升讀三年級就會輕鬆多了。適應新環境很不容易，但我們相信，您一定會慷慨相助。羅傑身體不太好，他母親懷他的時候，我們四處奔波逃命，他是在我們最後一次出逃的不久出生的。"

　　"海迪（俊嫻）4月30日就滿六歲。我們暫時還不想讓她去上學。不過我們也不能貿然做決定，因為我們還不了解女兒最近的心智發展情況。但從健康條件上看，她體質比較弱。"

　　"如果有可能，我們想冒昧請求您前往兒童教育委員會、傳教監管及秘書處，協助辦理必要的寄托手續。"

寫畢，豪天立夫婦還感到不放心，信上留下了父母和姐姐的聯繫地址，補充説，如果有什麼特殊的購買需要，請儘量聯繫他們。他們樂意在需要時提供必要的幫助。他寫道，“如果孩子們已經寄托在您那兒了，請幫我們轉達愛意。另外，我們收到舒勒夫婦的來信後就立即回覆了。他們希望在1月份把我們的孩子和馬丁家的孩子也一起送到兒童之家。”

2

就這樣，舒勒夫婦把豪天立的兩個孩子，從格寧根送到了巴塞爾巴色差會的兒童之家。

兒童之家就在巴色差會的大院裏，許多在海外服務的傳教士要不把孩子寄養在親戚家裏，要不把子女寄養在這裏。孩子們在未來的若干年裏，將在這裏生活、接受教育。

俊民和俊嫻與父母擁抱告別的那一刻，大家都覺得，將要等待重逢的這6個年頭，是一個多麼漫長的時光。

這是一個秋天，初秋的陽光讓人倍感舒暢，空氣沁人心肺。我走出巴塞爾巴色差會總部大樓，沐浴於溫柔的陽光中。透過院子裏的樹梢，天空像藍寶石一樣澄亮。這裏實在距離我熟悉的梅州很遠，很遠。

從大樓向右走，掩映在樹林中的兒童之家在大院一隅。穿過花園，一條小徑通往大花園南側的一個安靜的小院，葡萄藤纏繞的樹籬把小院子和大院分開，穿過葡萄纏環繞的小門，是一棟三層樓房。淺灰色的牆壁，曙紅色的窗門板。一棵參天大樹在院子裏投下斑駁的影子。

俊民和俊嫻是在這裏度過童年和少年時代的。

這裏的孩子，在父母轉身離去後有很長一段時間，與親人天各一方。哇哇大哭的孩子和掩面而去的父母，心如何裂成碎片？

這不光是豪天立一家的故事。

巴色差會傳教士許多的孩子，都是在雙親遠離的環境下在這裏度過了童年和少年時代。他們像俊民、俊嫻一樣，剛從海外回到父母的故鄉。由於在海外出生，有些祇能説當地的語言，不懂德語。1864年，兒童之家有25個女孩，其中一個剛從非洲加納回來，祇能與4個同樣講加納當地語言的同伴交流。另外20個女孩都從印度回來，祇會印度語、馬拉雅拉姆語、印地語或德語。加納回來的這個女孩日後回憶説，儘管在加納就開始讀書識字，但回來後才發現學過的内容，幾乎毫無用處，在兒童之家要從零起步。

人格的健全發展，父母是最重要的導師。豪天立夫婦同時還擔心，與子女長時期分離會使大家成為陌生人。而歐洲對留下的孩子來説，也一個陌生之地。巴色差會裏不缺這樣的故事。早期的傳教士弗里德里希・艾斯菲爾德（Friedrich Eisfelder），1912年從印度回歐洲前，為了能與女兒相認，提前致信告訴女兒，"在我回到家鄉並在路上與你相遇時，你或許已經不再能認得我。如果我們在街頭相遇，我是否能一眼認出你，也是有疑問的。"唯一的補救辦法，是在即將重逢的前夕，互相發照片，以便相認。傳教士清楚，相認祇是第一步，情感的傷痕和隔閡，誰也不知道要多長的時間才能慢慢愈合。

1954年，巴色差會神學院停辦，兒童之家也隨之關閉。眼前的這幢樓房現在是一家私立幼兒園，接受3–10歲的兒童日托。院子裏有秋千和轉梯等兒童遊樂設施，還依稀可以看到當年的一點痕跡。

3

在豪天立的階段計劃裏，自己6年的任期滿後，1942年他們便可回國，家庭團聚。天有不測之風雲，他不曾料到，這個如意算盤卻因為第二次世界大戰而落空。重逢需要等待的不是計劃中的6年，而是拖延了整整11個年頭。

1939年9月1日，德國在波蘭的格但斯克打響了大戰的第一槍；1945年8月15日，日本才宣佈無條件投降。而豪天立一家回國的時間，卻在1947年。

他們唯一能做的事，是時常寫信，讓兩個孩子感到父母還在身邊的溫暖。他們家的親戚也不時到巴塞爾看望兩個孩子。

在巴色差會兒童之家那段遠離父母的生活，是大兒子俊民一生難忘的記憶。1997年，他和弟弟俊和一起，首次回自己的出生地。俊民還清楚記得半個世紀前與父母分離的情景：

我和妹妹海迪（俊嫺）不得不與父母分離。他們帶着剛出生不久的弟弟克勞斯（俊和）重返中國。由於戰爭，這次離別比我們預想的時間更長，從6年變成11年，也就是從1936年到1947年。

我們在中國的客家山區梅縣出生，後來才回到德國。小時候父母的關愛無微不至，分離後祇能通過父母的信函和不時的電話來聯絡。兒童之家的長輩值得信賴，對我們很好。我們成長在基督化的環境和信徒中，每日用餐都作簡短的禱告。我們閱讀聖經、唱讚美詩，通過這些途徑認識世界。

我在巴塞爾小學畢業後，可以在巴塞爾選擇不同的中學。

幸運的是，因為我們在瑞士巴塞爾居住，躲過了在德國納粹主義統治下爆發的戰爭所帶來的毀滅性的災難。1940年的春季，德國南巴登州和法國阿爾薩斯的炮火轟隆聲傳到我們耳中，差會的領導決定，把我們全部遷往瑞士的伯爾尼高地。因而，我們得以在那裏度過山區的春天和夏天。我們在美麗的崇山峻嶺裏度過了一段美好的時光。

同年年底，我們又回到巴塞爾。1941年初，我確診得了肺結核，必須送到達沃斯的肺病療養院[1]進行治療。頭兩個星期，我難過極了，覺得自己很不幸。我們家又面臨了一次又一次的分離：父母和弟妹在中國，妹妹海迪（俊嫻）在巴塞爾城，而我舉目無親，一個人在達沃斯。

感謝上帝，15個月的療程後，我終於康復，又能夠回到巴塞爾

1　達沃斯，19世紀中葉，德國鄉村醫生斯彭格勒發現了達沃斯高海拔氣候對治療肺病、尤其是肺結核的功效。從此，大大小小的療養院開始興盛起來。1971年開始，每年的世界經濟論壇年會在這裏召開。

城，見到了在那的妹妹。這次治療使我得以幸存至今。[2]

巴色差會悉心關注兒童之家孩子的成長。他們隨時向家長通報孩子的情況，以緩解在遠方工作的兄弟姐妹的後顧之憂。差會總理事格茲勒先生給豪天立報告說，"明天，您的兒子羅傑（俊民）就要在保羅教堂接受堅信禮，這個儀式對於遠在他方的父母和兄弟姐妹來說都非常特殊。我必須告訴您，您的大兒子正在幸福茁壯地成長。我可以保證，等您回來見到他和海迪（俊嫻）的時候，一定會非常開心。"

這個消息的確讓豪天立很開心，他回覆說："關於孩子的好消息大大緩解了我們和子女的別離之苦。我們非常希望能參加兒子的堅信禮，然而很遺憾，我們無法到場。這一天，我們和孩子至少在上帝面前是一體的。我們每日向上帝祈禱，希望他能寬恕孩子們日後的錯誤。我們感謝上帝，也感謝崇真會和兒童之家，感謝他們對孩子們的厚愛。"

俊民仍然記得兒童之家特別為他舉辦了慶祝儀式：

1946年4月，我在巴塞爾城保羅教堂接受堅信禮。我們最好的朋友和我們一起慶祝這次儀式。

主耶穌，當你把擔子放在我們肩上時，也賜給我們挑起重擔的力量。你慣常期望的事，就是無所畏懼地去探索。

2　豪俊和：《豪天立1900–1983》（何秉虔、王啓華譯），2006。

4

五華，鶴樹下。

隨父母來中國的三兒子豪俊和滿一周歲了。他學語言很快，在家裏講德語。和當地玩伴一起時，口中咿咿呀呀出來的，卻是客家話，那調子，絕對純正。有傳教士回憶道，"孩子跟傭人學會的客家話詞匯比德語還要多。"

豪俊和與父親在家中學唱歌。（五華，1936）

想起我初次和80多歲的豪俊和見面時，他一口地道客家話，雖在情理之中，仍讓我頗感意外。一種幾十年不用的語言，如何頑強地儲存在他的記憶體之中？

1937年10月10日，俊和有了一個弟弟。俊生（Veit）在河源的仁濟醫院出生，在鶴樹下墟的教堂受洗。當天受洗的不僅有俊生，還有五個客家小孩。

烽火連三月，家書抵萬金。和遠方瑞士巴塞爾的兩個子女的聯繫，主要靠書信和隨信附上的照片。郵件需要長達6個星期左右才能寄到對方手中，但至少，雙方可以互通消息、溝通感情，是內心的一種撫慰。

當俊和稍為懂事後，才從父母的口中和信件捎來的照片上知道，自己還有一個哥哥和姐姐在遠處的一個什麼地方。俊和非常期待見到他們。一天，他戴上帽子，提着一個小手提箱，對父母說，"我現在要去看羅傑（俊民）和海迪（俊嫻），我們走吧。"

讓父母倍感安慰的是，從巴色差會寄來的信件和照片中，留在巴塞爾的子女日漸成長。家人也不時去探望他們。豪俊和回憶說，"哥哥和姐姐在遠離我們的瑞士生活，我們祇能從信件和照片中看到他們。"

雖然俊民和俊嫻生活在中立國瑞士，但戰爭仍然留下可怕的記憶。從德國傳到瑞士巴塞爾兄妹耳中的隆隆炮聲讓他們感到害怕。那裏離德國邊境太近，戰火燃燒在邊境另一邊德國和法國的土地上。

至於俊和，戰爭的硝煙就在身邊彌漫。豪俊和回憶，記憶中第一件可怕的事，是1938年底日本的轟炸機轟炸五華城。

轟炸機從天空上呼嘯而過，隨之而來是可怕的爆炸聲，這把全家人都嚇壞了。爆炸的碎片擊打在陽臺的牆壁上，殘牆碎瓦嘩啦啦地落了一地。震驚和恐懼，他和弟弟都大哭起來。父母把他們帶到一個房子裏，關上門窗，拉下窗簾。但躲在屋裏也危險，於是，就帶他們跑到了山上的防空洞躲了起來。

在豪家保存的資料中，有一張由五華城"貴和美"照相館拍攝的老照片，照片裏，一架日本轟炸機在城鎮上空掠過。那是一段令人恐慌的日子，可怕的炸彈隨時可能從天而降，把一切炸成碎片。在巴色差會檔案庫保存的一張1938年12月拍於老隆的照片上，轟炸後的城鎮一片狼藉，地上堆着高低不平的斷裂石頭和磚瓦礫，燒焦的房柱橫七豎八地架在土牆上，幾條未倒的水泥柱絕望地指向天空，半截殘牆還架在崩塌的房基上苟延殘喘。

據《梅州市志》記載，1938年11月9日上午12點半，11架日機輪番轟炸五華縣城，投彈29枚，導致4人死亡、11人受傷，炸毀房屋40座。次日上午9時許，8架日機轟炸橫陂，投彈30枚，炸死5人、傷10人，毀壞民房、店鋪13間。1939年間，日機多次轟炸梅縣、興寧、五華、蕉嶺、豐順等地。

抗戰頭三年，日機在客家地區的梅縣、興寧、五華、龍川等縣投彈1350多枚，僅河源就炸死50人，炸傷34人，毀屋135座。日機還炸毀了龍川大橋，使粵東交通受到嚴重破壞。

據當年一位梅縣廣益中學的學生回憶，日本飛機由汕頭起飛。大埔縣高陂鎮的人聽到飛機聲時，立即打電話通知興梅地區，縣政府和各校都有小銅鐘和銅鑼，馬上敲鑼打鐘，發出防空警報。警報一響，學校停課、店鋪關門，人們馬上疏散到樹林、山野或其他安全的地方。有時，一天要躲空襲多次。

1941年11月4日，梅縣縣府通令，民間"禁敲銅鑼，寺廟齋醮也不例外。敲鑼則為遇有敵機的專用警報。"[3]

日機來梅縣空襲，欺負當地中國守軍沒有高射炮，放膽俯衝下來投彈。飛機飛得很低，連機翼上的太陽旗都能清楚地看到。一次，敵機可能因機械故障，困落在長沙圩河灘上，待縣裏警察趕到，飛機已被破壞，飛行員也已逃之夭夭。事後不斷有敵機來偵察救援。一農夫上山砍柴，坐在樹下休息時用竹笠扇風，敵機誤以為是飛行員的信號，投下好些食品。過了半個多月，松口鎮蓬辣坑發現一個餓死的日軍飛行員。

儘管硝煙彌漫，但福音傳播仍在堅持。1939年4月22日，豪天立工作再度調整，遷到嘉應（梅縣），住在德化門教會的大院子裏。院子旁邊是樂育中學、德濟醫院和心光盲女院。

從樂育中學的操場可以看到他們家住的房子。房頂上刷上一個巨大的白色十字，表示那是二戰中立國瑞士人居住的地方，以免遭日本轟炸機襲擊。圍牆外，是樂育中學的操場和籃球場，從房子的陽臺上，可以看到學生在操場裏鍛練。圍牆內是花園，院子裏有草地和一片芭蕉林。這是傳教士孩子們快活的天堂，大人們工作之餘，也在這裏和孩子們玩耍。（見附圖4：巴色差會在梅縣黃塘示意圖1930–1940）

戰火沒有停息，生活仍在繼續。一年後，1940年2月22日，弟弟俊基（Christian Georg）出生。

---

3 李琦琦、吳宏岐：《民國時期粵東梅縣城區的近代化進程》，《五邑大學學報》第21卷第3期，2019.8，P18。

　　孩子們的教父是德濟醫院的露潤黎醫生。露、豪兩家一直是最好的朋友。1926年來中國之前，露潤黎和豪天立曾一同到倫敦提高英語，其後又在費爾巴哈學漢語。他們還同船從德國來中國。露潤黎醫生是豪天立家子女們的教父，而豪天立則是露潤黎子女們的教父，兩家的孩子從小一起玩樂，一同長大，朝夕相處，成為要好的朋友。

5

　　為了讓在梅縣的孩子不忘家鄉，不忘哥哥姐姐，豪天立和斐玉霞常常和子女講述家鄉的故事、家鄉的親人。故事生動有趣，懷念之情溢於言表。豪俊和回憶，"我們幾個從小有一種迫切的願望，希望最終有一天能夠回德國的老家。"

豪俊和與客家小伙伴。（五華，1937）

在梅縣的生活，豪俊和與豪俊生兩兄弟一生難忘：

父親騎自行車載着傳道用的傳單和手風琴，頭上戴着防曬帽，到傳教站以外的地方去舉行佈道活動。當他騎自行車回到家中的時候，美麗的光頭汗濕了帽子。

不出外的時候，父親就在他的工作室伏案工作，為下一次講道做準備。

在家裏，他常穿一件褐紅色的、用中國絲綢做的晨服，頭戴一頂黑色的、帶紅色小尖頂的天鵝絨小帽。他穿衣或脫衣時都忘不了他心愛的水煙筒。

父親給我們三個小淘氣剪頭髮，當時是炎熱的夏天，為了讓我們涼快，也讓自己做得簡單，因而把三個家伙都剪成了光頭。

逢星期天，父親就騎自行車載我們去玩。最年小和中間的孩子坐在自行車三角架的鋼管上，最大的孩子則坐在後面的尾架上。有一次騎在兩塊稻田之間的田埂上，父親突然失去平衡而使自行車倒下。他和一個孩子翻倒到稻田水中，而另外兩個孩子卻保持未被浸濕。所幸沒有人受傷，不過大家都一身污泥，禮拜天穿的服裝也撕破了。

母親喜歡在晚上坐在鋼琴旁邊，為我們彈琴催眠。她喜歡彈奏貝多芬和舒伯特的曲子。

房前的花園，對我們來說簡直就像一座天國伊甸園，有大量各種各樣的熱帶水果，柑橙、香蕉、木瓜、楊桃、龍眼、荔枝和柚子。它們都長在高高的樹枝上，當它們成熟時，一不留神就有可能

豪天立一家和中國助手。（五華，1937）

砸在你的頭上。[4]

在嘉應還有不少歐洲家庭，孩子們由當地女僕或專門從瑞士或德國過來的親屬照顧。韋嵩山醫生的母親曾跟隨兒子來到嘉應，幫他照看孩子。她寫信給德國親人時說，她大部分的時間，都在照顧孩子：

我們六點起床，孩子們差不多也都醒了。他們穿着睡衣在走廊玩耍，由女僕照管。七點，我們做一個簡短的禱告。七點半吃早餐。

_____

4　豪俊和：《豪天立1900–1983》（何秉虔、王啓華譯），2006。

隨後，孩子的父親去醫院出診。我給孩子們洗漱穿衣。然後我和僕人們一起工作。我還要縫補一堆的衣服（一個人若是在外面待了七年，他的衣服會破成什麼樣呀！），期間孩子們進進出出，會向我提出各種各樣的要求，我要有十雙手才能應付過來。

十二點半吃午飯。然後我給花澆水。我在走廊上栽培了60多盆花，所有的花都是我自己種的，並由我一個人打理。之後我和孩子的父親有一小會兒空隙，我會趁着這個時間準備一下我在醫院的聖經研讀。接着，我要整理咖啡桌，給孩子們準備可可粉。

四點半到六點，我會在醫院主持聖經研讀，並引導和幫助眼疾病人和行動不便的人找自己的座位，研讀的效果不錯。隨後，我們去小凱特[5]的墓地。回家後我和女僕一起為孩子們做晚飯、為他們洗漱，然後安排他們睡覺。孩子的父親則在學習或者算賬。有時會有中國人來拜訪並待到很晚。晚飯後我們才可以停下來休息，但這個時候我們往往已經太疲憊了，要能安靜地看會書就會覺得很開心。

孩子的父親經常在下午出診，我們祇有在吃飯的時候能見上面。常有中國婦女來拜訪我，尤其是在周末，訪客特別多。有時我的房間裏會擠上五六十人。這對我和她們來說，都是美好的事情。但如果她們能逐個來就更理想。因為這樣我們才有可能一對一悉心交談。[6]

5　韋嵩山的第三個孩子凱特，在梅縣出生於1905年8月17日，因病於1906年8月13日去世，尚不足1歲。見韋嵩山《我的生平回憶》（手稿）。
6　韋嵩山：《我的生平回憶》（手稿）。

1941年12月7日，日本突襲珍珠港，美國的太平洋艦隊遭受重大損失。12月8日，美國國會通過決議對日本宣戰，英國也宣佈與日本處於戰爭狀態，太平洋戰爭爆發。12月9日，國民政府隨即發佈《中華民國政府對日宣戰佈告》，正式對日本宣戰。

二戰中，德國與日本結盟，中德兩國因而成為交戰國。在粵東一帶，中國人和德國人的關係瞬刻改變。在東江流域一帶的傳教站羅崗、古竹、老隆和坪塘等地，所有德國傳教士和家庭都必須到梅縣，集中在黃塘德濟醫院、德化門和心光盲女院幾個地方。除了瑞士藉的梅師德[7]等醫生外，豪天立家和其他德國家庭，有的搬回德化門，有的住到醫院的大院裏。

在醫院和德化門之間有一道狹窄的小橋相連。其時暴雨成災，洪水將它冲毀了。

聚集在那的德國和瑞士人家庭一共有30多個孩子。豪俊和這一年6歲，他們這群歐洲孩子，到了該上學的年紀了，教育成了問題。到哪上學，上什麼樣的學校，誰來任教？

從小，豪俊和由母親在家裏教他寫讀，父親教他算術。但當他看到露潤黎醫生的女兒可以到柏恩蔚姑娘（心光盲女院的院長）那上課時，就問父母，自己是否也可以和醫生的女兒一起上學？

家長們幾經商量，傳教士大都有較好教育背景，把不擔任傳教活動的傳教士組織起來，為孩子們開辦一個德語學校？這看來是唯一的可行辦法。一個教師隊伍由此組成：豪天立負責教英語，何美

7　梅師德（Dr. Hans Meister，1909–1988），男，瑞士籍。在華時間，1937–1951。

德[8]等其他幾位教德語、歷史、生物、數學、地理和體育，很快，這個袖珍的德語學校就辦起來了。小學就近設在樂育中學的校園內。這群歐洲小孩終於可以背上書包，手拉手地到學校裏上課了。

由傳教士自辦的德國小學，老師和學生。（梅縣，1946）

6

這個晚上，我和豪俊和在紹恩多夫老城一個小餐館吃飯。老餐廳的拿手好戲是本地施瓦本菜。窗臺上擺着白色的蝴蝶蘭，綠色方格臺佈上玻璃花瓶插着一叢白色的小雛菊。客人不多。

我們點了當地老牌的凱撒啤酒。酒窖的歷史據說可以追溯到1881年。杯子裏冰涼澄黃的酒液上，漂着一層雪白的酒沫。豪俊和

8　何美德（Hermann Hofmeister 1908–1990），男，德國籍。在華時間：1935–1949。

説，自己是施瓦本人，自然特別喜歡施瓦本菜，這個餐館他常光顧。啤酒或葡萄酒助餐，是許多歐洲人的例牌，無論到哪都不輕易改變。

豪俊和的父母在客家地區生活了二十多年，戰亂中，他們還能喝得上家鄉的葡萄酒嗎？他們如何維持生計、解決溫飽問題？

巴色差會檔案館的萊茵女士告知，傳教士是有薪水的，但不高。薪水有不同差別，一般來說，已婚的較未婚的高；已婚並有孩子的又會更高一點。薪水用於日常生活開銷，至於治病、安家購置家具等額外開支，則可以向差會總部申請補助。[9]

太平時期，傳教士和家庭在梅縣不僅完全可以靠薪水過日子，而且多雇用當地人照料自己的起居，有孩子的還可能會請當地保姆幫忙。如此看來，他們或許無法享受故國家園物質上的便利，但起居上卻可以得到當地人的照料。

韋嵩山回憶當年的家居生活道，"我買了一個美國爐子，可以用來烤面包。我們從香港買來美國麵粉，用罐頭裝的'家樂牌'湯粉，瑞士盒裝牛奶，丹麥罐裝黃油以及汕頭產的土豆。廚師每天早上會到梅城的集市走一趟，買各種各樣的食品，如家禽、豬肉、菜豆、豌豆、白蘿卜、黃瓜、南瓜、甜瓜和竹笋等各種當地肉類和蔬菜，還有甜栗子等各種水果。客家廚師跟我們學會了烤西式面包的

9　據巴色差會檔案館保存的1937年的薪金單：傳教士的"基本薪金"（年度）為：未婚800港元，已婚1600港元；"工齡薪金"（年度）：從第11年起：未婚+50港元，已婚+100港元；從第21年起：未婚+100港元，已婚+200港元；每名子女175港元/年。鑒於香港物價和消費水平可能更高，在香港工作的每年額外補貼300港元。具體標準會視當年通漲水平略作調整。資料由Andrea Rhyn提供，2021.11.8。

手藝，把乾胡桃、黃油和土豆皮一起炒，加糖和老酵母，然後把它們倒入一個瓶子裏，扎緊瓶口，放在一個溫暖的地方。酵母菌發酵後，添加進生麵團裏。"[10]

戰爭擾亂了生活也中斷了各類食物供應。1937年到1947年，大人小孩都面臨極度的困難。香港淪陷後，他們不能再從香港得到任何供給，像牛奶和黃油等歐洲人日常主要食品斷了貨源。戰時匱乏的物質生活，豪俊和記憶猶新，"那時，從歐洲、香港來的食物進口都中斷了。我們幾乎無法買到咖啡、奶粉或罐裝牛肉"，當然"也沒有葡萄酒、啤酒、巧克力，櫻桃和蘋果。"

客家地區不飼養奶牛，所以，當地集市也買不到新鮮牛奶。不過，豪天立青少年時期在農場獲得的生活知識和手藝幫助了他一家。為了讓幾個孩子維持基本的營養，他買了一頭剛生了牛犢子的水牛。他從水牛身上擠奶，並用來製作黃油。他還買了兩隻一白一棕色的山羊，讓孩子們喝上新鮮羊奶。豪俊和特別喜歡那隻白色的山羊，常常牽着它到野地裏吃草。他回憶：

在二戰期間，不可能從香港輸入牛奶，我們幾個孩子的營養成了問題。父親買了一頭母水牛，他是第一個買牛的差傳人員。母牛剛剛產下牛犢就用來擠奶。開始時，當地人大為驚奇，因為南方還沒有用母牛擠奶的鮮牛奶業。

從那時起，我們就有了新鮮牛奶和黃油。那段時間，兔、雞、

10　韋嵩山：《我的生平回憶》（手稿）。

猫、狗和山羊，我們都養過。山羊擠奶是件困難的事，父親就與當地人一起做了一個木框架，把山羊放入其中牢牢綁住，這樣就能夠不費力地擠奶了。

有一回，一位差傳人員也買了一條母牛，但是他沒有把母牛的小牛犢從市場帶回來。母牛焦急狂躁，我們大家都得躲避牠，直到重新把牠抓住，重新把牠帶回小牛犢身邊，才得安寧。

我們大院裏有一個大花園，種了柚子，橘子，木瓜，桑果和香蕉，枇杷、荔枝和龍眼。我們養母雞生蛋。早餐往往吃小米粥和面包。

我們的廚師阿沾姐有時在市場上買回豬肉、魚、面條、地瓜和大米。

我們非常習慣於大米，當地的水果和蔬菜。

在梅縣，傳教士回到家時，胃會喚醒他們對故國的記憶。豪天立和斐玉霞經常自己動手做德國菜，做蛋糕等德國餐點。他們還教客家廚師阿沾姐做德國菜。"阿沾姐從我母親那裏學到了許多德國美食的烹飪方法，例如煎薄餅，烤面包等。"豪俊和回憶道。至於聖誕蛋糕要用的櫻桃，那個年代就祇好由奶奶從德國郵寄過來了。

1944年1月11日，豪家再添一個女孩俊蘭（Sigrid）。這樣，豪家除了兩個留在瑞士的子女外，在梅縣就成了一個六口之家：父母、三個兒子、一個女兒。他們都睡在一個臥室裏，此外還有一個起居室、一個衛生間和一個廚房。

德化門大院內，歐洲家庭還保留着自己的生活方式，下午茶聚。（梅縣，1945年前後）

7

　　物質生活的基本保證固然重要，但孩子們精神世界的塑造，則是從小就開始了。

　　儘管戰火不斷，和父母在一起的日子還是充滿了家庭的溫馨。豪俊和回憶，父母每天讀書，最重要的當然是聖經，特別是新約和詩篇。他們也閱讀德國古典文學和詩歌。豪天立繼續學習中國古藉，論語、道德經、孟子、莊子以及其它有關中國文化和歷史的書籍。

　　母親喜歡讀德國名著。鋼琴上有許多從德國帶來的樂譜。她邊彈邊唱。俊和常常在鋼琴邊看母親彈琴，等稍大一點以後，母親就開始教他彈鋼琴。父母對孩子實施的是德國式的教育，既充滿愛但又嚴格。他們不但學德語，也學英語。

夜幕降臨，是讀書的好時候，但大部分時間沒有電。他們靠煤油燈照明，每天都要清潔被油煙熏黑的玻璃燈罩。豪天立衹能就着煤油燈微弱的光綫讀書、準備主日佈道的文稿，寫信和報告。斐玉霞在燭光下彈琴。豪俊和回憶，"我還記得當我躺在床上時，母親彈貝多芬的'月光奏鳴曲'的情境。"在硝煙彌漫的戰爭年代，母親的琴聲，是他少年時代最難忘的記憶的之一。

孩子的閱讀習慣從小培養。母親總是儘可能為他們找適合閱讀的圖書。豪俊和記得，還小的時候，母親給他們念《格林童話》[11]，他們認字後，則讓他們自己讀。格林兄弟收集和改編的這些民間故事，成為父母與孩子溝通的話題，給他們打開了另一個世界。

梅縣買不到德語兒童圖書。為了豐富他們的閱讀，滋養他們的成長，斐玉霞從其他傳教士家裏借來了童話和故事繪本[12]，在家裏手工製作圖書。

豪俊和還保留在家中的手製繪本《小穆基是個大英雄》，就是這樣製作出來的。

為了製作這本繪本，母親費了不少心思。她先用描圖紙覆蓋在借來的原版圖書上，把書上的插畫描出來，然後細心地按原書添上

11《格林童話》是由德國語言學家雅可布・格林和威廉・格林兄弟收集、整理、加工完成的德國民間文學，約有200多個故事，其中的《灰姑娘》《白雪公主》《小紅帽》《青蛙王子》等童話故事較為聞名。

12 繪本，即圖畫書，以繪畫為主並附有少量文字。

色彩。一頁一頁地描和上色。而後，用漂亮的德文"蘇特林手寫體"，把書上的內容一行行整齊地抄寫上。把散頁訂裝好後，才成為一本完整的、手工製作的繪本圖書。

《小穆基是個大英雄》的主人翁小穆基是一個勇敢的孩子。他對媽媽說："我會向您展示我的勇氣！"於是他一個人出門，開始闖蕩世界。一路上，他翻山涉水，遇到了以前從未見到過的人和動物，感受到世界之大，有許多歷險。最後他駕着一隻鸛鳥安全飛了回家。媽媽非常高興，但提醒他："我親愛的穆基，別炫耀。"父親則用嚴肅的口吻說："別吹牛，親愛的兒子！"父母的話，讓穆基得到啟示，他變得謙虛，不再自負。

斐玉霞為孩子們手繪的童話書。（梅縣，時間不詳）

　　書上的文字，是用詩的語言寫成的，孩子們不但可以從故事中得到啓發，還可以從行文中感受德語的韻律之美。

　　大半個世紀過後，當豪俊和重新發現母親在艱難時期制作的這本手工書，仍然感慨不已，是母親留下來最難得的紀念物。

　　1942年，隨着孩子日漸長大，斐玉霞希望讓孩子了解世界、了解中國和德國。於是她設計並繪製了一個類似中國"飛行棋"的骰子遊戲。

　　這是一張40公分呈方形的彩色繪圖，中間是白色的棋盤，用紅綫勾出四層迷宮般的路綫圖，路綫上是棋子停駐的小圓點。棋盤外是五彩繽紛的世界地圖和國家的名字。圖畫上，藍色的是海洋，一條通道沿南中國海，到印度洋，穿過蘇伊士運河，到達地中海，歐洲，最後到德國。在這條通道上，孩子們可以認識往來於中、德兩國經過的所有國家。

　　這個遊戲，讓每個人都把自己的棋子放在中國的位置上。遊戲從中國出發，由一座古塔和竹林代表，然後看誰能以最快速到達終點德國，像徵是一座教堂和樅樹。那是一條回故鄉的路。參加遊戲者依次擲出骰子，然後按照擲出數字，在棋盤上選擇路綫並挪動棋子的相應步數。最早以100的成績達到德國的遊戲者，獲勝。

　　孩子們在遊戲中知道，他們人在中國，而有一條通道，連接中國和家鄉德國。

　　豪俊和回憶，母親會編織，織出不同的人物和動物，如猴子啊什麼的。穿上母親縫製衣服的猴子，天真又可愛。這些小玩偶可以讓孩子們一起，表演從繪本上看來的各種童話故事。

　　梅縣地區的亞熱帶氣候，夏天既熱且潮濕。所以，他們喜歡到清涼山一個叫泮坑[13]的地方度假。清冽山泉從高處落入山間水潭裏。孩子們和父親一起，在清涼的水潭裏嬉戲。

　　　8

　　從19世紀中葉到20世紀中期，巴色差會在梅縣客家地區工作和生活過的傳教士、教師和醫生不下兩百人。他們來華時大都是像豪天立那樣的年輕人，在中國或歐洲結婚成家，子女大都在興梅地區出生、長大。豪天立家有六個子女，其他家庭也大致相似，若粗略計算，總數先後可能有近千人之多。

　　巴色差會檔案庫有萬保全當年留下的一張照片：一個客家婦女挑擔，前後各一籮筐，裏面坐着萬家兩個二、三歲的子女。山路崎嶇，焦點之外的背景，群山朦朧。這群歐洲籍孩子跟隨父母遷移，成長的環境如走馬燈般變換，是那個時代傳教生活的常態。

　　對孩子來説，隨機變換的還有他們生活和文化。在家裏，他們從父母身上接受一種文化，講德語、按歐洲人的方式生活生活；家門之外，他們處在一個幾乎截然不同的文化環境中。

　　豪俊和提供的老照片，彷彿也是這種文化變換的注腳。照片是他滿1歲後與幾個客家小孩一起玩耍時拍的，幾個孩子都好奇地盯

13　泮坑，位於梅州市梅江區三角鎮。此處蘊藏豐富的自然景觀和人文景觀，匯聚黃沙嶂、清涼山、高觀音等高山流水，明湖（水庫）山幽水雅，水色青潤如玉，素有"梅南勝境"的美譽，是假日休閒的勝地。

着鏡頭。那時，豪俊和初到中國才幾個月，對剛接觸的世界並無認識。但到他11歲離開梅縣時，已經是一個略知世事的少年。

這十年之中，和豪家子女密切接觸的，是廚師阿沾姐和園丁阿桂哥。他們是孩子與外部世界的連綫，朝夕相處，在日常的交流中，孩子們學會了最地道的客家話；講客家故事，知道客家人的觀念和生活；他們的和善、親切、勤勉儉樸、平和寬容，某種意義上，是孩子們最直接的客家老師，是他們了解中國和人生最初的媒介。

直到豪俊和80歲，當我第一次和他在紹恩多夫見面時，雖然幾十年基本沒有使用客家話，但他"第二母語"發音之準確，仍讓我吃驚。研究"雙母語"或"第二語言習得"的研究者認為，越早開始第二語言的學習，"就越可能在語言能力，尤其是發音準確性上獲得優勢"。實驗證明，祇有一個孩子在3歲以下時開始雙語教育，且接觸這種語言和程度不低於40%時，才能把這種語言算作"母語"。[14]而豪俊和10個月大的時候，就浸淫在客家話的語言環境之中。

這也許是傳教士子女在他國時所面對的共同處境。鮑大可[15]的父親是美國傳教士，他幾兄妹都出生在中國。在回憶童年生活時，他曾談到中國傭人與他們的親密關係，並認為這種關係對他們的成長十分重要，以至他妹妹後來說，"我們鮑家人認為自己更多

14　鄭子寧：《東言西語》，敦煌文藝出版社，2020.2，P61–65（雙語兒童夢怎樣實現）。
15　鮑大可（A. Doak Barnett，1921–1999），美國當代中國學的開創者和奠基人，他畢生致力於當代中國研究。

的是中國人"。另一個出生於廣州傳教士家庭的弗蘭克（Marian Frank）回憶說，9–13歲時，她開始感受到底層人民的貧苦和自己一家舒適生活的差別，並對此表示不平。12歲那年她決心搬到地下室去與備人們同住。[16]

豪俊和常和其他歐洲玩伴走出德化門，跨過小木橋，到隔壁的樂育中學和盲女院。在老師和學生的眼裏，他可能還是個小男孩，圍牆外的風景，河流、田野，大宅、家族宗祠，以及喧鬧的地方節慶，成為生活中的日常。

這些在"異國他鄉"長大的孩子，美國社會學家、人類學家魯斯·尤西姆（Ruth Useem）把他們稱為"第三文化小孩（third culture kid）"。父母給了他們"第一文化"，成長時期父母把他們帶到時另一個文化中，這是"第二文化"，先後兩種文化交融，形成了他們自己成長環境獨特的"第三文化"。"第三文化小孩"成年後，成為一個獨特的文化綜合體。

美國作家賽珍珠（Pearl S. Buck，1892–1973），出生4個月後即被傳教士父母帶到中國，在江蘇省鎮江度過了童年、少年，到青年時代，前後長達18年之久。她在中國生活了近40年，把中文稱為"第一語言"，把鎮江稱為"中國故鄉"。她回憶道，"我在一個雙重世界長大——一個是我父母的美國人長老會世界，一個小而乾淨的白人世界；另一個是忠實可愛的中國人世界——兩者間隔着一堵牆。在中國人的世界裏，我說話、做事、吃飯都和中國人一個

---

16 轉引自《第七講：傳教士子女》，道客巴巴doc88.com，2015.2。

樣，思想感情也與其息息相通；身處美國人世界時，我就關上通向
另一世界的門"。[17]

豪俊和日後對人生道路的選擇，他與梅州"第二故鄉"的感情
紐帶，是否也帶有"第三文化個人"的特徵？那些在梅縣地區出生
成長的近千個歐洲籍孩子中，也像豪俊和一樣嗎？不同文化構成的
成長環境，對他們的人生將意味着什麼？

17　[美] 賽珍珠：《我的中國世界》（尚營林等譯），湖南文藝出版社，1991.11，P9

17 巴塞爾——檔案庫裏的客家

> 這些"檔案館裏的客家",自成系統,將中國(客家)置於某種世界性語境之中。

1

我在巴塞爾預訂了一處公寓。

公寓位於城北萊茵河北岸老城區。從地圖上看,從巴色差會到這裏,車子祇要沿着馬路走一條L型路綫,就可輕易到達。夜色迷蒙,街上所有標誌物都隱沒在明滅的燈光之中。我在這個陌生的瑞士城市完全失去了方向,祇好跟着導航左彎右拐,上橋、入隧道,總算來到公寓所在的那條街上。夜裏,街上行人稀少,林蔭道旁停滿小車,一個車位都沒有。繞兩圈後,幸好有一部車離開,趕忙塞了進去。

公寓樓下便利店還開着,賣2歐元一個停泊時間牌,店主說,將牌子放在駕駛臺前,第二天早上8點前必須開走。

豪俊和告訴我，父親作為一個傳教士的生活，應該從巴塞爾開始。他在巴色差會神學院求學，又從那踏上中國之旅，差會檔案館應該有更多他的個人資料。

傳道街21號，巴色差會大樓。檔案館就在大樓之中。

巴色差會大樓（瑞士巴塞爾，2017，楊和平攝影）

一樓北面一道不太寬的樓梯，通向檔案館地下檔案庫。我跟隨檔案館的兩位檔案員，帕特里克·莫澤博士(Dr. Patrick Moser)和安德利婭·萊茵女士（Andrea Rhyn），走下通道，進入庫房。

檔案庫恒温恒濕，保存着該會從19世紀創會以來的所有文獻。事後知道，這些文獻，無論是人、物或機構，兩個世紀，事無巨細，應有儘有。如果要查閱十九世紀末差會在粵東某地所建學校或醫院，牠們的建築規劃圖紙可能還安然地躺在檔案庫的某個櫃子裏。

兩位檔案員說，這些精心保管的資料，對全世界開放。如果不方便來巴塞爾查閱資料，也可以上檔案館的網站搜索。

庫房裏，燈光柔和，淡灰色金屬資料櫃一個挨着一個，但輕搖手柄，可以輕鬆移動這些沉重的架子。

最靠外一排架子上，羅列着來自世界各地的《聖經》珍本，有四百多個版本、用兩百多種文字書寫，包括漢語繁體和簡體字不同版本。精緻的書脊、燙金的鑲邊，在燈光下閃着光芒。

部分19世紀珍版，來自英國和國外聖公會的饋贈。萊茵說，尚未正式研究這些《聖經》的收藏史，但其中一部中文版《聖經》尤為珍貴，它1823年由馬禮遜[1]本人獻給巴色差會首任會長、神學家克里斯蒂安·戈特利布·布魯姆哈特[2]。馬禮遜是有史以來第一位到中國的新教傳教士，1807年由倫敦宣道會派出。他把將《聖經》譯成中文，視為"生命中的偉大目標"。1819年11月25日，他致信倫敦宣道會董事會，由他和同事米憐[3]合作，"整部《聖經》現在已經譯成了中文"。為讓普通人讀懂，"在我的譯本中，我考慮了

1　羅伯特·馬禮遜（Robert Morrison，1782-1834），英國倫敦宣道會傳教士，為首位被派往中國的新教傳教士。在華27年，主要貢獻為完成了《聖經》中文版的翻譯，編纂英華字典，創辦英華書院，開設醫療診所，以及創辦中文報刊等。

2　克里斯蒂安·戈特利布·布魯姆哈特（Christian Gottlieb Blumhardt，1779-1838），德國新教神學家和巴色差會的聯合創始人。

3　米憐（William Milne, 1785-1822），英國基督教新教傳教士。1813年，由倫敦宣道會派到澳門與馬禮遜一起活動，共同翻譯了中文版《聖經》。

譯文的準確性、明晰性和簡潔性。我寧可選用普通詞匯，也不用罕見的詞和古詞"。[4]經過修訂，1823年，這部《聖經》以傳統木刻雕版的方式印刷出版。

我突然想，在這個世界上，有誰可以讀懂這裏的所有版本？若可以回溯每個版本的翻譯和印刷過程，它們何以到達巴塞爾，想必有許多可以言説的故事，但有一點可能是共同的，即無論譯者是誰，學習掌握各種語言及其文化是必然的途徑，它在傳播福音的同時，是否也必然匯集和傳播了不同的文化？

地下檔案庫在我眼前仿如一座文獻森林，若將所有卷宗叠起，會形成一條兩公里長迂回曲折的林帶，可謂林海茫茫，前路漫漫。60,000 多張從攝影之初到1950年左右來自世界各地的獨特圖像，以及 7000 多張地圖和規劃圖（土地和建築）。這些檔案資料在1815年巴色差會成立時就開始收集、累積[5]，成為世界歷史大河中的一條涓涓細流。

莫澤和萊茵就像蟄伏在這個地下世界的"隱士"，又如儘職的護林員，熟悉這座森林中每一條小徑，知道搜獵者捕捉的獵物究竟藏在哪個角落。

曾經的到訪者來自世界各地，來自廣泛的學科如歷史、民族學、人類學、宗教研究和語言學，也有博物館專家、大學研究生，

---

4 [英]湯森：《馬禮遜——在華傳教士的先驅》（當代海外漢學名著譯叢）（王振華譯），第十章，《聖經》中文版譯成，大像出版社，2002.9，P97–98。

5 歷史上巴色差會的傳教區主要在加納、喀麥隆、印度南部、中國南部和加里曼丹（印度尼西亞）。

巴色差會傳教士和他們的後裔等等。差會以前所在任務區的機構或私人也與檔案館聯繫，以尋找和了解更多關於他們自己的歷史。無論他們的身份和到訪目的，在這裏都可以得到熱心的幫助。

兩位檔案員都是受人尊敬的歷史學家。莫薩畢業於伯爾尼大學，擁有現代歷史博士學位。萊茵兩度進入巴塞爾大學，先後擁有心理學、教育學、歷史學兩個學位。

萊茵是位年輕的女士，齊耳短髮，淺綠色外套，眼睛總是保持專注、略帶笑意："有什麼問題你儘管提出，我一定儘量答覆。"她帶我返回地面，上到二樓一個辦公室，打開一臺電腦，向我演示如何從檔案館網站上搜索需要的資料。為了便於保存和查閱，他們已經將有價值的文件原件數字化，進入數據庫之中。

來訪前，我曾通過電子郵件與莫澤博士聯繫，並提交了一份清單，詳細列出我需要的資料，關於巴色差會的，關於豪天立的個人情況。我希望在這裏能發現關於豪天立的最重要的"拼圖"。

辦公室在二樓。從地下上樓，向左轉，首先會看到檔案館圖書館的入口和閱覽室。我曾在閱覽室訪問過差會時任副總裁哈特先生（Alfred Hirt）。一條過道通向檔案員和管理人員的辦公室。莫澤的辦公室在第一間，萊茵的辦公室在通道儘頭。對面，是圖書管理員的辦公室。

在萊茵辦公室一張圓形小桌坐下後，莫澤從他的辦公室推來一手推車。上面，層層叠叠地擺着早已搜羅出來的資料。檔案夾上寫着"CHINA"（中國）的字樣。每個文件夾裏又有不同卷宗或文件，每份文件都夾着標示文件位置用的黃色便條。

此刻我才意識到，檔案庫裏並沒有"豪天立"這樣一個獨立的卷宗。我需要查閱的資料，當年的報告、筆記、圖紙、照片等，分散在不同年份、不同的文件櫃和不同的卷宗裏。為了我的到訪，他們必須事前找到相關的卷宗，然後在每一個卷宗數百頁的文件中，把我可能需要的找出來，並一一做上標記。查找這些資料到底要做多少工作、花了多少時間，不得而知。

這是他們日常工作的一部分。應付來自世界各地的郵件，幫助來到巴塞爾的研究人員，收集所需文檔，並就所研究問題，提供必要的建議。此外，他們還須接收源源不斷的新文件，包括來自"使命21"和前傳教士後代的私人文件，無論新、舊文件，都要處理記錄，將它們分類納入合理結構當中。所有的紙本文件，都包裝在無酸文件夾和盒子中，數據存入數據庫中。

巴色差會檔案館的地下檔案庫。（左起）豪俊和、莫澤博士和萊茵女士。（巴塞爾，2017，楊和平攝影）

驚詫之餘，我對他們的敬意悠然而生。

我們在小圓桌圍坐，逐個翻閱那些已經用黃條標示出來的檔案。文件絕大部分都是德文，祇有少量文件是英語的。我不諳德語。他們耐心地用英語解釋每份文件的內容。需要的，我點頭，留在桌上；不需要的，則物歸原處。這個過程繁複卻充滿樂趣，我就像一條獵犬，靈敏而亢奮，隨時準備捕獲獵物。

從不曾想過，一個人的過往，一些看似過時的文字，居然被如此完整地保存在眼前泛黃的紙張中。材料或許顯得事無巨細、枯燥無味，全在你怎麼看它。一個什麼樣的人、做過什麼樣的事，即便離開了人世，一生已經定格在這些文字上。這些看似細碎、關聯或互不關聯的材料和細節，可能恰好構成了你人生的華彩樂段。

2

我看到了豪天立。

這本厚厚的冊子中，他祇是一個編號，"2237"。

這是一本名錄。硬皮封面，內頁由紅色方格分列，單行紙上是密密麻麻的手寫記錄。差會傳教士的名字，都收錄其中。不時會有他們的後人，來查詢他們的家族資料。

"豪天立，出生於1900年4月13日，出生地：德國魏爾海姆。"名冊124頁上，還有配偶、父母、子女的姓名、生卒日期和地點、住址等資料。一如波蘭女詩人辛波斯卡的詩作《寫履歷表》所說，"簡潔、精要"，"風景由地址取代，搖擺的記憶屈服於無可動搖的日期。"[6]

　　編號後是一行行淡黑色花體德文。我試圖想像，當年那個一絲不苟記下"豪天立"一生的文書，是否就像查爾斯·蘭姆[7]描寫的那樣，戴着深度近視眼鏡，"拘謹古板"、"老氣橫秋"、"耳輪上影影綽綽地夾着一枝鵝毛筆"？

　　合上那本名册。一份畢業證書，將我帶回豪天立在巴塞爾神學院五年的求學時光。證書簽發時間是"1925年2月9日"，包括他各科的考試成績，基礎、語言學和神學三大部分一共28門功課。這份文件，至少證明他是一個用功的學生，各科成績都在良好以上。語言學一欄顯示，他的拉丁語、希臘語、希伯來語和英語的成績都是6分（良好）。

　　一位英國學者曾告訴我，拉丁語和希臘語同為影響歐美學術與宗教最深的語言。在中世紀，拉丁語是當時歐洲各國交流的媒介語，一種公共語言，也是研究科學、哲學和神學所必須的語言。在近代，通曉拉丁語也是研究任何人文學科的前提條件。

　　決定豪天立"是印度，還是中國？"命運的文件，也在這裏。一張薄紙，打字機在上面敲出深藍色字體。1926年5月20日，巴色差會委員會決定：

　　"親愛的兄弟，委員會決定，你今年將遠赴中國，我們在這裏為你獻上祝福。"文件最後說，"主將你的命運托付給中國，主將

6　[波]維斯瓦娃·辛波絲卡（Wislawa Szymborska，1923-2012），波蘭女作家、詩人，1996年榮獲諾貝爾文學獎。句出其詩《寫履歷表》，《萬物靜默如謎》（陳黎、張芬齡譯），湖南文藝出版社，2015.6，P128。
7　查爾斯·蘭姆（Charles Lamb，1775-1834），英國散文家，代表作有《伊利亞隨筆》等。

和你一起準備中國的遠行，並永遠陪伴和幫助你。"

一份中國官方文件也納入檔案中。莫澤小心地將它從卷宗裏取出，輕輕展開。這是一份"梅縣區政府命令"，上面蓋着精細篆體的"梅縣縣政府印"，以及簽署官員"陳淦"的簽字和印章。時間是1946年9月。文件用英文寫成，內容是批準豪天立一家"在梅縣合法地居住並傳教"。文件下方，附有同在梅縣居留的家人名單。

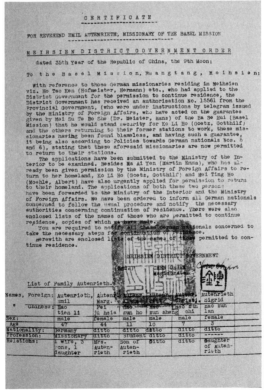

梅縣縣政府1946年9月簽發的批準豪天立一家在梅合法居留、工作證書。

更大量的是豪天立當年從梅縣發回來的年度報告、信函和其他的文件。這些文件多為原件，用打字機打出。它們當年由豪天立所在的傳教點，梅林、長樂或梅縣寄出，經過幾個星期甚至更長時間的郵路，輾轉到達瑞士，來到巴塞爾總部。

我逐份判斷挑選出來的文件，掂量着每份"拼圖"的分量，想像背後可能包含的故事。我把有用的挑選出來，準備另一個工作日再來複製。

層層叠叠的文件，信息量太大，眼睛和腦子從德語轉到英語，再從英語轉為漢語，然後在我腦子裏轉換成某個畫面或場景，彷彿一臺機器連軸轉動，讓人應接不暇。我甚至忘了喝水。我想歇一會兒。我們走出了辦公室。

過道上放着兩個箱子，一個灰白鐵皮箱，邊角已經有些銹色，另一個是灰藍色的木箱，油漆磨損的邊角露出原木的顏色。這是豪天立當年往返中國用的箱子。這兩個上百年的箱子，是豪俊和捐給檔案館的紀念品。它們曾運載從中國帶回來的筆記、日記，書籍等物品，這些物品部分仍保留在豪俊和家裏，一部分則成為檔案館的歷史文物和文獻。

我忽然想起，網上看到過不少客家老照片，包括關於巴色差會的，但出處卻為"美國南加州大學"，它們究竟來自何處？兩位檔案員告訴我，檔案館和世界多個機構有合作，"南加州大學"是其中一個，資料來源，其實還都是巴色差會檔案館。

檔案庫出來在走廊拐兩個彎，有一個小禮拜堂，我們在那裏坐下小歇。這是一個安靜的所在，一個簡約佈道臺在房子一側，牆前半圓臺上架着一部厚重的聖經，旁邊是一臺原木色鋼琴。陽光透過室外一個小窗瀉入，牆上鑲了金箔的小幅聖像閃閃發亮。

這真是一個奇妙的時刻。客家人從中國中原南下，再從南方向外發散，遠及東南亞、歐美各地，而在巴塞爾這個地下檔案庫，那些和客家人相關的檔案中的"隻言片語"，讓我產生一種感受，雖然人在歐洲，但梅州以及那個久遠年代並非遙不可及。19、20世紀差會在客家地區的故事，它的全部場景和角色，全都活在這裏。

阿萊特·法爾熱說，"體會檔案魅力，就意味着從文獻中找出隻言片語，並從中獲取額外的意義；感受是另一種鑿刻工具，一種劈開過去、斬破沉默的工具。"[8]所有到過客家地區的傳教士個人和家庭，生卒日期，期間參加過的活動和照片，在這個不太大的空間裏，全都有跡可尋，彷彿重現的現場；試着打開一幅當年的區域規劃圖，或者一幢建築的設計圖，你仍可以看到每一個窗户和臺階的細節。

3

回到檔案庫，在我面前出現的是一本藍布封面精裝圖書，上面有《禮拜儀式》幾個漢字。打開，稍讀幾行，便知這是一本用客家話編寫、刊印的圖書。

---

8 [法]阿萊特·法爾熱：《檔案之魅》（申華明譯），商務印書館，2020.10，P19–23。作者為法國當代著名歷史學家。

在檔案館的歷史文獻中，有不少傳教士的嘔心瀝血之作，這本客語版《禮拜儀式》是其中一本，編撰者是豪天立。

1939年4月22日，豪天立一家從長樂遷到梅縣。豪天立對這裏並不陌生，1927年他從香港剛到梅縣時，就住在德化門傳教站大院裏，學習漢語和客家話。院子附近是黃塘福音堂、樂育中學、德濟醫院和心光盲女院。

每到星期天，他們去黃塘福音堂做禮拜。那時教堂裏有一位姓何的中國牧師和一個唱詩班。

建於1876年的黃塘福音堂在黃塘河畔，對開是開闊的田野。建堂之初，教堂從德國波鴻訂購了一口大鐘，從此，黃塘河畔響起了綿延四方的鐘聲。1924年，崇真會總會成立，教堂改稱崇真會黃塘福音堂。

梅縣是客家人的中心，也是教會在粵東的主要傳教點。這裏的條件比豪天立此前工作過的長樂等地都方便。路好走多了，可以騎自行車而不必騎馬到各個鄉村去宣教。他對客家人和客家社會也有了更深入的了解。在主日崇拜的佈道壇上，豪天立用客家話佈道，感受禮拜儀式在客家環境中的實際應用。

客家話《禮拜儀式》在他1934年回德國休假前就已經完成了初稿。他利用休假之機，一邊根據擔任教堂牧師的實踐，一邊在蒂賓根大學神學院圖書館查閱相關資料，對書稿進行修改。他深知一本好的禮拜儀式書，對佈道者和信眾都很重要。返回梅縣後，他繼續修改書稿。

在客家地區，面對中國信眾，教會的禮拜儀式自然不能照搬瑞士或德國教會的方式。在豪天立編寫《禮拜儀式》之前，為了方便中國牧師使用，他的先行者其實已經編寫了一本客語的《祈禱禮儀》。不過，在實際使用時發現，此版本過於簡略，多有不足。教會認為對《祈禱禮儀》進行改編和增訂是必要的。

豪天立有把握在前人版本的基礎上，編寫一本更適合本地客家教會用的禮儀書。他相信，一套嚴格編排的活動程序，可以喚起信眾熱情，規範人與人之間的行為方式。

他和中國牧師們商量其中一些細節，也和巴塞爾總會保持聯繫，並就具體問題進行討論。檔案館存有一封他寫給崇真會總牧師何樹德的信，信中說：

周日和節假日的禮拜儀式普遍很受歡迎。但在周日禮拜儀式中對《聖經》的講解可以更為充分一些。此外，針對周日禮拜還應增加一定數量的禱文選段。我已經翻譯了四個前禱文和四個後禱文，這幾天內我就能把它們發給您。

不管採用哪種形式，都應在佈道和後禱文中插入一首頌歌。

節日禮拜的禱文不應祇限於節日，在平常的周日也可使用。

在嬰兒受洗儀式中，必須在引言中添加"大使命"部分。

在成人受洗的誓詞中，應該加上這樣一句話："如果你現在願意進入聖徒的教會並按照他們的習俗和法規生活，如果你願意與上帝締結受洗聖約並永遠保持這個約，應回答：是的，我願意。"

在所有禮拜儀式中，《垂憐經》應該在誓詞後和下一個人受洗前作為讚美詩演唱。

成年人的受洗禮和堅信禮不應混淆。我想您一定也同意這一點，所以希望您能在筆記中做出必要的修改，並把兩個成人受洗禮的結束禱文替換。

本書編撰的另一個難點是語言，全書都使用地道的客家方式和方言表達。幸而此前不少歐洲牧師已經有所探索，動筆時他又得到崇真會張謙安、鄔漢謙等中國助手的協助。鄔漢謙是龍川縣紫市鎮凹背村人，畢業於李朗神學院，1937年至1945年先後任崇真總會副乾事和總乾事。書稿前後歷經6年的寫作和修改，稿子最後又由何樹德本人做了精心潤飾，終告完成。

豪天立在這本書的序言中寫道：

本會《祈禱禮儀》編印既久，雖多美善材料，究屬簡略，對於實際應用不無缺憾之處。因此各職員會友感覺有改編增訂之必要。遂於一九三四年總議事會議決修改增編材料，藉以在聚集禮拜時增加莊嚴肅穆，使會友人人有自己禮拜這精神，與主靈交之造詣，如此以歸榮上主也。天立謬蒙總會與差會之託，復得總會先後委派張君謙安、鄔君漢謙、黃君英華、廖君覺先共負編撰校訂之責。遂搜集歐美及中華各先進教會出版儀式書參詳取捨，又得何牧樹德潛心修潤，旋經中西委員會與總乾部乾事及葛協理禮和[9]等討論審查，為時數載，始成此草本。今幸脫稿付梓，是雖不敢云完適善本而以

9　葛禮和（Gottilf Götz，1892–1969),男，德國籍，在華時間1921.9–1946.12。曾任駐華總牧，總會協理及總會董事。

禮拜崇祀上帝，可表端穆靜肅焉。書成遂顏之曰《禮拜儀式》。

　　主歷一九三九年、中華民國廿八年　十月

　　豪天立序於梅縣黃塘德和樓

　　《禮拜儀式》一書1939年由"中華基督教崇真會"印刷出版。

　　1940年7月，在五華召開教會總議事會的閉會聖餐崇拜中，正式採用這本新編的《禮拜儀式》。此書在全教會使用，並獲得較高的讚譽。

　　豪俊和家書房，也保存着這本《禮拜儀式》，這是他父親當年用過的一本。打開深藍色硬皮封面，扉頁後面是一首讚美詩五綫樂譜，樂譜旁留着母親斐玉霞的筆記。

　　2020年12月的一個冬日，廣東龍川縣老隆鎮福音堂的湯兆平牧師告訴我，豪天立編寫的這部《禮拜儀式》，他家裏也有一本，和現在使用的禮拜儀式相較，"大同小異，不過現在簡化多了。"

　　在巴色差會檔案庫裏收藏的這本書的原版，為差會在廣東客家地區活動留下濃重的印跡。

　　4

　　再回到地下檔案庫時，萊茵說，你或者會對一份特別文獻感興趣。

　　她把這件"寶貝"小心地從架子上端出來，轉身走到墊着灰絨的長條形工作臺前，把它放在有兩個斜面的墊子上，輕輕地打開。我俯身細看，這是一部《客語德華詞典》手稿，誕生於一個半世紀之前。

柔和的燈光照射在這部厚重的手稿上，頁面比A4紙略大一點。每頁有三欄，第一欄是漢字，毛筆工整書寫的正楷。比如"放"字，還有由"放"字組成的詞組"放下、放魚"等；第二欄是這個字和由它構成的詞組的客家話注音，如"Fong（放），fong ha（放下），fong ng（放魚）"。萊茵說，"依照這一欄，歐洲人通常就會知道如何拼讀這個字和詞的客家話發音"。第三欄是英語，對這個字或詞進行解釋。比如"放魚"，英文解釋是"to put young fish in a pond"（把小魚放進一個池塘裏）。英文字體書寫流暢、漂亮。

這部詞典由兩位傳教士韓山明和黎力基編撰。《客語德華辭典》，可視為傳教士學習漢語和客家話，以及中國文化交出的一份答卷。頁面上書寫工整的中文楷書和流暢的外文字母，流淌着他們點點積聚的心血。

韓山明和黎力基，是巴色差會派出中國最早的傳教士。兩人均是巴色差會神學院的學生，1847年同時來到中國。

萊茵輕輕地翻動這部寶貴的手稿，解釋說，據她所知，手稿開始由韓山明用客語和瑞典語編寫，因為他來自瑞典。1854年韓山明不幸英年早逝，手稿由黎力基繼續編寫。他改用客語和英語編寫這部字典，顯然希望它對其他傳教士也有用，因為當時在該地區也有其他差會的英國和美國傳教士。

　　韓山明的名字一度湮沒在歷史的煙塵之中。據曾擔任香港崇真會副會長的曾福全回憶，韓山明雖然是巴色差會開拓中國客家地區傳教的先驅，"但由於他在1847年3月19日抵港至1854年5月12日離世，在港時間不足七年兩個月，所以有關他的生平介紹記載不多"，以至"被人遺忘了差不多半個世紀"。

　　2004年，曾福全的好友在網上偶然見到瑞典學者史達萊（Hermann Schlyter）1952年用瑞典語出版的《韓山明：瑞典第一個到中國的傳教士》。他當即購入並贈予曾福全。曾福全獲贈此書後，請友人由瑞典語譯為英語，再由英語譯為漢語，並在2008年12月出版。此時，"消失了半個世紀"的韓山明才重新回到人們的視野之中。

　　曾福全繼續關注韓山明歷史資料的發掘。1854年韓山明在香港去世後，次年他的妻子携兩個年幼的兒子黯然回國。長子在漫長的航程中去世，抵達瑞典的家後，幼子也染病死亡。不久，時年33歲的她也撒手人寰，有關韓山明的信息綫索也就此中斷。

　　2011年，一個消息忽然而至，有人找到"韓氏後人"——韓山明哥哥的曾孫埃里克(Erik Hamberg)和伊瓦爾(Ivar Hamberg)在瑞典的綫索。抱着一綫希望，曾福全馬上前往斯德哥爾摩拜訪。此行他不但找到了韓山明的故居，讓他驚喜的是，韓山明當年寄回瑞典的所有信件，居然都留存下來了。其中一封，是韓山明的妻子在他離世後寫回家的信件，"這封信澄清了之前記載韓牧師的死因"，因痢疾而非心臟病離世。

　　關於黎力基牧師更詳儘的歷史，也在曾福全尋找的記事之中。2004年，他獲德國友人贈予瑞士歷史學者施拉德著作的《黎力基傳》。次年，他趁巴色差會前會長施民澤博士（Dr. Wolfgang Schmidt）從瑞士來港訪問之機，請他義務將這本用古德文寫作的著作翻譯為英語。其後，再翻譯成漢語出版[10]。

2006年，曾福全到德國尋找黎力基的資料。在友人的幫助下，他們來到黎力基退休的科恩韋斯特海姆（Kornwestheim），終於在當地聖馬丁教會外牆上發現了一塊刻有"巴色差會往中國宣教先鋒黎力基宣教士"的石碑。然而，當地牧師們對石碑上這個"黎力基"卻知之甚少。

2010年，為了幫助德國教會的牧師了解黎力基，曾福全帶領聖馬丁教會的牧師、執事眾人，到黎力基曾經工作過的梅縣、樟村和老隆等地方考察，由此喚起了他們對這位先驅者的關注。2012年7月12日，當地教會和香港崇真會等機構聯合豎立了黎力基的"永久紀念碑"，並舉辦了隆重揭幕儀式。

有了史萊達和施拉德的著作，人們對韓山明和黎力基這兩位傳道先驅和《客語德華詞典》編撰者才有了更為詳的認識。

韓山明1844年加入巴色差會，是瑞典第一位前往中國的傳教士。他於1847年到達中國，是在客家地區傳教的開拓者之一。從學術角度看，他是第一位對客家族群以及客家方言做了嚴謹研究的西方人。他對中國人（客家人）的生活習俗有深入的研究和見解，對

10　[瑞]施拉德（Wilhem Schlater）：《曠野—孤雁：黎力基傳》（周天和譯），香港崇真會出版，2012.8。

中國的語言，特別是客家方言也有極深的研究。在語言學領域，他的著作十分重要且影響廣泛。

韓山明認為，做傳教士工作一個必不或缺的先決條件，是必須能自如地用當地語言講道。

他在華的經歷和研究，大大豐富了他對這個陌生國度的了解和理解。他寫過其他介紹中國的著作，是中國文化在西方最早的傳播者之一。他在香港時曾遇見過洪秀全的族弟洪仁玕[11]，收集和掌握了太平天國的許多重要信息。1854年他用英語寫作過一本介紹太平天國運動的著作《太平天國起義記》（*Visions of Hung-Siu-Tsuen Origin of the Kwang-si Insurrection*），在香港和倫敦出版。[12]

黎力基和韓山明一起前往中國。他先到潮汕地區傳教，努力學習漢語和當地福佬話（潮汕話）。後來又到客家地區和韓山明一起工作，並發現兩種地方言雖然發音不同，但都採用同一文字，所以，他在客家地區就不必重新學習漢字，而祇需要學習客家話的發音就可以了，學習難度自然減輕。他高興地發現，客家話比福佬話更容易學。

由於巴色差會經濟拮据，《客語德華詞典》直到1905年才正式

---

11 洪仁玕（1822-1864），廣東花縣人（今廣州花都區），太平天國天王洪秀全族弟。洪族是康熙年間自嘉應遷至花縣官祿埗的客家人。洪仁玕1852年到香港，由韓山明於1853年10月施洗入教，曾任傳教士助理，後以巴色差會派遣形式在倫敦布道會任傳教士至1858年秋。1859年4月到達天京（即南京），獲封為軍師、干王，一度總理朝政。著有《資政新篇》，成為天國後期的政治綱領和珍貴典籍。1864年在江西為清軍捕殺。

12 [瑞]史萊達：《韓山明：瑞典第一位前往中國的宣教士》，香港崇真會，2008.12。

印刷出版。[13]

　　傳教士意識到，傳教的基礎，是對他者語言和文化的理解，而學習語言，則必須有一種工具，這就是詞典。

　　韓山明和黎力基打下根基的《客語德華詞典》，無疑是這一認識的產物。它的出版給巴色差會進入客家地區的傳教士開啓了學習漢語和客家話的方便之門。詞典中的詞匯，與客家人的日常生活密切相關，是客家文化和風俗的載體。

　　由此看來，文明與文化的交流在許多情況下是雙向的。西方傳教士在學習中國文字和文化的過程中，將中國文化介紹到西方的活動也就同時產生。

　　張豫紅的研究發現，明清時期，有關詞典和譯介傳到歐洲後，對當時歐洲的社會生活和思想文化也產生過深刻的影響。[14]

　　1583至1588年間，傳教士羅明堅和利瑪竇使用羅馬字母拼音方案，合編了一部《葡漢辭典》，這是世界上第一部歐漢雙語詞典。傳教士在中國不僅學習書面語言，而且開始注重口語，關注漢語在生活中的實用性。1905年出版的韓山明、黎力基的《客語德華詞典》，又將漢語的研究，集中到漢語的一個分支——客家話上。

　　張豫紅認為，漢語學習是促進漢學研究的基礎。"傳教士們的漢語研究成果大部分傳回到歐洲，這一方面使歐洲人在對漢字了解和認識的基礎上，能夠迅速地學會和掌握中文，另一方面奠定了歐洲漢學

13　[瑞]施拉德：《曠野一孤雁：黎力基傳》，香港崇真會，2012.8。
14　張豫紅：《明清時期傳教士與中國文化在歐洲的傳播》，《中州學刊》2017年第6期。

研究的基礎，對歐洲整個語言學的發展趨勢產生重大的影響。"

5

隱藏在檔案庫的有些德語文獻，難以"破譯"。

從巴塞爾帶回來的資料中，有4頁德語文件，連德語為母語的朋友也無法讀懂。我頗感意外。

從形式上看，這是兩封信，書法流暢優美，字母帶着尖銳的轉角，不像通常所見的"拉丁體"。信上那些跳動的字母，就像相隔遙遠的小孤島，一時難以辨認。

信上唯一的蛛絲馬跡，是阿拉伯數字和發信地點。一封寫於1928年1月24日，發自嘉應（梅縣）；另一封寫於1929年1月27日，發自梅林。儘管我能認出"豪天立"的德語簽名，但信寫給誰、關於什麼，卻一點頭緒也沒有。

是不是類似中國的"草書"？現代中國人如果沒有專門研習過，讀不懂草書也不奇怪。

我請漢堡的德國朋友安東和伊琳娜幫忙，一對四十歲上下的夫婦。

出乎意料，他們也不懂，"這種手寫體早已不用了，也許我們可以請教一下長輩？他們或者可以讀懂。"他們說，信中書寫用的是德國早年使用過的一種"薩特林"（Sütterlin）手寫體。

在德語文字的書寫史上，薩特林字體正式使用祇有短短30餘年。它在1911年由普魯士文化部委托德國圖形設計師路德維希·薩特林（Ludwig Sütterlin，1865-1917）設計，屬於德語“哥德體”中的一種。薩特林字體華麗、裝飾性強，寬曲綫和尖銳的轉角是它的主要特點，如哥德建築的尖頂。1915 年，這種字體成為所有普魯士學校統一使用的標準字體，所以，在那個年代，包括二戰早期的歷史文件，私人信函，大量使用的是這種字體。但“薩特林”曇花一現，1941 年即被宣布廢除，由拉丁體取代。據説當年歌德、格林兄弟等文人學士也不認同這種書寫體。格林兄弟表示，別的國家都使用拉丁體，我們還用這麼複雜的哥德體，“還有誰看得懂你的童話故事呢？”[15]

由此，薩特林終被放棄，而拉丁體最終成為日常書寫的字體，直到今天。但哥德體（包括薩特林和更為典型的花體）作為一種裝飾性很強的字體，則尚可見諸報紙版頭或老酒館的招牌，用以寄托着某種懷舊的情懷。

這種字體在使用期間，通常也祇用於手寫文件，就像我手頭的這兩封信。那個年代的人因為學習和使用這種字體，他們留下的信件，以致現在的郵遞員，還有老一輩人的子孫——如我的朋友安東——都難以讀懂。如果要進一步讀取某些舊的家庭文件、日記，宗教或官方文本，現代德國人也會一籌莫展，就更不用説外國人了。[16]

同是德語，卻因為書寫字體不同，成為前後兩代人閱讀和溝通的一道屏障。有意思的是，由此卻誕生了一門技藝，一個專業。

瑪格麗特·裏兹科夫斯基（Margarete Ritzkowsky）就是以此為

15　見de.hujiang.com。

16　Jonathan Bocek：What is Sütterlin Script（什麼是薩特林書寫體），www.dererstezug.com。

業的。她出生於離德國漢堡不遠的威廉港，在慕尼黑大學取得文學碩士學位，有歷史學、中世紀拉丁哲學和古文字學教育背景。她已經有 15 年和古文字打交道的經驗，為大學、歷史研究機構、博物館以及出版商工作，也有多達 20 多個國家的私人客戶向她求助，幫助他們"轉錄"薩特林書寫的文本（包括信件、日記和文件等）。她特別說明，這項工作不是"翻譯"，因為同是德語，衹是書寫方式的不同，所以稱為"轉錄"，將老德文轉錄為現代標準德語。

安東為我另闢蹊徑，他找到康斯坦茨的一個志願者，克里斯汀·哈爾（Christine Hähl），她和工作室的同事為需要處理這類文件的人提供免費服務。

豪天立這兩封像密電碼一樣的信件，從寫信的時間和地點推測，是寫給他父母的家信。而"破譯"的結果，卻是寫給巴色差會神學院的老師威斯曼牧師的，所以會保存在檔案館的資料庫裏。

豪俊和說，他父母和祖父母那一輩人，所有的通信都用薩特林書寫。但如果用英語寫信，他們就會使用拉丁體。他本人小時候在梅縣，在傳教士辦的德國小學裏，從三年級 9 歲開始就學習薩特林，所以他可以讀懂父母的信件和日記。

他記得，樂育中學的學生在學習德語時沒有學習薩特林，他們的英語課和德語課，衹學習拉丁書寫。

檔案館的萊茵雖然是戰後出生的，但卻可以讀薩特林手寫體。因為從事檔案研究，她專門學習過這種字體，以處理大量用這種字體書寫的歷史檔案。她把薩特林字體書寫但有價值的歷史文件，用標準德語重新錄入電腦，使之成為規範的電腦文檔，供現代人閱讀。

6

　　巴色差會檔案館的歷史文獻，那些關於中國（客家）的歷史記錄，無論對中國還是西方學者，都有重要的文化和學術價值。

　　在查閱豪天立留下的文字回憶和相關資料時，一個名字不時出現，“Gotthilf Kilpper”。這個名字一直和漢語和客家話的教學和傳播有着某種關聯。

　　豪俊和曾電郵兩份“巴色差會來華傳教士”名單。第一份字跡模糊，是一份有些年頭的文件。文件分三欄，第一欄是德語名，用打字機打出；第二欄是漢語名，是手寫漢字；第三欄是他們在中國的年份。第二份文件是電腦版名單，估計是第一份文件的修正版。他讓我對照兩份文件，核對和修正其中中文名字的書寫。

　　我翻出這份名單，找到了“Gotthilf Kilpper”，他的中文名叫“經提福”。

　　其實，我和“Kilpper”是老相識了。在多張老照片上，他一直在那裏。豪天立一行 1926 年在德國費爾巴赫學習中文時，老師正是“Kilpper”。他們背後的黑板上是一條中文寫的客家諺語“六十六，學不足”。1927 年 1 月在香港，“Kilpper”再次出現，豪天立在筆記寫道，“到達香港後，我們一行六個學生立即開始學習中文，由 Kilpper 授課，從早上 9 點到 10 點。”老師站在學生後面，背景是巨幅的中華地圖。以至後來在梅縣所拍的其他老照片上，我一眼就可以認出 Kilpper 先生。他一身西服，潔白襯衣，黑領帶，中等身材，微胖，圓臉，留着小鬍子，鼻樑上架着一副眼鏡。

在巴色差會檔案中，我再次與"經提福"相遇。一張估計在梅縣拍的照片顯示，戴着深色寬邊禮帽的經提福和夫人一前一後，饒有興致地和一個在街上擺攤賣甜品的客家小販愉快交談，後者正遞給他一碗甜品，身邊圍了一群看熱鬧的小孩，時值冬季，孩子們都穿着棉衣，背景是一處客家大宅。這張看上去即興拍下的照片，還原了生活的原態。能夠自然地和小販交流，經提福對客家話熟悉想必有相當程度。

隨着對這位"隱士"面龐的熟悉，我在巴色差會那一時期更多的照片上，都發現了他。

或者可以推斷，經提福是來華傳教士的一位最重要的中文和客家話老師。巴色差會給他的主要任務，是專門突破客家話的研究和應用，編寫相關的客語教材，研究教學方法，以幫助其他傳教士迅速攻克語言關。他是通向客家世界這個大門的一把鑰匙。

檔案館資料顯示，經提福 1884 年 8 月 27 日出生於巴登－符滕堡州的魏薩（Weissach），1904 年加入巴色差會，1910 年受委派來華傳教，1911 年到李朗（今深圳寶安地區）服務，1912 年後到達東江流域，直到 1938 年才離開中國，前後長達 27 年。

為了幫助歐洲人學習客家話，經提福編撰了《客語讀本》等系列教材。1936 年 3 月，他在《客語讀本》的德語前言中特別提到，"客家人講自己的語言，但沒有自己的文字，因此，外國人在學習客家話時倍感困難。對此，不同時期的傳教士都有強烈的感受。為彌補這一不足，編寫相關的教材作為學習工具在所必行。其任務是儘可能在學習客家話的遣詞造句中，採用廣泛的詞彙。"

"這並不容易"，他說，教材編寫得到了許多中國同事的幫助。在中國的 25 年時間裏，他和中國同事閱讀材料、收集和編輯相關資料，為客語教材編寫積累了大量素材。協助過他的華人同事名單有一長串，其中古恩倫和何樹德在"將書稿從德語或漢語'翻譯'成客家話，做出了最重要的貢獻。"[17]

在豪俊和的書房，翻開當年他父親在梅縣使用的《客話讀本》（*Hakka-Lesebuch*）的第一冊。隨意翻到第 29 課："責任心"：

世上介事有成就或無成就，都係在乎人有責任心或無責任心。如果有責任心，容易做介事，自然做得成就；就係難做介事，也可以做得成就。如果無責任心，難做介事固然做唔成就；就系容易做介事，也會做唔成就。

《客家讀本》近年成了中國學者的研究對像。石佩璇在一項關於客語方言史的研究中，發現了經提福更多的"秘密"。

她認為，經提福是當時一位重要的客話讀本編撰者，由他編撰的文本至少有以下多種：

1、漢字本《客話讀本》（*Hakka Lesebuch*）（1–6 冊）出版於 1929–1930 年間。全書 1027 頁，第一冊有經提福所寫的德語序言，證明了他就是這套讀本的編者。

17　[德]經提福（Gotthilf Kilpper，1884–1956）：《客語讀本》第一冊前言，1936.3.存巴色差會檔案館。

2、漢字本《醫界客話讀本》（*Medizinisches Hakka Lesebuch*），共 1 冊 19 篇課文。由"梅縣德濟醫院編"，1931 年 6 月出版。由經褆福和露潤黎（時任德濟醫院醫生和院長）合編。

3、羅馬字本《羅馬字客話讀本》（*Hakka-Lesebuch Ubertragung in romanisierte Schrift*），1 冊 100 篇課文，全書均為羅馬字。撰寫時間 1932 年 10 月。課文題目與內容與 1929 年版《客話讀本》第一冊相同，是羅馬字對照本。

4、漢字本《客話讀本》（*Hakka Lesebuch*）（1-8 冊），1936 年出版，地點老隆，全書八冊共 840 篇課文 1956 頁，內容比 1929-1930 年版的《客話讀本》大將近一倍。

5、《客話讀本注解》（*Anmerkungen zum Hakka-Lesebuch No. 1-262*），詞彙集，共錄 262 個詞條的釋義，功能上等同於一部"客德對照詞典"，應該是《客話讀本》系列課本的字、詞解釋總表。

經褆福 1910 年來中國後，一方面在學校裏教書，但更主要的精力放在研究中文和客家話，編寫通俗易懂的客話教材。1911 年，他出版了《新約》客話聖經等讀本。

石佩璇認為，這些文本，已經成為研究客語方言史的重要文獻。"《客話讀本》系列教材反映百年前以梅縣、五華為代表的梅江、東江流域客話情況，語文面貌有別於反映以香港新界為代表的珠三角地區客話的巴色差會文獻《啓蒙淺學》，具有獨特的研究價值。"

"利用傳教士文獻進行漢語方言研究是目前方言學界的新領

域"。研究者不但有中國學者，而且還包括著有《客家話基礎語匯集》的日本中國語言學家橋本萬太郎等人。[18]

2019 年 6 月，和豪俊和再次會面時，他送我一本由經提福編寫的客語讀本《俗話》。這是一本窄長型綫裝書，封面用褐色牛皮紙裝訂，毛筆書寫 "俗話" 兩個楷體大字。首頁編者序言為德語，標題是 "五十個客家俗語注釋"（FUENFZIG SPRICHWOERTER MIT ERKLAERUNGEN）。每一個俗語，如 "學無老少，達者為師"、"幼不學，老何為"、"書到用時方覺少，船到中流補漏遲" 等，先有漢字書寫，再是羅馬字客話讀音，並加德語注釋。顯然，這是供德語讀者學習客家話用的工具書。

有學者說，19 世紀的漢學首先是由傳教士和新聞記者推動的，他們雖然沒有更多的文獻研究，也未必有什麼理論框架，但他們對自己親身經歷的記錄和積累，為日後的漢學研究留下了大量重要的素材。巴色差會著重在廣東客家地區傳教，前後長達一個多世紀，許多珍貴的漢語文獻為客家學等多學科研究提供了重要的基礎文本和資料。

7

近年，由傳教士後人整理先輩留下的記錄，也在豐富巴色差會檔案館的庫存。

18　石佩璇：《客家讀本》系列教材與巴色會客話文獻的地域差別，《文化遺產》雜誌2016年第2期。

他們最近收藏的《中國、阿爾薩斯和大溪地的宣教之旅》[19]一書，是 2022 年才出版的。書中記錄了傳教士柏恩明[20]夫婦與客家的一生情緣。作者是他們在梅縣出生的兒子加布里埃爾·巴赫（Gabriel Bach），美國德克薩斯大學達拉斯分校的名譽教授。

作者稱這本書是"一位法國阿爾薩斯紳士和一位瑞士女士"的傳記。柏恩明是法國人，出生於斯特拉斯堡，巴色差會傳教士，1936 年派出中國，時年 26 歲。母親計望嘉[21]是瑞士人，他們 1940 年在香港結婚。作為傳教士的一生，柏恩明經歷頗為傳奇，幾乎都與客家人有關。剛到中國時，1936-1942 年，他和豪天立一前一後在五華縣梅林傳教站工作。從中國返回法國後，先在阿爾薩斯傳教，到 1960 年代，法屬波利尼西亞大溪地[22]的客家教會到訪阿爾薩斯，發現這個法國牧師可以講客家話，頗為意外，於是柏恩明到了大溪地，又回客家人中間。

作者和姐姐都在梅縣德濟醫院出生。作為傳教士的第二代，他倆在多種文化環境中長大。加布里埃爾 1945 年出生，隨父母回國後，在法國阿爾薩斯的一個小鎮長大，後來又到了大溪地。他在法國斯特拉斯堡大學獲得法律學位，在美國新奧爾良杜蘭大學學習政治學。他的學業關注與成長環境密切相關，碩士論文是《孫

---

19 [美] Gabriel GF Bach：Missionary Journeys：To China, Alsace and Tahiti（中國、阿爾薩斯和大溪地的宣教之旅），Gatekeeper Press, 2022。

20 柏恩明（Emil Bach，1910-1964），男，法國籍，在華時間1936.10-1947.3。

21 計望嘉（Monika Bach-Gelzer，1918-2004），女，瑞士籍，在華時間1940.1-1947.3。

22 大溪地（塔希堤，Tahiti）是南太平洋諸島中最多華人移居的地方(2007年統計全島人口17萬，華人約占3%，大部分是操客家話的華僑)，早在百多年前已有華人以勞工身份移居大溪地。

中山的政治思想》，他在杜蘭大學的博士論文《歷史、語言和環境對兩個法國邊境地區市長決策的影響》。

這本書既記錄了他父母的一生，也可以視為一本研究性著作。它描述了父母如何在不同地方，與當地人接觸，融洽彼此關係；如何在從一個大陸到另一個大陸的旅程中，適應新的文化、語言和習俗。書中還記錄了二戰期間，當中國與歐洲之間通信中斷後，如何應對艱難環境，做出重要決定。

書中收入 1939 年 4 月 20 日柏恩明發回歐洲的一張明信片，上面簡要地記錄了他在梅林的生活，"我們訪問一個客家朋友的家，在涼爽的門樓裏和他的家人會面。從這裏看出去，我們可以欣賞到種着松樹的山崗，景色美麗，就像瑞士阿爾卑斯山或阿爾薩斯的孚日山脉一樣。之後，我們繼續參觀這個美麗山區的另一個社區，這裏有我看過的最好的鄉村風景之一。"

作者現在生活在德克薩斯，但他別出心裁地選了一張當年在梅林拍的黑白老照片作為書的封面。畫面上是客家鄉村的尋常景物，小河，河面上由木條搭就的窄小木橋，一個打着傘的歐洲女士的背影——據說正是作者母親——正小心地在上面走過。遠去國度的真實背景和人物，渲染出一絲淡淡的"鄉愁"。

作者希望，這本書能填補了那個時代關於"中國（客家）事件、阿爾薩斯事工和大溪地客家神學衝突的空白"。

瑪格德琳（Magdalene Jensen）忽然覺得手上這本黑皮本子沉甸甸起來。

她記得，19 年前她就見過這個本子。那是 1968 年，95 歲的祖父蘇慕良 [23] 在德國巴德赫斯菲爾德辭世，整理遺物時，在中國帶回來的如絲綢卷軸等老物件中，無意中翻出這本塵封的黑皮本。本子上"密密麻麻的小字，在眼前跳舞"，這是祖父親筆留下的回憶錄，不過，"那時我匆匆一眼，並未放在心上"。

黑皮本就這樣安靜地沉睡了近 20 年。1987 年，哥哥認為應該為祖父的回憶錄做一份抄本保存，畢竟前後跨越時光近百年，是家族難得的記憶。於是這本厚厚的黑皮本再次來到瑪格德琳手上。她相信，這一定是一部虔誠的宗教作品——畢竟祖父是施瓦本的虔信派、巴色差會傳教士，1902–1922 年到中國客家地區傳教，前後 20 年。期間，他還擔任過一所學校——古竹樂育中學的校長。

當她打開本子讀下去的時候，驚訝地發現，"除了詳細描寫他的傳教工作和反思外，他還饒有興致地了記錄了許多中國的風土人情，以及他對中國時局變革的觀察和見解。通過他細膩的文字，一幅百年前中國的圖景躍然紙上。"

在瑪格德琳眼中，晚年祖父一頭白髮，白鬚修得整齊得體。瑪格德琳從小聽爺爺講他在中國的故事，他比比劃劃，神采飛揚，眼睛時常閃過一絲狡黠，帶着幾分施瓦本式的頑皮和趣味，常給瑪格德琳和家人帶來會心的笑聲。"總的來說，字裏行間描繪了一個對自己的使命深信不疑的人，但也免不了偶爾表現出當時西

23　蘇慕良(Friedrich Schmoll，1873–1968)，男，德國籍，在華時間1902.10.1–1922.7.4。

方人典型的傲慢。"

這些記錄是祖父一生的積累，特別是——她一直不知道，他已經把這些經歷都記錄在這本黑皮本子上。

瑪格德琳的丈夫彼得・詹森 (Peter Jensen) 是出版商，他認為這部回憶錄已經遠遠超出了家族史的範疇，具有歷史和文化的價值，特別是它關於中國和客家社會那個逝去年代的記錄，也必然在很大程度上具有文獻的意義。瑪格德琳感到了這個黑皮本子的份量，她拂去本子面上的灰塵，開始認真編輯整理。她還讓丈夫到巴色差會檔案館去尋求幫助，為這本書搜集當年客家地區的照片。

這本書凝聚了全家人的熱情。母親多拉 (Dora Eisenberg) 是眾多在梅縣地區出生的傳教士子女之一，她對"第二故鄉"也充滿了感情，她講述的出生地的故事，也從側面印證了祖父的記錄。特別出彩的是，書中採用了祖母艾瑪[24]當年留下的許多生動素描作品。艾瑪是個護士，1908 年和蘇慕良在香港結婚，之後隨丈夫一起回梅縣，直到 1922 年返回德國。在梅縣期間，她畫下了許多寫生素描，畫作大大地豐富了書的內容，讓讀者對文本描寫的場景有了更為直觀的感受。

三年後，圖書終告誕生。封面是一幅素描，想必是祖母艾瑪留下的作品之一，梅江邊的松口，岸邊矗立的元魁塔，揚帆行駛的小船。他們甚至給未來中文版起了一個書名《兆頭: 客家傳教 20 載——

24　艾瑪（(Emma Schmoll-Wirth，1869–1942)，女，護士，德國籍，在華時間1905.10.25–1922.7.4。

蘇慕良自傳》。[25]

　　還有更多傳教士將自己一生，特別是在中國客家地區的工作和
生活經歷寫入自傳和回憶錄。樂育中學第五任校長萬保全至少寫了
《我的人生和使命》（*Mein Leben und die Mission*）等三本書，記錄
他在中國的經歷和觀察，以及個人感悟。這本德文書的封面設計，
與蘇慕良自傳異曲同工，也是一艘帆船在河道上穿流而過，背景也
是那座松口山坡上的高塔，雖然兩者的風格完全不一樣，但他們心
中對客家大地的第一印像以及由此而形成的意像，竟如此相似。

　　我在黃塘醫院院史室裏看到的德濟醫院創辦者韋嵩山回憶錄的
部分手稿。他似乎並不打算公開出版這部手稿，回憶錄稱《我的生
平回憶──為我的孩子們而作》，感覺是為了留給後輩一份記憶和
交待。但手稿在他去世多年後，由在柏林的外孫整理出來，並將其
中關於中國的內容複印件贈給黃塘醫院做紀念。對醫院來説，其中
關於 1896 年他在嘉應（梅縣）籌辦醫院的前後經歷，無疑是一份
難得的歷史文獻。

　　巴色差會檔案館的萊茵女士告訴我，相當部分到過梅縣客家地
區的傳教士在結束使命回國後，都留下了相應的記錄和文字，有
些正式出版了，有些則還以手稿的方式存在。如勞愛的《傳教士
和牧師 GOTTLIEB LAUK 的生平》(Der Lebensweg des Missionar und

25　[德]蘇慕良：《兆頭：客家傳教20載──蘇慕良自傳》（ *Wetterleuchten：Als Missionar in
China von 1902 bis 1922* ），此節引文見該書瑪格德琳的"譯序"和"原出版序"。嘉應學院客
家研究院肖文評提供。

Seelsorgers GOTTLIEB LAUK)；威重謨的《傳教士威廉·韋克姆和妻子露絲的中國日記和信件（1932–1950）》（Der Ruf nach China Tagebuecher und Briefe aus China von Missionar Wilhelm Weickum und seiner Frau Ruth 1932–1950）等。

也許更多的像蘇慕良那樣，馬恩露、豪天立、易定恩、谷素梅，也包括經褆福等，他們在本子上寫下回憶錄，由後人負責打字整理，然後等待某一天後輩或他人的發現，精心保存或公開出版。

巴色差會檔案館資料架上的這一本本陳年舊錄，圖書、報告、書信、照片和繪畫，以及各類文件，保留着客家地區近兩個世紀以來發生過的人物、事件，等待着與未來的對話。它們的存在，曾經讓歐洲人對遙遠的土地和人民產生認識，拉近了彼此之間距離。今天看，這些"檔案館裏的客家"，自成系統，並且無意之中，進入某種"世界性的語境"之中（史景遷語）。這些"他者"眼睛中的客家，如瑪格德琳在蘇慕良自傳"譯序"中說，"為讀者提供一個觀察清末民初中國的第三視角，感受一世紀以來中國的巨大變化。"

18　樂育：得天下英才而育之

> 君子有三樂，……父母俱存，兄弟無
> 故，一樂也。仰不愧於天，俯不怍於人，
> 二樂也。得天下英才而教育之，三樂也。[1]

1

梅州，黃塘。梅州市樂育中學。

校園裏有三幢精心保留的老建築，是歷屆中外校友回校後最能激活當年記憶的所在，也讓外來人讀出其與眾不同的歷史。

它們是高超樓、明露亭和保全橋，分別紀念三位前任校長，德國藉的凌高超、湛明露[2]和瑞士藉的萬保全。

高超樓，兩層小樓，黛瓦灰牆，綠色琉璃屋檐，整幢建築像一個張開的懷抱。樓前正對一棵160多年的細葉榕，粗大樹乾盤根錯節，根深而葉茂，見證着這所百年老校的變遷。在偌大的校園裏，

1　見《孟子・盡心章句上・第二十節》。

2　湛明露（Julius Zimmer, 1907-1913），男，德國籍，在華時間1904.11-1914.3；1920.12-1927.3。

小樓偏於一隅，是唯一被保留下來的早期樓房。

　　小樓外牆立面上方，紅色"高超樓"三字高懸。凌高超是學校的奠基者之一，第二任校長。走進樓內廊道，沿窄小樓梯上樓，懷舊之情撲面而來。轉入二樓背面陽臺，樓外綠樹環抱，濃蔭蔽日，安靜清爽。

　　近年，學校日新月異，一棟棟新樓拔地而起，但校長和校務辦公則仍擠在這幢略顯謙卑的小樓裏，彷彿是對"樂育"傳統的某種傳承。

　　牛津、劍橋，哈佛、耶魯，甚至西點軍校的校園，一棟棟百年老建築，仿如學校的無聲宣言，透着學校與學術的尊嚴與驕傲。

　　上世紀60年代筆者在廣州就讀的一所中學，最早可以追溯到1901年晚清時期的一個"書社"，其後的"公學會"。1905年，廢科舉制，學堂開學，是廣州市歷史最悠久的學校之一。我入讀時校舍是立在小山崗上的一棟棟紅磚小樓，樓外大樹參天，校園對面一路之隔，是古榕森森的海幢古寺，暮鼓晨鐘，其書卷之氣，恰似哈佛校園所見的那些紅磚小樓。可惜，近年取而代之的，是一棟棟粉紅馬塞克貼面的新樓，校舍使用面積固然擴大，但百年校園原來的典雅與學究之氣卻隨之蕩然無存。

　　樂育中學的高超樓，在馬塞克外牆貼面成為校園建築標配的年代，保留了歷史賦予的個性與尊嚴。這幢不事張揚的老樓歷經風雨，寵辱不驚，坦然面對開闊的校園。人們也許會問，它曾影響過多少學子的一生？

梅州市樂育中學高超樓。（梅州，2016，楊和平攝影）

在這棟老樓裏，先後拜會過前任校長黃小眉和繼任梁立新。

高個子的梁立新，其時剛走馬上任。他告訴我他本人曾在樂育小學讀書。談到所在的這棟小樓，他説正在考慮，等有了新的辦公地方，是否把它改建成校史博物館，以回顧學校悠久的演化歷史。

我們或坐在二樓會客室的沙發上喝茶敘事，或在後面的陽臺談話，享受樓外滿眼綠意帶來的清涼，感受這幢老建築從遠處飄來的回音。

2

1905年，清光緒三十一年，清政府正式下令廢除科舉制，新學在全國興起，其中包括由西方教會創辦的大學和中學，開始了現代教育與傳統教育的碰撞與改革。

處於中國教育這一歷史拐點上，客家山區也算躬逢其盛。

如果追根溯源，梅縣樂育中學起步還略早幾年，始於清光緒二十八年（1902年），為中外合作的“務本中西學堂”。

創辦人包括瑞士巴色差會傳教士馬謨鼎、凌高超以及當地賢達黃慕羅、吳翰藻等人。

馬謨鼎是德國人，1888年加入巴色差會，1894年至1912年派出中國。凌高超也是德國人，1887年從德國的普福樂茨海姆來到巴塞爾，加入巴色差會，1900–1908年派出中國。

兩位客家合作者均為晚清秀才，是興學重教的熱心人士。黃慕羅是梅縣攀桂坊人，出身書香世家，16歲參加嘉應州院試中秀才。曾任梅縣廣益中學副校長，1924年更創辦嘉應大學並出任校長。吳翰藻是梅縣水南堡人，23歲中秀才。兩人與巴色差會兩位教士關於創辦新學之事，一拍即合。

此事，其實合作雙方都考慮已久。據巴色差會檔案館藏的一份報告顯示，嘉應州（梅縣）傳教站德籍醫生韋嵩山博士和屈能伸教士曾向總部提出書面報告，提議在嘉應州創辦學校。韋嵩山其時正在嘉應州辦醫院。1902年3月3日，時在嘉應州的馬謨鼎看到並讚成這個提議，隨即着手進行可行性探討。他和當地社會賢達和官員接觸，得到反饋是，當地人對西方的知識極感興趣，認為創辦新學是未來教育發展的方向。馬謨鼎隨即訪問一位有影響力的地方官員，遊說祇要找到足夠學生和場地，就可以開辦學校。該官員甚為高興，答應給予支持（據說事後並未能提供實質性幫助）。

韋嵩山還記得，那天，城裏兩位"教師"專程來黃塘，向教士們提出聯合辦"西式學校"的動議，"動員我們加入"。並說他們已經初選了當地的一個宗祠，作為校址。這兩位"教師"，就是上文提到的黃慕羅和吳翰藻。這次會面雙方形成共識："居今日之中國而言，救亡非興教育，其道未由"，"祇靠背誦四書五經並以此考試的舊教育方式，已經不能在新時期帶領着國家和民族向前走了。"

詳細討論後，他們把達成的若干共識記錄於案，內容包括：

"學校擬於1903年2月27日開學；雙方共同制定課目及上課時間表；學生學費每年每人20美元，入學時先交一半，主要用於校舍租金（其時已租一城内祠堂作為初用），聘任教師和一名管理員的支出，購置書藉、地圖、物理儀器，以及體操等相關設備；其餘的資金則作為建立一個圖書館和可能的建設基金使用。

"學生必須承諾在指定時間準時上課並遵守學校紀律。每年有兩個假期，學生通過考試並對優秀學生進行獎勵……"等等。

方案擬定後，黃慕羅和吳翰藻積極在嘉應當地推廣這所中外合作的新學校。馬謨鼎和凌高超兩位傳教士也滿懷熱情地投入到這件事情當中。很快，報名學生達36名，主要來自當地的家庭，他們注冊並支付學費。因教師和教室所限，不得不停止接收後來報名者。

嘉應州青少年的熱烈響應，被辦學者視為"時代和社會發展的標誌"。馬謨鼎和韋嵩山見形勢不錯，再次向巴塞爾差會委員會建議，"如學校保持良好運作，明年新學年開始後，劃分班級。1905

年開始，學校正式開辦高中。"

建議還說，如可行，則需提前考慮校舍、教師等的儲備，"初期經費可能要由教會提供，以後我們希望通過募捐和學費來解決"。

關於外語教學和師資，他們初步判斷，"學生們對學習英語比較感興趣，外語教學首先應該是英語。凌高超曾在英格蘭生活過一段時間，可以擔任教學。""一年後，學生們才會接觸到德語。"[3]

學校開辦，馬謨鼎為首任校長。所謂校長，其實既管理學校，也親自上課。韋嵩山雖然主要工作是醫生，但也在學校擔任物理課程的教學。[4]

光緒二十九年（1903年）秋天，馬謨鼎揮筆立誌，文為《開設嘉應樂育中西學堂序》，記載嘉應州前所未有的這一盛事。

今夫人同生於天地之間，誰肯獨居人下？然苟其才其德不如人，雖欲不居人下而不得也。余本天下一家之意，愛華人如德人，目擊中國之時局，不能不重為中國憂而求所以救中國之道。

"竊謂欲救中國，必有以成中國人之才，成中國人之德而後可成才成德，捨學校其誰以哉？然所謂學校者，非中國昔時之學校也，蓋昔時中外未通，則中國之人學中國之學亦似已足，今則不然，火車輪舶梭織環球，此往彼來，千里無殊咫尺，通商互市，

3　馬謨鼎等：First report on the newly founded "School of Western Knowledge（關於新建西式學校的第一個報告），BM Archives, 1903.1.8。存巴色差會檔案館。
4　韋嵩山：《我的生平回憶》（手稿），1938。

天涯已作比鄰，此時之景像為昔日所無。則今日之學亦非昔時可
比。……

光緒二十九年季秋中浣德國教士馬謨鼎誌[5]

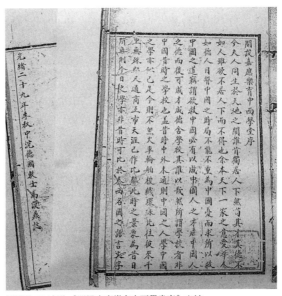

馬謨鼎1903年為《開設嘉應樂育中西學堂序》立誌。

1903年2月27日，學校正式開學。地方官員、名流到場祝賀，
場面熱鬧。雖然學生祇有36名，但校方認為這是一個好的開始。
馬謨鼎校長雄心勃勃，他的理想是要"將嘉應州打造成廣東省這
一地區的非基督教的高等教育中心"。他向總部申請，希望"撥

5　馬謨鼎：《開設嘉應樂育中西學堂序》，1903秋。

款12,000美元，用於建造一所可容納120至200名學生的學校。"[6]

　　學校初建因陋就簡，在梅城北門崗租用一處祠堂辦學。次年，學堂分為中學堂和西學堂兩部分，後者改由教會辦理，租借城內另一祠堂上課。學生有33名，其中基督徒3名。此後，學校歷經風雲變幻，最後改名為樂育中學，並搬到城西的黃塘。[7]

　　其時，中外交往日益擴大，尤其商業貿易迅速發展，對外語人才需求量激增。學校早期選擇英語，因為"英語更為實用"，但校方擔任教師的傳教士主要來自瑞士和德國，所以，"考慮傳教士的語言和有價值的德國基督教文學，學校最終選擇了德語為第一外語"，英語則成為選讀課程。[8]

　　由此，一所"中國式平民教育和歐洲辦學理念"融合的學校誕生，成為梅縣當年第一所以西方教育體系為參照、以自然科學教育為主的中學。

　　據1931年6月調查形成的《梅縣縣政周年匯刊（民國十九年至廿年）》[9]"教育概況——梅縣教育之現狀"章節中，對學校來由和現狀有一個簡要概括：

　　該校前身，是民國前八年開辦的務本學堂……教授國文、德文、數學、格致等科。不久，教會單獨負責辦理，定名樂育中西學

6　Wilhelm Schlatter：The Basel Mission in China（巴色差會在中國），第九章：學校的未來發展與外語教學問題，P72–78, Geschichte der Basler Mission 1815–1915, Basel 1916,Vol.2。

7　同上。

8　同上。

9　見《梅縣縣政周年匯刊（民國十九年至廿年）》（手抄本），梅州興梅古舊書店，2022.5。

堂。適岑春煊[10]開辦兩廣方言學堂[11]，該校也改名方言學堂，增設英語班。……後因鼠疫流行，搬至東門外，地方不夠分配，再搬到黃塘。……民國元年改名樂育中學堂，停辦英語班，兩年後改名樂育德文中學堂。

廣東教會監督德人紀氏[12]，本校校長瑞士人萬氏[13]，聯向教會請求建築新校舍，回電許可，不料霹靂一聲，歐戰爆發，不等購地建校，空懸理想，經濟津貼，亦既絕望，學校當局但求不閉門而已。

歐戰停，和會開，歐洲經濟恐慌繼起，傳道會雖然決定維持本校，仍舊不敢提及進展。萬氏托辭學子增加，無地可容，堅決請款建校，電批預備，萬氏喜極，與教會建築工程師商定圖樣。民國十年興工，十一年告成，十三年改行新學制，十四年又建禮堂一座，今日的校舍，一概是民國十四年前建造的。

自開辦至民國十四年，計辦方言學堂畢業三屆，德文中學畢業十屆。

其時學校設施，該《匯刊》記載如下：

校舍現在雙層教室一座，內分普通課室四間，特別課室一間，

10　岑春煊（1861—1933），廣西西林人，中國近代史上著名政治人物。先後創辦了山西大學堂（山西大學）、四川高等學堂等10多所新式學堂。任兩廣總督時，創設兩廣學務處，作為最高教育管理機構，先後開辦兩廣實業學堂、廣東法政學堂、鹽業學堂、農村學堂、兩廣方言學堂（外語學校）等，為廣東、廣西的近代教育規模作了重要奠基。

11　方言學堂，清末所辦外國語文學堂的通稱：京師同文館、上海廣方言館、廣州同文館、武昌自強學堂等均為方言學堂。

12　紀振綱（Heinrich Giess, 1868-1944），男，德國籍，在華時間：1893-1931。

13　萬保全，時為樂育中學第五任校長。

應接室一間，圖書室一間，物理儀器室一間，化學預備室一間，禮堂一座，兼作課室，計有課室六間，夠辦完全中學適用。雙層寄宿舍一座，有房二十九號除會食所二間、盥洗所一間，仍夠一百八十以上寄宿生居住。教員（宿舍）二座，可住教員眷屬八家以上，夫役房廚房一座，雜物房兩棟，自鑿水井兩口，洗衣碼頭一座，操場足球籃球場各一，校園八區、菜圃三區……

《匯刊》"梅縣各區中學一覽表"中顯示，1930–1931年度，學校收支平衡：

黃塘，私立樂育中學，校長張化如，有教職員廿一人，學生一百三十五人，經費歲入8350元，支出8350元。"[14]

1930年2月，學校向省教育廳"呈繳立案章表，省批派督學到查，督學一再到查，獎許有加，呈報說，該校"一切設置，可稱完備。常年經費，收支足敷維持，管教嚴密，風紀頗佳，核閱各項章則，大致亦無不合。"

"該校以德文為第一外語，與別校性質稍有不同，其高中畢業後，多習醫科……應準該校繼續辦高中普通科。現已奉教育廳明令核準立案。"[15]

14　見《梅縣縣政周年匯刊（民國十九年至廿年）》（手抄本），梅州興梅古舊書店，2022.5。匯刊顯示，文中的"元"，為上世紀30年代廣東、廣西等省區通行的本位貨幣"毫洋"，兩廣發行的紙幣，亦以毫洋的"元"為單位。

15　見《梅縣縣政周年匯刊（民國十九年至廿年）》（手抄本）。

　　據黃小眉、梁立新介紹，巴色差會傳教士在梅縣辦學，帶來了當時世界特別是瑞士和德國先進的辦學理念。其中梅縣樂育中學與眾不同之處，在於第一外語由開辦時的英語改成德語，並且長年堅持，形成特色。學校除了國文、歷史等文科科目用漢語教學外，自然、地理、化學和物理等理科課程，都用德語教學。[16]

　　也就是説，在樂育中學，德語不僅僅作為一種語言來學習，而是"直接用它來講授有關學科"，有研究者稱這是一種"典型的雙語教育體制"，"它是東西文化的對峙衝突而又相互影響融通的結果，是外來教育模式本土化的反映。"[17]

　　這種雙語制教育模式，從現實層面看，事關學生畢業後的出路問題，學生如具有相當德語水平，則可順利考上同樣以德語為主要教學語言的同濟大學醫學院、中山大學醫學院，或直接到德國讀大學，也可以就地進入德濟醫院學醫，或到學校當教師。從文化層面看，則不但涉及語言學和教育學問題，而且語言作為文化承載的基本要素，將有助於學生開闊視野，緊密與世界的聯繫（包括可為學生開啓任何一門學科的巨大文獻領域），其内蘊要更為豐富。[18]

　　那一時期，"雙語教育的開設與否，在當時是衡量一個學校教學水準的標誌之一。"[19]所以，樂育中學"雙語制"的確立，也可以看作創辦者對學校發展所設定的標準。據説，當年採用德語作

16　黃慰汕訪問黃小眉、梁立新，梅州，2017.12.3。

17　胡衞清：《普遍主義的挑戰：近代中國基督教教育研究（1877–1927）》，上海人民出版社，2000.4，P256。

18　同上，P267。

19　同上，P260。

為"雙語教育模式"的中學，全國祇有三四所，包括上海同濟大學附中和廣州中德中學。

巴色差會在客家地區所辦學有小學和中學，都以"樂育"冠名。梅縣樂育中學是其中之一。據曾在這擔任國文教師的何伯澄解釋，"樂育"出自《孟子》，"……得天下英才而教育之，三樂也。"

黃小眉介紹說，"建校初期前七任校長都是瑞士或德國人，也有不少瑞士、德國籍老師先後在樂育中學任教。學校開辦以來先後培養了5位院士，48位留學博士，還有一大批教授、工程師等專業人員，培養過原國家郵電部部長楊泰芳等10多位中央、省部級領導。"[20]

秉承着"樂善崇真，寓德務本"的辦學理念，梁立新說，樂育中學辦學到今為止是115周年，當年由於採用了新的教育體制和模式，學校形成了一種特別的教學氛圍，引起了學生學習世界先進科學技術的興趣，特別是醫學方面。許多學生嚮往成為西醫，所以後來樂育中學被稱為"醫學博士搖籃"。

蘇珊·桑格塔[21]曾在她的傳記中說過，"傳教士們的加入，帶來了教育氛圍的一種歐洲氣息，這往往是中國一流的中學和大學缺少的氣息。"在客家山區開辦的樂育中學，到底給學校帶來一種什麼的氣息？

20　黃慰汕訪問黃小眉、梁立新，梅州，2017.12.3。
21　蘇珊·桑塔格（Susan Sontag, 1933-2004），美國作家、藝術評論家。寫作領域廣泛，在文學界以敏銳的洞察力和廣博的知識著稱。

3

康有為曾批評，中國科舉制度培養出來的少數士子，其知識結構與思維方式遠遠落後於世界形勢，他們竟不知司馬遷、范仲淹為何代人，漢祖、唐宗為何朝帝，"若問以亞非之興論，歐美之政學，則張口瞪目，不知所云"。他認為迅速崛起的世界富強各國，"皆因重視教育，智慧其民而富强其國"，尤其是後起的德國和日本，都是以重視教育普及知識為推動力，有一套完整的優秀教育制度值得中國學習。在學制方面，他主張"遠法德國，近採日本，以定學制。"而學制是教育制度的規範和體式，有什麼樣的學制就培養什麼樣的人材，它就像工廠裏的模具一樣，制約着人材成長的規格。[22]

梅縣樂育中學當年的校舍和操場。（梅縣，1939年前後）

22　轉引自馬洪林：《康有為評傳》（中國思想家評傳叢書），南京大學出版社，1998.10，P89–98。

要返回百年之前的清代末年，去探視梅縣樂育中學的歷史，教學體制及相關內容，已經相當困難。

2022年夏，在梅州劍英圖書館三樓的地方文獻館，筆者找到了一份1935年的《樂中校報——中學三三、小學四四周年紀念專號（134-135期合刊）》，該刊一共四版，紅字印刷，"梅縣私立樂育中學校編輯、發行"，時間是"民國廿四年十一月廿六日"。校報夾在一份"梅縣社員土地房產證"的外皮中，雖然紙質發黃，頁面局部開裂，但基本文字仍清晰可辨：

刊中記錄了至1935年為止校方回顧的簡略歷史，文稱"中學史略"：

茲僅分四期述沿革於卜：

一、外人創辦時期——民國前八(1903)年，巴色會教士凌高超聯合梅縣紳學，創辦務本學堂於城內杜家祠，旋由教會獨辦改名樂育中西學堂，隨改為樂育方言學堂遷入黃塘。民元(1911)年改為樂育中學校，民二（1912)年以德語教授科學改為樂育德文中學。歐戰爆發，經費無着，而監督紀振綱，校長萬保全，益極力設法，請德巴色會撥款建築校舍，自民十至十四(1921-1925)年，相繼完成現校址之課室、宿舍、禮堂、教員住宅等。

二、中外合辦時期——民十四(1925)年由本國崇真會取得設立者資格，定為中外合辦，舉曾博士志民為校長，民十五(1926)革命潮流激蕩，因而內有巴色會主辦停辦、兩派，……中外合辦精神遂以破裂。

　　三、華人接辦時期——民十六(1927)年夏，巴色會宣佈停辦本校，值本國崇真會總議會於五華開例會，表採接收續辦。十七(1928)年遂呈繳校董會設立表於教廳，十八(1929)年校董會准案，改請張化如先生掌校，同年巴色會以為有補助本校之必要，復派西教職四名來校，隨因意見爭執，改為除派德文教員一人外，年助千五元，民十九（1930）年春再繳學校章程表冊呈廳請立案，廿一（1932）年七月蒙廳核准，同年秋入聘卓仲杰先生掌校，廿二（1933）年秋卓校長任中大教職辭本校職。

　　四、最近時期——廿三（1934）年春改聘現任校長鍾采盤先生掌校，圖書館落成，建同樂臺於體育場，及收買學校附近土地建築農場，增闢體育場，均告完成。現以週年人數激增，已興工建第二座學生宿舍。

　　除此之外，最早一批師生，他們進入學校，離開學校，一個世紀過去，"鐵打的營盤，流水的兵"，他們留下的資料，回憶文字，想必有過，但也湮沒在歷史的煙塵之中。

　　幸而，在廣州怡樂村一個不大的寓所中，仍有一位有心人，在晚年之際，提筆留下一份難得的史料，讓我們至少得以感受樂育中學在上世紀20-40年代的某些氣息。

　　而這位老人無疑有足夠的資歷來敘述這段歷史，因為他從小學入學開始，到後來擔任中學校長，都與"樂育"結緣。

　　他是樂育中學第十二任校長張道隆。

　　1991年3月，張道隆90歲，回顧自己一生的經歷，寫下了《九十憶舊》[23]一書。這本回憶錄由當時全國政協副主席屈武題寫封面，由"政協龍川縣文史資料研究委員會"編印，當年7月內部出版發行。估計當時衹在朋友、同事和學生的一個有限圈子中傳閱。沒料到居然在舊書網上仍可找到了這本書的線索。書中扉頁，可見他親筆寫下的"張道隆敬贈"，請某人"指正"的陳年筆跡，讓後人得以與歷史"姻緣際會"。

20世紀之初，正是中國教育從舊制向新制轉變時期。在我看來，張道隆從小學到中學，從學生到教務主任、校長的經歷，前後跨度30年，正好勾勒出"樂育"教育體制的輪廓，如同一部"樂育教育史"的注腳。

清光緒二十七年（1901年），2月28日，張道隆出生於龍川縣莊頭村。世紀之初，樂育無論小學還是中學，都接受貧窮家庭子弟入學，有教無類。其時，即便在農村，新的教育體制漸入人心。張道隆先在村子裏的私塾讀了一年《三字經》，父親為了讓兒子接受新式教育，儘管家庭經濟困難，仍把兒子送到鶴樹下（今龍川縣鶴市鎮）石狗嶺下的樂育小學。在這裏，他第一次見到歐洲人——校長和教師，與他們的教育相遇。

小學開辦於1887年，在巴色差會的檔案裏，可以看到學校當年的黑白照片，還有一張於1908年用黑、紅、藍鉛筆繪製的位置圖。山腳下大院子裏，有教堂、學校和住宅樓，四面有圍牆包圍，院子後面是鬱鬱葱葱的樹林。

23　張道隆：《九十憶舊》，《龍川文史》專輯總第八輯，1991.7。

主持學校管理的是外籍傳教士，教師有外籍的也有本土的。張道隆還記得馬約翰[24]、經褆福和文德理[25]等幾個外籍教師的名字。剛進入學校的小學生發現，這些歐洲老師居然可以講客家話，有的講得好些，有的差些。

"學制參照外國教會學校。小學五年、高小三年，課程有國文、算術、歷史、地理、體育、音樂、聖經等科目。"

寄宿制引入學校。學生有男有女，除家在附近的學生外，無論男女學生都在學校食宿。女生有女教師專門指導、管理。學生們晚飯後可到校外山野散步，或打球、遊戲。

體育和音樂的引入，也是學制中的特色。張道隆回憶，對於頌古讀經的舊學，體育如一股新風，讓少年學子頗感新鮮，最受歡迎。"馬約翰是體操及其它體育活動的老師，學校設有平行架和杠架等體操器材。文德理曾是瑞士的足球運動員，態度和藹可親，漢語講得還不太流暢。他教學生踢足球，並自掏腰包在香港買回足球多個，讓大家練習。當時縣裏有足球活動的學校還不多，'猶如鳳毛麟角'。文德理老師還購置壘球教大家練習。"

文德理善於游泳。在炎炎夏日，率領學生到馮屋壩河中游泳。河邊有一個約有四、五米的深潭，他禁止學生往那游。少數能游過去的，他會特別注意保護，以防意外。後來一位李姓同學私自去游泳不幸溺斃，"從此大家心存戒心，除非老師在場，否則不輕易下水。"

24　馬約翰（Johannes Maier，1879–1959），男，奧地利籍，在華時間：1909.2–1930.3。
25　文德理 (Ernst Wunderli，1882–1951)，男，瑞士籍，在華時間1909.11–1921.7；1926.12–1934.2。

音樂課對山區的小學生來説，別開生面。每周兩節音樂課，擔任音樂課的是中國老師徐旭珍老師，他擅長音樂，好唱詩歌。學校合唱隊練習複雜一點的多聲部合唱，"有風琴伴奏，很受歡迎"。學生學習唱詩，"星期日禮拜天唱讚美詩尤為重要"。

"樂育小學因是教會學校，很重視宗教課程。該課由馬約翰講授。"不過，張道隆寫道，對小學生而言，"讀聖經和背聖經，是我們最怕的課目"。

對家境貧困的學生，學校也會設法提供幫助。張道隆因家境困難，一度差點失學，但在學校的幫助下，得以繼續就學。

張道隆回憶説，初入學時正是清朝末年，學生們還留有辮子，早上起床要梳好辮子才能出門。辛亥革命成功後，大家都感到高興，紛紛要求剪掉辮子。《梅州市志》記載，1912年，當地發告示"遵省都督府佈告，男子剪除髮辮"。張道隆請馬約翰老師和同鄉廚夫張德球幫把辮子剪下。根據古訓，"身體髮膚受之父母"，學生們剪了辮子，將頭髮帶回家中交給父母。

4

張道隆回憶，樂育小學畢業生，如繼續升學，多會順延到樂育中學。中學有二所：紫金縣古竹的中師學堂（即古竹樂育中學），梅縣的樂育德文中學（即梅縣樂育中學）。學校的系統編制中學四年，神學院四年（有些二年制）。

少年張道隆的期望，是畢業後能在樂育小學謀一份教職，以養家糊口。因為家貧，其父寧願賣掉房產，也要供他上學，就近選擇了古竹樂育中學。

1917年春，張道隆和幾個同學由老隆乘帆船赴校。古竹樂育中學設在潮沙鄉集義村，離古竹墟三華里遠。那是一片丘陵地帶，中間隔着一條小河，來往古竹必須搭船渡過。學校始於清光緒三十三年（1907年），由巴色差會把設於五華元坑"中書館"的中學部遷至東江河畔古竹鎮虎頭山上，改名樂育中學（兼辦師範學堂），時間略遲於梅縣樂育中學。首任校長是德國傳教士紀振綱。

開辦之初，中學共五個班，其中兼設四年制師範班一個，學生一百六十多人，教師十多人。學校建築按德國風格設計，兩層樓房，從老照片上看，頗具西歐風味。這所中學還吸引了寶安、博羅、惠州、河源、龍川等十多縣籍的學子前來求學。後來，東江上游各縣興學初期的師資人才，大都出自這所中學，被稱為"東江上游興學之源"。

張道隆小學同學中也有選擇到梅縣樂育中學的。同班龍川人黃榕增，選擇了梅縣樂育德文中學。他1921年後考取上海同濟大學醫科，畢業後赴德國留學，回國後成為著名外科專家，還曾擔任中山大學醫學院院長、教授。另一位校友曾憲文，走的也是一條相近的求學之路，成為醫學博士。

古竹樂育中學學校範圍很廣，佔地一二百畝。有前後兩門，前門為進化門，後門為光化門。校園內，園林、菜地、課室、宿舍、膳堂、教師家屬宿舍、外籍教師樓、校工宿舍等，樣樣齊備。校舍寬闊整齊。課室和宿舍是兩層建築，中間有一大廣場，形成一個大四方形。空氣流通，陽光充足。有一座大禮堂，是集會和星期天禮拜的地方。建築以組合形式，分別形成某種獨特的"場景"，傳遞出一種特別的"氣息"。

德國教育的規範和體式，在中學體現得更為充分。張道隆入學後，眼界為之大開。課程中外兼修，有（漢）語文、德（語）文、數學(代數、幾何)、物理、化學、歷史、地理、體操、圖畫、音樂和聖經。就讀師範科以後想當教師的，可以加修心理學、教育學。高班的則同時教授《孟子》、《詩經》、《易經》，（漢）語文除《古文評注》外，還有《左傳》。

不同"氣息"部份來自校長和老師。當時的校長是德國人申乃德[26]，他出生於德國西南的卡爾斯魯厄[27]，大學主修教育學，能講一口流利的客家話。他除負責學校行政管理外，還直接授課，教授物理、化學、博物、理化實驗。"他的教授方法極好，講授過的課程，學生們都能領會，不用花太多時間複習。他教學認真，工作嚴謹。全校學生都很敬畏他"。

張道隆開始學習德語。教德語的是另一位中文名姓高的牧師，張道隆祇記得他是德國人，但名字忘記了（或為高修園[28]，作者注）。高老師也教音樂，音樂課別開生面，學生不但學習五綫譜，而且都學習風琴演奏，以畢業後能彈能唱為目標。最吸引學生的是

26　申乃德 (Friedrich Schneider, 1881–1958)，男，德國籍，在華時間：1905.10–1920.4；1926.10–1931.12。

27　卡爾斯魯厄（Karlsruhe），德國西南部城市，位於黑林山麓，萊茵河東岸，屬巴登–符騰堡州，是繼斯圖加特的第二大城市。

28　高修園（Georg Kaufmann, 1883–1945），男，德國籍，在華時間：1909.11–1923.6。

學校購置了管樂器，教學生吹奏，並組織銅管樂隊，在星期天禮拜或外出遊行時表演，鼓樂齊鳴，頗為壯觀。

演講課別開生面。隔周舉行一次演講會，由學生自動報名登臺，講題自定，但規定不准看稿件，任各人自由發揮。這對學生未來進入社會參與社會活動，是一項重要的培養和鍛煉。張道隆回憶說，他由此獲益不淺，"後來出任教職，能隨便登臺演講，有條不紊，都是那時嚴格培養出來的。"

學校雖然設在客家山區，但通過校內的基督教青年會（總部在上海），學生們與上海、北京等地的教會大學青年會保持聯繫、互通信息、購買和閱讀刊物。他們與北京燕京大學、上海滬江大學、復旦大學、浙江之江大學的青年會、廣州青年會以及嶺南大學青年會都有聯繫。上海出版的《青年進步》、陳獨秀主辦的《新青年》和胡適白話文著作都是同學們喜歡的讀物。

青年會通過各種活動來培養陶冶學生德、智、體，使之成為品學兼優的學生。"五四"運動期間，大家上街入鄉宣傳、停課抵制日貨、上街檢查日貨，群情激昂。此外，學校還組織講道隊，於星期六或星期三下午外出宣傳基督教道理，勸導社會人士信教，這是學校一項社會活動的主要內容。

5

張道隆中學畢業後，繼續向當一名教師的理想邁步。但其時省一級公費高等學校祇有廣東高等師範學校一間可選，且國文和英文是入學試重要科目。張道隆高中祇學過德文，祇好在叔父的資助下，1921年離開梅縣先後到香港、廣州補習英文一年，終於考入國立廣東高等師範學校英文部。

1923年6月，孫中山任命鄒魯[29]為廣東高等師範的校長。1924年春夏期間，孫中山開始每星期六按時到高師大禮堂講演三民主義。張道隆從第一講始就前往聽講。"孫中山先生不閱演稿，站立着用普通話講學，來往走動，滔滔不絕，精神充沛，聲音宏亮，自一到五時一氣呵成未有休息，令人敬佩萬分。"

1925年暑假，他由東江搭船回家鄉，咯血病復發，抵達河源時，"同船的同鄉同學通知教會辦的仁濟醫院醫師用擔架抬我入院留醫"，在該院德國和本國醫師以及教會何樹德牧師的照顧下，一個月後，"病情好轉，便出院回家休養"。

1926年，四年大學生活結束，畢業時學校已重新整合並改名為國立中山大學，鄒魯為首任校長。當時有影響的教授包括郭沫若、成仿吾、郁達夫和魯迅等人。郁達夫[30]當時是英文系主任，張道隆説，"學校組織畢業旅行，由郁達夫教授領隊，前往肇慶鼎湖山、七星岩等名勝。"

6月，張道隆返回梅縣，應梅縣樂育中學之聘，擔任教務主任，從一名學生變為一名教師和學校管理者，年方26歲。

在《九十憶舊》中他描述當時的梅縣樂育中學：

---

29 鄒魯（1885—1954），廣東大埔人，政治家、教育家和著名學者。1924年，孫中山親手將廣州地區多所高校整合創立國立廣東大學。1926年更名為國立中山大學，鄒魯為首任校長。
30 郁達夫（1896-1945），中國現代作家，新文學團體"創造社"的發起人之一。

"自清末創辦以來，都是採用德語作為外語教學。課程除國文及本國史地外，均採用德文課本"，"校長是德國人祁烈堅牧師，重要課程都是德、瑞籍教師擔任"。"除重視科學、數理化課外，還重視聖經課程，朝晚、星期日聚會，讀經祈禱，師生一律參加"，"宗教氣氛濃厚。學生除教友子弟外，還多有來自各縣非宗教人士的子弟。"

學校在離城三里遠的黃塘河畔，面積有五六十畝，黃塘河繞前而過，三面環水，形成一個小半島。校舍建築新型，由德國工程師設計。教室二層六間，有寬大的門窗，回字型二層宿舍一大座，均有寬大走廊，中間空地有花圃。有大禮堂一所供集會用。

圖書室、儀器室、實驗室均有設備。圖書室放置多學科的教科書和參考讀物，豐富學生的精神世界；儀器實驗室，有各種試驗器械和標本模型，學習方法以吸取世界人類優秀科學成果為主要內容，以實驗實用為主要方法。

學校採用寄宿制，宿舍可容學生二百人寄宿。為此設有學生廚房、膳堂、衛生間、浴室，設備齊全。

有合格的足球場。據說這是當年第五任校長萬保全帶領學生們平整土地建成的一個正規足球場。

另外，德濟醫院"與學校相鄰，學生患病醫治很為方便，並可給優惠待遇"，校醫由德濟醫院醫生擔任，"在醫療保健方面，在全梅縣城算是最為方便的了。"

在張道隆看來，學校面積廣闊，環境優美，空氣清新，是供學生德、智、體全面發展的"一個良好的學習地方"。

6

　　但張道隆到校不到兩周，梅縣發生學潮。據《梅州志》記載，1926年春，學潮波及整個梅縣地區，梅城各界二千多人在東校場集合，人們高呼口號"反對外國人統治學校，回收教育權"。會後一千多人包圍開辦了兩年的嘉應大學[31]。樂育中學自然也未能幸免。張道隆回憶道，"樂育中學是外國教會設立的，而校長又是德國人，就成為反對對像，一觸即發，造成特大風潮。"

　　學潮持續了一段時間。1927年暑假，崇真總會在長樂（五華）召開總會代表大會，討論梅縣樂育中學的未來，焦點是學校是否繼續開辦宗教課程。來自巴色差會的消息説，如停止宗教課程，將停辦學校。張道隆作為教務主任，以大會代表身份參加了這次會議。

　　那時豪天立剛到梅縣，正在學習中文和客家話，也到長樂參加了這次會議。在這裏，豪天立首次和張道隆相遇，雖然兩人都不是會議的主要角色。豪天立在1927年8月8日的報告中寫道，"客家教會在長樂召開了主教會議：中國牧師和傳教士共花了10天時間來討論梅縣樂育中學的未來。中國人要求學校停止宗教課程，他們認為這是一門政治課。經過長時間的討論，會議初步決定停辦學校。"

　　對樂育中學的教職員工和學生而言，停辦即意味着面臨失業和失學。特別是在學學生，"學校一貫採用德文為外語教學，其他中

31　嘉應大學是粵東北地區最早興辦的一所中外合作的高等學校，由黃慕羅和美國傳教士汲平如等中外熱心人士推動，1924年在梅縣城東北郊天字坜創辦，1927年因經費困難等原因停辦。

學都是採用英文為外語教學，一旦停辦，學生轉學困難，多有失學痛苦"[32]。所以停辦消息一傳出，相當部分師生堅決反對。

為扭轉局面，張道隆以"樂育同學總會"名義秘密撰寫的一篇宣言。宣言説，如果巴色差會決定停辦梅縣樂育中學，樂育同學總會負責接辦，脱離教會。印好的宣言在長樂大會中發放，"霹靂一聲，令全場代表震驚。"張道隆回憶説。

在這場論爭中，外籍代表也分續辦和停辦兩派。瑞士籍的萬保全當時是興寧坪塘神學院院長，他反對停辦。他早年曾任過樂育中學校長，為辦校傾注了很多心血，是有較大影響的外籍教師。他主張巴色差會放棄學校的主辦權，由華人崇真會接辦。

豪天立在報告中寫道，"會議再次討論並決定，由萬保全臨時繼續管理學校，直到把它交給中國校長。"雖然巴色差會不再擁有主辦權，但它"在學校和醫院的建設上曾投入了大量資源，也希望保留學校並擴大醫院規模。"。

隨後，"接辦梅縣樂育中學委員會"成立，推舉崇真總會總乾事何樹德為接辦主任，教務主任張道隆為副主任。張道隆回憶，"後經教會人士、畢業同學及教師討論商定，推舉舊畢業同學、現任德濟醫院醫師曾志民為名譽校長。校長實務工作由教務主任代理。"曾志民為1911年的樂育畢業生，在同濟醫學院醫科畢業並到德國留學，獲醫學博士學位。

同期，梅縣各所教會學校也不得不宣布放棄辦學權，改由本地

---

32 張道隆：《九十憶舊》，《龍川文史》專輯（總第八輯），1991.7。

人擔任校長，符合當時國民政府要求收回教育權的宗旨。學校實權逐漸掌握在中國人手中，並向國家立案。

風潮過後，張道隆以教務主任身份實際主持學校日常工作。

因應部分外籍教師辭職。張道隆首先得應對師資不足的問題。據校友古希曉回憶，學校早年外籍教師較多，他爺爺古恩倫大約在20年代初曾在樂育中學任教，父親古旭煌和子女，兄弟姐妹兩代人，也都先後在樂育中學就讀。"我小時在一張'樂育中學全體教職員合影'的照片上看到，爺爺和二三十個華人教師，身穿長袍馬褂，頭戴瓜皮帽；十個洋人教師則身着西裝。"

也有外籍教師支持樂育中學繼續辦學。萬保全其時已在興寧坪塘神學院任院長，自告奮勇，隔周抽出三天時間，由興寧步行來校教理化課，往來兩百華里，不辭艱苦、風雨不改。後來學校聘請同濟大學工科畢業的劉克存任教，萬保全才沒有再來校兼課。[33]德濟醫院的葉萃華[34]、丘潔貞[35]等外籍教師，也堅持義務在學校任教。

張道隆還"聘請心光盲女院院長柏（恩蔚）[36]姑娘為高中德語教師，聘請德濟醫院醫生古旭煌、陳滌新等為初中德語教師，及其他兼課教師。暫時解決了教師的困難。"

張道隆本人也給學生上課，"學校原來沒有設立三民主義課

33　張道隆：《九十憶舊》，《龍川文史》專輯（總第八輯），1991.7，P31。

34　葉萃華(Gertrud Sächppi)，女，瑞士籍，護士，在華時間1926.11–1933.4；1934.10–1940.6；1946.10–1950。

35　丘潔貞（Katharina Huber），女，瑞士籍，在華時間1922.11–1930.4；1931.12–1938.3；1940.11–1945.4。

36　柏恩蔚（Alwine Berg 1893–1983），女，德國籍，在華時間：1924–1949，為德國喜迪堪盲人差會（Hidesheim Blinden Mission）派出。

程，我到校後增設了三民主義一科，由我親自講授。"

經此努力，學校以德語為主的"雙語教育模式"得以維繫。但學校不再強制學生參加早晚和星期日宗教禮拜，宗教課程由學生自由選修，"符合國家的宗教信仰自由政策。"

《梅縣縣政周年匯刊（民國十九年至廿年）》載，1929年1月，"校長曾志民懸壺汕頭不能兼職，辭職，敦請今校長張化如繼任。""四月間巴色會總理東來，認該校仍有補助之必要，秋季派送西教員四位，到校服務。冬季西教員因意見爭執，退職，巴色會改給補助金每年一千五百元，並派送德文教員一名，至今。"

張化如離開樂育後在廣州任職，遇梅縣來的翁姓友人，談及樂育中學，有感梅縣之黃塘，有如廣州之東山，東山有培正中學，而黃塘有樂育中學，兩校環境與辦學精神相仿。培正中學有數十年歷史，其初辦學之困難，經費之拮据，一如樂育，"如今都辦成中國南方不可多見之中學……看到樂育即連想到培正，……雖備嘗艱難，而卒能為國家造就人才不少……"[37]

7

1928年，張道隆離開樂育中學教務主任一職，到龍川、海豐等地任中學校長。直到1937年，他重返梅州樂育中學任校長，到1940年暑假。

37　《樂中校報——中學三三、小學四四周年紀念專號（134–135期合刊）》，第二版，1935.11.26，藏梅州劍英圖書館。

1937年張道隆到任後，選聘了一批優秀教師以充實師資。為保留樂育中學"以德語為第一外語"的"雙語制"模式，他繼續聘請外籍教師以保證德語和其他相應科目的教學質量。期間，聘任了外藉教師包括豪天立和柏恩蔚姑娘等人，負責義務教德語。

從時間上看，豪天立是在張道隆的任上進入樂育中學的。1939年新年後不久，豪天立從五華調到梅縣傳教站。此前，他曾在五華私立樂育中學任教，在興寧坪塘樂育神學院開設講座。一份由樂育中學兩任校長簽署的證明文件，顯示當年2月，豪天立正式到任，教授德語和英語。

也因為學校教授德語，學生人數曾比其他學校少，一度降至200餘人。但學生畢業後多數考上大學，主要是學醫科、工科和理科。學生信教自由，不加強制。

當時學生的風紀很好。張道隆曾在多所中學任職，他比較說，"在樂育中學任校長比其它學校輕鬆得多。""在我任職的三年內，學生學業水平並沒有下降，而且發揮更好，投考國內著名大學院校錄取率很高。"曾憲文等一批學生考進上海同濟大學醫科，畢業後留德獲醫學博士學位；梁騰熹、何凱宣等多人也考進了同濟醫科、工科、中山大學醫學院或其他大學，"學生學醫最多，工科次之。"

1940年暑假，張道隆辭職離開學校，校董會聘請在廈門大學任教的曾省接任校長一職。1950年前的校長中，曾省是連續主持梅縣樂育中學校政時間最長的一位（1940–1945年）。

在豪天立收藏的一本1944屆《梅縣樂育中學同學錄》中，封面題字留下了曾省的墨跡。這本同學錄由豪天立當年帶回德國並一直保存至今。

據1945屆學生王啓華回憶，他那一屆的老同學們普遍認為，學校管理在張道隆任上基本完善，在曾省期間更趨成熟。校長們既教學生讀書，也教學生做人、做事。曾省任上，正是抗日戰爭時期，學校保持着一貫學風，口碑甚好。考取大學成功率高。學生中既有達官貴人子弟，也有百姓子弟，甚至興寧、五華、龍川和河源等地遠道而來的學生也不少。

曾省教過的學生，在本書訪問和寫作時，仍健在的已近九旬，往事依稀，但提起老校長，依然肅然起敬。他們對當年校園生活的片段回憶，則從另一個側面，豐富當年學校一以貫之的某種"氣息"：

校園風景是他們腦子中揮之不去的記憶。黃塘河三面環繞，半島上校園之外，矗立着教堂、德化門住宅區和盲女院，與外界相對離隔，不但有比較幽靜的教學環境，也便於進行半封閉式的管理。雖然宗教課多年前早已取消，學生信仰自由，有信教的也有不信教的。教堂的鐘聲按時鳴響，唱詩班的讚美詩飄過校園，盲女院的女孩結隊而過，早年遺留的宗教氣息彷彿依然存在。

戰時生活打破了學校的寧靜。"每天天剛麻麻亮，尖銳的哨聲在口字樓四處回響，睡得再甜的人也會驚醒。操場上幾百人'一、二、三、四'的喊聲劃破黃塘上空。"從周一至周六，那怕是數九大寒天、寒風凜冽的晨曦，祇要不下雨，早操從未中斷。校長這時彷彿是軍隊指揮官，"無論是炎夏夜短的晨早，還是寒風刺骨、天光微亮的冬晨，曾省總是第一個到達四百米跑道的操場。"[38] "晚上十點熄燈就寢，誰還敢講話或做什麼別的事，校長查房的電筒光馬上掃過來"。[39]有學生把這稱為"軍營式管理"。

四十年代初，學校足球隊、劇團和合唱隊遠近知名。足球隊自萬保全校長早年打下根基，為梅縣之冠；劇團成立於曾省任內的1940年冬，演的、唱的，都是抗日的戲劇和歌曲。如大型多幕話劇《鳳凰城》、《八百壯士》、《杏花春雨江南》，獨幕劇《放下你的鞭子》等。據劇團活躍分子羅伯誠回憶，劇團把抗日歌曲搬上舞臺，在幕間教唱《我們在太行山上》、《遊擊隊之歌》等抗日救亡歌曲，在興梅地區一帶演出，頗受歡迎。"時過半世紀，不少梅縣人還記得當時的情境。"[40]

學生的自由思想和獨創精神得到鼓勵。由愛好文學而結社是文學青年的時尚，壁報、油印刊物《火花》、《浪花》、《茅花》還有《蛋花》等，五花八門，竟也成就了未來一些國家或省級刊物的人才。

學校的圖書館也留在學生的記憶之中。據校友回憶，學校當時有一個圖書館，雖然不大，藏書也不多，但可以借到巴金的《激流三部曲》、郭沫若和魯迅的小說，還有其他報章、雜誌等可供借閱。江凱成至今還記得在那裏借過《說岳全傳》，記得"三十功名

38　王啓華採訪，2020.5.1。

39　黃永繁：《樂中簡訊》。

40　《活躍在抗日戰爭年代的樂中劇團》，樂育中學校刊。

塵與土，八千里路雲和月"等蕩氣迴腸的佳句。

藍平青記得，四十年代音樂課也在圖書館裏上，老師是當時在全國小有名氣的男高音歌唱家蔡曲旦。蔡曲旦曾隨意大利聲樂教授學習聲樂，學成後從事聲樂演唱和教學工作四十多年，時稱"南中國歌王"，曾出版《中國式聲樂呼吸法》等專著。期間他曾在廣州基督教青年會等地，和馬思聰等聯合舉辦音樂會。抗戰時期他輾轉到樂育中學任教。同學們當然也記得背着手風琴在校園內走來走去的德籍教師豪天立，他們夫婦在學校音樂教育方面，也發揮了重要作用。

曾省不但在校政管理上卓有成效，而且在維繫"以德語為第一外語"的"雙語制"教學模式中，也發揮了重要作用。他本人就是一個優秀的德語教師，和豪天立同為高中德語教師。1945年，中山大學醫學院內遷梅縣辦學，他受聘擔任德語教師。中山大學回遷廣州，他也隨學校離開了梅縣，離開了樂育中學，開啓了另一段德語教育生涯。

多少年過去，老校友們無論在哪裏聚會，都會唱起當年的那首校歌：

"猗歟梅嶺，勝境數黃塘。蜿蜒環半島，崛起水中央……"

自然，他們也會想起寫作歌詞的那位戴着深度近視眼鏡、老學究模樣的老師，何伯澄（1879—1951）。

　　在豪天立保留的歷屆學生畢業照片中，前排就座的通常是校長和教師。在中間的位置上，西裝筆挺的豪天立常常和一位兩手攏在長衫袖管中、目不斜視的老先生比肩而坐。他就是何伯澄，國文教師。在半世紀的教學生涯中，他在樂育中學的時間最長，從1923年至1950年，達27年之久。

　　兩位並肩而坐的教師，在同學們看來，彷彿是樂育中學國文、德文所代表的　"中西兩學並重"的一個像徵。

　　如今走進樂育中學校史室，當年校歌和何伯澄的名字，赫然在目。

　　何伯澄是中國鄉村教育歷史轉折的見證人和實踐者。他是梅縣西陽鎮秀竹村上黃竹塘人，父親何鏡如，是民智學校教師。何伯澄幼年由父親教讀古文，熟讀典籍，受的是傳統教育。20歲時參加縣考，中秀才。不過他未再應科舉，即獻身教育事業，先後在本地西陽公學、東山中學和樂育中學等校教國文，歷時50春秋。

　　他長於詩文，著述甚豐，有"西陽才子"之稱。村中婦女寫信給海外丈夫、本村鄰村的喜慶文章，也多由他撰寫，甚至遠道來求者，也為數不少。樂育中學當時對外重要文件，多由他執筆。特別受到讚譽的是他創作的兩首校歌，許多學生至今仍能誦唱。他愛學生如子弟，言傳身教，深受學生的尊敬和愛戴。[41]

41　何凱宣：《何伯澄傳略》，《群星璀燦——西陽白宮知名人士錄》，何凱宣文集，2002.7，P165。

在學生的記憶中，這位清末秀才，一年四季都穿一件洗得發了白的淺灰色長衫。最大嗜好是讀書和喝茶，家中兩個高大書架上多是綫裝古籍，有一格專門放茶葉罐。每到傍晚，總有許多老師在他家門口走廊上，等他泡茶。

何伯澄"上課時架副深度近視眼鏡，低頭看書本，同學們在堂下做任何動作，他都'視若無睹'。每周出一作文題，要學生完成一篇作文，而且要求一律用毛筆書寫。每篇作文交上去後，何老師都仔細批閱，使學生得益良多。"[42]

他出身清末傳統舊學背景，但也看到了中學與西學相互融通的關係。他不抱殘守缺，泰然認為，"國文、德文同樣重要，缺一不可"，這既是樂育中學的特色，也是學生成材的重要基礎。鄉下的兒子何凱宣9歲時，何伯澄感受時勢，捕捉先機，身體力行，準備在兒子身上進行一項"實驗"。他相信關於"國文和德文並重"的教育方法，會産出和他自己以"四書五經"為本的教育方式完全不一樣的結果（本書之後會具體談到）。

何伯澄一生專注於教育，據說北伐時期，何應欽[43]率軍路過梅縣，約見何族文人，曾邀請何伯澄出任秘書，何伯澄以"樂於教書育人，不慣戎馬生涯"為辭婉謝。

1927年當國民政府收回教育權時，他和德語教師梁啓周帶頭響

42　周道香：《梅縣私立樂育中學追憶》，《樂中簡訊》（總第十四期，廣東梅州市樂育中學校友會編），1997.10.20。
43　何應欽（1890-1987），貴州省興義人，民國陸軍一級上將。曾任國民革命軍第1軍軍長、軍校潮梅分校校長，黃埔軍校教育長。

應，兩人同到汕頭與有關方面磋商。為此，多年後梅縣人民政府曾在報上加以表彰，並予獎勵。他逝世時，興梅專區專員盧偉良輓以"為教好後一代，堅守崗位五十年"，是為紀念。

老校長張道隆1999年5月12日去世，年近百歲。他的一生，幾乎就是一部"樂育教育史"。由於他在梅縣教育界所做的貢獻，後人稱他為"客家地區的一代教育家"。

可惜，往事悠遠，更多校長和教師的故事已經難以還原，僅餘片段記憶存在於當年學生的晚年回想之中，得以想像學校當年有過的那些氣息。

8

那麼，樂育中學在學生和家長們的眼中，是一幅怎樣的畫圖？

在豪天立保留的一份"高三班學生姓名"表中，有一位學生的名字叫周道香。周道香1942屆高中畢業，考上大學並成為一名醫生。幾十年過去，他不忘母校，來信並附上一份對當年學校的回憶。通過這份"追憶" [44]，仍可一定程度上了解那一時期學生和家長眼中的樂育中學：

學生畢業後的發展前景，是他們最為關心的。"原為教會學

44　周道香：《梅縣私立樂育中學追憶》，《樂中簡訊》（總第十四期），廣東梅州市樂育中學校友會編，1997.10.20。

校，高中共六班，全校學生約四百人，德語為第一外語，畢業生多習醫科或工科。"歷屆畢業生中就讀中山大學醫學院、同濟大學醫學院，或其他大學，其中留學德國獲博士學位者眾。

寄宿制就讀，嚴格管理，讓學生集中精力學習。"學生以住校為原則，除非家住學校附近可以走讀，否則必須住校，過集體生活，食住在一起。所以全校同學彼此非常熟悉，隨時可道出對方姓名。"

"必須參加早操。每晨起床號一響，均須迅速奔向操場，由體育老師指揮，男女生分開排列，做早操。跑步時男女生均須參加。早操完畢後，再用早餐。有部分同學則選擇到禮堂參加祈禱以充實'靈糧'。"

"男女生間有無形'圍牆'。學校雖是男女生同班制，但校方認為不'交通'的才是好學生。上課時，男生坐後座，女生坐前排，下課後，各走各路。偶爾在走廊不期而遇，亦視如路人，所以同班數年，男女生未曾交談一句話的大有人在。高初中女生都住在樂育小學內，大門雖未掛'男賓止步'，但有圍牆，男生都不敢越'雷池'一步。男生路過，祇敢側頭向門內一窺，祇見'庭院深深'，頗為神秘。"

在那個年代，因有此無形"圍牆"，反而使樂育中學博得許多佳譽，許多家長都放心把他們的子女送來就讀。

學生自理，提升獨立能力。"學生自備食米，盛米蒸飯，吃多吃少，自己放米。米不必淘洗。八人一桌，三菜一湯，每早必有豬血豆腐湯。先到同學，則自動把公菜均分到八個飯鉢。飯畢，鉢筷自行清洗。米不淘洗，是防止維生素B流失；先到同學分菜，既養成自我服務，也養成公正性；鉢筷自洗，可避免傳染肝炎；豬血含鐵質，豆腐含植物蛋白質，價廉而營養好，正是發育青年所必需。"

"理髮自帶面盆毛巾。相鄰德濟醫院大門對面有一理髮店，理髮的必須自備盆巾，店內祇供熱水，以預防砂眼與其他眼疾的傳染。"

運動風氣普遍，強健體魄。"每天下午最後一堂課就是運動，全操場擠滿了人，練習各種球類，常舉行班際與校際賽。每年校慶日（11月24日），全校開運動大會，球賽田徑統統上場，女生亦參加田徑。球場上白褲紅邊"樂中"運動服，到處輝映，好不熱鬧。樂育中學的足球，馳名全縣。李石青老師，原在香港為南華足球隊甲組球員，因香港淪陷，來學校任教，使此時足球更如魚得水，雄霸全縣。"

晚飯後散步。學校校園甚大，學生三五成群，有時也和老師一起，漫步於校園。亦可過保全橋向柑果園與心光盲女院或向教堂與德濟醫院漫步。"途中遇見德藉教師或醫師，則互相點頭微笑說'Gutten Abend'（晚安）。""外籍老師散步，簡直像慢跑，沒有學生們的閒情逸致。"

遠足與畢業旅行。"每學期有遠足旅行，當天來回，泮坑是大家常去之地，全校師生大都參加。泮坑有小山密林，附近亦有寺廟，餘興節目中，校長講故事，為重要項目之一。曾省校長講故事，抑揚頓挫，表情風趣，他自己不笑，卻令聽者捧腹。"

周道香高中畢業前，參加了學校安排的畢業旅行，為時一周，旅行目的地是陰那山[45]。旅行中，曾參觀丙村的丙鎮中學及教溪口南華學院。該院從汕頭搬來，但見男女學生並肩而行，雙雙對對，使樂育的"老古董"大開眼界。途經雁洋，又去拜訪女同學黎婉眉家並住宿一晚。黎家屋大房寬，主人熱情招待，賓至如歸。"抵陰那山，住靈光寺，風景幽美，古柏參天，晨鐘暮鼓，似世外桃源。翌日登海拔1297公尺的五指峰，登高看日出，臨下看紅塵，更覺自身之渺小，天地之偉大。"

也許這些看似瑣碎的吃飯、理髮，飯後散步的生活點滴，其中透出的氣息，才真正傳神地反映出樂育的精神與特色。

9

西學東漸，在務本樂育中西學堂創辦的同一時期，新學辦學不但在廣東，而且在全國此起彼落。清光緒二十九年（1903年），廣東省城廣州，格致書院改為嶺南學堂，1926年改名為嶺南大學；光緒三十一年（1905年），上海美國聖公會將所屬的聖約翰、培雅、度恩三書院合併為聖約翰大學。梅縣樂育中學和它們相比，還要略早一些。西方當代學校的辦學形式，已經悄然潛入客家山區，從傳統的書院逐步過渡到近代學堂，完成了從傳統向近代的飛躍。

鄧洪波在《中國書院史》一書的研究中說，從光緒二十七年

---

45 陰那山位於廣東省梅州市梅縣區雁洋鎮，是梅州首屈一指的勝景名山，人稱粵東群山之祖。

（1901年）開始，直至民國初年，即20世紀初十餘年時間，是教會學校的改革、改制期。

教會學校的辦學目的，是為了在中國順利傳播福音，是自明清以來西方傳教士認識、了解中國文化的結果。來華傳教士必須首先學習了解中國文化，這一學習的過程，本質上是一種文化的交流。"待到傳教士在學校中用中文向中國教徒和學生傳教、授課時，傳教士就成了中西文化的實體，代表西方文明主要精神的基督教義與反映東方文明主體精神的儒家思想在這裏相聚、相撞、相融，使得它成為近代中國吸收西學的重要園地，為中西文化交流尤其是西學東漸作出了重要貢獻。"[46]

這些學校都有一些共同的特點：將近代西方科學知識列入課程，是近代中國傳播科學技術的重要基地；有比較完整的科學教育教材，為近代中國的科學教育工作提供了經驗；傳播西醫知識，開設新式醫院；招收女生，開中國女子教育先河。

説到醫院，光緒十三年（1887年）在香港設有西醫書院，光緒十八年（1892年），孫中山先生畢業於此，成為第一屆學生。梅縣的德濟醫院，成立於1896年，時間非常接近。

教會學校從本質上看是移植到中國的西式學校，西式課程、西式教學方法以及由此而構成的西方學校的氣氛。

嘉應學院客家研究院周雲水博士在一項實證研究中發現，在客家地區，教會未辦學校之前，兒童都讀私塾，由一些落第秀才在鄉

46　鄧洪波：《中國書院史》，東方出版中心，2004.7，P313。

間教識字，背三字經。教會辦的現代學校，實行男女同校，開了男女平等接受教育的先例。小學開始教國文、算術、聖經、歷史、地理、音樂、美術和體育。中學時加教德語、英語、代數、幾何、物理、化學、生物，還有風琴、五綫譜。許多聰明好學的學生，眼界大開，如饑似渴的汲取着世界現代知識。教會辦學成就了一大批具有現代知識的人才。客屬地方當時雖然祇有小學和中學，可許多學生中學畢業後，有的升上廣東高等師範學校（中山大學的前身）、嶺南、復旦、同濟、燕京等大學，還有的出國留學，成了影響廣東客屬，甚至中國前後近一百年歷史的部分人才。[47]

47　周雲水：《宗教靈性資本與鄉村建設探析——粵東客家族群基督教信仰的實證研究》，《宗教與歷史——中國基督教青年學者論壇》，上海大學出版社，2014。

19　德語教師豪天立

> 茲確認來自魏爾海姆的牧師豪天立自1939年2月以來，一直是我校高中的名譽教師，直到今天仍擔任外語教師（德語和英語）。[1]

1

1980年，正當梅縣樂育中學準備78周年校慶的時候，意外收到一封西德來信。

打開，人們驚訝地發現，這是失聯三十多年、曾在學校任教的德國教師豪天立寄來的賀卡。他同時為校慶寄贈了一筆小額的馬克，並寫了熱情洋溢的附言，時間是1980年11月9日。

豪天立其時已經80歲。幾十年過去，想必物是人非，豪天立也許擔心學校把他忘了，特別在附言中寫上"1937年到1947年，我是學校的德語和英語教師"[2]。

1　時任校長曾省為豪天立提供的證明書。存豪俊和家中。

2　作者注：根據學校前後兩任校長的證明文件和豪天立調往梅縣傳教站工作的時間，他在梅縣樂育中學擔任德語和英語教師應從1939年2月始。此前，他在五華私立樂育中學任教。

看到這張賀卡的老校友，都還沒忘記這位衣着得體、溫文爾雅的德國教師。不但記得他，而且還記得彈鋼琴的師母斐玉霞以及他們的幾個子女。

三兒子豪俊和家中，保留着原樂育中學兩任校長曾省和鍾毓靈當年為父親豪天立提供的任職證明。

茲確認來自魏爾海姆（Weilheim-Teck）的牧師豪天立（G.E.Autenrieth）自1939年2月以來一直是我校高中的名譽教師，直到今天仍擔任外語教授（德語和英語）。我們對他為學校提供的服務表示衷心的感謝。

校長：曾省

（注：原文為德語，簽名為毛筆寫的德文和中文，紅色私人印章）

證明書

查豪天立牧師系德國瓦敦堡（符騰堡）人，自一九三九年二月起到本日連續任本校高中德文英文教師，成績優良，特此證明。

中國廣東梅縣樂育中學校，校長：鍾毓靈

公元一九四五年十月十五日

2

紹恩多夫，豪俊和的書房。

在豪天立留下的資料裏，有一本1944年的《梅縣樂育中學同學錄》。開首兩頁，是教職員名單，包括職務和住址等。當時外籍教職員有三位，一位是德國的豪天立，地址一欄上寫着"黃塘德化門"；另一位是女教師，德國的柏恩蔚，地址是"黃塘心光盲女院"；還有一位是校醫，德國的露潤黎，地址是"梅縣黃塘德濟醫院"，他同時還是醫院的醫生。國文老師何伯澄的地址頗有意思，是"梅縣東湖路富强藥房"。

那時，初中的德語課已經大部分由中國老師來上，他們多數就是樂育中學培養出來的教師。高中的德語課，則由德國老師豪天立、柏恩蔚和校長曾省來上。豪天立一直保存着他教過的幾屆高二和高三的學生名單，名字由他自己用中文書寫。

在他離開後的這三十多年間，學校的校長和教師換了一個又一個，學生更是換了一批又一批。校園也有了巨大的變化。"高超樓"前的那棵老榕樹，現在遮天蔽日，在地上灑下一片濃蔭。

那些曾與豪天立朝夕相處的同事和學生，仍舊保留着很多關於他和夫人斐玉霞的記憶。他們記得，從校園操場就可以看到一牆之隔豪天立家的陽臺。

豪天立的學生古希曉記得，樂育中學前後分舊制和新制。舊制的學生，德語比較好，他父親古旭煌早年畢業於樂育中學，是舊制的學生，"除了國文、歷史這些文科課程用漢語外，其他的數學、化學、物理這些理科課程，都用德文上課"，由外籍老師任教。所以六年中學讀下來後，高中畢業生的德語，聽講寫讀，普遍都不錯。

1942屆的周道香回憶，同是德語課，德國和中國老師的教法不完全一樣，風格也各有特點，但總體上"上豪天立和柏恩慰兩位德國老師的課，比較輕鬆，上曾省校長的課，就比較緊張。"在豪天立的課堂上，一個學生回憶道，夏天，"他額上揮汗如雨，身上的衣衫全部為汗所濕透"。

當時的課本，有些講文法，有些關於聖經。聖經多用古德文，有些詞匯的語音，現代不太流行了。那時缺教材，初中三年才用一本書，基本上學的是文法，詞匯量小。上高中後，德語難度增加，但學生學習水平有很大的提高。除堂上授課外，課後，豪天立也為有需要的學生個別補習德語或英語，耐心糾正他們的口語發音。

在外籍人士聚居的黃塘，為學生提供了很多練習口語的機會。古希曉回憶説，"有時我們碰到德國人，比如牧師的夫人們，一起在路上走的時候，我們膽子大的，會主動用德語跟她們交談。記得有時候我們到縣城去，回來時一路都跟她們交談，練習德語。"

豪天立到樂育中學時，已經在中國待了10年，他對漢語的理解，有助於他向中國學生教授德語。講到語法時，為加強學生記憶，他常用中德文的表達異同來比較，在校友古希曉印像中，他不時會把一個句子的中、德表達對照着來加強學生的記憶和理解，漢語是這樣講的，但德語是這樣講，如"我不吃"，漢語是把"不"字放在"吃"字的前面，而德語卻把nicht（不）放在esse（吃）的後面。[3]

在學生印像中，豪天立是一個"窮研中文為務"的德國人。學

---

3 本節中對豪天立學生藍平青、古希曉、彭素宜等校友的采訪，由江曼青完成。

生藍平青回憶説，有一次上課，豪天立説："你們中文我也懂得一些，比如'雨傘''傘'字的寫法，有好幾種。"當時學生們都不太知道，豪天立轉身在黑板上寫了出來。讓學生們想起魯迅筆下孔乙己"回"字幾種寫法的情節。

古希曉和彭素宜確認，豪天立的中文相當不錯，對中國古籍"之乎者也"也有相當的研究。普通話和客家話都講得不錯，有些甚至像"dam lai"（真沒勁）一類客家土話，他也聽得明白。周道香説，"豪牧師非常聰明，我們與他講客家話，他一下子就可以憑你的口音，分辨出你是梅縣、五華或者是興寧人。他的中文字，也比其他德藉老師寫得好。"[4]

豪天立還兼任音樂老師。他本人是個音樂愛好者，拉小提琴、手風琴。學校裏常見他背着手風琴來去的身影。合唱團、詩歌班的同學，記得常常到他家裏排練的情景。師母斐玉霞把準備好的樂譜在鋼琴蓋上擺好，雙手按下了一組流暢的音符，準備開始排練，豪天立則站在旁邊指揮。那是一些令大家至今難忘的夜晚。他們當然也忘不了他在黄塘福音堂組織的一次國際音樂會。

在樂育中學詩歌班學生的舊相册裏，也許都保留着1944年夏天畢業和老師分別時的一張合影：男生一律穿中山裝，女生則一色旗袍，淺色西服的豪天立，和中山服的校長曾省，端坐在中央。

4　周道香：《梅縣私立樂育中學追憶》，《樂中簡訊》（總第十四期，廣東梅州市樂育中學校友會編），1997.10.20。

梅縣樂育中學詩歌班合影。豪天立（前排左五），校長曾省（左六）。（梅縣，1944）

　　在豪俊和家書房裏，還有不少豪天立當年在梅縣學習漢語和當教師時用過的書，如專門用客家話編寫的《客語用本》，仍一本本被很好地保留下來。從留存的資料上看，豪天立從1930年開始，先在五華私立樂育中學涉足教育、任教，1939年調到梅縣，在梅縣樂育中學當老師。從30到47歲前後共17年，是他一生中最重要的時光。

　　自從他1947年離開樂育中學，離開梅縣回德國以來，梅縣常常出現在他的夢境之中。他一直希望尋找機會重返故地。六七十年代，他曾隨一個大學訪問團兩次回中國內地旅行，但梅縣都沒能出現在行程表上，同行者中沒有誰對這個小地方感興趣，所以終究沒有達成願望。

對於豪天立的學生來説，往事並不如煙。在學生的記憶中，他們和老師交流的故事，仍可尋找和推想豪天立教學的某些細節。

3

1944年7月10日，樂育中學又一個平常的夜晚。

但學生宿舍裏，馬上就要畢業離校的學生心情卻不平靜。不久，他們就要告別熟悉的校園，告別熟悉的老師。大家打好包袱，將要和黃塘説一聲再見。樂育中學的六年，充實了他們的知識基礎，打開了他們的眼界，他們中相當一部分同學將要離開梅縣，到廣州、上海或其他地方的大學，開啓他們未來新的一頁。

楊泰芳[5]是這屆畢業生中比較突出的一位。在這麼多教過他的老師中，他想起了特別的一位，豪天立先生。

中國老話是，“一日為師，終生為父”。這句話，直到他中年後取得不斐成就，也未曾忘記。他拿起筆，給這位終生都不曾忘記的德國老師寫下幾句心裏話：

在要離開教了我二年的老師的時候，我有二種心情：

（一）我非常感激我的老師，兩年來，您用盡各種方法，總要使我們在德文上獲得了很大的進步而後快，循循善誘，諄諄不倦，

5　楊泰芳（1927–2012），男，1944年畢業於梅縣樂育中學，1949年畢業於中山大學機電工程系（今華南理工大學）。曾任國家郵電部部長、中華全國歸國華僑聯合會主席。

這種教人的精神，使我非常的欽敬和感激。去年下學期的時候，你在百忙中，還替我和福郎抽出寶貴的時間教英文，不嫌遲鈍的糾正我們的發音和講授方法，這是不會使我忘記的。

（二）我感到惆悵，就是今後將不再有像過去一樣一日有幾小時接受老師教誨的機會，所以我希望以後有空，還會給我多多的指教。

生泰芳敬書。卅三年七月十日

上文提到的同學周福郎內心也不平靜。他也在燈光下給老師寫信：

高二你教我們德文以來，就日益進步，高三上學期德文作文進步之快，真出人意料之外，我個人感到相當的滿意，不過或許還沒有達到你的要求。

我檢討我們在你兩年苦心教導之下，我們完全辜負了你的苦心孤詣，如每次作文，限某日要交卷，而同學們多數不能依期交卷，且還有少數的同學不做，而你底的心裏從不表現出討厭，或發出怨言，這我個人感到非常慚愧的事情。

你的確太過愛我們了。對我們的德文一點都不放鬆。每次上課，額上揮汗如雨，身上的衫全部為汗所濕透，實在太感謝你了。

去年下期你能在百忙中抽出時間來教我們的英文，我要把它好好的刻在我底心深處。

福郎敬書於樂中

　　何道生給老師寫的文字，半文半白。他在課堂內外認識的這個老師，教的是德語，研究的是漢語，"窮研中文"，對中國文言文已經相當熟悉，彷彿他不是一個教德語的德國人，而是一個教國文的中國夫子：

　　來華十餘載朝夕以窮研中文為務，故你唐文之深造有過人者，執教樂中有期忠於職守循循之教吾等學子當銘感不儘，當此別離之前夕，除致綿綿謝忱更祝你快樂。

　　劉振宇同學更乾脆，直接用文言文。文中引用了曾國藩的名言，文中一個標點符號也沒有，讓老師根據行文語意，自行斷句：

　　敝國清代名哲曾國藩有言與人交際不外孔子忠信篤敬四字忠者無欺詐之心信者無欺詐之言篤者忠厚敬者謙謹此二語無論彼已或敬順或逆我當常守此而無失此數語尊意讚同否
　　給豪牧師留念
　　學生劉振宇敬書

　　在豪俊和的書房裏，一疊一疊資料中，上述這些贈言，都留在這本小小的"梅縣樂育中學高中第十五屆畢業生"留言冊中。這些贈言寫成於他們離校前的某一個白天或夜晚。所有的贈言，長或短，中文或德文，毛筆或鋼筆寫就，貼上一張小一寸黑白個人照片，是對老師多年教育之恩的感謝。

這些洋溢着濃濃情感的單頁，被豪天立看作是一顆顆學生的心，精心地用一條細繩子，像串珍珠一樣串裝起來，成為他人生中一個永久記憶和難得紀念。

三十多年，他與學生音訊完全中斷。但仍有一些消息輾轉傳來。多少年以後，豪天立特別高興的是，留言中寫得最長的，這一屆畢業生中的楊泰芳，成長為國家的領導人才，國家郵電部部長。

聽到這個消息後，豪天立還找出一張保存多年的老照片，在這張1944年6月由照相館拍的"梅縣樂育中學高中第十五屆畢業同人攝影紀念"照片上，楊泰芳位於後排左二，豪天立和其他教師們坐在一起，是照片中唯一的外籍人士，位於前排左六。當年為了記住每一個學生的名字，照片的背面，按當時所站的位置，豪天立細心地用中文寫上所有人的名字。

這些學生，進入樂育中學以來，學校提供給他們的，也許是一種有別於過往的不同的精神譜系。體現在豪天立身上，它彷彿是某種與眾不同的氣息，無論在課堂上還是平時，他沉穩、平緩，視野開闊，德語、英語，中間穿插着客家話，款款道來。

4

2018年10月，北京的金秋時節。

楊泰芳家的書房。窗明几淨，書房一側的牆壁上，掛着楊泰芳的大幅肖像。肖像下小桌子上，中式花瓶插着一束黃色的菊花。藕色的布沙發後面是一排大書櫃，印花大瓷缸上插着中式書畫立軸。

楊泰芳的女兒楊帆，一個戴着細黑框眼鏡的女士。雖然父親已經離開多年，但他青少年求學的經歷，卻在女兒記憶中留下很深印像。

楊泰芳進入樂育中學前，在老家梅縣城北祠堂的兩廂小學念書，樂育中學畢業後考上了中山大學，最後一段學習是在中央黨校。

她回憶說，小時候，尤其是改革開放以後，她常聽父親提豪天立這位德語老師。"我父親隔了好多年了，幾十年了，他還能想起他的老師來，這說明這段經歷對他有很深的影響。"

楊帆說，"改革開放後，打開了國門，我父親那時候也有幸走上了領導崗位，帶領郵電部積極地參與國際電聯的事務，這樣也提升了我們國家在國際上的話語權。"楊泰芳曾作為政府高級官員曾訪問德國，當地人很驚訝，說你怎麼能講這麼好的德語？

楊帆說，父親認為他的外語基礎，得益於當時豪天立老師對他的教誨。在樂育中學的時候，楊泰芳是班裏年紀最小的窮苦小孩，之前在小學裏基本沒接觸過外語。但上中學後，他的外語進步很快，豪先生經常給他們補課，糾正他們的發音，包括德語跟英語。

2015年，楊帆曾從北京回到故鄉梅州。她訪問樂育中學，在學校的校史室裏，親眼看到學校收藏的她父親當年畢業時寫給豪天立老師的信，深受感動。

她說，從信中能看得出來他跟老師的密切關係。父親用生動、樸實的語言，談到了他們師生融洽的關係，也談到了離開老師的惆悵，"讓我感覺到父親這段經歷對他一生的影響很深刻。"

楊帆說，樂育中學的那段教育，是父親青少年時期的一次重要的啓蒙。外語，培養了他接觸外部世界的好奇心和推動力；自然科學和西方現代教育，開闊了他的視野，影響了他對人生未來的追求。"父親當初本來是要學醫的，但樂育中學教育中的科技理念，對他產生了影響，後來考上了中山大學機電工程系。他以後科學和嚴謹的工作態度，都和這有關。"[6]

5

在校史室的陳列中，也許由於歷史資料的缺失，祇能看到三位外籍教師的照片，萬保全、豪天立和谷靈甦，由他們代表學校一段過往的歷史。

在高超樓前那棵老榕樹下，前任校長黃小眉回憶，"1980年是樂育中學建校78周年，豪天立先生聽到這個消息以後，托香港的朋友捐了80馬克給樂育中學，作為校慶禮金。1984年，樂育中學成立了校友會，為了表彰豪天立先生，聘請他為樂育中學校友會的名譽會長，專門往西德給他寄發了聘書。遺憾的是，我們後來才知道，豪天立先生一年前，1983年就已經過世了。"

---

6 黃慰汕對楊帆的採訪，北京，2018.10。

　　黃小眉送我一本豪天立兒子豪俊和著的關於他父親的小冊子，《豪天立，1900-1983，一位來自德國魏爾海姆·特克，由巴色差會派往中國的傳教士》[7]。這本小冊子，主要内容是豪天立晚年留下的回憶。土黃色的封面中間，是一張豪天立大約六十歲時拍的黑白照片——依然是他在梅縣時一絲不苟的樣子，面帶平和的微笑，灰色西服、挺刮白襯衣、深色領帶。

　　直到1986年，豪俊和終於帶着父親的遺願，第一次重返梅縣。在樂育中學校園内，彷彿一切依舊，校舍、球場，他上過小學的那幢小樓。梅縣生活的十年，對一個當年11歲的德國孩子，是一番什麼樣的意味？

　　有一點可以肯定，他終於可以告慰父親，重返梅縣，重返樂育，回到了他和父親人生那段不曾忘記的歷史之中。

7　豪俊和：《豪天立，1900-1983》（何秉虔、王啓華譯），2006。

20　學生記憶中的豪古和谷古[1]

> 他一下子就可以憑你的口音，分辨出
> 你是梅縣、五華或是興寧人。他的中文字
> 體，也比其他德籍老師寫得好。

1

梅州城北郊，目睡崗。

村莊前邊有一個小山丘，滿是粗壯的松樹，山邊有一條小溪，溪旁是一片水田，水田邊上有一口塘，塘底有泉水湧出，故又稱泉塘。泉塘邊是江家祖屋。江姓村民正是從這條村子繁衍出來的，他們叫小村子為"江屋"[2]。

江凱成和江歡成八兄弟姐妹都在這裏長大。

1941年夏天，少年江凱成和媽媽一前一後，走在村子通向梅縣

1　本章初稿由江曼青提供。古(音)，在客家話中，指男孩，嫲(音)，指女孩。

2　客家人遷徙，多舉族而遷又聚族而居，常用姓氏為村子或街巷命名，如本書中的"江屋"、"藍屋巷"等，既可讓子孫不忘根本，又便於宗族內部聯絡感情。

城的小路上。瘦小的凱成那時是梅縣樂育中學的學生，他手臂上夾着一捆書，上學用的課本，沒錢買書包，就用一條帶子把書扎成一捆。沒有一雙像樣的鞋子，腳上是用廢舊車胎做的簡易鞋子。

媽媽走在前頭，挑着一擔米。這米，既不是給自己吃，也不是到集市去賣的，它叫"學米"。"學米"重90斤，也叫"五斗米"，交到學校去作為學費。天氣炎熱，母子倆大汗淋漓，邊走邊擦着頭上的汗水。

古謂"不為五斗米折腰"，這"五斗米"來得不容易，是在各家各戶借來的。凱成開始是在學校住讀，但住了三個學期，學費交不上了，每學期的五斗米，拖到不能再拖的時候，家裏才不得不想辦法去借了來交，所以凱成見到負責收學費的老師，就繞道躲着。

凱成的家，人多田少，光靠這點地養不活一家人。父親在城裏開了一個小雜貨店，母親靠着挑腳也就是挑擔子做苦力支撐這個家。一家人飯都吃不飽，常以很稀的粥水充饑，但仍勉力讓孩子讀書。

一個舅舅勸凱成的媽媽，這麼多子女，不要都讀書，要有個做生意謀生的。

世道艱難，市場蕭條，生意也難為，凱成的父親又是客家人說的"老實伯"，小生意常常允許客人賒帳，記滿了黑板又擦掉，根本收不回錢。家裏日常開支總是東挪西湊，甚至媽媽出去喝喜酒都不得不向別人借衣服穿。

凱成的家雖窮，但客家人自古崇尚讀書，再窮也得想辦法上學。他的爺爺是秀才，四個叔輩全都識文斷字，寫得一手好書法。

他家屋後有一間私塾，老師名叫江鴻儒，屋後傳來朗朗讀書聲。

凱成媽媽生於1903年，幼年進江家做童養媳，學齡時進私塾讀了一年多，在重男輕女特別嚴重的客家地區十分難得。她是堂上唯一女生，但學習成績不錯，常得到先生誇獎，謂"滿堂男子不如一女"。

其時，正是舊學向新學轉折的年代。村裏私塾和新學堂並存，大多數孩子都讀新學堂，實在讀不起的才讀私塾。過去這一帶地方分別叫東廂堡、西廂堡，所以學校名叫兩廂小學。兩廂小學是新學堂，凱成八兄弟姐妹都是從這裏畢業的。

兩廂小學雖小，但也出人才。凱成和他弟弟——中國工程院院士江歡成[3]，以及後來曾任國家郵電部長的楊泰芳，都從兩廂小學畢業。

凱成在兩廂小學時，成績很好，從未落過班裏前三名。四年級時，因為父親在梅城裏開的小店請不起幫手，要凱成去幫忙，所以改讀城裏就近的群力小學。學校設在一個舊祠堂裏，老師的來路複雜，比如美術課老師就是附近一家紙張小店的老板，既教學生畫畫，也賣紙張。

凱成放學後要幫父親的小店進貨，像補充醬料什麼的，到梅江橋那邊的一個潮州老板店裏取貨。凱成個子小，騎自行車要將腳穿

3　江歡成，男，1938年11月23日出生於廣東省梅州市，工程結構專家、中國國家一級注冊結構工程師、英國注冊結構工程師。1995年當選為中國工程院院士。

過三角架去一蹬一蹬的。

運貨回來，還要去招呼從江西來的挑夫，他們在小店裏喝酒，往腫脹的小腿上噴酒，有時還要把酒送到他們住的小客棧，過幾個時辰再將酒壺取回來。小店打烊時凱成要幫助父親上鋪子的門板。小小年紀就要做這麼多事，實在是"窮人的孩子早當家"。

凱成小學畢業以後，由於父親認識梅縣樂育中學童子軍教官溫雲勝，也許是一種特別的機緣，捨近求遠進了樂育中學。那時梅縣的教育已經比較發達，有上百所中學，靠近鄉下江屋的梅州中學是省立中學，也是名校，但樂育中學由於有教會學校背景，嚴明紀律，嚴謹校風，甚至遠近的達官貴人，也更願將自己的子弟送往樂育中學。

凱成在樂育中學讀了六年，1947年高中畢業後考入中山醫學院。他的幾個弟弟健成、歡成、尚成都步他的後塵讀了樂育中學。他們在樂育的時間或長或短，樂育中學的環境氛圍都給他們留下了深刻的印像，成為一生懷念的母校。

凱成的弟弟歡成在樂育中學祇讀了半年，因為家裏實在太困難，就轉到免交學費的公立學校梅州中學去了。歡成畢業後考取清華大學，成為土木結構工程專家。他是上海東方明珠電視塔的總設計師，中國工程院院士。雖然半個世紀過去了，但樂育中學的印像在他腦子裏仍非常清晰，談起樂中，他隨手拿起筆，就畫出當年學校的平面圖。

他記得，"當時進入樂育中學的那條小道，左邊是小溪，右邊是教堂。教堂我從來沒有進去過，不敢進去，好像非常神秘，但是氣氛非常寧靜。每天經過的時候，都會和心光盲女院的小盲女碰頭，她們在小溪旁邊走着，穿著黑色的制服、裙子，一個牽着一個。我當時的感覺，你說是同情呢，憐憫呢，好像都有一點，但更多的是羨慕她們，起碼她們吃得飽，我們還吃不飽。看着她們手牽着手，有時還拿着竹竿，大家拉着，我覺得整個情景非常寧靜，非常溫馨。"

"學校在盲女院再往前，一進去就是一個足球場，是草地足球場，這很難得，而且旁邊有很高的樹。再進入是教室，教室也比較好，都是水泥地，'士敏灰'，比一般的教室都好一點。但話說回來，教室裏冬天的時候很冷，冷到光腳板吃不消，要找幾張報紙墊到腳底下。學生們鍛煉的風氣很濃，一進去就一個操場嘛，一到下了課以後，鍛煉的人很多很多。"

他回憶說，"樂育中學給我們家，甚至是江屋，都留下了深刻的印像，最核心的人物是我哥哥凱成，他在那裏讀書，在那裏畢業，使大家都知道樂育中學，知道樂育很漂亮，很好。我初一的時候去報考樂育，就是因為哥哥的關係。我們全家都對樂育很有感情，包括我父親母親，我祖母。"[4]

2

像江凱成和江歡成一樣，學生時代的記憶，伴隨一生的還有更

---

4 黃慰汕、江曼青：江歡成訪問，廣州，2017.11。

多當年樂育中學的學生。他們永遠不會忘記當年的學校，當年的老師，有些生活細節，歷久彌新。

1997年9月的一天，在廣州龍洞二輕乾部療養院內，一群年屆70的老人在聚會，包括江凱成、古希曉、彭素宜等在內的那一屆畢業於梅縣樂育中學的學生，在高中畢業50周年後第一次聚會。

1947屆的57個同學，費盡心機才找到35人，在相聚三天中，他們一遍又一遍高唱校歌，彼此回憶中學時代的大名和花名，奇聞和逸事，多年的離散，劫後的餘生，歡聲笑語、涕淚交加。

我在德國和瑞士的訪問中，已經很難找到當年豪天立在學校時期的故事和細節。沒想到有些細節卻頑強地儲存在當年學生們的記憶之中。東西方文化的交匯，就在課堂和生活的細節中潤物無聲地流淌着。

這一屆的學生，1941年入學至1947年畢業時，德語仍是學校主要的外語，也是學校的特色。德語有幾名外教，都是德國人，教他們的是豪天立和谷靈甦。

谷靈甦要比豪天立年輕幾歲，出生於德國符騰堡州的埃丙根，1926年加入巴色差會，1933年派出到中國，直到1949年返回德國。

同學們對他們的稱謂多種多樣，正式一點的，叫豪牧師、谷牧師，豪教師、谷教師，或直接以德語稱呼，但背地裏最直接稱呼是客家話的"豪古"和"谷古"。"古"，是客家話對男孩的暱稱，相當於粵語的"仔"，豪仔、谷仔。

在學生記憶中，谷古身材筆挺，留仁丹鬍子，表情嚴肅，行步如風，像個軍人。豪古身材高大，溫文爾雅，學者風度。同學們給他打招呼，他都給予熱情的回應。谷古給47屆同學上課要多一些，但同學們對豪古的印像更深一些。豪古看上去不是一個牙尖嘴利、咄咄逼人的角色。豪古也教音樂，手風琴是他的好朋友，學校一有什麼活動像校慶、晚會等，豪古必然出席，拉手風琴助興，是他的拿手好戲。

古希曉的老家在五華梅林，就是豪天立剛到中國時工作過的地方。他的父親古旭煌是樂育中學第三屆畢業生。那時它還是一間純粹的教會學校，得益於德語教學，古旭煌畢業後進入梅縣德濟醫院隨德國醫生學醫，學成後先在德濟醫院當醫生，後來獨自開業，廣告牌上堂而皇之地寫着："德醫古旭煌"。古旭煌直到晚年仍能以德語交流，在病床上還以德語背誦白朗寧夫人[5]的愛情詩，背完了，還用中文翻譯給大家聽。

古希曉還記得一段往事，他媽媽得病在廣州做手術時，爸爸從興寧到廣州來。人們介紹認識廣州當時頗有名氣的骨科專家酈公道醫生，"酈公道是德國柏林大學醫學院留學的，講廣州話，不會普通話，而我爸爸廣州話和普通話都不會，祇會客家話，兩人沒法交談。幸好他們都可以講德語，兩個廣東人居然祇好就用德語交流起來。"

彭素宜的老家在粵東揭西，出身基督徒家庭，和古希曉家世相

5　伊麗莎白・芭蕾特・布朗寧（Elizabeth Barrett Browning, 1806–1861），又稱勃朗寧夫人或白朗寧夫人，是英國維多利亞時代最受人尊敬的詩人之一。

似，高中畢業後他們同讀中山大學醫學院，後結為夫妻。大約是1945年的聖誕，合唱隊的學生一起到豪老師的家裏，師母斐玉霞捧出自己做的蛋糕招呼大家。在那個艱難的歲月裏，蛋糕這一傳統的西方糕點，對客家山區的學生是從來沒見過的稀罕之物，大家每人祇吃了一小塊，其美味一直難忘。

豪古的家就在學校旁邊的大院德化門內，和學校僅一牆之隔，德化門內的歐洲孩子們也會到校園裏來玩。有一次古希曉在保全橋上"遭遇"一群金髮碧眼的孩子，他用德語和他們開玩笑説，你們是魔鬼。那些孩子馬上回敬他，你才是魔鬼。

彭素宜記得，豪老師的兒子豪俊和在同伴中個頭較高，像個大哥哥，印像中很"生性"，意思是顯得很懂事，有教養。

大家不曾想到，在梅縣這樣的小地方，也能見到這麼多常住的外國人。江凱成回憶説，他是鄉下孩子，第一次接觸到的外國人，就是他們的老師豪古、谷古。豪老師喜歡一襲白色西裝，白色的皮鞋，步子邁得很大，很有精神，但表情儒雅。從鄉下進城讀書，他們才第一次見到西洋樂器鋼琴和手風琴。第一次見到嬰兒車，是在德化門連接校園那條小路上，身材高大的柏恩蔚姑娘手推着嬰兒走過，而客家人大多用背帶背着小孩。歐洲人生病，傷風感冒什麼的，通常絕食，在床上躺上幾天，等待疾病自然痊愈。

那時，客家人背地裏叫外國人"番鬼"。老師也不計較，他甚至用客家話對學生開玩笑説，"汝話涯番（你叫我番鬼）"，"涯也話汝番（我也叫你番鬼）"，甚至幽上一默，反問一句"汝係麼個鬼？（你是什麼鬼）"。

如今藍平青的相册裏還保留着豪老師和谷老師的照片，其中有一張豪師母懷抱着嬰兒，沐浴在淡淡的斜陽當中。最可貴的是一張外國孩子的集體照，女孩子扎長辮子，穿短裙子，男孩子穿白色短袖衣和深色背心，十幾個十歲上下的孩子全都在照片旁用德文寫下自己的名字。

已經八十多歲的江凱成回憶起當年説，"離開學校已經整整70年了，很多老師都不記得了，但是這兩位德國老師，卻不會忘記。"

3

入夜，四野無聲，群山靜寂。

一聲悠長的法國圓號，從黃塘河邊的小屋裏傳出，在夜幕中輕輕地飄過。

這是韋嵩山醫生每晚的練習。這個每天在醫院裏治病救人的德國醫生有一個從學生時代就有的愛好，吹奏圓號。就是遠渡重洋來到中國，他也沒有忘記把他的圓號帶上。現在他把這支心愛的圓號和它吹奏的樂曲也帶到中國，讓法國圓號圓潤的音色在梅縣的夜空中飄揚。

他在客家集市中吹起了這支圓號，一會兒，就圍起了一圈人聽他的演奏。一曲終了，同行的傳教士借此機會開始向圍觀者們佈道。這支陪伴他度過了十幾年中國歲月的法國圓號，直到他最後要離開嘉應了，才把它賣掉。

在梅縣的歐洲傳教士中，幾乎每一個人都是音樂愛好者，都身懷音樂的“絕技”。如豪天立的小提琴和手風琴，斐玉霞的鋼琴等。不演奏樂器的，也是一個熱情的歌者。他們的個人愛好，不但在家族中遺傳，而且影響了他們的學生。

古希曉和彭素宜回憶：“德化門內集中了幾十名外國傳教士，多是德國人、瑞士人，在晚自修結束到睡覺之前，他們經常要練唱，因隔得不遠，他們歌聲常常傳到我們宿舍。”

在聽慣了清新諧謔的山歌對唱和古雅的漢樂琴瑟的客家地區，法國圓號和多聲部混聲合唱如一股清風，蕩漾在客家的田野之上。遠離歐洲故土，也遠離世俗生活的“聲色犬馬”，這是傳教士們晚上慣常的娛樂活動。

客家山區連綿的群山之下，最早的東西文化交流的輕風，潤物無聲。在這裏，音樂這種無國界的語言，成為文化交流的重要媒介。

除了上音樂課，學生們也常在老師家裏接受音樂熏陶。課餘或晚上，喜歡音樂的同學會相約到豪天立老師家中聽師母斐玉霞演奏鋼琴。聽得多了，他們常常得到鼓勵自己演唱歌曲，由師母給他們伴奏。藍平青回憶，“我記得有一次在學校一個晚會上，豪老師叫我上去唱歌，我壯着膽子上去唱了一首《三個博士》，他太太用鋼琴給我伴奏。豪老師夫婦平易近人，和學生的關係比較好。”

留聲機讓同學們首次接觸到世界各國的音樂。他們常到老師家中聽留聲機。藍平青說，“他們有很多名曲唱片、曲譜，我們常常跑到他們家裏去欣賞。我和同學們合編的《魔王》歌集中的一些歌曲，就是從豪天立和谷靈甦兩位老師提供的資料裏挑選出來的。"

音樂普及催生了學生歌詠隊。"樂育中學的音樂活動是學生生活的一個重要部分，它曾帶給了同學們許多歡樂和鼓舞。樂中的音樂水平在當時粵東百多間中學中絕對是首屈一指的，好些同學已經有了較強的讀譜能力，要是有人找來一支新歌，往往在課間休息的十分鐘裏，隨便奏上幾個人就能立即唱出個二部或四部的合唱來。"

藍平青要畢業了，他是歌詠隊隊長，為了紀念中學生活，他組織同學們編了一本歌集，集資出版。歌集中收進了許多他們演唱過的世界名曲，如舒伯特的《魔王》[6]、《死神與少女》；勃拉姆斯的《搖籃曲》、《光明的希望》；貝多芬的《自然之神的榮耀》和中國作曲家張文綱[7]的《壯士騎馬打仗去了》[7]等。許多德文歌曲沒有譯文，但這難不倒大家，他們就自己翻譯，歌集取名為《魔王》，封面是月下魔王的形象。藍平青說，"那時膽子也真大，就出版了。"

1945–1946年間，一場前所未有的國際音樂會在黃塘福音堂內舉辦。彭素宜清楚地記得，這場音樂會是由豪天立老師策劃的。參加的除本地人外，還有德國、美國、瑞士、奧地利等國的音樂界人士。當時中山大學也從廣州遷到梅縣來了，各個學院的學生，也有

6　《魔王》，奧地利作曲家舒伯特根據歌德同名詩創作的著名敘事曲。

7　張文綱（1919—1990），廣西廉州鎮人，作曲家。曾任上海中華音樂院教務主任。1949年後任天津中央音樂學院作曲系主任，中央樂團創作組組長。《壯士騎馬打仗去了》等歌曲創作於抗戰期間。《我們的田野》最為大眾熟悉。《合浦縣志》。

美國教會辦的梅縣廣益女校和樂育中學的學生參加。樂育中學歌詠隊的演唱博得了聽眾和社會很高的讚譽。

豪天立在日記中寫道，"5月18日和19日，我們舉辦了國際音樂會，歐洲人組成的合唱團，學生合唱團都在音樂會上有很好的表演。梅斯德教授和我妻子參與其中。來自美國浸禮會[8]的坎貝爾（Campbell）女士也積極參與。" "聖靈降臨節的時候，將要慶祝我們教會的70周年紀念日。我將儘力讓教徒合唱團演唱《哈利路亞》[9]來豐富這次慶祝活動。這是學生們自己的建議。一個學生還為此改寫了樂譜。每天中午烈日炎炎的時候，大家都在刻苦排練。"

音樂會上，豪天立親自指揮《哈利路亞》。這是英國作曲家亨德爾最著名的清唱劇《彌賽亞》中的一首合唱曲，是一首難度較高的多聲部大合唱，各聲部之間的交錯、應和，自然和諧，連綿不斷。歌曲中反復不斷的"哈利路亞"，有時單獨出現，有時一齊唱出，相互交錯，將音樂會帶進高潮。

4

江凱成老家所在的目睡崗古田村，現在叫福瑞崗新田村。在樂育中學就讀六年，因為是寄宿制學校，大部分同學都是寄宿，因為

8　美國浸信會成立於1814年，1836年來華，首先在澳門（1837年）、香港（1842）落腳，後入中國內地。
9　哈利路亞，希伯來語讚美耶和華的意思。合唱曲選自英籍德國作曲家亨德爾清唱劇《彌塞亞》中的一章《哈利路亞》。

家貧，江凱成衹住讀了三個學期，之後都是走讀，但對住讀的生活記憶猶新。

"夜幕降臨，三五成群的同學散步歸來，一個個手持小小的煤油燈，從宿舍朝教室走去。晚自習鐘聲響過，同學們都埋頭於星星點點的煤油燈下。説也奇怪，在這昏暗的燈光下讀書，年復一年，卻不見有人戴近視眼鏡哩！"

晚上十點一律熄燈睡覺，宿舍是木地板，學生穿木屐，走動時發出響聲，值班教師的手電筒立即照過去，木屐被當場收繳，有時一個晚上收了一籮筐木屐。

男生們最愛足球，足下功夫是光着腳踢柚子練出來的。晚自習時用削尖的竹杆伸到課室外的柚子樹上，柚子手到擒來。寒冬，天濛濛亮，號聲一響，男生們口裏念着"捨不得燒被，做不得好漢"，掀開被子，一躍而起，集中在操場上，這時校長早已經站在操場中央了。

晨跑之後，黃塘河兩岸，保全橋畔，明露亭邊傳來朗朗讀書聲，有的朗讀"Heute，nur heute, Bin ich so schön……"有的背誦"落霞與孤鶩齊飛，秋水共長天一色"。

半軍事化的生活，讓樂育的學生養成一種"咬菜根"精神，忍受貧寒，刻苦讀書。

抗戰期間，樂育中學學生愛國熱情高漲，唱抗日歌曲，演街頭劇宣傳抗戰。那時，遠離二戰歐洲戰場的德國傳教士，他們雖然大多是二戰之前就離開德國來到中國，但不論他們是傳教士、醫生還是教師，都承受着巨大的壓力。期間，梅縣地區的所有德國人都被集中在醫院和德化門兩個地方居住。

江凱成回憶，有一次上德語課，按慣例，老師進入課室，學生都起立，向老師致意，祇有他坐着，不起立，以表達他對德國的鄙視。谷教師看在眼裏，並沒有絲毫的責怪之意。

古希曉還記得，一天他和張斯安去谷靈甦老師家聽唱片，聽了十多首後，張斯安説："谷老師，把你們德國的國歌放來聽聽。"谷古十分尷尬地用客家話説："係，今下唔好唱。(啊，現在不好唱了)"張斯安又説，"那放幾首你們的進行曲吧！"谷古吞吞口水，很為難地説："今下，進行曲也是不唱的好。"

2020年3月，90多歲的1945屆學生王啓華對當時的情景還記憶尤新。諾曼底成功登陸那天，消息傳到中國，振奮人心，梅縣的報紙用大字標題刊出"號外"。報紙一大早就到了，大家看了，悄悄地拿了一份"號外"，放在講壇上。豪天立進課室後，看到報紙上的消息，"沒有聲張"，此後他對戰爭的態度"慢慢有了改變"。

瑞士是中立國，巴色差會是瑞士的機構，德化門的屋頂刷了大幅瑞士國旗，紅底和白色的十字，防日本飛機的轟炸。學校為了保護重要的教學器材，也把它們搬進了德化門內。

1947屆的學生經歷了八年抗戰的艱苦歲月，又經歷由社會巨變帶來的個人命運的波折，一路坎坷。但是無論怎樣，母校的回憶都是温馨的。

黃塘河水緩緩流過樂育中學，流過了盲女院，流過了福音堂，流過德濟醫院，流過樂育小學。S型河道自然地形成了兩個半島，一座座的小橋跨越其上。那些小橋小道，連接着許多人的命運，不顧山高路遠來求學的少年，備受疾病煎熬的病人，還有曾被遺棄在醫院門口、甘蔗田裏的盲眼女嬰。

從當年教室的窗口，可以看見盲女們在田中勞作，種出了紅通通的西紅柿。每逢禮拜日，白衣黑裙的盲女們，一個搭着一個的肩膀，結隊來到福音堂，空中飄蕩起她們的合唱和悠揚鋼琴聲。如一位同學所説，在那個動蕩的年月，"這裏是寧靜而充滿希望的"。

2018年6月1日，藍平青90歲生日，在午後的斜陽當中，他翻開了老相册，看到豪古、谷古、兩位師母，柏恩蔚姑娘、吉惠民[10]姑娘和一群孩子。他們聚集在德化門大宅前面的照片，似乎還可以隱隱聽到傳來樂聲，月光奏鳴曲或哈利路亞。一切已經遠去，又好像是更加清晰了。

5

不是所有離別都有重逢，但有些重逢卻忽如其來。

上世紀九十年代中期，在廣州，江凱成沒想到半個世紀過去，卻意外地見到了豪天立老師的兒子豪俊和。那是在廣州市中心中山四路一家基督教開辦的老人活動中心。已經退休多年的江凱成被牆上掛着的一條橫幅吸引了，"熱烈歡迎德國豪俊和先生一行"。他心頭一動，探頭進去，見到十幾個外國人端坐着一張長桌子，每人

10　吉惠民（Hanna Gmuender，1892–1981），女，瑞士籍，教師，在華時間1920.11–1949.9

面前擺着一小碟炒粉。他一眼就認出了坐在中間的豪俊和，"我就知道那是豪老師的兒子，他和豪天立長得很像。"

見面時，江凱成自我介紹說"我是你爸爸的學生。"他回憶，"那時豪俊和才50多歲吧，給我印象最深的是他對中國的感情，他說，中國，梅縣是他的第二故鄉，他已經回來多次了。雖然離開中國這麼久，但他既會說客家話，也會講普通話，這很不簡單。"

江凱成問起了其他當年在樂育中學任課的外藉老師："吉（惠民）姑娘、柏（恩慰）姑娘、谷靈甦，這些老師還健在嗎？"豪俊和說，都不在了。

又是二十年過去，江凱成再看到豪俊和的近照，頗為感慨地說，"那年我在廣州見到豪俊和時，他還沒有鬍子，如今看到他的照片，不但有了鬍子，而且鬍子都白了。我就覺得幾十年、幾十年過去了，這真是一段值得回味的歷史。"

意外的重逢，驚奇、興奮、難以置信，相距萬裏的異國，半個世紀阻隔，從未曾想過的再見，此刻他們可以用客家話交流。衹是讓他們難過的是，江凱成終於知道，他的老師豪天立已經在1983年去世了。

但那個老師，仍然在他腦子裏活着。他是那個逝去年代的永遠記憶。

21 走出山村的客家少年

> 世界正發生巨變，而"欲救中國"，
> 須辦"今日之學"，育今日之材。

1

梅縣西陽鎮，上黃竹塘村。

何凱宣直到9歲，都在這個小村莊裏生活。他1912年10月26日出生，記憶中的上黃竹塘是一個偏僻的客家山村，村子裏人不多，祇有三十來戶人家，村民們過着日出而作，日入而息的農耕生活。

他晚年回憶道，"九歲以前，我從未離開過農村，也沒有坐過車"，"沒有電燈和自來水，交通也不方便。我去得最遠的地方，就是和長輩一起，從村裏去西陽鎮趁墟，走上十公里路，早出晚歸。""泉水從村邊流過，喝多少都不用自己挑。"用客家話説，那時"自己就是一個'山古'（山裏人）"。

村裏讀書的人不多。有一所學校，學生不到10個。祖父何鏡如鄉試落弟後，就在這個學校教書。何凱宣在祖父的教育下，喜歡看書，"晚上在菜油燈下看《三國演義》和《西遊記》"。父親何伯澄是晚清秀才，離鄉先後在西陽鎮和梅縣城的學校教授國文。

村子也有熱鬧的時候，每年祭祖，儀式肅穆隆重，放爆仗、敲鑼鼓。何凱宣是村裏鼓樂隊中一員，負責打鼓，他揮舞雙臂"全力以赴，心情十分激動"。祖屋大門上貼着一副大紅對聯，"盧江世澤，東海家聲"。祖父對他説，我們客家人是從別處遷來的，盧江東海，是我們何族的發源地。[1]

父親何伯澄在梅城教育界小有名氣。表面看來，這個戴着厚厚近視眼鏡，總是身着長衫的晚清秀才，是梅縣樂育中學教師中老氣橫秋卻頗有才氣的"學究"。他寫的校歌歌詞，古意盎然，讓今人讀來，略顯詰屈聱牙。老秀才最大的喜好，是讀書和喝茶，每日傍晚，必在門口泡上一壺香茶，輕搖羽扇，等着同事們來聊天。

不過對兒子的未來，老學究似乎心中有數，不像看上去那麼古板。何凱宣9歲時，他決定讓兒子離開鄉下，到城裏讀書。他在教學以及和德國同事的接觸中，眼睛透過家中兩大架古文書的縫隙，看到了外面更廣闊的世界。他相信，那裏有孩子的未來。

何伯澄思路明確，從村裏到樂育中學讀書，國學根底和西學造詣，缺一不可。第一要學好國文，第二要學好德語。至於未來，也很清楚，學醫，走醫學救國之路。

走出上黃竹塘村進梅城讀書的道路，改變了這個客家子弟的命運。

何凱宣10歲進城，進入樂育高小二年級畢業班。1923年，凱宣

1　何凱宣：《源自盧江的上黃竹塘》，見《何凱宣文集》，2002.7，P154。

11歲升初中，是樂育中學新制第一屆的學生。其時德國人湛明露任校長，還有梅顧道等三位德國和瑞士藉老師任德語等科目的教師。在父親的叮嚀下，他認真學習各門功課，特別是國文和德語。課餘，踢足球並在黃塘河游泳，是他在村子裏不曾有過的快樂。

在樂育中學讀了五年後，父子決定走得更遠。為了考進同濟大學醫科，他轉學到上海，進入同濟大學附中高中三年級。這所中學與樂育中學相似，也是以德語為第一外語的"雙語制"學校，除國文和三民主義外，其他課程均由德國教師講授。何凱宣在樂育從初中就學習德語，又得良師指導和好的學習環境，語法和口語都打下了較好基礎。

帶着父親"為國家、民族"而學醫的勉勵，何凱宣畢業後接着進同濟大學醫學院，成為一名醫科學生。1932年日軍侵略上海，同濟停課，他轉學回廣州中山大學醫學院，那裏也有許多德國或留德回國的本地教授授課。如婦產科專家傅韋爾[2]博士，以及樂育中學的校友、病理學教授梁伯強[3]等。1935年，何凱宣畢業，經老師梁伯強推薦，被任命為德國病理學教授貝廷蓋[4]博士的助教。此後德語一直是他工作和生活的工具。

何凱宣的成長看來很順利。他1941年任廣西醫學院副教授，五

2　傅韋爾（Dr. Gunther Huwer），男，德國籍，婦產科專家。1935年任中山大學醫學院醫院產婦科主任。。

3　梁伯強（1899–1968），男，廣東梅縣人，醫學教育家、病理學家、中國病理學奠基人之一。1922年畢業於同濟醫工專門學校。1924年獲慕尼黑大學醫學博士學位。1925年受聘同濟大學病理學副教授。1937–1938年和1948–1949年兩度出任中山大學醫學院院長。1955年選為中國科學院學部委員。

4　貝廷蓋（Dr. H. Bettinger），男，德國籍，中山醫學院病理學教授。

年後晉升為教授。1945年第二次世界大戰結束後，他回到廣州，由中山大學醫學院院長羅潛聘為解剖學教授兼研究所代所長。1978年調暨南大學醫學院任教。

2

有多少客家子弟如何凱宣一樣，走出鄉村，進入學校，最後成為社會需要的人才？

我再次來到樂育中學。高超樓前的大榕樹一如既往，枝繁葉茂。但校園不斷變化，每幾年就有一幢新大樓落成。校門早已重建，取代了民國時期的老門，顯得氣派。款項來自政府或私人捐贈。學校的本子上記載着每一筆校友捐贈的款項。校慶日，嘉賓、校友雲集，伴隨着一次又一次的建築落成和剪彩。

黃塘河校園東面的河段，昔時保全橋下那道平時溫婉如歌，發大水時濁水洶湧的河道，已經填平成校園的一部分，僅餘保全橋和橋下一個池塘，留給中外老校友們一點遠去的念想。

自然，他們記憶中的五愛樓、培英樓等老建築，也同樣不見踪影。那片他們下課後踢足球的草地大球場，取而代之的是環繞着紅色跑道的現代球場。

陽光很好。學生們正在上課。校園裏，高超樓前，校長和幾個老師為一個活動在規劃現場。

首任校長馬謨鼎在1902年學校開辦的那一天，一定想像不到學校一百多年後今日的模樣。巴色差會與當地有識之士在客家小縣城

403

合辦中學，有如一個帶有"世界視野"的社會實驗，無疑有着某種胸懷和抱負，所謂"世界正發生巨變，而欲救中國，須辦今日之學，育今日之材"。

百年過後，馬謨鼎的"實驗"效果如何？在前後多代人的努力下，眼前這幢教學樓底層通道上的一面"博士牆"提供了一個注腳。

牆上一幅寬闊不銹鋼板上，有一個"博士一覽表"，紅綫表格內鐫刻着從1906年第一屆畢業生開始，直至上世紀70年代出自本校的46位博士的名字，是對當年辦學效果的悠長回聲。

細看表格，醫學博士佔了絕大部分。在50年代以前畢業於樂育中學的42名博士中，成為醫學博士的有33人，其中又以20年代的佔了多數。除兩名留學瑞士外，其餘大部分留學德國。畢業生中走出山區，走向世界，有如此大的一個博士群體，學校為此感到驕傲，自稱為"醫學博士的搖籃"。[5]

在近年訪問過的樂育老校友中，確有不少是或從事醫學教育、研究和醫生的醫科人材。他們的祖、父輩，飽受山區缺醫少藥之苦，醫學救人救國，是長輩和他們自己的夢想。

實際上，除了表格上的"醫學博士"外，畢業生離校後考入大學醫科，學成後在全國，特別是在廣東醫療和醫療教育界發揮重要作用、取得不同成就的，則是更大的一個群體。

客家山區一所中學的青年學子，是如何走向山外更為廣闊的世

---

5 《樂育中學105周年校慶專刊》，2007.12，P7。

界、實現醫學救國之夢的？

3

　　一窺樂育醫學博士道路之端倪，上世紀之初中國大學醫科教育的大環境或可提供一些綫索。

　　這批樂育高中畢業生離校後，相當部分進入上海同濟大學醫學院或廣州中山大學醫學院，也有進入本地的德濟醫院學醫。再繼續深造者，則可能到德國或瑞士留學，獲得博士學位。這和當年醫學教育模式、師資和教學語言有很大關係。

　　據中山大學醫學院相關資料介紹，現代醫學肇始於19世紀中葉，而德國醫學界對現代醫學的奠基與發展貢獻良多，這對渴望與現代醫學教育儘快接軌的中國醫學教育界有極大的影響。

　　蔡元培曾為《同濟大學二十周年紀念冊》寫序，"美日之高等教育，均受德國影響，而日本尤甚。醫、工兩科，則德國之教學法，尤全世界所推許也"。

　　中山大學醫學院前身為私立廣東公醫醫學專門學校，創建於1909年春，1924年易名為廣東公立醫科大學，學制6年。1925年6月，廣東公立醫科大學改為廣東大學醫科；次年，廣東大學改名為中山大學，廣東大學醫科隨之改名為中山大學醫學院，並採納德國醫科教學體制。

　　在這個體系中，師資和教材是決定性元素。中山大學醫學院與同濟大學醫學院，堪稱兄弟，主要學科或臨床教學，均聘請德國知名大學教授或專科醫學博士主持，並使用德國醫科教材，指導學生實習或研究。大學成績優秀者，由教授推薦到德國的相關醫學院或研究機構深造，學成歸來後，多在醫學院或研究機構任教，再帶出新的一批人才。

由此，德語自然成為重要的教學語言。一個學生回憶道，"中山大學醫學院創辦之初，學校採用德國式管理，選用德國教材，用德語授課，醫院查房、寫病歷、開處方等，均用德文。"

同濟大學校史記錄中，對教學語言有明確要求，"德語是入學醫工兩科學生的基本條件"，"本校醫科做德國大學制度，五年畢業。前兩年為預科，後三年為正科。畢業後在寶隆醫院[6]實習。""本校醫工兩科課程均用德語教授，故大學學生其德語須有直接聽講程度方可，而各地中學畢業生習德語者甚少或雖習德語而程度不高。"[7]

直至20世紀40年代，德語曾是中國醫學界的通用語言之一。為了讓學生掌握德語，中山大學醫學院醫預科兩年，德語是其中重要科目。學校給學生半年時間，上德籍教授的課，開始時配有中文翻譯。半年之後，就要靠自己了。但因入校時學生都有一些德語基礎，半年之後大都可以勉強聽講了。[8]

對於採用何種語言進行醫學教育，當年教育界有過爭論。據曾

---

6 埃里希·寶隆（Dr. Erics Paulun， 1862-1909），男，德國籍，寶隆醫院創辦人，同時也是同濟大學和華中科技大學同濟醫學院的創始人。

7 參見《國立同濟大學二十周年紀念冊》，國立同濟大學圖書館，1928.9。

8 陳小卡、朱明範、陳穎青：《國外醫學教育思想與中山大學醫學教育模式的變遷》，學科史研究， http://record.sysu.edu.cn/node/833; 白龍淮：《五十六年前百子路上的片段回憶》，《國立中山大學的回顧與展望》，臺灣校友會編，1986.11.11, http://record.sysu.edu.cn/node/900; 陳宜誠：《醫科的點點滴滴》，《國立中山大學成立五十五周年特刊》，1979.11.11, http://record.sysu.edu.cn/node/865。

任中山大學醫學院院長的劉祖霞回憶，1937年春，國民政府教育部在南京召開全國各醫學院院長會議，擬用英語統一全國醫學教育。

但中山大學醫學院不同意這個意見。劉祖霞在會上發言，認為在國際醫學界，"英國之生理學，德國之內、外科，法國之眼科，美國之整形外科，均有獨特可學之處"，"懂兩種外國文，遠較懂一種外國文為優"。結果會議沒有在這個問題上達成一致意見。

但用德語一統醫學教育，也有問題。1937年暑期，中山大學醫學院招收學生時，德國教授以及來自廣東東江流域各縣的客家教授，仍舊主張祇收學過德語的學生。但彼時在中學學過德語的學生為數不多，廣東省內祇有梅縣樂育中學和廣州中德中學兩家。醫學院每年要收學生三十名以上，但來報名的考生，每年祇有三十名上下，幾乎是來者不拒。[9]

由此可以想像，梅縣樂育中學"以德語為第一外語"，學生經過初、高中六年的德語學習（且自然科學等課程也用德語上課），畢業時德語應達相應水平，這和同濟大學、中山大學兩所醫學院招生的要求相符。再加上學院內又有客家教授"裏應外合"，為這些學生進入醫學院提供了一條可能的"捷徑"。

4

那麼，樂育中學最早一批"留德博士"又是如何走出山區、走

9　劉祖霞：《母校醫學院院長時之回憶》，《國立中山大學的回顧與展望》，1986.11.11，http://record.sysu.edu.cn/node/872。

向世界？

在樂育中學"博士一覽表" 排在頭六位的，以在樂育畢業時間先後為序：劉學珍（1906年）、孔錫鵬（1909年）、李梅齡（1909年）、曾誌民（1911年）、葉少芙（1915年）[10]、梁伯强（1915年）。

他們先後都考上同濟大學醫科，時間跨度從清末到民國初年。同濟大學圖書館收藏的《同濟大學1947年畢業紀念册》，在"歷屆校友"目錄上，可以查到他們中5人的名字：

民國三年（1914年）孔錫鵬（字伯翼），醫科第二屆畢業生（共6人），廣東長樂，南通州醫院行醫；

民國四年（1915年）李梅齡（字占南），醫科第三屆畢業生（共10人），廣東梅縣，寶隆醫院駐院醫生；

民國五年（1916年）劉學真（字敏卿），醫科第四屆畢業（共14人）廣東五華；

民國七年（1918年）曾接安（誌民），廣東五華；

民國十一年（1922年）梁伯强，廣東梅縣。

在同濟大學畢業後，他們都到留學德國，並獲得醫學博士學位。畢業後，他們都馬上從德國回國服務。

如果以同濟大學校史中的記錄為準，樂育中學畢業生中，孔錫

10　葉少芙，未能查到學歷等相關資料。作者2022年5月參觀梅州市"中山大學與梅州展陳列館"，見相關介紹，"葉少芙，廣東梅縣人。曾任國立中山大學醫學院內科主任、代理附屬第一醫院主任。另有廣東省檔案館館藏《中大第一醫院救護隊第一隊隊員名表》影印件，文字說明"葉少芙作為國立中山大學附屬第一醫院救護隊第一隊隊長投身抗戰。"及個人照片。

鵬是第一個從同濟大學醫科畢業並到德國留學獲得博士學位的學生。

　　1918-1933年共15年間，德國有14名科學家獲諾貝爾自然科學獎，在自然科學方面保持着世界最高聲譽和科研能力。中國人留學德國最早始於1876年的官費軍事留學。清末廢除科舉以後，留學潮興起，德國成為清政府官派留學或國人自費留學重要目的地之一。中國學生留德第一次高潮出現在20世紀20年代初。1924年，僅柏林一地就有近千名中國留學生。第二次高潮在30年代初，1937年達到700人之多，其中自費生達80%。當時的政策，鼓勵學生在德國學習理、農、工、醫，意圖為國內大學儲備各科的師資。至1939年，二戰爆發後，中德兩國絕交，赴德留學才完全中止。[11]

　　樂育中學的這批學生，趕上的正是這兩次留德的高潮。

　　在"博士一覽表"上，排序第一的畢業生叫劉學珍，男，五華人，樂育中學畢業時間1906年。在德國獲得醫學博士學位。或因年代久遠，"博士一覽表"上無更多記載，他離開樂育中學以後情況，互聯網上也查找不到任何相關的資料。但在同濟德文醫工大學醫學正科第三年級的名冊上，有"劉學真（字敏卿）"一名，時年29歲，藉貫恰是"廣東五華"，通訊處"汕頭五華縣雙頭村樂育學校"，很可能"劉學真"即為"劉學珍"。他1916年從同濟畢業，是當時14個畢業生之一。

---

11 張亞群、肖娟群：《20世紀20-30年代中國留德教育述論》，《徐州師範大學學報（哲學社會科學版）》，第33卷第5期，2007.9。

　　排序第二的是孔錫鵬，男，五華縣岐嶺鎮人，在校時間1909年。出生於農家，父親孔憲芳信奉基督教，早年在汕頭一所教會醫院學醫，學成後先在該醫院當醫生，後在興寧縣開業行醫兼賣藥。母親何韻恩長期在家務農，含辛茹苦，拉扯幾個子女長大。受父親影響，他們如後都走上學醫之路。孔錫鵬從梅縣樂育中學畢業後，考上同濟大學醫科第二期，畢業後到德國留學並獲醫學博士學位。學成後回上海定居，開私人診所達40年，表上記載為"婦産科專家"。

　　以上關於孔錫鵬信息，來源於介紹其弟孔錫鯤的網上資料。孔錫鯤也是出自樂育中學的醫學博士。他離開樂育後投奔已在上海行醫的長兄，先就讀於同濟大學附中，1922年考取同濟大學醫科，1927年8月畢業，留在病理科工作。後經病理科一位德國教授介紹和幫助，申請到一德國藥廠的助學金，每月100馬克，到德國留學，時年23歲。他1928年8月到德國弗賴堡大學病理研究所學習，三年中，曾到慕尼黑、柏林等醫學機構學習，並完成博士論文。1931年月8月回國，先後在同濟大學、同德醫學院等大學任教。1946-1948年到美國密蘇里州聖路易斯市博爾納癌病研究所研究腫瘤病理學。1949年後，在上海第二軍醫大學任病理學教研室主任、教授。1958年到安徽醫學院任病理學教研室主任，直到退休，是我國病理學奠基人之一。孔錫鯤精通德、英雙語，與他兩次留學經歷分不開，也為他一生專注的病理學研究和教學奠定了扎實的基礎。[12]

　　排序第三的是李梅齡（1888-1972），男，梅縣人，樂育中學

12　老安醫孔錫鯤：終身獻給病理學，https://www.91360.com/201801/60/58818.html。

畢業時間1909年。德國醫學博士。

他1888年出生在梅縣一個書香世家。樂育中學畢業後，1910年考取同濟大學德文醫工大學，1915年畢業。在同濟大學1916年"醫科畢業生"畢業照和一張"中華德醫學會合影"中，可見他身在其中。同學錄名册上留下通訊處"上海白克路寶隆醫院"，在這個醫院當"駐院醫生"時，他21歲。

據《同濟醫科史梗概》記錄，"李梅齡，醫學堂第三屆畢業生，是同濟培養的第一位醫學博士，1916年其博士學位獲德國認可"，並附本人照片。[13]

之後，他離開上海回梅縣和廣州行醫。當時醫界，這樣學歷的醫師為數不多。據資料介紹，兩廣總督焦光敏曾聘請他當醫學顧問。之後，他應同學之邀，離開廣州，到上海掛牌行醫。他在白克路租借一幢住宅，作為診所，掛牌"德國醫學博士李梅齡醫師診所"。據説期間曾為楊虎城將軍治病，兩人有過一段交往，診所會客室掛着他和楊虎城的合影。

但李梅齡更大的名氣，不在醫學。他在樂育中學時的一項個人愛好，讓他後來成為"中國信鴿運動之父"。

據説他在梅縣讀中學時，就養了20多隻信鴿。他和妻子都是基督徒，對信鴿的喜愛，來源於聖經上諾亞方舟放出口銜綠色橄欖枝的鴿子，報告洪水已退春回大地的故事。他在上海行醫時，業餘最大愛好是培育信鴿和參加賽鴿活動。上世紀三十年代，李梅齡引

13　章華明的博客：《同濟醫科史梗概》，新浪博客，2018.3.21。

進了10隻德國和比利時名鴿，改良培育出一個新品系命名為"李梅齡種"。當時上海的賽鴿活動主要以外籍人士為主，但1935年6月9日，在一次以僑民為主舉辦的天津到上海的950公里比賽中，李梅齡的賽鴿"759"號榮獲冠軍。[14]

在中國信鴿界，他大名鼎鼎。賽鴿界認為李梅齡在中國現代賽鴿史上，第一個引進歐洲鴿子並培育出耐持久飛翔的優良新鴿種"李梅齡種"，他創立中國第一個信鴿會"上海信鴿會"；抗戰時，他無償支援國防部的軍鴿，其中1263號從重慶飛越近2000公里，回到他在上海白克路的鴿棚。《李梅齡博士之傳信鴿》一書，留下了他1932–1935年歷次賽鴿成績的詳細紀錄。[15]

在封閉山區，在那個民間信息主要靠口頭傳播的年代，樂育這批早期的畢業生，從山鄉少年成為博士歸來的消息，不啻備受關注的"引爆點"。它不但一夜之間成為人們激勵少年的談資，而且進一步觸發了這片區域教育觀念的變化，成為這個學校及其教育方式的一面旗幟。

也許更讓今人感觸的是，這批博士學成之後沒有忘記父輩的囑托，沒有選擇留在德國，而是無一例外地馬上踏上回祖國的歸程。他們的行囊中帶着在德國搜集的醫學資料，帶着另一種文明的洗禮，回應了首任校長馬謨鼎辦校"欲救中國"之初衷，開始了他們報效祖國和家鄉父老的生活。

14　上海市長寧區鴿協科研組：《李梅齡其人其鴿》。2015.7.14。

15　邵中興：《以正視聽："李鳥"品系的形成概況》，ZXW中信網，2014.4.30。

中國近代史上首位留美學生容閎[16]晚年談起自己的個人感受。他説，西方教育有可能使一個東方人改變其"内在氣質"和"感情和舉止"，但"我出國八年重返中國……"，"我的愛國精神和對同胞的熱愛都不曾衰減；正好相反，這些都由於同情心而加强了"。"我苦心孤詣地完成派遣留學生的計劃，這是我對中國的永恒熱愛的表現，也是我認為改革和復興中國的最為切實可行的辦法。"[17]

5

梁伯强是排在"博士一覽表"前六名的最後一位。

梅州黄泥墩的村子禾好塘13號是他的故居。這是一棟客家老宅，門前街道整潔，臨街牆面略顯斑駁，白牆綠瓦，大門上紅底黑字對聯"東平世澤，安定家聲"，上方有"貽谷樓"幾個大字。棕色木門歷經風雨，上了年頭，門板上左右貼着秦叔寶和尉遲恭兩幅門神。大門緊閉，想已無人居住，門上留下一張條子，"大門年久失修已壞，梁家子孫要鎖匙，請到月影塘……"。

梅縣流傳"上市梁，下市黄"的説法，前者指紅杏坊和後者攀桂坊兩大書香家族，其中"上市梁"指的就是黄泥墩的梁氏家族。

16　容閎（1828-1912），男，廣東省香山縣南屏村（今珠海市南屏鎮）人，中國近代著名的教育家、外交家和社會活動家。容閎組織了第一批官費留美幼童。在中國近代西學東漸、戊戌變法和辛亥革命中，都有不可磨滅的貢獻。
17　容閎：《西學東漸記》，岳麓書社，2015.10。

在梁伯强的"貽谷樓"走出數步之外，是梁伯强族叔梁伯聰[18]的故居"鶴和樓"。梁伯聰為梅縣清末最後一批秀才，一代教育家，畫家林風眠、詩人李金髮等都是他的學生，培養人才無數。

禾好塘其實離樂育中學和德濟醫院都不遠，走出街口，抬頭可見不遠處醫院的高樓。沿小路穿過兩旁的老屋，不遠處即黃塘路。可知當年梁伯强上學，衹十來分鐘即可從家裏到校。

1921年7月，上海同濟醫工專門學校[19]校園。

從梅縣來的醫科學生梁伯强，已經習慣了上海的校園生活。他手上捧着一本剛出版的《同濟雜誌》，長舒了一口氣。他是這個雜誌編輯部的副主任，為雜誌的出版付出了大量的課餘時間。

這是創刊號，務必做好，現在總算是如期出版了。雜誌印刷質量差强人意，棗紅色的封面印刷精美，"同濟雜誌"幾個燙銀大字閃閃發光，衹是内頁仍不太理想。但《同濟雜誌》無疑是當年一份重量級學術雜誌，雜誌社社長，是時任同濟大學校長阮介藩，一位留德工學博士。

校園裏，師生也正在翻閱這本新創刊的雜誌。雜誌有醫學、工藝、哲理與自然科學和相對論研究等欄目。在"醫學"一欄，開首

18　梁伯聰（1871—1945年），廣東梅州人，光緒甲午年（1894）考取秀才。著名教育家、詩書畫家。先後執教嘉善女子中學、女子師範、省立第五中學、省立梅州中學。其中在梅州中學的執教時間長達34年。

19　1907年，上海德文醫學堂成立。1908年改名為同濟德文醫學堂。1912年，學堂增設工科，更名為"同濟德文醫工學堂"，設醫、工和德文三科。1917年12月，更名為私立同濟醫工專門學校（1922年學校遷往吳淞鎮）。1924年5月20日，改名為同濟醫工大學，5月20日定為校慶日。1927年8月改名為國立同濟大學。

兩篇文章，都是梁伯強編譯的醫學論文《死亡率日間升降之研究》和《嬰兒死亡率日間升降的研究》，原文是該校歐本海等三位德國教授的研究論文。梁伯強的譯文半文半白，用“吾人若想⋯⋯”開頭，是那個時代的語文風格。第三篇李挺[20]的譯文，同樣翻譯自本校一個德國教授的論文《X光綫-物理上之構造-醫學上之應用》。將德國教授的專業文章翻譯成中國讀者可讀的文字，足見兩位學生的雙語水平。

此時，還在梅縣樂育中學校長任上的萬保全牧師應該感到高興。幾年前，梁伯強和李挺都是樂育中學畢業的高中生，在同濟校園內，他的學生優秀如此，足見這些年學校教育初見成效。

《同濟雜誌》的創刊號，遵社長阮介藩之囑，編輯部專門編發了三篇關於“相對論”的文章，是在國內介紹愛因斯坦和相對論最早的雜誌之一，開中國科學界的先河。次年11月13日上午，愛恩斯坦訪問上海，有同濟師生到匯山碼頭迎接，期間傳來愛因斯坦獲當年諾貝爾物理學獎的消息。

在人才濟濟的同濟大學擔任這份重量級雜誌的編輯部副主任，可見梁伯強在同濟的醫工兩科學生中，是出類拔萃的一個。

1922年，梁伯強從同濟大學畢業。

1923年，他被學校推薦到德國慕尼黑大學研修病理學。他沒有

20　李挺（1901-1977），廣東梅縣西郊鄉黃塘村人。高中就讀於梅縣樂育中學，後考入上海同濟大學醫學院，畢業後返梅縣任德濟醫院臨床醫師。後赴德國漢堡大學醫學院攻讀，獲博士學位，回國後任廣州中山大學醫學院教授兼研究所主任。抗戰期間，出任中山大學醫學院院長，率領全院師生輾轉至雲南澄江縣。

辜負期望，1925年，以《中國人的血型與地理關係的研究》為博士論文，獲慕尼黑大學醫學博士學位。同年回國，受聘為母校病理學副教授。

同濟大學校史館展示，"抗戰前培養"的8位中國科學院院士中，梁伯強位列第三，是同濟大學的驕傲。

梅州市樂育中學也沒有忘記這位校友。《樂育中學105周年校慶專刊》（2007年12月），第6頁有一欄"樂育院士牆"，五位名列其上：張如心（中國社會科學院首批哲學社會科學部委員）、梁伯強（中國科學院第一批院士學部委員）、鍾世鎮（中國工程院院士）、江歡成（中國工程院院士）和劉迪華（美國太空總署院士）。

梁伯強是梅縣人。1899年2月1日，出生於梅縣城西區黃泥墩的一個書香世家。父親是一名教師，曾在本鄉小學和梅州女子中學當教師。母親是一位賢慧、勤勞的家庭婦女，在一場鼠疫中病逝。母親的不幸去世，讓梁伯強自小萌發長大後學醫從醫，以造福民眾，造福鄉里。

1912年，梁伯強就近考入樂育中學。他是一個特別勤奮的學生，他知道，攻克德語是他未來進入醫學院學習的第一關。每天早上，他捧著德語字典，在黃塘河邊背誦，上課，他認真聽老師用德語講授的各門課程。其中的一位德語啟蒙老師，是他的叔叔梁啟周。梁伯強1916年以優異成績中學畢業，同年考進同濟醫工專門學校。

從德國回到同濟大學工作幾年後，1932年，梁伯強回廣東，受聘為國立中山大學醫學院教授兼病理學研究所主任，時年僅33歲。當時該院各科主任都由德國人擔任，但病理學一科，由梁伯強當主任。[21]

梁伯強在1937–1938年和1948–1949年兩度出任中山大學醫學院院長。據他的學生何凱宣回憶，雖然事隔六十年，但老師上課時的聲容笑貌，仍記憶尤新，"他的授課時間總是安排在上午的第一二節。他自編一本中德雙語講義，每次上課前將綱要寫在黑板上，讓學生抄好，閱讀一遍。學生在獲得病理學知識的同時，也提高了德語水平。特別精彩的是他自創的模式圖，簡單明了，科學性強。抗日戰爭時期，學校遷移，教具缺乏，模式圖起了很大的作用。"

曾和梁伯強共事的德國教授傅韋爾（Dr. Gunther Huwer）博士說，"無論從哪一個角度來看，梁教授的病理學研究所都是一流的，達到了國際水平。"貝廷蓋（Dr. H. Bettinger）博士對研究所的工作，也讚不絕口，說"這是一個完善的，極有發展前途的研究所。學術氣氛濃郁，設備達到德國一流水平。有些項目，如尸解記錄，我們還沒有要求這樣詳細。如果不是親眼目睹，實在難以相信"。[22]

1949年後，梁伯強繼續在中山大學醫學院任教授和病理學研究所主任。1955年梁伯強被選為中國科學院生物部學部委員。1964年他出版病理教科書《病理解剖學各論》，是中國病理解剖學的創始人，被稱為"中國現代病理學奠基人"。

21　《名醫篇·梁伯强——做最寂寞之事，治最嚴謹之學》，南都廣州，廣州數字圖書館。

關於梁伯強的德語，貝廷蓋博士曾問何凱宣教授，為什麼你的老師德語這麼完美？何凱宣説，"老師自幼學習德語，一向勤學苦練，在梅縣樂育中學即以早起背誦德文辭典而為人樂道。經中學、大學、德國留學，從未間斷；在國內外又與德國教授共事多年"，他的德語是長年積累的結果。[23]

羅潛的名字，也在"博士一覽表"上。他走的是一條與梁伯強相似，但又略有不同的道路。

羅潛1911年出生於廣東大埔縣湖寮鎮河頭村，曾就讀於梅縣樂育中學，後來離開梅縣，到廣州中德中學讀書，這是國內另一所以德語為第一外語的中學。

廣州私立中德中學創辦於清末，是德國巴陵差會[24]辦的中學，原為德文專修科，亦屬方言學堂的性質。所謂"方言"，當年指的是外國語。校址在廣州芳村德國教堂旁邊，後遷校於多寶路。1925年，改為私立中德中學，設初、高中及德文專修科。該校特別重視理、化及德語。德語不及格者，不得升級。學生高中畢業，據説可免試直升上海同濟大學或德國柏林大學。[25]

1928年，還在唸高二的羅潛便以優秀的成績被國立中山大學醫學院錄取，待注冊時校方發現他還是個高中生，擬取消他的入學資格。時任校長朱家驊最後決定，一由校方指定德國籍教授對羅潛進

22　《名醫篇·梁伯强——做最寂寞之事，治最嚴謹之學》，南都廣州，廣州數字圖書館。

23　何凱宣：《憶强師》，《何凱宣文集》，2002.7，P145。

24　巴陵差會（Berlin Missionary Society），又稱柏林差會。

行面試，若能通過，可以注册；二是第一學年年終考試的平均總分必須達到85分以上，學校才承認其為中山大學醫學院的正式學生。結果，17歲的羅潛再次通過嚴格的考核，正式成為國立中山大學醫學院的學生。

羅潛並不是一個"書呆子"。中學時期培養了良好的學習方法，無論是聽課或者閱讀，都能抓住重點，著重於理解並能舉一反三。除了各科成績優秀以外，他還特別愛好音樂，尤其喜歡小提琴，是學院西洋樂團的骨乾。考試期間他仍然堅持練琴，照常參加樂團的排練，遇到莫扎特音樂作品的演奏會，決不放過。

校方發現羅潛是個可造之材。1933年，決定讓他提前半年畢業，留校當助教。1935年，又公派到德國漢堡大學醫學院進修，1936年獲醫學博士學位，後到柏林大學醫學院藥理學研究所繼續進行科研工作。

1938年，羅潛不負校方所望，從德國回到中山大學醫學院任藥理學副教授、教授。他還兼任廣西醫學院、江西醫學專科學校藥理學教授，在條件極為困難的情況下堅持科研和編寫符合國情的藥理學教材。

抗日戰爭期間，中大醫學院先後遷至雲南省澄江、廣東省樂昌及梅縣等地。

1945年，羅潛以中山大學醫學院院長身份帶着一群學生回到老家梅縣。他與樂育中學和德濟醫院開展合作，聘請德濟醫院的露潤

---

25 曹思彬等：《廣州近百年教育史料》，廣東人民出版社，1983.12。

黎博士等德國醫生擔任醫學教授；聘請樂育中學的教師豪天立和曾省擔任中山大學醫學院德語講師。巴色差會檔案館仍然保留羅潛當年給豪天立簽署的聘書。

1945年，醫學院遷回廣州，作為中山大學醫學院院長，他設立藥理學研究所。1946年，獲抗日勝利勳章。

1950年以來，他的專著《藥理學》、譯著《冠心病》相繼出版並發行十萬餘冊，數十篇譯文與綜述，陸續發表在全國重要醫學刊物上。

他於1976年退休。1978年暨南大學復辦，羅潛復出，承擔創辦暨南大學醫學院的重任，並任名譽院長。

在任期間，他十分重視中德文化交流、兩國學者互訪。德國科技文化交流中心邀請羅潛、何凱宣、鄺公道三位教授訪問德國醫學界。學院與德國漢諾威醫科大學、柏林菲得利（Friedrich）女皇基金會簽定了友好合作協議，基金會每年為暨南大學醫學院提供10名以上學生的留學獎學金，讓醫學院的教師到德國進修或攻讀博士學位。德國方面亦相應派出臨床醫生到暨南大學醫學院進修中醫針灸。暨南大學醫學院與漢諾威醫科大學和醫院之間的合作與交流維持了十年之久。

暨南大學醫學院為培養港澳地區醫療人才做出了貢獻。學院有大量港澳學生，為了使他們的學歷能在原居住取得執業資格，在衛生部的支持下，學院向聯合國世界衛生組織申報並獲得認可。1984年《世界衛生組織年鑒》第38卷第6期正式公佈了暨南大學醫學院的名字。從此，暨南大學醫學院培養出來的港澳生回原居留地後，就有了學歷資格，可以申請參加當地政府組織的註冊醫生執照考試。[26]

何凱宣，這個從上黃竹塘村走出來的鄉村少年沒有到德國留學，但他從樂育開始長年的德語學習和工作應用，讓他保持較好的德語水平。1980年他隨羅潛教授應德國學術交流中心邀請進行訪問後，為了能按協定派年輕醫師到德國進修，學校辦了德語班，他擔任班主任，並親授部分德語課。

在他的職業生涯中，翻譯了大量德語醫學文獻，他主譯88萬字的《人體組織學和顯微解剖學》為全國醫學界、教育界關注，對國內科研和教材建設起過很好的推動作用。何凱宣的譯文，中文底子好，人們的普遍評價是"內容忠於原著，語言流暢，既保留了德語原意，又極富漢語的韻味，讓人賞心悅目。"

他的德語口語，曾讓德國人感到驚奇。當年樂育德語老師豪天立的兒子豪俊和在1987年第二次率團重返梅州時，與何凱宣在廣州見面。在向德國代表團致辭時，豪俊和發現這個中國教授德語用詞造句、語法，居然那麼完美，很是驚奇。

何凱宣告訴豪俊和說，你父親1939至1947年在梅縣樂育中學教德語和英語，我父親何伯澄同期也在那教國文，他們是好朋友。1941年，你父親因病請假，當時我已經是醫學院副教授，還在樂育中學代過他的德語課。可見何凱宣當年德語已達到的水平。

---

26 黃曉芳、譚辛鵬：《育天下英才揚醫學事業——記醫學教育家、藥理學家羅潛》，《廣東文史資料（83）》，廣東人民出版社，2001。

回顧中學時期的德語學習，何凱宣也常常懷念在學校擔任過校長或老師的德國和瑞士朋友，如萬保全先生、栢恩慰姑娘、丘潔貞姑娘和布桂芬[27]姑娘等老師。

2018年8月，在廣州東風東路的御彩酒家，我們見到了何凱宣的二女兒何秀中。她現在是一家稅務師事務所的註冊稅務師。

她帶來了一本《何凱宣文集》，包括譯著、譯述及其他回憶文字。何凱宣晚年定居澳門，這本文集是他的後人在2002年7月，為了紀念他90華誕，同時又是他的母校樂育中學100周年而出版的一本文集。文集記錄了何凱宣作為醫學教育家、翻譯家為醫療教育事業所做的貢獻。

6

樂育中學的學生除在醫學方面取得成就外，在教育界，特別是廣東，也培養了不少堪稱教育家的人才。

1926年，在國民政府回收教育權的風潮中，巴色差會最終放棄辦學權，結束了樂育中學由外籍人士擔任校長的歷史。學校由社會熱心教育人士組成校董會。但誰來接任校長一職？如何改進和保持樂育的優勢？校董會頗費思量。

1928年由華人張化如短期兼任校長一職之後[28]，校董會聘任曾志民擔任第八任校長。

---

27 布桂芬（Rosa Burren，1896–1962），女，教師，瑞士籍，在華時間1926.12–1946.3。

曾志民，五華岐嶺鎮龍嶺村人，1911年14歲時進入樂育中學，高中畢業後，考進上海同濟大學醫學院並於1918年畢業，在同濟大學歷屆校友錄上，可見他的名字（曾接安）和照片。離開同濟大學之後，他到德國柏林大學醫學院留學並獲醫學博士學位。

他1923年回國並回梅縣在德濟醫院任醫生，一度擔任樂育中學的名譽校長。1925年後曾任嶺南醫學院院長、汕頭市立醫院院長。[29]

校董會明白，樂育學生所以能順利進入大學醫科，繼而出國留學，德語是一大優勢。因此保持德語為學校第一外語的傳統，可以形成樂育中學與眾不同的特色與優勢。曾志民接任校長，一是本地人，樂育畢業生，對本地情況和學校過往有深入了解；二有德國教育的背景，對德國教育系統有認識；三是熟習德語，可以直接與曾經管理學校的教會有直接的溝通，獲得必要的包括辦校經費及師資等支持。雖然他任校長祇有短短的四年，但這是一個很好的過渡期。

1930年，曾志民離開樂育中學，在梅城凌風東路開設“曾志民診所”，專心從醫。校長一職由龍川人張化如接任。張化如畢業於教會學校，曾接受訓練做傳道人。後加入軍隊，昇任高級軍官，在當地很有聲望。[30]

期間，仍有兩位歐洲女教師布桂芬、何賜德[31]繼續在學校任

28　唐冬眉、王艷霞：《虔貞女校》，花城出版社，P220。

29　http://ren.hyast.org.cn/history/9/zengzhimin.html。

教，以繼續保留德語教學的特色。

樂育中學多年形成的德語教育傳統，在校長的接任上也有傳承。第十三任（1940-1945年）校長曾省，也是德語教學專家，和曾志民一樣，他也是樂育中學培養出來的畢業生。

曾省是五華人，是樂育中學舊制的畢業生。此後，他到興寧坪塘神學院就讀。這兩個階段的學習，為他的德語水平奠定了很好的基礎。畢業後，他本來有機會繼續到德國的神學院進修（四年），但他沒去德國，卻進了廈門大學，並獲文學學士學位。因為成績優良，他畢業後獲聘廈門大學講師。四年後，1940年，他回到到梅縣，繼張道隆校長之後，被聘為樂育中學校長。1945年後，他接受中山大學醫學院的聘請，到該校教授德語。

據1945屆樂育中學校友，時年96歲的廣東藥科大學教授王啓華回憶，“我是曾省在樂育時的學生。我後來在中山大學醫學院工作，他教德語，我教基礎醫學，可以說是同事。他的德語，在梅縣樂育中學打下了很好的基礎，那裏有德國和瑞士的老師、醫生和牧師，是一個很好的語言學習環境。”

在樂育中學，曾省對德語教學尤為重視，使得學校德語作為第一外語的特色繼續保持。當時高中三年級的德語，由他與豪天立牧師、柏恩慰、吉惠民姑娘擔任，一個客家人可以和德國和瑞士人同時獲得教授高年級德語的資格，可見他的德文造詣應該不錯。

曾省教授德語，有自己的一套辦法。每次上課，先叫學生站起

30　唐冬眉、王艷霞：《虔貞女校》，花城出版社，2015.8，220。

31　何賜德（Emmy Hoseit, 1883-1966），女，德國籍，教師，在華時間：1920.11-1939.4。

來背誦上一次教的內容，所以上他的課，大家都不敢掉以輕心，課前要認真複習，背誦課文。張大常父親為秀才，國文基礎良好，能詩能文，甚獲國文教師何伯澄欣賞，但碰到德語課，卻束手無策。每逢曾校長上課，他都心驚肉跳，如果"中獎"（被校長指名背書），則兩腿發軟，自然就"斷電"了。

曾省教學之餘，還編譯了《德語造句語法大全》，由另一位德語老師陳滌新校對，供學生學習用。

王啓華認為，漢語基礎不好的，外語也不會太好。曾校長的德語素養，和他的國文基礎好密切相關。他清末出生，喜讀書，加上記憶力強，且是文學士，國文素養不錯。

每年高中部國文比賽，由何伯澄老師出題，每個學生都要交作文一篇，先由何老師初審佳作十篇，再送曾校長決定前三名。

曾省後來走上全職德語教學的工作，機緣來自抗戰時期。那時中山大學醫學院輾轉從廣州遷往雲南，最後遷往梅縣，醫學院的教學體系是德國式的，主要教授有不少是德國人，專業課程都使用德語，學生必須具備較好的德語水平才能上課。落地梅縣山區後，醫學院院長羅潛知道，要繼續提高學生的德語水平，樂育中學裏就有豪天立和曾省等一批優秀的德語教師，於是學院聘他們兩位給學生教授德語。

1945年，中山大學醫學院回遷廣州，學院擬繼續聘豪天立和曾省到廣州擔任德語講師。豪天立因聖職在身，婉拒了這一聘任，而曾省則就此離開樂育中學，前往中山大學醫學院，教德語和拉丁語。

王啟華推測，當年"曾省到中山大學醫學院當德語教授，除了他本人的德語水平外，和當時已經在中山大學醫學院擔任院長和教授的梁伯強和羅潛等樂育校友和老鄉，可能有一定的關係。"

曾省到廣州後，在文明路原中山大學宿舍北齋24號住了幾十年，房間面積祇有40平方左右，兩房一廳格局。北齋所在地最早是廣州的貢院，後為中山大學的校舍，抗戰時被夷為平地。1946年，校舍原址上建起了北齋，作為學者們的住房，風格似客家圍屋，也像北方四合院。庭院中央，種滿樹木，青石板鋪路，小徑通幽，被稱為"廣州最後的四合院"。此處名士雲集，教授商承祚、作家歐陽山、畫家胡根天、文藝理論家易準、橋樑專家羅明燏等都曾住在這裏。曾省從梅縣到廣州後，曾擔任中山大學醫學院的外語教研室主任、圖書館館長，學校特地為他提供了另一套舒適的宿舍，但他捨不得離開北齋，在這裏住了50多年，直到終老，是北齋居住時間最長的住戶。樂育學生，後來的華南理工大學化學教授曾芳蓉和姐姐曾秀蓉曾兩次到老校長家看望時感慨，"他住中大的宿舍，非常簡樸"。

可惜北齋作為廣州一代歷史文物，於2005年7月已經拆除，原址改建為中山圖書館的書庫。[32]

曾省在1956年曾先後擔任"捷克斯洛伐克十年建設成就展覽會"和中共"八大"的德語翻譯工作。1957年被聘為中山醫學院教授兼外語系主任，一生以教德語為業。在中山醫學院任教的漫長歲月中，他培養了許多德語人才，承擔了大量的德語翻譯和審校任務。1990年獲授"榮譽教授"稱號，1996年病逝，離壽93歲。

7

"師徒傳承"，在樂育校史上，仍有一些老人們還記得的舊事。

在豪天立留下的一份樂育中學高中"學生成績表"上，有兩個學生的名字，黃永繁和王啓華，前者後來是中山大學德語教授，後者是廣東藥科大學教授。

黃永繁是龍川縣人，1947屆樂育中學畢業，接着進入南京大學德語專業。畢業後分配到北京的外文出版社工作。一度錯劃為右派，後獲平反，恢復公職，最後在老師曾省的舉薦下，進入中山大學德語系教德語。

現居德國的中山大學德語系畢業生謝盛友，是黃永繁的學生。老師留給他的印象與眾不同，"總是身穿着長袍馬褂，即使夏天，也戴着帽子，終年不脫。"

謝盛友回憶，在中山大學讀二年級時，時任德國語言教研室主任的章鵬高老師給他們介紹了黃永繁，說三年級開始黃老師教他們德國文學史。章鵬高與黃永繁同是南京大學德語專業畢業生，也都曾經受教於張威廉（1902-2004）。

二十世紀中國德語界，有"北馮南張"的説法，馮指的是北京學者、翻譯家馮至，張指的是南京大學教授張威廉（浙江吳興

32《北齋：廣州市最後一座四合院》，金羊網，2011.12.5。

人），兩位都是中國德國語言文學專業教學科研領域德高望重的前輩，國內中老年德語文學專家鮮有不是出自他們兩位門下的。張威廉是著名的席勒研究專家。而馮、張兩人也是師出同門，都是蔡元培掌校時創辦的國立北京大學德文系的早期畢業生。[33]

黃永繁在南京大學三年級時初露頭角，他的一篇評論，發表在文匯報副刊，內容是評論亨利希‧曼[34]的長篇小說《垃圾教授》（*Professor Unrat*），小說反映十九世紀末德國封建貴族和資產階級的虛偽和墮落。

謝盛友說，"我非常清楚地記得，在教授德國文學史時，有一天講到亨利希‧曼，黃永繁心情很激動，他說研究問題時，一定要閱讀原著，不要看那些解釋性的文章。看看亨利希‧曼的原著是怎麼寫的，看了才會有自己的理解。如果先看別人的解釋，而不是看原著的話，就容易受到別人解釋的影響，反而限制了自己的看法。"

黃永繁教授德語，有自己的方式。他曾說，"我在中大教的是德國史和德國文學史。這都是沒有目前意義上'標準答案'的課程。我在教學上儘可能把相關的各種觀點都加以介紹。此外，我從來不做課堂考試，祇要求學生在學期中和學期末各寫一篇論文，題目自定。我祇反覆強調：不唯書、不唯師、不唯權威，祇唯自己的大腦。我希望這有助於學生開闊視野並養成獨立思考的習慣。"

黃永繁曾參與翻譯阿爾弗雷德‧科辛（Alfred Kosing）的《馬

33　《中國翻譯家文檔》，新浪博客，2018.8.29。http://blog.sina.com.cn/s/blog_4ad8be610102y37d.html

34　亨利希‧曼（Heinrich Mann, 1871–1950），也譯海因里希‧曼，德國作家，二十世紀上半葉德國傑出的批判現實主義作家之一。

克思列寧主義哲學詞典》(*Marxistisches Wörterbuch der Philosophie*)，並校對了中山大學同事黃敬甫(也是謝友盛的德語老師)翻譯的《羅莎·盧森堡全集》。1990年，黃敬甫還曾應廣東電臺教育臺之邀，錄制了《德語三百小時》節目。

　　1988年，謝盛友到德國巴伐利亞自費留學，臨行他去看望黃永繁老師並告別，問："除了讀弗朗茨·卡夫卡[35]外，還應該讀哪些書？"老師建議説，"認真閱讀漢娜·阿倫特[36]和卡爾·雅斯貝爾斯[37]。"

　　教師臨別時的對話，他至今記憶猶新，"帶着這些細節，我坐火車經過蒙古、蘇聯、波蘭、民主德國，到了班貝格"，開始了新一階段的學習。

　　黃永繁對樂育中學和校長曾省一直懷有感恩之心。"我自認為自己在樂育中學祇是一名不起眼的學生，但沒有想到自己的一生，竟得到曾省老師的多次熱心提携，得以精心研究德語教學"。"我到中大後他便教導我，教書育人，要育有思想有理性講文明尊重人的人；要育有自由思想、獨立人格和首創精神的人。看來這是曾校長教育思想進一步發展的總結。"[38]

　　兩人的師生情誼，一直持續到曾省退休之後。在廣州，黃永繁常常去北齋24號看望恩師。"那時他最大的樂事是在家裏看書，每

35　弗蘭兹·卡夫卡（Franz Kafka, 1883-1924），捷克德語小説家。

36　漢娜·阿倫特（Hannah Arendt, 1906-1975），猶太裔美國政治理論家。

37　卡爾·西奧多·雅斯貝爾斯（Karl Theodor Jaspers, 1883-1969），德國存在主義哲學家、神學家、精神病學家。

38　黃永繁：《懷念曾省校長》，樂育中學校刊。

有心得，則樂於和學生分享。他每見我來了都很高興，談這談那，既歡且暢。有時坐在離我一米多的籐椅上侃侃而談，有時把雙手又在背後在客廳來回走動，一邊思考，一邊陳辭，有時又把椅子移到我的面前，四膝相對促膝談心。"[39]

曾省的另一名學生王啟華，1923年底出生，興寧縣石馬鎮人。他從石馬小學畢業後，考入樂育中學。1945年高中畢業，1947年考入上海同濟大學理學院。他回憶說，"樂育中學是德語學校，而同濟又是德國人辦的學校，與樂育中學有特殊關係。有條件讀大學的學生，同濟自然是不二選擇。"但他"因為醫、工兩科錄取成績高，且學習時間長，所以選了理學院。"

王啟華說，"當時思想比較單純，覺得讀大學選讀醫、工、理科畢業後找工作比較容易，選文、法專業找工作相對難一點。"王啟華1951年從同濟畢業，分配到安徽醫學院工作，從事臨床解剖學的教學與研究。他1955年調回廣東，在廣州中山醫學院，曾在人體解剖學教研室工作，恰好和曾經的樂育校長曾省成為同事。

王教授雖然已近百歲，但依然耳聰目明，思維敏捷。早年的德語學習，也給他後來的著述、編輯工作帶來很大的幫助。"我在樂育中學學德語，當時曾省和豪天立都是我的老師，高中畢業後到同濟大學，又學了一年，可以看書和專業文獻，這對工作很有幫助。"

2014年夏天，他和何秉虔教授等老朋友在廣州見到了第十五次從德國回來"第二故鄉"梅州的豪俊和。王啟華還記得當年的這個

---

39 黃永繁：《懷念曾省校長》，樂育中學校刊。

德國小弟弟兄妹幾個和他們的母親——客家人叫“豪牧師娘”——在黃塘河邊散步、玩耍的情形。

豪俊和帶來了他寫的一本回憶父親豪天立和他們一家在梅縣生活的德語小冊子。把老師這本小冊子翻譯成漢語，有德語基礎的何秉虔和王啓華似乎義不容辭。“不能說我的德語有多好，回憶錄這本小冊子，我和何秉虔把它譯出來了，雖然譯得很辛苦”，王啓華說。

正是他們翻譯的這本小冊子，讓豪天立父子這對德國父子，越過時間和地理的空間，重回中國，回到樂育中學，也來到我的面前。

而一個個少年先後走出山區的故事，則似乎印證了納揚·昌達的一個推論，“人們難以想像通過傳教建立的人類聯繫曾經產生過任何積極的效果。但正如所有聯繫他人的人類舉動一樣，傳教活動也產生了意料之外的結果，它塑造了人類的生活，影響了世界遙遠角落的文化。”40

40　[印] 納揚·昌達（Nayan Chanda）：《綁在一起——商人、傳教士、冒險家、武夫是如何促成全球化的》（Bound Together），（劉波譯），中信出版社，2008.5，P91。

22　紅軍手令：保護醫院，不許滋擾

> 到鄉下出診，騎的是一匹瘦弱的老
> 馬。老馬尖銳的脊柱把我的臀部磨得相
> 當厲害，我祇好把大衣脱下來墊到了馬鞍
> 上。[1]

1

坐在豪俊和家書房那張中式老籐椅上，有一種久違的親切感。若干年前，我家裏也有一張這樣的籐椅，它是妻子從梅州帶回來的。豪家這張帶扶手的籐椅，看上去已經有些年頭，難道也是不遠萬里，從梅州帶回來的？

我繼續翻閱他家中的資料。

一份德語資料，夾在豪天立留下的眾多個人資料中。因年代久遠，紙質變脆，紙色發黃，可幸文字仍清晰可辨。

這是一份證明，簽署的日期是1945年9月14日。文件抬頭是"國立中山大學，中國廣州"。內容是關於豪天立在中山大學任職的去留。

1　韋嵩山：《我的生平回憶》（手稿），存梅州市人民醫院院史室。

在中山大學內遷時期，豪天立牧師曾擔任中山大學醫學院的德語教授，現由於學校搬遷回廣州，他本人自願辭去德語教授一職。

這份文件的簽署人，是中山大學副校長金曾澄和醫學院院長羅潛，上面蓋有他們的紅色印章和簽名。

豪天立為什麼"自願辭去德語教授一職"？其時中山大學校園內一眾知名教授群星閃爍，大師雲集。從一所山區中學，到省城廣州一所著名大學去任教職，不是一個教師更難求的機遇嗎？

早在1932年，梅縣德濟醫院在廣東省及鄰近省份就頗有名氣，並因此開始接收中山大學醫學院畢業生來院實習。抗戰時期，廣州淪陷，中山大學為躲避戰亂，先後輾轉雲南、粵北等地，1945年，遷到梅縣。梅縣德濟醫院成為中山大學醫學院老師和學生的教學和實習基地。

德濟醫院露潤黎博士、梅師德博士及梁騰嘉等醫生被聘為中山大學醫學院教授，以德濟醫院為實習基地。[2] 樂育中學豪天立老師和曾省校長被聘為醫學院的德語講師。一張拍於1945年6月20日的老照片，"國立中山大學醫學院畢業留影"上一共有19人，豪天立端坐前排中間，是他當時在醫學院擔任教職的佐證。

豪天立在巴色差會神學院受到的語言學訓練，包括拉丁語、希臘語、阿拉伯語和英語，現在有了用武之地。中山大學不曾料到，在客家山區，居然能遇到這麼有經驗的德語教師，母語是德語，有

---

2 黃林康、杜秋明主編：《梅州黃塘醫院志》，梅州市地方志叢書，1993.4，P9。

良好語言學基礎，多年德語教學經驗，而且懂中文，了解中國和中國文化。還有一點不能忽略，他還學習過與醫學有關的解剖學等專業課程。去哪裏找這樣合適的德語老師給醫學院學生上課呢？校長、院長大喜過望。

對豪天立來説，其時他已經積累了多年給中國學生教授德語的經驗，現在給醫科大學生們上德語課，順理成章。他回憶道，"1945年春，中山大學搬到梅縣，我應聘在該校任課，特別給醫學院的學生們上德語課。我教他們德語，並幫助他們在醫學院的考試做準備。"

2

1938年10月，國立中山大學在日軍攻佔廣州前被迫遷到雲南澄

豪天立和中山大學醫學院畢業生合影。（梅縣，1945）

江。同期，國內不少大學也先後內遷至雲南，如國立西南聯合大學[3]
等。

1940年，中山大學再從雲南澄江遷返粵北坪石鎮。

不久，粵北也放不下一張安靜的書桌。1945年1月中旬，日軍
進犯粵北，包圍坪石，學校緊急疏遷。這次遷移，據當事師生回
憶，"情狀慘烈"，中大不得不分流成三部分：往東走仁化、梅縣
等地，往西走連縣。從離開廣州開始，中大這條離鄉背井，篳路藍
縷的教學和求學之路，長達7年之久。東行隊伍，包括文學院、法
學院、醫學院和農學院的師生，由代理校長金曾澄率領，經樂昌、
仁化、龍川抵達梅縣並在那裏設立校本部。

《梅縣志》述，1945年3月，"中山大學醫學院以及省郵政遷
到梅縣。"《梅州衛生志》，"廣州淪陷期間，廣東省衛生廳遷到
興寧縣城。中山大學醫學院轉至梅縣復課。"

中山大學各個學院分散在梅縣不同地點，課室設施不得不因陋
就簡。醫學院得益於當時的代理院長羅潛，作為客家人，又是樂育
中學的校友，他親自到梅縣籌備復課。3月30日，他與樂育中學和
德濟醫院協商，借用一部分課室、宿舍和儀器設備。於是醫學院師
生便得以用樂育的課室為校舍，以德濟醫院為高年級學生的臨床實
習醫院，並聘任了露潤黎等醫生作為醫學院教授，得以復學。[4]

3　國立西南聯合大學（The National Southwest Associated University）是中國抗日戰爭開始後高
校內遷設於昆明的一所綜合性大學。1937年11月1日，由國立北京大學、國立清華大學、私立
南開大學在長沙成立國立長沙臨時大學。1938年2月中旬，長沙連遭日機轟炸，大學分三路西
遷昆明。1938年4月，改稱國立西南聯合大學。

在流離失所仍堅持學習的中山大學醫學院師生隊伍中，有李堅白和丁寶蕙，吳嘉蔚和楊纘莘等幾位學生。他們肩負簡單行李，手挽沉重書箱，輾轉向梅縣跋涉，舉步為艱。此行不但路途遙遠，而且一路上還要提防到處出沒的土匪和各種意外。楊纘莘與新婚丈夫鄭先生同行，東行到龍川縣境時，丈夫忽患嚴重痢疾，便血不止。因醫學院師生是分散遷徙，途中缺醫少藥，連草紙都不夠用，祇好撕舊衣服代替，苦不堪言。

據當時一位教師回憶，某日他和學生一行四人正往東行，忽然碰到七八個手持大刀、長矛、短槍的土匪攔路打劫，另十數學生在後看到前面有情況，馬上跑到山上。他們四個因走在前頭，土匪先搶去前面兩人的手錶、鋼筆、金錢等，對教師說，"我要檢查你們是不是壞人。"教師回答說："我不是壞人，我是大學教師。他們幾個是我學生。"並馬上將中山大學任教證明給他們看。土匪見狀，不但沒有再搶而且把錢物還給四人。接着，他們去追後面的人。教師說，後面的人也是我的學生。他們聽後大吼："個個都是你的學生，那麼我們吃什麼？快走，不然，我們還是要搶你們的。"四人僥倖逃過一劫，但後面十數人的財物，不幸全部給土匪劫去。

李堅白和丁寶蕙在艱難跋涉之中，支撐他們意志的是科學救國的理念、唱救亡歌曲也唱粵曲。丁寶蕙在路上學會了包括《延安頌》在內的幾乎當時所有的救亡歌曲。那時正值冬季，天寒地凍，

4　《中山大學在梅州辦學的日子》，南粵古驛道網，2020.7.27。http://www.nanyueguyidao.cn/viewmessage.aspx?messageid=9738。

幸而水柿成熟，不時可以充饑。就這樣，師生們緊咬牙關，終於步行到達梅縣，暫時有了一張略為安靜的書桌。

據1945年4月間《汕報》報道，"中大醫學院本月18日復課"，"中大醫學院東遷梅縣復課後，聘中外教授十位，講師八位……學生到院已達百餘人，各科上課，經告齊全，臨床實習，暫借德濟醫院，故上課均有病例示教。功課緊張，甚或每日上課達八小時之多，學生皆能體念時艱，努力學習，全不缺課。"

這些學生，後來大多成為廣東省乃至中國醫學界的重要人物。如李堅白，曾任廣東花縣（今廣州市花都區）人民醫院院長、廣州市第一人民醫院急診科主任，70歲才退休。丁寶蕙曾任廣州市婦嬰醫院院長、廣州市婦產科學會理事。吳嘉蔚曾擔任廣東省衛生廳副廳長。楊纘莘是同行中唯一的外省女生，上海大家閨秀。她畢業後去了臺灣，當了臺北榮民總醫院的主任，期間曾以醫療隊專家身份派駐利比亞，為尚未發動政變上臺的卡扎菲上校看過病。

李堅白和丁寶蕙後來結為夫婦，據他們現居美國聖迭戈的兒子回憶：

我從父母的憶述中略知，1938年廣州淪陷，中山大學醫學院先西遷雲南，後又返回樂昌、坪石，我父母（當時還祇是未婚的情侶）也隨校到了粵北。未幾，因日軍進逼坪石，校方不得不再次遷移，醫學院在梅縣德濟醫院找到堪作實習基地的條件，又決定東遷。師生們基本上是從樂昌一帶步行到梅縣的。

因為師資中包含不少德國專家，講義也用德文書寫，我父母這屆學生也必須先學德文。我小時候看到家中書櫃有多本德文醫學書籍，還有父母在梅縣一兩張發黃的留影。之後抗戰勝利回遷廣州，父母在廣州紅十字會醫院當了醫生，無獨有偶，紅會醫院曾有一任院長柯道也是德國人。柯道後來回國，由他的弟子黃德光接任院長，直到1949年。

父母同班同學楊纘莘晚年移居美國聖迭哥，與女兒女婿同住，但居然未與（當時已經住在聖迭戈的）我父母謀面，直到我母親去世，她與我父親才在葬禮上見面。老同學見面，一敘同窗往事。楊纘莘於前年辭世。她也對我講過一些當時中大醫學院師生在梅州舊事。

我相信，在梅縣的那段時間，豪天立先生曾擔任過我父母的德語教師。

抗戰時，中山大學圖書館醫學分館以德語為主的醫學書籍來源困難，原來館藏的圖書儘陷廣州，曾托光華書局經理從香港代購書籍數百本，但遭扣留，且無法再購入。館長不得不到處搜羅，靠私人和機構所贈所得，勉強維持教學之需。戰後在香港西環的永源貨倉發現日本掠去中山大學所藏的善本圖書碑帖、德語醫學雜誌171箱。[5]

抗戰勝利後，中山大學醫學院遷回廣州，學院擬續聘豪天立到廣州教授德語。豪天立婉拒了中山大學的聘請，決定繼續留在梅縣。"當時中山大學邀請我到廣州正式擔任教授一職，但我未能接受這個邀請，如果搬到廣州的話，我就要離開傳教工作。"

5　劉勁松：《抗戰時期中國的"書劫"》，南方都市報，2015.8.13。

3

豪俊和拿出一份特別文件給我看。這是一份1929年10月由紅四軍軍長朱德簽發給德濟醫院的"紅軍手令"，手令寫在德濟醫院的德語信箋上，黑色毛筆手書"保護醫院，不許滋擾"，正中蓋着鮮紅色圓形印章"紅軍第四軍之印"，多年過去，紅色依然鮮亮如昨。這份"紅軍手令"出現在一個德國人家裏，讓我眼前一亮。

我不止一次聽説過德濟醫院（現黃塘醫院）的故事，醫院裏一幢幢樓房建成、投入使用，每棟樓的名字，屢屢出現在曾過目的歷史資料之中，留下一道道抹不去的印跡。

我在梅州，正在尋找"紅軍手令"上要保護的這個德濟醫院。

開車前往黃塘的路上，經梅江邊"歸讀公園"。天清氣朗，市民正在江邊長堤晨運。在梅州開車，要特別小心摩托車，它們往往左穿右插，險像橫生。拐上梅江橋，梅州第一道跨江大橋，建於上世紀三十年代，橋很窄，僅容對開兩輛車通過。進入江北老城帶騎樓的舊街，就是當年最熱鬧的商業區。

"腳踏黃塘問黃塘"。友人告訴我，很多外地人來到黃塘，但仍要問黃塘在哪裏？黃塘這個地方，百年前不過是以黃塘橋為中心一條三百米左右的狹小街道"黃塘街"，1950年，常住人口也祇有一千來人。但這方圓不到一公里的地方，集中了樂育中學、聯合中學、樂育小學、黃塘醫院和衛生學校等機構，是梅城號稱"知識分子成堆"、"文化知識高度集中"的地方。最特別之處，這裏又是客家山區與歐洲大陸聯繫最緊密的地方，曾經在這裏生活工作的外籍人士眾多，彷彿有一條隱形的知識和文化通道，在歐洲與梅縣間往來。

現在的黃塘路依然很窄，馬路一側是醫院的圍牆，圍牆裏是高聳的梅州市人民醫院幾棟大樓。

馬路另一側是臨街的商鋪，飯店、藥店、銀行和小攤檔。賣早點的小店，店門上掛着腌粉、腌麵、粥和雲吞的招牌。批發零售北冬蟲草、靈芝孢子粉的藥店。人行道上擺着賣柚子的小攤。還有出租單間、套間和鐘點房的小旅館。路邊停着汽車、摩托車和自行車，人來車往，熙熙攘攘。

車開進醫院大院，看病的人很多，門診部門口擠着出出進進的人群。停車場擠得滿滿的，祇得把車開出大院，回到擁擠不堪的黃塘路上。

往西開過黃塘橋，橋下的黃塘河是程江的一條支流，河床上長着雜草，水流很小，在沙丘間流過，岸邊垃圾和塑料袋隨處可見。

百多年前，黃塘村這一大片地方還是梅城外的西郊，黃塘河蜿蜒穿過，黃塘橋橫跨小河，四周多為農田，墓地零散其間。

老橋還在，但已經完全不是老照片上看到的那樣。它還是很窄，但不知道在哪個年代，橋的兩側加建了護欄。過了黃塘橋是黃塘路延伸的一條窄長的小街，小街一頭，是嘉應學院醫學院。梅州友人告訴我，早年德濟醫院的門口就在這條小街上。從老照片上看，醫院入口處的門樓很小，看上去和一般客家院落無異。但現在醫院已經從黃塘河的西邊，擴展到河東面的一大片，老門再也看不到了。

1887年起，瑞士巴色差會獲准在這片荒地上建教堂，並先後辦起了醫院和學校，樂育中學、德濟醫院、黃塘福音堂以及心光盲女院。

當年那個德濟醫院已經發生了巨變，外籍醫生和護士50年代初全部撤離。現在，不但在黃塘，甚至在梅州，都鮮見外籍人士。一個多世紀中西交融的印記，風過無痕。

要尋找的德濟醫院，就是現在的梅州市人民醫院。不過，梅州人還是習慣地叫它黃塘醫院，甚至"黃塘醫院"幾個大字仍然立在大樓的外面，但老一輩都知道它就是原來的德濟醫院。

4

據《梅縣志》記載，西醫傳入梅縣，始於清光緒廿二年(1896年)，標誌性事件是德濟醫院在黃塘創辦。《梅州衛生志》記，"基督教巴色傳道會派遣德藉醫學博士韋嵩山在梅縣黃塘創辦德濟醫院。從此西醫西藥傳入梅縣地區。"

光緒廿九年（1903），德濟醫院開設住院部，有病床50張，開始針劑注射、外科手術、接種牛痘；使用奎寧、亞的平等西藥治病。

德濟醫院首任院長為德國人韋嵩山。醫院的建設和開辦經費，初期主要由巴色差會負責，後來逐漸依靠國內外教徒的熱心捐助，抗戰時期還得到過國際紅十字會和一些國家救濟機構的讚助。

在梅州市人民醫院行政樓層見到了醫院院長。大樓是黃塘地區最高的建築物，在高層上可以俯瞰整個黃塘地區。

院長是一個乾練的中年人，穿着深藍色的西服，看上去精力充沛。他剛從歐洲訪問歸來，告訴我們，他在巴塞爾巴色差會檔案館找到了德濟醫院最早一棟建築的圖紙。因為醫院有了很大的發展，當年德濟醫院的所有建築都已不復存在，但他正在考慮重建醫院第一棟建築，以作為紀念。

2017年10月，巴色差會時任副總裁哈特先生（Alfred Hirt）告訴我。他同年3月剛訪問過梅州，應邀參觀過梅州市人民醫院。他搬出當時獲贈的一隻青花瓷盤，盤面上藍色綫描生動流暢，勾勒出醫院幾棟大樓。他說，與當年德濟醫院相比，醫院今天的巨變讓他非常吃驚。一百多年前巴色差會建的一個規模不大的醫院，現在發展成為一個規模如此宏大，設備如此先進的醫院，這讓他倍感高興和自豪。

由於這種歷史淵源，哈特先生說，巴色差會願意成為梅州市人民醫院與歐洲醫學界合作與交流的橋樑，樂意促成梅州與歐洲醫療界的聯繫，比如醫院與蘇黎世大學等醫學研究機構的合作，包括學科建設、人員培訓和學術交流等方面。

我把車停在樂育中學，從校園北門出來，再從醫院後門進入大院。我試圖在醫院內尋找德濟醫院當年那怕是一小間老建築。在豪天立的筆記和照片中，露潤黎博士的名字和面孔我早已熟悉。兩人來中國前同時到英國學習英語、在德國學習漢語、又一起同船來到中國。走在醫院的大樓間通道，我彷彿看見穿着白大褂、鼻樑上架着眼鏡、留着小鬍子的露潤黎醫生，急匆匆地從醫院的這一棟樓走到另一棟樓。

院史室不久前重新布展，煥然一新。院史記錄上，德濟醫院的前十任院長，均由德國或瑞士人擔任。從創辦者韋嵩山到最後一任，瑞士籍的院長梅師德，時間跨度從1893年到1951年，跨越半個世紀。

1951年人民政府接管前，該院的院長、主任醫師和各病房的護士長，基本來自瑞士和德國。在外籍醫師中，服務時間最長的依次為露潤黎(21年)、護士長馬愛仁[6](21年)、韋嵩山(17年)、梅師德（16年）、寶為善[7](11年)。這些外籍醫務人員，固然身負宗教使命，但仁心仁術、工作認真、經驗豐富，在患者中聲譽較好。[8]

露潤黎的名字出現在院史室的"歷任主要領導"的介紹上，"1925-1949，任副院長、院長"。不過，這並非準確的記錄。依照豪天立日記以及在船上所拍攝的照片，他們兩人到達梅縣的時間應該在1927年7月；他們和家人一起回德國的時間應在1947年3月。

一位在黃塘長大、現已退休的大學老教授還記得醫院和露醫生的一些往事。她說，父親8歲時還在五華看牛，1936年經介紹到德濟醫院工作，一直到1947年。父母隻字不識，所以在醫院伙房工作。醫生護士都在那裏吃飯，中西餐都有。他們大都比較儉樸，以牛奶、麵包為主食。老教授本人在德濟醫院出生，與姐姐都入讀樂育小學，放學後會去伙房幫忙，給病人送飯。因為醫院緊挨學校，聽到學校的鐘聲才趕忙去上學。她還記得，放學後，她還曾去附近心光盲女院教那裏的女孩唱歌、跳舞。記憶中，醫護人員與大家，尤其是窮人相處隨和。他們喜歡逗小孩玩，講客家話。"我從小病多，他們一見我就抱起我，送給我小禮物，郵票啊，畫片什麼的，

---

6 馬愛仁（Emma Martin, 1899-1975），女，德國籍，護士，在華時間1926.12-1947.7。

7 寶為善（Hermann Bay, 1884-1925），男，瑞士籍，在華時間1912.1-1922.5。

8 朱奕毅：《汕頭記憶：一枚由汕頭振南藥房寄梅縣黃塘德濟醫院的實寄封》，品略圖書館，2018.3.24。

還有發卡，並把毛綫扎在我頭髮上。"她記得父母說過，"不論什麼人住院，有錢沒錢，他們都認真服務"。他們還記得露潤黎醫生，給病人檢驗大便，不但拿到化驗室，而且還用手來搓、來聞，進行診斷。老教授回憶說，他們家當時住在黃塘河邊，"有一次全家一起回去找那個房子，已經不在了。"[9]

這是嘉應州（梅縣）的第一所西式醫院，是中國內地第一所德國醫院。所謂德濟，取"厚德廣濟"之意。在19世紀清代末年，來自瑞士和德國的醫生、護士，創辦了這個醫院，讓客家地區直接與世界最先進的醫療技術體系接軌。與當時的大城市醫院相比，德濟醫院毫不遜色。

在我看來，現任院長重建老醫院第一棟建築的想法是個好主意。此舉不僅可以彰顯醫院歷史的厚重，而且也可以成為今後與歐洲醫療界加強交往的一個重要橋樑和平臺。

我來過梅州多次，但對醫院所知甚少。從院史看，醫院歷史、創辦時期的人員和技術曾經有過的影響，讓人刮目相看。環顧院史室，展櫃裏那些開拓者們用過的手術器械，結構複雜的手術床、牙科椅，以及1929年柏林出版的《德國藥品稅》、《喉科疾病》等德語醫學書籍，都被精心地保存起來。每件物品，都在訴說那個年代的故事。

政府也為外籍醫護人員來華打開方便之門。一張護照簽證，持有人是瑞士籍寶為善，政府發放的簽證是上有大紅印章的一紙文件，說明"一切待遇與中國人民無異"，"限一年繳銷"。可惜日期與大紅印章重叠，未能看出具體簽發日期。另一張為29歲的瑞士籍女護士惠

9　華南理工大學訪問，2018.11.30。

施德[10]發放的"護士臨時開業執照",日期是1950年12月。

醫院的工作,可以從一份梅斯德院長所做的《德濟醫院1943年簡報》[11](摘要)中略知一二:

1943年,為本院成立後47年……雖時局日趨嚴重,而仍得照常工作,於可能範圍,稍盡其服務人群之義務,向諸君一報其略焉。統計全年門診人數4229,診病次數8842次。留醫人數1136人。各種病癥,另表列後。

本院不獨以醫治病人為務,且欲因便稍為參加造就中國現代需要之醫術人才,即醫師及護士,以適應社會之需求……

本院素本服務之義,除醫治自己可能或稍能負擔醫藥及食宿等費之病人外,並接受負病之貧民、難民及傷病兵等,施以醫治。

凡平民之來院就醫者,向例各須量力自己負擔醫藥費之一部,或小小一部。但因其經濟能力之關係,而仍須減其應出各費之四分之一、或四分之二,或四分之三,或減而又減者,或須完全免其費用者,甚或須由本院供給其伙食者,皆非少數……此項工作,當此非常時期,以本院之微,原難勝任。但能稍盡綿薄,服務人群……幸賴地方人士之慷慨解囊,與夫國際救濟委員會……之協助,始克維持……再拜諸君之賜也。

梅斯德報告說,在戰爭年代,醫院還曾經被用作戰地醫院,救

10　惠施德(Vreni Fiechter,1921-2013),女,護士,瑞士籍,在華時間:1948.1-1951.2。

11　梅斯德:《梅縣德濟醫院1943年份簡略年報》,見《梅州黃塘醫院志》,1993.4,P193。

治傷兵。

在國難期間，更盡綿力，隨時接受兵站醫院送來身負重傷之士兵，而於今年九、十月間，接受由揭陽送來之傷兵尤多。計全年受醫之傷兵約100餘人，留醫日數共4742日，施割癥手術共97次，俱係取出子彈及碎骨等，包裹及換藥共8000次。

關於傷兵救治，幾年之後，1946年12月，時任院長的露潤黎醫生回憶，"有時友軍和敵軍的傷病員會同時住進醫院，住進同一間病房，甚至是共用一張病床。我們對所有傷病員一視同仁，用同樣的方式治療他們。在中日戰爭期間，一年中總有幾個月，醫院會收治受傷的士兵和平民。只要是服務於中國人民，我們很樂於這樣做。"[12]直到1949年春，解放軍閩粵贛邊縱隊還轉移3名重傷員到醫院保護治療[13]。

或許，這就是為什麼早在1929年，朱德軍長要為這個醫院，特別簽發一份"保護醫院，不許滋擾"的手令。

5

院史室收藏着一部特別文獻，把我們帶回醫院創辦的那個歲月。

這是醫院創辦者韋嵩山博士於1938年在德國寫的回憶錄草稿。

12　1946年12月，德濟醫院50周年慶，時任院長露潤黎對醫院全體人員講話。
13　見《梅州醫院120周年大事記》，梅州市人民醫院院史館，2017.3。

雖然祇是草稿的部分複印件（第一與第二部節選），但還是能讓人
了解醫院早年鮮為人知的歷史。

1938年，奔波了大半生的韋嵩山年近70，他回到度過少年時光
的地方，德國比勒菲爾德（Bielefeld）。他終於有時間坐下來，憶
述在中國的歲月。

這份用德語起草的回憶錄，按作者原意，似乎不是為了出版，
而是為了讓後輩知道，他一生曾經做過些什麼。他提筆寫下："我
的生平回憶：為我的子女而作"。

回憶錄中有不少照片，其中一張特別引人注意。韋嵩山站在一
個客家風格的大門前，門上寫着"德濟醫院"幾個大字。當地文人
給大門撰寫一副對聯："德士來華遵帝命，濟人療病體天心"。這
是黃塘橋邊德濟醫院最早的大門，看上去和一般的客家院落差不
多。是的，正是這個韋嵩山，在1896年創辦了他身後的這所醫院。

這是韋嵩山"尚未完成"的一部手稿。他的外孫約翰內斯·馬
肯森（Johannes Mackensen）從德國柏林來梅州尋訪先輩足跡時，特
意帶來送給醫院作為紀念。因為年代久遠，手稿原件不少地方已經
模糊不清。1998年，約翰內斯花心思重新整理，成了現在院史室展
覽的這個打印清晰的文本。他回憶外祖父，"在40年代前期就已經
開始對他的手稿進行補充和修改。最重要的是，他那時懷着極大的
同情心關注着中日戰爭。"

巴色差會檔案顯示，韋嵩山1888至1893年分別在波恩、巴塞爾和
蒂賓根的醫學院攻讀醫學，並獲醫學博士學位。1890年進入巴色差
會，1893-1899年派出到中國，在印度度過兩年後，1901到1909年又

再度到中國。"他是巴色差會派出到中國工作的第一個醫生"。[14]

1869年10月19日，韋嵩山出生在德國西部北萊茵－威斯特法倫州，明登縣哈勒村，一個封閉小村子。國人相對熟悉的波恩、科隆和杜伊斯堡等城市都屬於這個州。父親是學校教師，家中七個子女，父親邊教書邊耕種學校的一小片土地，這和客家人的"耕讀"生活倒有某種相似。

韋嵩山是家中老三，在村裏小學讀書。父親工資微薄，生活艱苦，自己種食物和水果、養豬和兩頭奶牛。下午沒課的時候，兄弟們輪流去放牛。12歲，韋嵩山考入明登縣實科中學，同時跟父親學習拉丁語和法語。

其後，他和哥哥到波恩大學醫學院學習。

1890年夏季到1891年冬季，他進入巴色差會神學院繼續深造醫學和神學。當時巴塞爾醫學院僅有三十名學生，教授和學生關係親密，教授都相當傑出。之後，他到蒂賓根大學醫學院學習，住在一個"吵吵嚷嚷的麵包師"家裏。在這，他獲博士學位，並開始在醫院門診部當實習醫生。1893年2月7日，他獲授醫生執業許可證。

同年9月，韋嵩山由巴色差會派往中國，時年24歲。9月25日上午，這位年輕醫生在意大利熱那亞港口，登上"拜仁"號輪船的甲板。經過一個月航行，10月26號，到達香港。從香港到廣州，再輾轉於12月31日到達嘉應（今梅州）。

14　巴色差會檔案館資料，basel.bmpix.org。

在嘉應，他邊學習漢語和客家話，邊着手開設診所。他在屈能伸牧師住室的樓下因陋就簡開設了一處診所。他雇用了一位剛小學畢業、14歲的李姓客家男孩當助理，每個月支付薪酬3美元（大約9馬克）。當時物價比較低，阿濤用一半的錢就可以支付吃飯的費用。韋嵩山回憶：

我本來可以從第一天起就開診，但由於要學習漢語和客家話，必須先放下其他事務。在緊張地學習了半年漢語後，我基本可以在沒有別人的幫助下與當地人進行一些簡單對話。

這時，我開始救治一些斷骨患者，給他們固定上臨時夾板。我想，我差不多可以讓德國給我寄一些醫療設備，以便我設立門診了。

1894年8月8日，他和客家話老師以及助理一起，搬到黃塘開辦診所，半天為病人診病，半天繼續學習。他同時向傳教士瑞霭多學習漢語，"每天早上，我和他一起讀書"。外出的時候，"商鋪的牌匾和寺廟裏的碑文"都是學習的材料，韋嵩山不停追問，一直到理解才罷休。

與此同時，他着手籌辦醫院。一切從無到有。

現在我終於可以在中國人間開展醫療工作了。我在教會學校樓下布置了一間小屋作為問診室和藥房，大約四乘四平方米大，有一個小窗户。我從一個中國木匠那裏訂制了一個貨架，擺放藥瓶。屋子中央橫放一個櫃臺，放醫用天平、洗手盆和一個裝滿了小工具的桶。在門左側的牆邊，櫃臺對面，放了一把竹制長椅和兩張竹凳。這張長椅在為病人檢查身體時使用。這是我第一個簡陋的小門診。

病人來了，沒有候診室，需要坐在外面走廊上的長椅上等候。

這一段時間，我上午問診，下午上語言課。周末做完禮拜後，繼續為那些做了禮拜的人看病。

有一位長者在我這做了雙眼的白內障手術，他是我助理的宗親。這位老人後來到基督教會報到，並接受了洗禮。他替自己取了教名"新瞳"，是重見光明之意。這是我的醫療工作所取得的第一項業績。[15]

兩年後，1896年，醫院的第一幢"箐莪別業"樓建成，標誌着德濟醫院正式誕生。醫院工作正式開展起來。韋嵩山為首任院長。

自此，醫院逐漸擴展。1903年前後，先後建起存真樓、德玉樓、希光樓、傳染病室等多個病區和居室。更多的歐洲醫護人員也陸續前來。1906和1909年，德濟醫院分別在龍川縣、五華縣開設分院，後因人才緊缺而停辦。

德濟醫院創辦後，除先後有十名德、瑞藉院長外，還有數十名歐洲籍醫生、護士來院工作。在19世紀末20世紀初，他們的到來，帶來了當時世界先進的現代醫學，在梅縣山區播下了現代西醫西藥以及醫學教育的種子。

---

15 韋嵩山：《我的生平回憶》(手稿)，1938。存梅州市人民醫院院史室。

6

韋嵩山的名字，不斷地為後人提及。1946年12月，德濟醫院50周年慶，時任院長露潤黎對醫院全體人員講話。回顧歷史，他特別提到，在全院歷年衆多醫護人員中，有"兩名醫生（一個德國人和一個瑞士人）和一名護士，尤其值得我們懷念。"

韋嵩山名列第一，"他是嘉應州醫療傳教工作的先驅，他值得我們尊敬，他的學生直到今天依舊滿懷感激。"

他說，"現在，我們幾乎無法想像，在祇有單獨一個房子的條件下，他是如何在1895年為3356位病人做了5069次診治，完成40次手術（其中10次白內障摘除手術）！"

與此同時，韋嵩山還常去城裏和鄉間走訪問診，為病人看病。一個挑夫跟隨着他，扁擔一頭裝着他"不值錢的家當"，另一頭裝着醫療器械和藥物。這讓他熟悉了道路，鄉村和那裏的民衆，並融入其中，迅速贏得了嘉應州百姓的信任。他名聲遠播，甚至福建省和江西省的病人都來找他。

有時他們騎馬出診。韋嵩山回憶道，他騎的是"一匹瘦弱的老馬。給牠餵的是米而不是燕麥，甚至是乾草和糠。老馬背上的馬鞍，是木制的，很明顯之前是架在一匹北美野馬馬背上的，剛好卡在這匹像山羊一樣瘦弱的老馬的脊柱上。"走一段路後，"老馬尖銳的脊柱把我的臀部磨得相當厲害，我祇好把大衣脫下來墊到了馬鞍上。"[16]

16　韋嵩山：《我的生平回憶》(手稿)，1938。存梅州市人民醫院院史室。

旅行充滿艱辛。去一趟老隆需要3天時間，有些地方甚至6天。從那裏來求救的信使，也需要花費同樣長的時間來到醫院求助。往往是在醫生趕到之前，病人自己已經開始漸漸恢復，而不幸的則或者已經歸西了。

韋嵩山習慣這樣的旅行。他在1898的年度報告中說："我已經真正愛上我的這部分工作了，它讓我走進了那些曾經對傳教士和歐洲人關閉的屋子裏。在診療結束後，我經常有機會在他們的屋裏喝杯茶，和他們安靜地聊會兒天，並向他們傳播基督教。"

很少人知道，韋嵩山是一個熱情的音樂愛好者。萬里迢迢，他帶着心愛的法國圓號來到中國。每天晚上，人們祇要聽到從黃塘的那個小屋子傳出的號聲，就知道他在家。

露潤黎講話中提到的第二位值得懷念的醫生，是第三任院長寶為善。他於1912年來到中國，憑借外科醫術和友善的性格，迅速贏得了當地民眾的信任。那些年裏，歐洲社群裏的病人多，有時要通過信件問診、開藥方，但醫生也經常會被叫到邊遠的傳教站出診。單是1915年，他就有三個月的時間花在路上——大部分時候都是騎馬——總行程2400公里。由於第一次世界大戰，寶為善不能按時回瑞士休假，此時他和家鄉的聯繫已經隔絕了幾年。在整個一戰期間，他獨自一人待在中國。"我們可以想像到，在那一段艱難歲月，多少重擔落在這位同事身上。"

1914年，鼠疫在梅縣一帶流行。在寶為善的領導下，醫院為民眾注射了3000支鼠疫疫苗。由於戰爭和貧困，門診和醫院的病人數量逐年增加，醫院的床位總是非常緊缺。直到1921年——寶為善任職的最後一年——人數達到自醫院成立以來最高峰，"有7244位門診病人，有655位住院病人，住院天數達到14861天"。

1915-1916年，寶為善在紀振綱牧師和中國朋友協助下，在西陽鎮的清涼山上建立了肺病療養院。開始時規模不大，一廳四室[17]。清涼山位於梅州城區的東南方，與黃沙嶂相連，草木蒼翠，海拔800多米。由於海拔高度，夏天的清涼山，山如其名，置身清涼世界，氣溫比位於盆地的梅城要低五六度，是適合肺病治療和療養的好地方。肺病療養院落成時立的石碑原件，收藏在醫院院史展室一角，灰色石碑雖然缺了一小角，但碑文"建肺癆療養院記"字樣清晰可辨："黃沙嶂北，清涼山南……坐北朝南，萬山羅列，草木蒼翠……療養肺病之佳境也"。療養院棄置多年後，此碑被村民搬到池塘邊作洗衣板，2000年被一記者發現，於是重回醫院。

醫院的基本準則是：要使窮人受益。無論貴賤，不管他們對教會是否有興趣，都一視同仁。對窮人，他們減免醫藥費、手術費、包扎費和其他費用；甚至連飯也吃不起的人，也同樣提供餐食，"我們不能眼睜睜看着他們挨餓"。醫院有一條原則，向富人收取較高的手術費、醫藥費等，以獲取資金，使窮人受惠。

1909年1月2日，韋嵩山離開嘉應回國。"離別那天到了，我要向15年裏所經歷的一切告別，這對我而言真的很難。"那天，從傳教站到乘船碼頭，傳教士、醫院全體員工、那些聽說韋嵩山醫生要

17　見《梅州醫院120周年大事記》，梅州市人民醫院院史館，2017.3。

離開中國的當地人，都來送行。他們組成了一個長隊，穿過城市街道來到河岸邊，“大家給我們送來了很多雞肉，足夠我們到歐洲的口糧了。我們在煙花爆竹的聲響中登上了船。”

韋嵩山回國後還時時掛念着中國，曾有兩次準備重返嘉應，但因各種原因未能成行。在嘉應的15年，他用愛、行動和智慧服務中國民眾，卻未能免除家人的不幸。1906年8月5日，他的幼女在嘉應州夭折。他的妻子患上慢性痢疾，回德國4年後，1913年11月14日，“我妻子的脈搏變得越來越弱，這個真誠的靈魂就這樣消失了。”[18]

豪天立：清涼山療養院和度假屋。我去年夏天曾在這裏住過。（梅縣，1940年前後，豪天立攝影）

18　韋嵩山：《我的生平回憶》（手稿），梅州市人民醫院院史室。

寶為善在中國最後幾年也身患疾病。本來可以早些回國，但他的繼任人薛克仁[19]醫生1921年3月才到達嘉應。寶為善為了讓繼任能夠有時間接受語言培訓、適應環境，仍帶病堅持，到1922年2月才回國。回國後，他還在家鄉四處奔波，不辭勞苦，為德濟醫院的擴建籌集資金。

1924年秋天，寶為善和韋嵩山一樣，也有再度回中國的打算。露潤黎回憶起這段歷史，沉痛地說，"但上帝為他安排了別的事情，寶為善醫生病重並在1924年12月去世"，他終究沒能如願重返嘉應。[20]

消息傳到醫院，人們將一幢三層的新樓命名"為善樓"，紀念這位院長做出的貢獻。

7

1940年的一個晚上，夜深人靜，梅縣城區。一輛人力三輪車離開西門藍屋巷的大宅，在七拐八彎的小巷裏匆匆而過，直奔德濟醫院。藍家媳婦張松貞在車上半躺着，一陣陣劇烈的腹中絞痛折磨着這位客家女子。

張松貞是"藍元裕金店"主人藍吉珊的第四任太太。客家人説藍吉珊"命硬"，他的前三位夫人都先後因病去世，第三位太太曾氏1927年11月生產小兒藍唐時感染產後疾病，一年後不治身亡。如

19　薛克仁（Ernst Sikemeier，1888–1976），男，瑞士籍，在華時間1921.1–1926.4。

20　露潤黎：《值嘉應州醫學傳教50周年慶的講話》，1946.12。

今第四位太太也命懸一綫。藍吉珊急得像熱鍋上的螞蟻，情急之中，他想到了德濟醫院。

說起來，客家人對西醫西藥的了解和信任，都是從與外籍醫生和護士的接觸開始的。

據西門藍屋後人回憶，上世紀四十年代，梅縣西門"西箭角"有間雅致的茶館，當地名流、上層人士喜歡在那裏喝茶聊天、交流信息。德濟醫院的外籍醫生包括露潤黎、梅斯德等醫生；樂育中學的老師和教堂的傳教士，都樂於與當地人士交流，常到那裏茶敘。日久天長，當地人漸漸與外國醫生、教師和傳教士有所接觸交流，並消除了隔閡。這些茶客當中，包括藍吉珊。

三輪車在夜色中飛奔。張松貞，這個平常用銅水煙筒抽水煙的女人現在發着高燒，在車上昏昏沉沉。她生於1896年，是梅縣南口鎮寺塘埂人，從小被送至尼姑庵出家修行。藍吉珊的第三位太太曾氏去世後，1930年，張松貞還俗，藍家續弦為第四位太太。

總憲第藍屋也算是梅縣名門望族，八世祖藍欽奎是清朝（公元1733年）進士，官至正三品、為山西按察使。總憲第藍屋人士藍吉珊開設的"藍元裕金店"在香港、汕頭設有分店。藍吉珊是當時梅縣富商、上層人士。

在德濟醫院的病床上，張松貞被診斷為腸壞死，需要馬上做腸切除外科手術。

在上世紀四十年代國人對西醫認知極其有限的情況下，藍吉珊夫妻基於對外籍醫生的了解和信任，毅然接受了手術方案，"將壞死的腸切除，然後用'羊腸'作為縫合綫將兩邊腸子縫合，腸子傷口愈合後無需拆除縫合綫"。手術主刀，由露潤黎博士親自來做。

一直陪伴在旁的，是藍吉珊和他前妻的兒子藍唐。據藍唐回憶，他當時在梅州中學讀初中，他去醫院陪伴姆姆張松貞時，露醫生為免除家人的緊張，還親切地用的客家話對他說："細哥，吾食啦飯麼？"（小哥，你吃飯了嗎？），並對家人詳細解釋張氏的病情。

八十多年過後，我隨藍家後人到藍屋巷的藍家老宅。大門之上是"總憲第"橫匾，兩側對聯為"三臺著績"、"千叟流芳"，宣示祖上的顯赫一時。當年張松貞住過的"迪吉樓"在巷子的另一頭，門口的水泥花地磚依舊，據說這是當地最早的洋樓。

2019年6月，我有機會先後在廣州和斯圖加特，見到藍唐的兒子藍浪和孫子藍宇韜。他們説，家族一直謹記德濟醫院露醫生和梅醫生的那次"救命之恩"，醫生的名字他們都還記得。他們的醫術和專業精神，在家族中口口相傳至今。藍浪説，張松貞在那次手術後，"阿婆三十多年來身體硬朗，一頭烏黑亮麗的及腰長髮，説明醫生醫術高超，手術相當成功，直至1973年12月以78歲高齡辭世。"

在斯圖加特，我和藍宇韜見面。他在德國的大學畢業後，在當地一家企業工作。他帶我們在城南一個安靜的湖邊散步，湖面是聖約翰教堂的倒影。我們在小街裏一間古老的斯瓦本餐館Stuttgarter Staffele坐下，回憶着他祖輩那些遙遠的往事。

他或許不知道，為他的太阿婆張松貞動手術的醫生露潤黎，1897年9月29日，就出生在離斯圖加特不遠的小鎮奧伯亞

罕（Oberachern），時間晚張松貞一年。1916年，他在奧芬堡
（Offenburg）高中畢業，1919年2月1日在弗賴堡（Freiburg）攻讀醫
學，1920-1921年，到蒂賓根大學醫學院臨床學習一個學期，第二
個學期到瑞士巴塞爾繼續臨床學習，結束後回蒂賓根大學讀第三、
第四學期。1922年秋通過國家考試後，於1923年1月21日在阿赫恩
（Achern）市、普福爾茨海姆的醫院實習。同年11月1日，前往斯
圖加特的貝塞斯達醫院擔任助理醫生。最後，他獲得醫學博士學
位。

1925年8月18日，露潤黎與伊麗莎白·芬克（Elisabeth Finckh）
在斯圖加特結婚，婚禮也許就在湖畔教堂裏舉行。他們育有7名子
女，其中5名在梅縣出生。

1926年12月29日，作為醫生，他與豪天立、恩斯勤[21]、苗沛興[22]
和馬愛仁姑娘等一起到中國，在德濟醫院擔任醫生。

他和夫人1933年回國休假。1935年留下3名子女給祖母照顧，
夫婦兩人攜第4個兒子回梅縣。他是在德濟醫院任職最長的一位外
籍醫生，前後長達二十年，除了擔任醫院的副院長、院長等職，還
是中山大學醫學院客座教授、樂育中學的校醫。他救死扶傷，張松
貞的個案，是他搶救過的無數病人中的一個，他培養的客家青年，
不少都成為優秀的醫生。

1947年4月，他和夫人帶着4名在梅縣出生的子女，與好友豪天
立一家一起回德國。雖然身為醫生，但其時他已經重病在身。那些

21　恩斯勤（Ernst Engel，1905-1976），男，德國籍，教師，在華時間1926.12-1949.5。
22　苗沛興（Ernst Michelfelder，1900-1979），男，德國籍，在華時間1926.12-1935.2。

老照片中,他來時是一個年輕小伙子,20年後告別梅縣時,已經兩鬢染霜。

不幸的是,回德國後僅幾個月,1948年1月6日,露潤黎終因高血壓和黃疸病與世長辭,時年方51歲。這是一個把畢生都獻給了客家山區的德國醫生。

8

在治病救人的同時,德濟醫院着力於培養當地醫務人才。

他們的目標和願景是,培養更多本地醫生,以解決邊遠地區病人的治療問題。重病或需要接受手術的患者,才來梅縣的中心醫院,以便讓更多梅縣以外的病人受惠。

韋嵩山的第一個助手兼學生叫李仁根[23],1893年起跟隨韋嵩山學習醫學理論和實踐知識,1897年,成為助理醫生。同年,韋嵩山接收另一個學生余紹成,後者1901年起擔任助理醫生。韋嵩山使用從英、德語翻譯過來的教科書作為基礎,教授學生內、外科知識。出診時,韋嵩山時常帶上一個助手同行。

1899年秋天,韋嵩山回德國兩年。期間,李仁根以一己之力維持着醫院門診的運作。1902年1月,韋嵩山重回嘉應州,梁兆祥成為他第三個學生,在1906年完成了學業。名師出高徒,這些助理醫生也逐步得到當地民眾的信任,上門尋醫問藥的越來越多。和韋嵩

---

[23] 韋嵩山頭三個學生分別為李仁根、余紹成和梁兆祥,見《德濟醫院培訓醫師畢業名錄》,《梅州黃塘醫院志》,1993.4,P25。

山一樣，寶為善對待自己的學生也很熱心，儘管治療和醫院管理事務佔去了不少時間，但每天還是抽出一小時給學生們上課。

此後，醫院陸續招收當地人作為醫師培訓對像，學生以品學兼優的貧困客家子弟為主。課程按醫學專科設置，學制4–5年，合格者發給畢業證書。培訓開始時"將原版英文、德文書籍翻譯成中文講授，到後來大多都用德文直接授課，所以德濟醫專畢業者，均具有較高的德語水平。"[24]張敬安1930年7月樂育中學高中畢業，進入德濟醫院專科學校讀書，經過六年系統學習，1938年6月畢業並留在德濟醫院任住院醫生至1941年7月。古旭煌是樂育中學舊制第三屆畢業生，之後也在德濟醫院學醫，畢業後留醫院當醫生。1951年2月梅師德院長離開梅州返回瑞士時，指定蔡化祥醫師為代理院長，主持醫院事務。2月11日，蔡化祥夫婦帶着三名子女特意拍了一張全家福照片，贈予老師留念。[25]

從1922年開始，醫院除培養醫科學生外，還接收上海同濟醫科大學的畢業生。露潤黎回憶，1922年，"岑濟民從德國回來，成為了我們醫院第一個前同濟畢業生。在他之後，又來了五個。"1932年，醫院開始接收中山大學醫學院畢業生來院實習[26]。"去年（1945年），中山大學醫學院和我們醫院建立了合作關係，在我們醫院開展進一步的臨床教學。"期間，包括露潤黎等三位醫生被邀

24　同上。

25　旋兒：《老照片：梅縣德濟醫院蔡化祥醫師》，"歷史看點"，新浪網，2017.12.17。http://k.sina.com.cn/article_5606418144_14e2b26e0001001nz2.html

26　見《梅州醫院120周年大事記》，梅州市人民醫院院史館，2017.3。

請醫學院任教。

德濟醫院在向民衆普及醫學知識方面也發揮了作用。如派出醫生支持縣內其他學校舉辦相關的課程。《梅州衛生志》，1898年，"州人黃遵憲[27]在'人境廬'內辦學，開設自然科學（聲、光、電、化、生物諸科），請德濟醫院外籍醫生講解生理學（人體解剖學）等課程。"

9

前文提到，在德濟醫院1946年12月的50周年慶上，露潤黎院長表揚了一位護士，名叫赫求光[28]。她於宣統元年（1909年）抵梅縣，管理女病房及留產事宜。1914年初，赫求光護士開始積極建議巴色差會在梅縣建一個助產士學校和產婦之家。她的提議得到了支持，但因為當年夏季一戰爆發，與家鄉聯繫中斷，計劃沒能實現。赫求光沒有猶豫，自己開始給女學生們上助產士課程[29]。開始祇有兩個學生，後來又來了第三個。這些學生在1916年順利完成課程，通過結業考試。差會為表彰赫求光，1917年任命她為河源仁濟醫院代院長。[30]赫求光的後繼者凌安嬌[31]姑娘接力教出了更多助產士。當

27　黃遵憲（1848-1905），廣東嘉應州（今梅州市）人。清朝大臣、外交家、教育家、詩人。人境廬是他在嘉應州的故居。

28　赫求光（Else Herwig，1884-1969），女，瑞士籍，護士，在華時間1909.2-1921.7。

29　見《梅州醫院120周年大事記》，梅州市人民醫院院史館，2017.3。

30　《梅州黃塘醫院志》，1993.4，P27。

31　凌安嬌（Anna Katharina Linder，1889-1958）女，瑞士籍，護士，在華時間：1913.2-1921.11。

時，客家地區產婦到醫院生孩子的極其少，這些助產士學員在歐洲護士的指點下，進行了大量實踐，包括助產、嬰兒護理和產後護理等方面。後來，外出接生的任務都交給了這些當地助產士。1949年前後，梅城有名氣的助產士多出其門下。

1936年10月26日，德濟醫院正式設立護士學校，並按照歐洲課程授課，教師由德濟醫院醫師和工作多年的外籍護士長兼任。學生多為當地高小畢業生。

就這樣，醫院不但治病救人，還培養了一大批中國的醫師、護士、助產士。他們又分散到梅縣各地，使西醫技術進一步傳播，為貧苦民眾帶來了健康福音。

《梅縣志》記載，民國時期的西醫西藥業逐步發展。開始時多是西醫兼營西藥。20年代後，因西醫西藥越來越普及，西藥批發或零售成為一門生意，催生了醫藥行業。1924年，畢業於北京醫科大學的林昱在平遠縣東山圩開辦"博濟西藥房"。1930年到1949年，梅城裏開設西醫醫院（診所）或藥房有24家，其中包括中華路的梁伯容診所、凌風東路的曾志民診所等[32]。

郵品收藏者收藏有一枚"由汕頭振南藥房寄梅縣黃塘德濟醫院"的實寄封。此件"貼民國3分帆船郵票一枚，蓋中英文小圓戳"，日期：1922年10月17日。[33]這封由藥房寄出的平郵，可見當

32 李琦琦、吳宏岐：《民國時期粵東梅縣城區的近代化進程》，《五邑大學學報》第21卷第3期，2019.8。

33 朱奕毅：《汕頭記憶：一枚由汕頭振南藥房寄梅縣黃塘德濟醫院的實寄封》，品略圖書館，2018.3.24。

年醫院與各地藥房的聯繫已不僅僅局限於興梅當地，已經遍及粵東一帶。

30年代後，漸有本國醫科大學畢業生或海歸學生在梅城掛牌行醫，有20多人，時稱"大學派"。在松口、丙村、西陽等圩鎮更有50餘人。

1949年5月，人民政府接收德濟醫院，外籍醫生和醫務人員開始被遣返回國。最後一任瑞士籍院長梅師德也在1951年離開梅縣。

10

"心光盲女院"的往事，在梅縣當地人儘皆知，也與護士赫求光有關。當年的那些盲女，儘管現在已經七八十歲，但赫求光和柏恩蔚[34]兩個姑娘的名字，她們至今不曾忘記。

這是赫求光姑娘做的另一件永駐客家人心中的事情。

20世紀初，赫求光不時發現醫院門口有被遺棄的盲女童，她不忍心讓弱小的生命就此消亡，把她們抱回醫院，收留撫養。1910年，經她收養的盲女童逐漸增多，她便向德國的慈善團體——喜迪堪會（Hildesheim mission）求助，請求該會除香港外也在梅縣設立一所"心光盲女學校"，以便收留這些盲女。

該會應准了她的要求。為了便於與德濟醫院及黃塘教會聯繫，1912年在黃塘古屋壩購地興建校舍。創辦初期叫"心光女

34　柏恩蔚 (Alwine Berg, 1893–1983)，女，德國藉，在華時間1924–1949。

校"(香港心光女校分校)。1935年，省政府批準梅縣心光女校為"慈善團體"。1938年改名為"心光盲女院"，柏恩蔚[35]為首任院長。

學校分幼稚班、三年級、五年級、手藝班。所有盲女相應編入各班，學習盲文讀寫。她們和普通小學一樣，每天授課七節，8年(也有10年)可以修完課程畢業。樂育中學教師古恩倫和幾個同事，都曾被派往香港學習盲文以方便教學。[36]

為務使每位盲女畢業後有一技之長，自食其力，不致終生依賴他人生活，院裏特別着重編織等手工技藝課程。她們的手工製品收入，亦可彌補院裏的部分經濟支出。

由於該院並無學費收入，喜迪堪會的撥款也祇能解決全部經費的三分之一，其餘開銷需要靠中外熱心慈善事業人士和教會的捐助解決。從1936年起，喜迪堪會經費中斷，學校陷於更為困難的境況。時任院長柏恩慰四處尋求慈善人士的捐助，各方呼吁，勉強渡過了難關。直到現在，大家還惦記着柏姑娘。[37]

有一張老照片頗讓人感動。柏恩慰姑娘正在給盲女孩們上課，她穿着德式長裙坐在老師位置上，一群眼睛失去光明的女孩坐在課桌後認真聽課。上課是用德語還是客家話？或許這並不重要。從死亡的邊緣被拯救過來並施之以教、授之以愛，女孩們懂得珍惜。

---

35 余秀雲：《建國前梅州開辦女校概況》，地方史話，梅州政協，2014.7.21。http://www.mzzx.gov.cn/show/index/1637/1524

36 古希曉：《我家和樂育》，《樂中校刊》。

37 幺幺靈藥靈吧的博客。

心光盲女院院長柏恩慰帶女孩們走過黃塘河上的小木橋。（梅縣，1938年前後）

11

　　心光盲女院原址也在黃塘，與樂育中學和德化門一河之隔，離德濟醫院也不遠。五十年代後因為醫院擴建，它一再遷址，最後並入梅州市福利院。現在的福利院環境清潔、安靜，寬敞的院落分佈着一個個小花園。

　　年輕的院長帶我們看望當年的小女孩，如今已年過古稀的長者。二樓的活動室裏，挨牆擺着一架新鋼琴。豪天立、斐玉霞夫婦1947年離開梅縣回德國前，將自己鍾愛的鋼琴贈送給了盲女院。1986年豪俊和首次回梅州時，他驚訝地發現，母親的鋼琴還在使用。

姑娘們一個牽一個地進入活動室，一如當年她們牽手走過黃塘橋。她們安靜地坐下，傾聽着周圍發生的一切。

閒談中，她們不少人還能記得柏恩慰姑娘，還能講幾句德語。就是在這裏，她們學會了盲文，可以閱讀，也可以寫；學會了編織等手工藝，織出的毛衣和小襪子上的花紋各異。她們是如何感受顏色和圖案的？她們捧出厚厚的一本盲文書，書頁上面突起一個個小圓點，恍如一張神秘的密碼圖。

拿起一塊她們用於寫盲文的刻寫板細看，板上刻有"德國漢堡產"的德語標識。盲文真是世界上最偉大的發明之一。

據資料介紹，中國歷史上第一套漢語盲字系統，"康熙盲字"，在1879年前後定型。它的創造者是英國傳教士威廉·穆瑞（William Hill Murray）牧師，"為中國盲界作了一件具啓明燈意義的好事"，所以這套系統也叫"穆瑞數字系統（The Murray Numeral System）"。他1870年來華，發現流浪乞丐中很多是盲人，從而萌生創制盲文拯救盲人的念頭。他在北京向英國傳教士道覺（Mina Dudgeon）學習西方盲文，向中國人學習漢語，後來在美國傳教士柯樂賽等人的參與下，創造了這套漢語盲文系統。

此後，香港巴陵會傳教士哈特蒙（F. Hartmann）等又根據廣東方言的特點，創制一種新盲文。巴陵會傳教士還編寫過盲文《廣東話識字課本》等專供盲人學習的教材。

福利院內，76歲的黎和珍頭髮已經花白，戴着一副淺色的墨鏡。她坐在鋼琴前，凝神片刻，彈起了"讚美我的天父"。她還可以吹笛子，神情專注投入，曲子如泣如訴，讓人想起"歲月指彈斜吹雨"的詩句。

身旁的許桂華還記得，當年柏恩慰姑娘離開回國時的情境，女孩們都很捨不得她，專門創作了快板詩給她送行。雖然她們從來沒有親眼見過她，但柏姑娘的形像卻深深地刻在腦子裏，伴隨終生。

她們向我展示親手編織的襪子和手套等手工藝品，並告訴我說，這手藝，也是歐洲姑娘傳授給她們的，目的是讓她們每個人都學會一種手藝，以建立起自信和尊嚴。

對眼前這些盲人長者而言，歲月已逝，往事如煙，但幫助過她們的好心人，卻在她們心中永駐。

樂育中學校友王啓華回憶，40年代，傳教士們之所以在客家人中口碑比較好，與德濟醫院和盲女院開辦有關。大家或許聽不懂上帝的聲音，但醫生治病，盲女院撫養棄嬰，是一種極易感知的直觀方式。直觀的實惠取代了對神虛幻的想像，給冷酷的現實社會帶來一絲人道主義的温情。

23　足球，教育的另一個故事

　　　　　　　　不懂體育者，不可以當校長。[1]

1

　　在梅州市樂育中學校園裏僅存的三座歷史建築，除了高超樓、明露亭外，還有一座小橋，叫"保全橋"。小橋建於上世紀三十年代，紀念學校第五任校長，巴色差會瑞士籍牧師萬保全。

　　黃塘河繞校園而過，小橋架在小河上，學校擴建後，填堵了一段河道，保全橋下的河道成為池塘。

　　盛夏，從橋上走過，小橋下的荷塘，滿池芬芳。小橋護欄如今

1　張伯苓（1876-1951）語。張伯苓，天津人，中國現代職業教育家，先後創辦南開中學、南開大學、南開女中、南開小學和重慶南開中學。為西方戲劇以及奧運會的最早倡導者，被譽為"中國奧運第一人"。

被粉刷一新，綠色的荷葉上，桔黃色的護欄，簇新得失去了歷史韻味，但無疑顯示了學校對前人的一份敬意。

萬保全在中國傳教有一段頗為曲折的經歷。1929年8月17日，他和賀允恭、經提福三位傳教士在梅縣郊外清涼山度假時被綁架。後者因為交付了贖金，提前被放出。萬保全和賀允恭卻被拘禁16個月，直至1930年12月11日，兩個蓬頭垢面、衣衫襤褸，打着赤腳的傳教士才在豐順縣獲救。

之後，他們經香港回國治療。1931年，賀允恭在德國出版一書，記錄了這次在"死亡陰影"下大難不死的經歷。稍後，1934年，經提福也將這段經歷以及他在梅縣的工作和生活成書，在德國出版。封面版畫，正是他記憶中的清涼山，山谷中的度假屋——幾幢客家老房子，屋前的溪流與池塘，遠處的群巒叠嶂。

萬保全除出書記錄這次歷難外，回瑞士後還寫了《我的生命與宣教》等兩本書，回憶在中國的經歷，該書封面上部是淡黃色雲彩中的松口元魁塔，下部是在藍色波浪上飄洋過海的帆船。

一百年過去，網上仍可見這位頭戴中式瓜皮小帽，身着長衫，俯身在書桌上用毛筆寫字，外表儒雅的瑞士紳士的照片，也可以見到他綁架獲救時，衣衫襤褸，打着赤腳，滿臉鬍子拉碴的狼狽形像。

萬保全1886年11月19日出生在瑞士北部的福伊爾塔倫（Feuertalen）。小鎮與沙夫豪森僅隔一條萊茵河，離巴塞爾大約一百公里左右。

他在樂育中學校長任上時，學校得到較大的發展，最為師生樂道的，是他對學校體育活動和梅縣中學足球運動的貢獻。有傳說他曾是瑞士國家足球隊的隊員。這聽來讓人難以置信，足球運動員和傳教士，似乎是兩種截然不同的人生。但又或者，這兩者真有聯繫？

尋根溯源的經過頗為曲折。最後，在瑞士溫特圖爾足球俱樂部（FC Witherthur）的陳年往事中找到了他的踪跡。1905年，時年19歲的萬保全加入了這個足球俱樂部。該俱樂部當年在阿爾卑斯山下的瑞士所向披靡，在1906、1908和1917年分別獲瑞士足球超級聯賽冠軍。在該俱樂部的檔案庫裏，1906和1908年兩張全體隊員合影的清晰照片上——在首排前鋒位置——有20歲出頭、席地而坐，留着淡淡小鬍子的英俊青年萬保全。在"世界足球網"（worldfootball.net）網頁上，查該俱樂部當年全體隊員名單，居然還可以找到了他的名字。不同來源的資料確證，萬保全曾是瑞士溫特圖爾足球俱樂部的足球運動員。

足球運動員與聖職看來並不完全矛盾。1908年，他踢完冠軍賽後離開足球隊。他接受教區牧師培訓，並於1911年加入巴色差會。巴色差會前後三次遣派他到梅縣客家地區：1911年1月-1921年12月；1923年11月-1931年2月和1946年9月-1948年3月。期間，1933-1940年，他在蘇黎世擔任教區牧師；1940-1946年，又回到曾效力的足球俱樂部所在的溫特圖爾市擔任牧師。此後第三度再赴中國。[2]

與多數傳教士的經歷相似，1913年3月28日，首次到中國兩年

---

2 巴色差會檔案，見basel.bmpix.org。

後，他在香港和羅拉（Laura Schelling）結婚，婚後回到梅縣工作。

據樂育中學現任校長介紹，萬保全任校長期間，對學校體育運動高度重視，並對足球運動在梅縣學生中的推廣，起過關鍵作用。

在新教育體制之中，體育是重要一環。清光緒三十年（1904）創辦南開學校的中國著名教育家張伯苓曾說，"不懂體育者，不可以當校長。"他還是中國西方戲劇以及奧運會最早的倡導者，兩者均與教育有密切關聯。他認為，學校教育不僅在技術之專長，尤重體德之兼進，體與育並重。

1914–1921年期間，萬保全任樂育中學第五任校長。作為一個前職業足球運動員，他對足球情有獨鍾。他將學校的草地開闢作正規足球場，並親自訓練學生。據王啓華回憶，當時學校擁有四百米跑道的

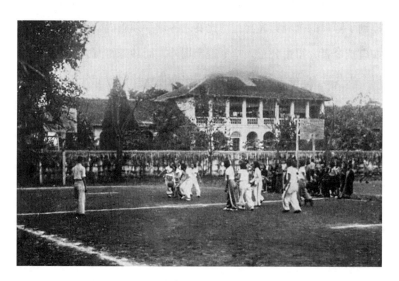

樂育中學操場上打籃球的學生。（梅縣，1944前後）

正規足球場，殊為不易，是同學們課餘的樂園。學生在下課後，簇擁着萬保全一起奔向球場。作為瑞士知名足球俱樂部前鋒的感覺，又重新回到了身上。他曾經以為，在瑞士俱樂部掌握的足球知識和技藝，來中國後將離他而去，完全沒料到能在一個山區發揮作用。

為了讓足球運動走向規範化，他組織成立了梅縣中學足球聯合會，做了一項重要工作——把歐洲足球規則翻譯成中文，制訂了《梅縣中學足球聯合會臨時簡章》。

資料顯示，這或是中國目前發現的最早以文字記載的現代足球規則。《簡章》共有九章十八條，對聯合會的宗旨、代表會成員組成、比賽時間地點、賽場規則、裁判員、運動員的權利等都有明確規定。如第八條對裁判員資格作出明確規定："比賽時設公正人一員，由會長指派但須經代表會及比賽之二球隊認可。"第十二條則提到了隊員的權利與義務："比賽之各選手須服從公正人之命令，如有抗令者，得由公正人指令退出場外，而該隊雖減去一人，亦當以十人作戰至終，不能因一人之退出而停止比賽，如公正人有不公正之處分，俟比賽終止時可由該隊隊長抗議於代表會等。"這份讓梅縣地區足球運動開展規範化的重要文本，對當地足球運動發展起了舉足輕重的作用。

1917年，萬保全發起組織了梅縣歷史上第一屆中學運動會，參加者有樂育、梅州、東山和廣益等中學。這四所中學的足球比賽，由樂育奪冠。足球運動和比賽逐漸成為梅縣一項群眾性的體育運動。

樂育中學校史室展示了不少體育活動的照片，寬闊大球場、學

萬保全和樂育中學足球隊。（梅縣，1925年前）

校球隊。隊員身穿印有"樂中"字樣的球衣、腳穿深淺相間的長筒球襪和深色球鞋，手捧足球。可見體育，特別是足球運動，深得學生喜愛，一時在梅縣蔚成風氣。

　　1925年，李朗樂育神學院（Theological Seminary of Basel Mission）由深圳寶安遷到興寧坪塘，萬保全調任坪塘神學院（興寧樂育神科大學校）院長。

　　雖然離開樂育中學，但萬保全依舊關心它的發展。1927年，教會曾做出關閉學校的決定，但教會內部傳教士之間意見紛爭，其中萬保全等表示學校應該繼續辦下去，並支持由當地人接辦管理。其時，他儘管已經在興寧坪塘神學院任院長，但為支持學校，他每周步行兩百多里來回於興寧與梅縣，義務在樂育中學擔任部分課程。

萬保全一生的經歷頗具傳奇色彩。雖曾遭綁架，一度生死難卜，生活可謂歷盡艱險，但他仍然三度來回中國。他先後育有 9 名子女，其中五子萬戴權（Paul Walter），1919年在梅縣出生，後來也成為巴色差會傳教士。子承父業，於1946–1951年間在中國內地和香港傳教。萬戴權之子，萬樂思（Urs Walter）也是牧師。

萬保全在第三次來梅縣服務後，1948年回瑞士。在那裏，有客家學生不遠萬里前去拜訪這位老校長。1975年1月17日，他在家鄉平靜離世，時年89歲。

樂育中學校園內黃塘河上的"保全橋"，紀念第五任校長萬保全。（梅縣，拍攝1946年前後，豪天立攝影）

2010年11月2日，萬保全之孫子萬樂思一家五人，來到樂育中學，漫步祖輩工作生活過的校園。近百年時光已逝，但紀念祖父的"保全橋"仍在。撫今追昔，感慨不已。

2

　　梅州作為中國現代足球發源地，還有一段故事。故事的起點，還在學校。

　　2021年1月16日，"中國內地現代足球發源地——梅州五華元坑遺址景區"正式對公衆開放。

　　元坑遺址，記載了一段教育與體育運動相關的歷史。其中，關於梅州足球的源起，有另一段更早發生的故事。

　　據《廣州日報》和《梅州日報》報道，廣州日報資深記者陳偉勝曾通過查閱中外史料，並遠赴國際足聯和歐洲多國取證，最終得出結論：中國現代足球運動最早始於清朝同治十二年(1873)。巴色差會傳教士畢安和邊得志兩人在五華縣長布鎮元坑村傳教辦學期間，正式將足球傳入中國內地。[3]

　　畢安和邊得志，是巴色差會較早派到中國廣東客家地區的傳教士。畢安是法國人，1859年加入巴色差會，來自法國斯特拉斯堡。1862年作為傳教士曾派出到非洲加納工作，一年後改派到中國，直到1884年回歐洲。但他並沒有回法國，而是選擇在瑞士的湖邊小鎮納沙泰爾（Neuchâte）定居。

　　邊得志1856年進入巴色差會，來自德國斯圖加特北部的小城柯芬海姆，1862-1900年派出中國，前後在中國的時間近30年。年輕時的邊得志熱愛體育運動，體格健壯有力，絡腮大鬍子，頗有書卷

3　《足球發源地五華元坑：西來中書館，足球薪火傳》，《梅州日報》，南方網，2015.10.20。

氣。可惜從回國後不久，於1901年去世，時年69歲。

據1991年出版的《五華縣志》記載，清同治十二年（1873年），巴色差會在五華鄉村開辦了元坑中書館（中學），首次將足球運動作為體育課程傳授。

這比國內其他地區開展足球運動的時間要更早一些。據記載，北洋水師學堂於1881年在體育課開設足球項目；聖約翰書院於1895年成立上海第一支足球隊；英國傳教士山雅各於1898年在廈門鼓浪嶼創辦英華書院，成立英華足球隊。若以上記載時間確切，那麼，足球運動開展時間，梅縣地區均早於上述各地。

現代足球起源於英國，從17世紀中後期足球作為一項運動，逐步從歐美傳入世界各國。有分析道，足球先從歐洲由英國人傳到香港。從地理上看，香港毗鄰廣東，然後在內地登陸的第一站是廣東，順理成章。

邊得志在元坑中書館開辦前，早在1862年已經來華，先在五華縣長布鎮元坑村傳教。後來，他留意到元坑沒有學校，民眾子女教育問題突出，因此向巴色差會提出了籌建學校的設想，希望通過興辦學校，吸引當地民眾入教。

1866年，巴色差會派遣畢安，接管由邊得志開闢的元坑教區，並於同年興辦了巴色差會在中國內地的第一所西式小學元坑小學。辦學之外，畢安喜歡閱讀中國歷史，較快掌握了客家話，並用客家話音節注解《新約全書》，使略識字的信徒能夠讀經。

興辦元坑小學之後，巴色差會驚喜地發現，客家人十分重視教育，為了使後代能夠接受西方教育，家長趨之若鶩，紛紛入教。差會在元坑的教堂一片興旺，這座元坑教堂也成為了內地最早的教堂之一。

畢安於1868年又擴建了宗源書室(初等小學)、養正書室(高等小學)，開始闢有操場。當時高等小學設課程包括古文選、四書、算術、珠算、詩歌、書法、體操等。

由於當地沒有中學，畢安又向巴色差會又提出了籌建元坑中學的建議，并於1868年開始着手籌備。1873年，元坑中學終於開學，稱"中書館"。它與舊式學館、書院和私塾不同，實行班級制，人文、自然和體育科目並舉。據記載，當時課程開設文學(包括德語、經史、八股試帖和詩詞)、科學(包括物理、化學、數學、測量、幾何和三角)、哲學、神學、體育和音樂等六科。

為了增強當地學生對傳教士的認同感，巴色差會把精通體育技藝，特別善踢足球的邊得志再次派回元坑。

該校針對所處山坡的地勢，從校園左側起修建一條3米寬400米長的環山跑道；在山坳裏，有三面環山的草坪操場。操場兩端用木料搭成簡易球門，由邊得志帶學生踢足球。有記載："有時下課鐘聲方歇，球場上已騰起一片喧鬧之聲，故足球技術水準，一般都造詣甚高，而體格強健，則是普遍現像。"

由於把足球運動引入中學教育，元坑中學頓時聲名鵲起，不僅是五華本縣學子蜂擁而至，東、梅兩江各縣和東莞、惠陽、寶安等基督教教徒的子女，也紛紛前來求學。

1905年8月，畢安在德國病故。

元坑遺址景區"敬業齋"所在之處，原為中書館遺址。在那，新立了畢安和邊得志兩位傳教士的白色半身胸像，以紀念他們為中國足球做出的貢獻。

後人稱，畢安、邊得志是"將現代足球引進中國的開山鼻祖"，而萬保全是"讓中國足球走向規範化的鼎力功臣"。[4]

據五華華城華西中學校史，邊得志還是該校前身樂育小學及樂賢中學（1898年創辦）的負責人。可以想像，當時的元坑中書館不論課程、學校設施應已較為完善，包括足球在內的體育課程應已廣泛展開。該校培育出的魏錦新、江愛其、魏靈聖、李偉容、李華瑞、李其美、李興橫、李法春等中國內地第一批足球運動員，成為了足球運動在梅州地區傳播的火種。據說甚至有一段時期，梅州籍的球員，佔了國家隊的半數之多。

足球運動對青年猶有吸引力，據曾在五華和梅縣樂育中學唸書的鍾世鎮回憶，"我們上課時，哪怕課間休息15分鐘，也要出來踢兩腳，然後滿頭大汗跑回去。那時很窮，我們都是打赤腳，有時皮球買不到的話，就在河邊摘個柚子當球。""我們的德語老師豪天立，見我們喜歡足球，也經常帶我們去踢足球。"[5]

樂育中學舊制第三屆畢業生古旭煌也對足球這一運動入迷，是學校足球隊隊員。他在一次比賽中出了意外，在跳起爭奪頭球時，上頜兩顆門牙被後跳的隊員頭頂撞落，他當即把門牙壓回齒槽，後來居然長穩了，祇是牙質變灰，留下"熱愛足球"的終生標記。[6]

4　《客家資訊》，廣東客家商會 2016.12.26。

5　黃慰汕：訪問鍾世鎮，廣州，2017.11。

6　古希曉：《我家和樂育》，《樂中校刊》。

　　1914年起，足球運動在梅縣蓬勃開展，從學校到工廠，從城市到農村，到處都有人踢足球。沒有橡皮球的，把未成熟的柚子當球踢；沒有球場，就在禾坪上角逐。足球成為梅州人最為喜愛的體育運動項目。

　　1932年，梅縣強民足球隊訪問汕頭，以三比二擊敗英國艦隊足球隊，這是梅縣足球隊首次與外籍球隊比賽並獲得勝利的記錄。

　　1937年，以強民足球隊為主力的梅縣足球隊應旅港嘉屬商會會長林翊球先生邀請訪問香港，以2比1成績戰勝英國海軍駐港足球隊。同年，梅縣足球隊獲廣東省第十四屆運動會足球冠軍。[7]

　　3

　　足球運動早年在梅縣地區成為一種民間時尚，其歷史即便在鄉間，也有據可證。

　　據梅州《客家非遺》雜誌廖君所見，在梅縣西陽鎮黃坊村黃任寰將軍故居，大門門廊上有許多壁畫，創作於1924。其中一幅水墨壁畫，"畫的是一片草地上，一位運動著裝的少年盤腿而坐，懷裏抱着一個足球"。據說這是迄今為止梅州發現的年代最早的足球題材壁畫作品，這些壁畫"足以説明踢足球那時已然是當地一種良好生活的景像了。而足球運動的興起，肯定早於這幅壁畫出現的時

7　《梅州市志》。

間。"[8]她在報道中寫道。

西陽鎮一直是足球運動開展較好的鄉鎮，共和國成立後，更是培養出多位國家和省市足球運動員。黃任寰將軍小時熱愛現代體育，10多歲時就接觸到足球運動，從而養成終生喜愛足球的興趣，所以家中的壁畫以足球為題材，也就不足為奇。

1930年12月（民國十九年），黃任寰任粵軍獨一師師長駐蕉嶺，他派出一團士兵開闢球場，蕉嶺的足球運動從此逐步發展起來。

在西陽鎮下黃坑村的一座客家大屋"季朋廬"內，圍屋上廳神龕兩側的屏風最上方，也有兩幅足球題材的壁畫，一幅是守門員接球的姿勢，另一幅是球員帶球過人的動作，大約創作於1935年。"季朋廬"三字，由劉海粟題寫，屋主為從梅縣下南洋的富商，將足球壁畫置於神龕兩側，足見足球深入客家人心。

1931年，梅縣縣政府舉辦全縣第一次足球比賽。

1956年，國家體委授予梅縣"足球之鄉"稱號。

2013年，梅州市體育部門及體育界人士齊聚元坑村，為"中國內地現代足球發源地"竪碑揭幕。

有研究者認為，以五華長布萃文中學、梅縣黃塘樂育中學為代表的教育機構，開啓了梅州客家人從傳統學堂教育向現代多學科教育的先河。

8　廖君：《客家非遺》，梅州市文化館等編，2017.5，P71。

　　把體育當作一門課程來傳授給學生，體現了西方教育理念與中國傳統教育的不同。從中，不但讓學生健身強體，而且也培養了規則意識和團體合作精神。足球從學校，再到民間，也拉開了中國現代足球運動的序幕，而這種將競技遊戲與教學互相促進的思想，為客家地區學校文體並重的模式奠定了基礎。[9]

9　《足球發源地五華元坑：西來中書館 足球薪火傳》，梅州日報，2016.10.19。

24 梅縣——耕讀傳家

> 客家人的每一個村落都有祠堂，那是
> 他們祭祀祖先的所在，而那個祠堂通常
> 也是學校。全境有六七百個村落，也就有
> 六七百個學校，這真是一個駭人聽聞的事
> 實。[1]

1

法國里昂人賴嘉祿1889年7月來到梅縣黃塘。

其時正是盛夏時節。

他是天主教傳教士，先後在梅縣和潮汕一帶傳教二十餘年。
其中1889至1898年這10年間，他除了偶爾去一下鎮平縣（今蕉嶺）
外，其餘時間都在黃塘。

19世紀末的黃塘地區，有德國人和瑞士人，還有法國人和美國
人。他們來自世界各地，多為見多識廣的飽學之士。

---

1 賴嘉祿（Charles Rey，1866–1943），男，法國籍，巴黎外方傳教會傳教士，在華時
間：1889.5–1943.12。引文見古小彬：《外國學者論客家》，hakkaonline.com，2016.06.11，及
梅州市梅江區委宣傳部：《梅江私塾》，2014.6，P14。

賴嘉祿是個有心人，剛來時23歲。他在嘉應州城裏城外，村村鎮鎮，幾乎走了個遍。白天，他走街串巷，和客家人交談；晚上則在油燈下記錄自己的觀察。所到之處，發現無論城鄉，書齋學堂之多，出乎意料。

十年磨一劍。賴嘉祿用了10年時間，認真學習和研究客家話，在黃塘的陋捨中秉燭夜書，潛心述著。1901年，他出版了《客法詞典》第一版（正文為360頁），次年到香港監印。1925年再出第二版，篇幅增至1800多頁。[2]在序言中，他記下了這些年的觀察：

在嘉應州，這個不到三四十萬人的地方，我們可看見隨處都是學校。一個不到三萬人的城中，便有十餘所中學和數十所小學，學生的人數幾乎超過城內居民的一半。在鄉下每一個村落，儘管那裏祇有三五百人，至多亦不過三五千人，便有一所以上的學校。

客家人的每一個村落都有祠堂，那是他們祭祀祖先的所在，而那個祠堂也就是學校。全境有六七百個村落，也就有六七百個學校，這真是駭人聽聞的事實。按人口比例來說，不但全國沒有一個地方可以和它相比較，就是較之歐美各國也毫不遜色。[3]

賴嘉祿1866年4月9日在法國里昂出生，畢業於神學院。1889年5月，他離法赴華，經香港進入中國大陸，7月到達嘉應州黃塘，

2　田志軍、白瑞明：《賴嘉祿神父與〈客法詞典〉》，《龍岩學院學報》，2014.12,第32卷第6期。

3　古小彬：《外國學者論客家》，hakkaonline.com，2016.06.11。

接替原來的神父主持教務。10年後，他轉到平遠和汕頭一帶傳道。1928年，他在揭陽客屬地區五經富鎮（今屬揭西縣）高屋寨住下，"身上穿着鄉下人的土布衫褲，腳穿布鞋，夏天時戴着笠麻，打扮像個鄉下客家人"。人們發現這個高個子傳教士，能講一口流利客家話，如果祇聽他説話，不會知道他是一個異鄉人。

功夫不負有心人。他在客家話研究方面頗有成績，除《客法詞典》外，還出版了《梅縣方言辭典》、《客語方言會話手冊》等書。

1943年12月8日，他在高屋寨病逝。他把客家人重視教育的深刻印像，留在詞典的序言之中。[4]

客家人教育之發達，也讓美國人刮目相看。美國天主教神父拜爾·德耳（Bell Dyer），也在嘉應州傳教多年。他發現，在讀書的學生之中，客家學生常常比較優秀。他著作《客家易通》和《客家淺説》兩書時，在序文也忘不了對客家教育添上一筆：

吾人觀於各地大中學之學生成績，客家學生常列優等，進而獲選公費留學歐美日本者，更占較大之百分比，由此可知客家教育之特別發達，因由於其環境壓迫使然，而客家人之優良傳統，且又聰穎好學，亦其重要原因也！[5]

客家人"崇文重教"的傳統，讓西方人彷彿看到了一片獨特

4　水均：《高屋寨與法國神父》，見《中國五經富──一個客家名鎮數百年的文化興衰》，暨南大學出版社，2016.8。

5　古小彬：《外國學者論客家》，hakkaonline.com，2016.06.11。

的"田野"，他們有理由認為，在客家人的土地上撒下種子，能有豐盛的回報。

這是一片什麼樣的土地？

2

德語教師豪天立推開德化門的大門，輕輕地把自行車扛過門檻，下幾步石階，來到大門前的平地上。剛到五華梅林時，出遠門就得騎馬，周圍都是山路。在梅縣，道路比五華好多了，現在有了一輛自行車，趁有點空閒，他打算進梅城一趟，四處轉轉。他穿過樂育中學的校園，拐上了通向梅城的公路。

近十年梅縣客家地區的生活，在學校教書的經歷，他發現，無論在五華還是梅縣，客家人那怕是家裏再窮，也千方百計讓孩子上學。他還知道，除了自己所在的學校外，嘉應州（梅縣）城裏城外遍布學堂，就是山坳裏的村子，也不例外。

在他留下的照片裏，有不少當年梅縣城鄉的影像，其中有梅城裏的學宮。[6]那是科舉年代四鄉考生來應試的地方。有些考生從四鄉坐船，來到梅城南門外的碼頭，帶着他們熟讀的經卷，從這裏上岸。從南門入城，在文廟和學院署附近找地方住下，準備鄉試。至今，學宮仍在，前面一條叫"考院前"的老街，還保留着當年的記憶。

南門凌風西路考院前附近的"南門漁具"店，我在那歇腳喝

6　梅州學宮，又稱孔廟、文廟，始建於北宋年間，坐落在梅州城江北，凌風西路南門考院前9號，正對舊時文瀾門（上南門），背倚金山。

梅縣城中的老學堂。（梅縣，1939–1945年間，豪天立攝影）

茶。在海南島當過多年知青的店主阿六一邊燒水一邊沏茶，說，開
這個門店，生意不是主要的，其實就是為了和朋友有個聚會喝茶的
地方。小店對面，有一家"南門仙人草專營店"。可知此地當年就
是嘉應州府城南門所在。

　　凌風西路如今是一條安靜的騎樓老街，外來人不太知道這裏曾
經是繁榮的商業區，類似廣州的長堤和長堤二馬路，直到上世紀60
年代，街上市集還是人頭湧湧。漁具店門數米之外一條小街，就是
文廟，牌坊上寫着"學宮"兩個魏碑大字。文廟建於北崇寧二年
（1103年），1241年遷到現址，是當年嘉應州的最高學府。

　　清末科舉廢除後，民國年間創辦新學，這裏先後成為縣立小學、縣立中學的校址。中國工程院院士李國豪[7]1925至1927年曾在這裏的縣立中學讀書，之後考上了上海的同濟大學。

學宮舊時正對文瀾門（即上南門），面臨梅江。院內挺立的高大秋楓樹，是兩百年的古木。宮內大成殿孔子像上，掛着"萬世師表"和"斯文在茲"兩個黑底金字的橫匾。

3

我在梅城的兩幢客家老屋純厚樓[8]、先勤樓[9]裏，看到了客家人一部厚厚的"教育史"。其中兩個數字，尤其讓人驚訝。

東山大道。經過東山中學再往西去，一路之隔，有三幢別具特色的客家建築，分別叫純厚樓、先勤樓和達夫樓，前兩者建於上世紀四十年代，後者建於民國初年，現在是中國客家博物館[10]的組成部分。

達夫樓與主館緊挨，是一座中西合璧的客家圍樓，西式風格的外立面，羅馬柱上是巴洛克風格的鐘樓。

7　李國豪（1913-2005），廣東省梅州市梅縣區人。橋樑工程與力學專家、教育家、社會活動家。曾任同濟大學校長。1936年畢業於同濟大學土木系，1938至1945年在德國達姆斯塔特工業大學專攻橋樑工程和結構力學，獲工學博士學位。1994年當選為中國工程院首批院士。

8　純厚樓，磚木結構二進二層杠樓式的客家傳統民居，現為中國客家博物館的"梅州將軍館"，共13個展室，展示從辛亥革命至今共558位梅州籍將軍的風采和功績。

9　先勤樓，磚混結構、二層四合院式的客家傳統民居，現為中國客家博物館的"梅州大學校長館"，主要介紹340位梅州籍大學校長（院長）的生平事跡、學術成就及主要貢獻。

10　中國客家博物館，位於梅州市梅江區東山大道2號，是中國首家全面展示客家民系文化淵源與發展，系統收藏、整理、研究、展示客家歷史文物與客家民俗文物的國家二級綜合性博物館。

純厚樓，在主館的左側，看上去是一幢常見的客家民宅，它另一個名字，叫"將軍館"，是博物館的一部分。

先勤樓，在主館的右側，是個雅致的客家四合院，叫"大學校長館"。

讓我驚訝的兩個數字，就在這兩幢客家老房子裏。展廳布置在老屋原來的房間內，窄小、採光不足。但展板上卻群星閃爍，組成兩個奪目的統計數字。在興梅地區，先後出過國共500多個將軍、300多個大學（學院）的校長和院長（系主任和教授未統計在內）。

參觀博物館的客人，如果匆忙，常常會漏掉純厚樓和先勤樓，但看過的都知道，這其實才是客家文化中的精華所在。

孤陋寡聞如我，第一次在這兩幢老宅裏看到這兩個數字的時候，瞠目結舌。在這片土地上，"將軍"和"校長"一武一文的這兩個數字，到底如何解讀？如此眾多的人才誕生，和教育是否有某種必然的聯繫？

把興梅客家地區放在中國的版圖上，就面積而然，自不起眼。它偏於廣東省的東北一隅，與江西、福建接壤。即使在廣東，梅州對客家地區以外的人來說，也是一個陌生多於熟悉的地方。

我站在博物館前的廣場上，細看這組現代與古典、東方與西方結合的客家建築群，它們和現代風格的主館一起，構成了中國客家博物館完整的外立面。設計師的設計，建築所構成的中西合璧意像，彷彿是客家歷史文化的某種隱喻。

與豪天立時代的梅縣比較，一個世紀以來，梅州已經發生了巨大的變化。這不但讓他兒子豪俊和在重訪故地時感到意外，就連近年瑞士巴色差會應邀前來訪問的副總裁哈特先生也吃驚不已。

我沿梅江邊"歸讀公園"的河堤散步，與一邊跑步一邊用耳機聽音樂的年輕人擦肩而過。年輕人的衣著是"國際化制式"，和廣州北京甚至柏林的同齡人沒多大不同，幾乎每個人手上都拿着手機，時刻保持與外部世界的聯動。梅江兩岸，新建的高層住宅林立。從江南向江北眺望，新的樓盤一個接一個拔地而起，是一個面對新世紀的梅州。有一剎那，你甚至可能會忘記這裏是山裏的"客都"。

城中張家圍一帶，別有洞天。那是亦城亦鄉的境地，客家老屋前，是一片開闊的荷塘。滿池碧綠，尚未靠近，清香隨來。

我們在沿江西路河堤邊一家咖啡店小坐。臨街落地窗裏的烘焙機上，機器轉動，咖啡豆發出誘人的鬱香。似乎一夜之間，在古老嘉應州這個愛喝茶，無論城裏還是鄉下，人們都會招呼你"食茶"的小城裏，突然添了許多咖啡館。

女主人介紹説，她中文系畢業，十幾年前，她離開供職多年的深圳，回來開了這家小店。為的是有個安靜之所喝杯咖啡，好好讀點書。店裏有幾個白色的書架，上面置着圖書和雅致小擺件。店堂中央，一扇屏風後面，果真放着一張書桌。為好好讀一本書而開店，是一種什麼樣的生活態度？

東山大橋旁，江邊路上的1Q84獨立書店和生活咖啡館，是梅州城裏讀書和生活方式的一個新的注腳。一個還在廣州念大學的小青年，未等學業結束，就迫不及待地回來創業，樹起了小城裏新的讀書品牌。店裏正好有一個攝影展覽，《優雅的另一種譯法——巴黎：關於書店關於咖啡關於左岸》，廣州一個攝影師在這裏舉辦的展覽。就在同時，江北那的東山谷藝術館裏，展出的是廣州另一個藝術家的書畫展《從未走遠》。古老梅州，仍在傾聽來自世界的聲音。

在老城元城路的一個院子裏，有個"微書院"，進入圓形拱門，樹蔭下藏着一個個微型書室，內中古木書案、文房四寶，芝蘭飄香，設計師何柏俊的理念是"讓每個家庭擁有小小書房，每個村鎮都有一個小小書院"，即便家中放置雜物的角落，村中雜草叢生的破敗荒地，都可以成為微景觀和讀書的優雅所在。

純厚樓和先勤樓兩棟客家老屋，彷彿在提醒我，梅州地區從城鎮到鄉村，那些遍佈角落的古老學堂、書齋和書院，更有上世紀初陸續開辦的衆多新式學堂，是客家地區人才的"搖籃"。如果仔細考察，從某個角度看，整個梅州地區就是一個"崇文重教"的歷史博物館。

4

這是一個冬日，我在梅州走過東山書院前的狀元橋，小河兩岸梅開爛漫。

過了橋，是東山之麓古色古香的東山書院。大門有一副對聯：東山桃李綠，書院狀元紅，上有黑底金字橫匾，繁體大楷"東山書院"。

東山書院是梅州市東山中學的前身，書院始建於清乾隆十一年（1746年），是清代梅縣最高學府。1904年，黃遵憲在這裏辦學堂，為東山初級師範學堂。

東山書院是開國元帥葉劍英的母校。書院入門大廳右側，放着兩張已經掉漆的老椅子，靠背上分別刻着"東山"和"圖書"兩個繁體隸書，想必是當年的老物。書院西走馬樓二層有一排小房間，還保留着葉劍英讀書時住過的房間。房角有一張鋪着席子的簡陋床鋪，床前一雙木屐，靠牆一張小書桌，上有一盞煤油燈。

從書院向南走幾步，旁邊是東山中學的老大門。校門上"廣東梅縣東山中學"幾個大字，是葉劍英1978年3月回訪母校時的親筆題字。

從東山中學沿梅江邊再往南去不遠，隔着梅州劍英圖書館，是寬廣的"院士廣場"，環廣場一圈立着二十餘座梅州籍中國科學院

東山書院（梅州，2016，楊和平攝影）

和中國工程院院士雕像。其中有樂育中學校友中國科學院院士、學部委員梁伯強，中國工程院院士江歡成和鍾世鎮的雕像。廣場中央三支石楣杆挺立，是崇文重教，功成名就，流芳千古的意思。

來到這個廣場的外來人都不免大為驚詫，此地何以出過這麼多國家級的人才？

廣場側立着一塊大石，上刻紅字碑文恍如回應："梅州自古為客家聚居之地，因先祖漂泊為生，故安居之日，備為珍惜，求學上進之風久盛。宋元符元年節度史劉元城[11]貶謫梅州，創設元城書院，乃開創學府之先河。南宋紹興年間梅州知州方漸[12]有感，'梅人無植產，恃以為生者，讀書一事耳'。明清兩代，人文蔚起，五科五解，三代翰院，功名冠全省。"

5

北京的氣候讓南方人難以適應。

"冬天寒冷，春天有蒙古吹來的沙塵籠罩，夏天酷熱，祇有秋天舒適宜人"，但卻是"中國所有受過教育的年輕男子求取功名利祿的憧憬之地。胸懷大志的讀書人經過層層篩選，極少數的秀異之士匯集於北京科場，冀望考上進士，入朝為官。"[13]歷史學者卜正

11 劉元城，（1048-1125），名安世，字器之，號元城。北宋後期大臣。從學於司馬光，貶謫梅州。在舊《廣東通志》中被稱為"廣東古八賢"之一。
12 方漸，福建莆田人，進士。南宋紹興年間任嘉應知州。
13 [加]卜正民（Timothy Brook）：《維米爾的帽子》(黃中憲譯)，湖南人民出版社，2017.7，P132。

民寫道。

清康熙二十七年（1688年）3月，大埔縣百侯鎮[14]侯南村的楊之徐，是那些進京趕考的年輕人之一。

在中國古代科舉考試制度的體系中，赴京的考生，先要通過本地縣試考上秀才，再通過省試考上舉人後，才有資格進京考取進士。"能夠考上進士的人少之又少，而考上進士之後能夠在朝廷為官的則更少。"[15]

從廣東到北京的赴考之路，可謂"長路漫漫"。廣東番禺的舉人林伯桐自嘉興六年（1801年）始幾次上京會試，有文描述當年赴京的艱難。"凡北上者，以約幫為重"，"四人同舟，兩人同車，為通行常例"，可以互相照應。北上之路，可陸路坐車，也可水路乘船，前者約70來天，後者則要三個月左右。會試三年一次，通常在三月報到，如此廣東的考生在春節前後就得上路。路途食、住、行，諸事繁雜，通常得帶上僕人，才能應對。乘船者，"船中桅頭之旗，寫'奉旨會試'四字"。到京後自尋廣東相關會館，如番禺會館、京師興寧會館住下。[16]不過路途坎坷，不是所有廣東考生都能順利到京，"不少舉人在去北京考進士過程中，因不適合北方水土而染病去世，至雍正末年，竟佔了相當一部分。"[17]

14　百侯鎮，隸屬於廣東省梅州市大埔縣，位於大埔縣境東部。2010年，獲住房和城鄉建設部、國家文物局授予第五批"中國歷史文化名鎮"榮譽稱號。

15　[加]卜正民（Timothy Brook）：《維米爾的帽子》(黃中憲譯)，湖南人民出版社，2017.7，132。

16　大木康：《清代舉子之旅：從廣東如何去北京？》，文匯報，2014.6.30。

17　肖文評：《白堠鄉的故事——地域史脉絡下的鄉村社會建構》，廣東人民出版社，2018.4，P160。

　　我去大埔縣百侯鎮尋訪楊之徐。友人說，此地文曲星高照，僅明清兩代，就出了5位翰林、24位進士和134名舉人，楊之徐不過是其中之一。

　　百侯鎮，梅潭河從小鎮中間穿過，把小鎮分為侯南和侯北兩村。侯南村以楊姓為主，侯北則以蕭姓為多。一位楊氏後人，熱心帶我們在侯南村的小巷裏尋踪。

　　楊之徐故居，是一處建於清康熙年間的赫然大宅"太史第"，大門左右，大幅對聯："耕讀傳家，源遠流長"，意味悠長。

　　楊之徐小時天資過人，10歲已能執筆寫策論，縱論時勢，出語驚人。康熙十四年（1675年）中舉人，是同時上榜者中年齡最小者。及至清康熙二十七年（1688年），楊之徐赴京應考，金榜題名，成為進士。

　　楊之徐考上進士後，曾在北方為官，任河南汝寧光山縣知縣。康熙四十五年（1706年），楊之徐壯年後，回歸鄉裏，在村子裏建了一座書齋"企南軒"。

　　想必那時已經西風東漸。在北京，康熙大帝撥銀一萬兩，令葡萄牙傳教士徐日升（Thomas Pereira）重修宣武門內教堂。教士改建了鐘樓大鐘和管風琴，令皇帝和眾臣大開眼界。楊之徐在外，見過世面。所以，他的書齋由一座客家堂屋和一座帶有廊柱和半圓拱窗威尼斯風格的西式洋樓合璧而成。

　　作為回歸故裏的鄉村士紳，他有幾件大事要做。一在書齋裏，怡養性情，閉門讀書，潛心著述，筆下有《編年錄》、《企南軒文集》、《企南軒詩集》等作品，為百侯留下重要的地方文獻。二是閉門課子，"親訓諸男"。他特意在書齋門口貼一《課兒謝事告白》，"不與公務，不接賓客，不赴酒筵，不閱會文，不書扇面。一切辭謝，來則面拒。"[18]

楊之徐的努力，修成正果。即便百侯鎮遠離京都，但企南軒出來的三個兒子楊纘緒、楊黼時和楊演時，分別在清康熙、雍正、乾隆年間，先後考取進士，且都成為翰林院大學士。所以當地有"一門三進士"之説。

走近企南軒大門，洋樓圍牆外有一水池，洋樓倒影水中，兩隻黑色的鴨子在池邊休憩。門內停着一輛帶兒童座椅的自行車。樓內長廊通透，留下當年楊之徐閒庭信步，讀書課子的想像。

再説大兒子楊纘緒，考上進士後，乾隆年間位居陝西按察使。辭官返鄉後，他在村中另建一大宅，叫"通議大夫第"，是一座府第式客家大院，屋內抬樑鬥拱，雕刻考究。有一點與衆不同，上堂懸掛着乾隆皇帝賜給他夫人藍氏的一匾額，上書"七葉衍祥"。

楊纘緒回鄉後，以父親為榜樣，在鄉間潛心讀書作文，教育後輩。在他的故居一側有一座"蘭臺書室"，專供子女和楊姓族人子弟讀書。耕讀之風，就這樣代代傳承。

書室之外，大宅前稻田黃澄澄一大片，正是稻收時節。田間一戴草帽勞作婦人，燒起一堆禾杆，煙霧隨風繚繞。生機盎然的鄉野與古樸大方的客家院落，構成一幅"耕讀傳家"的怡然雅趣

18　肖文評：《白堠鄉的故事——地域史脉絡下的鄉村社會建構》，廣東人民出版社，2018.4，P147。

圖。

有研究者歸納，某些關鍵人物辭官後回歸鄉裏，潛心述著和辦學，對當地的人文和教育發展、甚至鄉村建設，起到關鍵性的作用。

重視鄉村教育在百侯鎮蔚成風氣，讓侯南村幾乎巷巷都是藏龍臥虎之地。我們在"三十六巷"偶遇另一位楊氏老人，主動帶我們在巷子裏行走。鵝卵石鋪成的石路蜿蜒曲折，偶爾能看到屋主為求平安在牆上嵌入刻有"石敢當"的小石碑，巷頭巷尾隨處可見古樸大方、精美絕倫的古建築。其中不乏學堂、書塾。老人淡然一笑說，在百侯鎮，村人同科中舉人、中進士，是常事。

我在嘉應學院客家研究院拜會肖文評院長。據他調查，在近代教育改制前，百侯鎮　"蕭氏學塾在20座以上，楊氏學塾30座以上，丘氏、池氏都在5座以下。而很多學塾，在康乾時期甚至更早時就已創立。眾多學塾的建立，為宗族子弟提供了接受教育的機會。"[19]

即便來到近代，百侯鎮仍是人才輩出的地方。20世紀以來，從百侯走出的11位將軍、院士和名人賢達，均得益於百侯鎮較早的近現代教育體系轉型。

百侯中心小學創辦於1906年。百侯幼兒園創辦於1936年，是全國創辦最早的農村幼兒園之一。梅潭河南岸的百侯中學，創辦於1923年，至今已有90多年歷史。鎮中廣場仍然保留當初的校門，上

19　肖文評：《白堠鄉的故事——地域史脈絡下的鄉村社會建構》，廣東人民出版社，2018.4，P153。

書：文武合一，術德兼修。民國時期，學校創辦人楊德昭曾邀請陶行知[20]來百侯施教。陶行知一時難以抽身，委派了他的學生潘一塵等13人到百侯開展"生活教育"，以"小先生制"[21]普及百侯鄉村教育。如今，百侯中學仍然懸掛着陶行知為該校建校十周年題詞："捧着一顆心來，不帶半根草去。"

在侯南村行走，不但可以感受客家人的"教育史"，同時也可以看到客家人的尋常生活。小巷子裏，還住着許多尋常人家，理着自家的菜園子，曬着自家的谷子。幾個老人在廳堂裏怡然閒坐，喝茶聊天。

肖文評認為，百侯鎮歷史形成的"教育體系"，"從明代中葉以來，科舉文化興起、發展、興盛，到近代教育的起步發展乃至教育體系的完善，都可以在百侯看到。"[22]

6

女子學堂是客家人"耕讀傳家"的別樣景致。

梅縣區屬下的茶山村，是一個典型的客家自然村落。

村子住着黃姓村民，村人黃達明招呼我們到他的老屋去喝茶。

20　陶行知（1891–1946），安徽省歙縣人，著名教育家、思想家，畢生致力教育事業，對我國教育的現代化做出了開創性的貢獻。

21　"小先生制"，陶行知於1932年為解決普及大眾教育的師資問題而提出並實施的，他提出兒童可以一邊當"學生"，一邊當"先生"，以教人者教己，即知即傳，即學即教，既是一種教學方式，又是一種學習方式。

22　劉曉娟：《百侯古鎮 客家崇文地 埔邑鄒魯鄉》，梅州日報，2016.10.1。

老屋的玄關、門窗上，木雕的彩漆已經脫落，但仍看得出當年的精緻。玄關後的天井，石砌地面上長着薄薄一層青苔，牆壁上隨意掛着各類家常用品。

位於梅州南部206國道旁的茶山古村，現存三十多座幾乎完好的客家古民居建築。老的已有四百多年歷史，如紹德堂、暢雲樓、儒林第，端莊典雅。老民居散布在山腳下、田地間，大部分保存完好。和別的村子不同，這裏新建築較少，歷史建築與自然環境融為一體，形成了特有的客家傳統人文生態環境。

那時村裏族人，不論在外做生意，還是有個一官半職，祇要賺了點錢的，想着"落葉歸根"，大多會寄錢回老家蓋大宅。

黃達明帶我們到村子裏四下尋幽探勝。沒想到，就這麼一個自然村，據資料記載，清代獲得進士、貢生、監生以上者有48人；近代在軍政、文教和商界等領域有成就者，更比比皆是，其中：將軍4人、教授5人、部級乾部4人、以及其他方面的傑出人物10多人。

村道邊，立着一個牌子，上示村中有一所"雲漢女子學堂舊址"。那個年代的老話，"女子無才便是德"，客家人為何辦起這麼一個女子學堂？

我們尋找這個女子學堂。在村前村後遍尋不着。最後問住在鄰近的一個女孩，她指着前面一堵破敗圍牆，説裏面就是。所見之處，房子已經坍塌，荒草凄凄，一隻貓在草叢中穿過。

客家男人，讀書後便多出外闖蕩人生，家中事務則全交女子打理。一旦小有積蓄，便把錢銀寄回家，於是如何使用，購地建宅，辯識官方文書和辦事等一應事務，都靠留守女子打理，所以女子識文斷字，便變得與男子同等重要。

　　村子裏這所雲漢女子學堂，出資人是貧苦出身的"嘉應首富"黃雲輝，他在自家居屋雲漢樓的對面，平整了一個院子，蓋了五六間書房，命名為"雲漢女子學堂"，讓村中的姑娘及外地嫁過來不識字的媳婦都進學堂讀書認字、知書達理，在重男輕女的時代顯得難能可貴。

　　黃雲輝還聯合村中外出的其他富商，捐資興建了紹德學堂。紹德學堂當年佔地2000多平方米，設施完備，可容納300多名學生，連附近村莊的也來入讀。難能可貴的是，這所學校與時俱進，摒棄八股，倡導新學。

　　我們在黃達明家喝過幾杯青茶後，坐在椅子上的老人，陷入沉思。他對故園的衰敗深感憂慮，但似乎也無計可施，一時無語。

　　再去茶山村，正值清明祭祖的時候，田野上吹吹打打，鞭炮噼啪作響，田野上、老宅前，紅了一地，老屋前宰鷄殺鴨，爐火紅紅，想這或是古村難得的一陣熱鬧。

　　遺憾的是，村中除紹德學堂之外，搏雲書屋和雲漢女子學堂等歷經百年的學堂原址，祇餘斷壁殘牆。祖祠紹德堂外的石楣杆，歷經歲月洗禮留了下來，仍在向世人述說着茶山村昔日崇文重教、鼓勵女子讀書的故事。[23]

23　黃思華：《深山藏名築，古屋出奇才》，南方日報梅州新聞部，2016.12.15。

7

　　大埔縣茶陽鎮那座遠近聞名的"父子進士"牌坊，彷彿是"崇
文重教"的一面旗幟。大凡去梅縣的遊人，多會推薦去鎮上一遊，
拜謁這座牌坊。

　　茶陽鎮是大埔縣的老縣城，鎮內格局和其他客家地區的小鎮別
無二致，縱橫的騎樓小街，電綫在街道上空雜亂無章，街旁的小商
鋪拉着大幅紅藍相間的防曬蓬。

　　及至牌坊前，建築由綠色防護網包裹，正在維修，牌坊模樣依
稀可見。明代牌坊雖歷經歲月，但保留完整。牌坊中間橫匾，正面
書"父子進士"，後面"絲綸世美"。

　　父親饒相與兒子饒興齡，兩人均是當年"赴京趕考"獲得
功名的幸運者。父子歷經數載寒窗，父親饒相於明嘉靖十四年
（1535年）中進士，授予中書舍人，任江西按察副使；長子饒興
齡在父親激勵下，閉門苦讀，明萬曆十七年（1589年）也中了進
士，同樣被補為中書舍人。所謂中書舍人，是朝廷機樞要職，地
位顯赫。

　　地處邊遠鄉村地區的一對父子，先後考上進士，並在外為官，
自然讓當地人大長志氣。明萬曆三十八年（公元1610年），官府在
茶陽鎮上熱鬧之處，興建了這座"父子進士"牌坊，既彰顯地方文
脉之興盛，亦借以激勵後人。

　　沒想到牌坊之後，卻有意外發現。

　　穿過牌坊，沿正面石階拾級而上，是大埔中學。在中學右側小街不過百十米遠，卻有一座更為顯赫的教育豐碑，不露聲色地藏在茶陽的尋常巷陌之中。

　　這是一座破敗的客家老宅。

　　往小巷走幾步，可見一院門，立柱拱門之上，隱約可見有藍色的"XX小學校"字樣，前面兩字已無法辨認。門側有一藍色地址鐵牌"城西28號"。從外面看，院子有點破落。出於好奇，我們踏上臺階，進入大院。

　　院內空無一人，靠牆處停着一輛摩托車，牆邊靠着幾塊裝修用的玻璃和若干瓷片。兩側兩層樓的房子已然破敗，二樓殘破的樓板，一半懸在空中，搖搖欲墜。

　　但院子左方一角卻有一座獨立老宅，白牆紅檐綠瓦，牆面斑駁，牆身和牆腳處的灰泥已經脫落。走近，花崗石門框上方，有紅底黃字"椿森第"幾個大字，門前房樑上的木雕，頗為精致。外牆上掛着幾塊不銹鋼牌子，走近一看，讓我們吃了一驚，原來這是中山大學首任校長鄒魯的故居。[24]

　　鄒魯（1885—1954），中山大學首任校長，是中國大學教育歷史繞不開的重要人物。人們祇知道他是大埔縣茶陽鎮人，但他本人的故居在哪？同行友人曾帶鄒魯當年同事的後人來尋跡，卻失之交臂。

　　完全沒有料到，我們無意之中踏入的這個破敗院落，卻和鄒魯"不期而遇"。友人説，這是意外驚喜。

24　椿森第，鄒魯故居，在茶陽鎮大埔中學旁。2021年底再訪，已重新修葺一新，成為紀念館，內有《從客家之子到教育家——鄒魯生平專題展覽》，入門可見鄒魯全身坐像。

老宅黑色大門緊閉，透過門縫，正堂空無一物，中央壁板上，端掛着一鑲框的黑白頭像，便是鄒魯。兩側偏門之後，可見後院二樓走廊。

鄒魯，1885年就出生在這個老宅裏。

晚年鄒魯回憶，"父親在縣城柳樹街開了一間裁縫鋪，因為入不敷出，所以兼營小本生意。母親姓木，性情和藹，勤儉耐勞。家中事無大小，都由她一人承擔。""自從我會走以後，我的母親有了空閒，從不同我到熱鬧的地方去，卻常常引我到隔壁的孔子廟玩耍。大埔縣的孔子廟，除了收穫時有人曬穀外，平時很少人跡。"母親"無時不鼓勵我讀書，還教我怎樣做人"，"如是，我的讀書敦品的欲望，可説由此啓發了。"25

帶着"讀書敦品"的願望，鄒魯8歲始讀私塾，19歲就讀韓山書院，"因為看書過多，加以版本不良，從那年起，我便近視了。""因離家較遠，一時也得不到津貼，經濟上發生無限困難，常常一天三餐，祇有鹹蛋一個，或豆腐一塊來下飯。"

在韓山書院求學時，他感到舊式科舉制度及教學方式誤國誤民，便與同鄉張煊以四塊鷹洋及在老師張竹士資助下，回茶陽鎮創辦樂群中學，親自執教。

21歲時，鄒魯曾在張煊另辦的樂育小學任教師，每年薪水50元，自定課程有國文、歷史、地理、數學、物理和體操等。沒有現成課本，全由鄒魯自己編纂。

22歲時，鄒魯辭去本地若干教職，擬專心學習。他從韓江經汕

25　鄒魯：《鄒魯回憶錄》，東方出版社，2010.11。

頭赴省城廣州，進入廣東法政學堂。他回憶，"因為看到我這樣貧窮的，都能夠出外讀書。自我赴省以後，大埔人出外讀書的，一天天多起來了。"

其時，"學堂初興，師才不足，師範學堂又少，而潮嘉人士到廣州的，大都想進師範學堂，結果無校可入。"鄒魯便萌生邊讀書邊創辦師範學堂之意。他把從家中帶來的錢，又得時任廣東教育總會長老師丘逢甲[26]讚助，以120塊光洋 "居然在偌大一座廣州城裏，辦出一個潮嘉師範學堂。"鄒魯回憶道。

1909年，丘逢甲兼任兩廣方言學堂監督，聘鄒魯任教師，講授國際公法、經濟等科。兩廣方言學堂，創辦於光緒三十二年（1906年），是廣東、廣西最早的外國語大學，也是當時全國首創規模最大、設備最完善的外國語大學。

鄒魯從廣東法政學堂畢業若干年後，赴日本入早稻田大學研究班，"到了日本後，我就準備長期讀書計劃"，"在法政學堂時，雖然我讀過日文，還常常聽日本教授講書，但事隔數年，可說已經完全忘記。於是另請一位先生，每日到住所教日語。"

1923年底，孫中山計劃將廣東高等師範、政法大學、廣東農業專科學校合併成立廣東大學，委任鄒魯為高師校長、廣東大學籌委主任。後廣東大學改為國立中山大學，鄒魯成為創校校長。

1936年，鄒魯應邀參加世界大學會議和德國海德堡大學550周年紀念會。5月29日，鄒魯從香港出發，乘意大利郵輪維多利亞

---

26 丘逢甲（1864–1912），祖籍廣東嘉應州鎮平縣（今蕉嶺），晚清愛國詩人、教育家。曾在嘉應和潮州、汕頭等地興辦教育，倡導新學，曾任廣東教育總會會長。

號，前往德國參加會議。在海德堡，"會議於六月中旬在海德堡大學依期開幕"，出席者共有36國的代表。"主席致開會詞後，我便第一個被請起來報告中山大學的近狀"。閉會後，接着舉行海德堡大學550周年紀念會，鄒魯被授予法學名譽博士學位。[27]

2004年11月，中山大學成立80周年。"鄒魯校長紀念室"和鄒魯銅像在中大南區揭幕，首任校長重返中大校園。參加活動的有鄒魯子女，他們給學校捐獻了大量鄒魯生前遺物，包括信札、文稿、書畫和照片。[28]

一代教育巨擘，沒料到就出自茶陽這個客家小鎮。

8

長巷。巷如其名，梅州城西區一條長而又長的窄巷子。

我在這裏尋找一所既存在又不存在的小學。

深秋，才下午六點多，天色就黑了，路燈亮着。巷口對面那家小店"黎嫂燒臘"的紅字招牌，在夜色中閃爍。馬路旁停滿了車子。長巷太窄，小轎車是進不去的。

晚飯時分，行人不多，偶爾有一部摩托車開過。

迎面而來兩個騎自行車的女學生，還在討論英語試題。

彭鏗華先生帶我走進夜色中的長巷，再拐進一條更窄的小巷。那裏，有他們家族的一幢老屋，彭屋。老屋名為"敦創居"，咿呀推開大

27　鄒魯：《鄒魯回憶錄》，東方出版社，2010.11。張靖、周旖：《鄒魯未刊稿述略》，《中山大學學報（社會科學版）》，2007年第2期。
28　莫艷民、唐銳：《中山大學鄒魯銅像揭幕》，《羊城晚報》，2004.11.12。

門，是典型的客家老屋。天井上長着草，正廳一張香案上有一個香爐，左右兩個香座，座上各書一個"福字"，大廳正面供着祖先的牌位，屋檐下掛着一個黑底金字的大橫匾，上書"勉恕堂"三個豐潤的楷書大字。

彭鏗華說，他就是在這棟老屋長大的，日久荒廢，裏面有他父親彭殷甫生前住過的一個小房間。前些日子，他正和同族兄弟們商量，是不是要把老屋重新裝修一下。

先父的房間很小，大約衹放得下一張床和兩把椅子，堆着不用的椅凳等雜物。許多客家老屋的命運，大抵如此，後人多在附近另建新屋，老屋變成祭奠先人和存放舊物的地方。

後廳，牆壁上掛着幾張鑲了框的先人黑白照片，其中一張，身着中山裝，戴着眼鏡，知識分子模樣的斯文長者，彭鏗華說這便是他父親彭殷甫。

後院不大，臺階上去一片不大的草地後面是一堵圍牆。彭鏗華和妻子林育華結婚的時候，在後院二樓的窄間住過一段時間，後來就搬出去了。

殷甫老先生一家，早年其實過着並不富裕的生活。林育華回憶，聽彭家人說，老先生有時釣了魚，家人以為可以吃上魚了，但殷甫老卻把魚拿去市集上賣，說點滴成河，可以籌些錢。

就這樣，彭殷甫省吃儉用卻在長巷子市塘唇彭屋一帶，辦了一所學校，起名毅新小學。

據《梅江私塾》[29]一書記載，彭殷甫1901年出生在梅城長巷子

---

29 《梅江私塾》，中共梅州市梅江區委宣傳部編著。2014.6。

內"敦創居"彭屋的書香門第之家，其祖父彭平康是清光緒年間的秀才，父親是清宣統年間的秀才。

彭殷甫年幼聰敏勤篤，每天晨光初露，即起誦讀詩書，操筆練字。據說，他早晚在他住的房間門口，用掃帚在地上練寫大字，在廳堂習畫，花、鳥、蟲和山水。他常告誡子女"早起三朝當一工"，"勤能補拙"。他沒經正規學校讀書，自學成才，尤長於古典文學，繪畫題詩自成一格，加上練得一手好字，18歲時被梅縣南口安仁學校聘請為古典文學教員。

21歲那年，因家中父母年老體弱需人照顧，他遵在泰國謀生的大哥彭祿興之囑，回家侍候年老父母，並用大哥寄回的安家費作辦學經費，在1922年創辦了私立毅新初級小學，親任校長，聘任老師任課。

因為家境並不富裕，課室不得不東拼西湊，幾個課室分散在長巷一帶隔街隔巷的幾個祠堂裏。

為讓更多的適齡兒童能讀上學，彭殷甫不但免收貧困學生的學費，還送上紙筆墨硯，遇有家境貧困而中途輟學的學生，會親自上門，勸其回校讀書。

如此，學校運作不時陷入入不敷出的窘境。據1931年6月梅縣縣政府有關教育的一項年度調查，在"梅縣各區小學一覽表"中顯示，1929–1930年度，私立毅新小學"有教職員4人，學生99人，經費歲入620元，支出670元。"[30]

30　見《梅縣縣政周年匯刊（民國19-20年）教育史料手抄匯本，梅州興梅古舊書店，2022.5。匯本顯示，文中的"元"，為上世紀30年代廣東、廣西等省區通行的本位貨幣"毫洋"，兩廣發行的紙幣，亦以毫洋的"元"為單位。

抗戰時期，毅新小學聲名鵲起，遐邇聞名。1946年，要求來毅新學校就讀的學子人數激增到1000多人，校舍不足，又租賃市塘唇顏屋、彭屋上下堂及鄭屋角鄭家祠為分教處。自此，最先租賃的許家祠為毅新小學校本部，有兩間教室和兩間簡陋教師住房，其他祖屋祠堂則為課室。

夜色迷濛，彭鏗華繼續帶我們穿過小巷去老顏屋一帶看他父親當年辦學的老房子。小街無人，左拐右彎，老顏屋大門緊閉，不過大門前一左一右兩個大紅燈籠上還有一個黃色大字："顏"，門前有副對聯"文經武緯，鳳起蛟騰"。鄰人説，老顏屋裏面當年做學堂的那個小房子，現在已經拆了。

雖然毅新小學的教學環境因陋就簡，但質量在鎮上卻堪稱一流。據有關資料介紹，學校辦學出色，教學水平和質量都能與城中的公辦學校城西小學、城內小學和光遠小學齊名，為中學輸送了一批批有良好素質的幼苗。1950年畢業時就有10人考上省立東山中學。

出身平民的彭殷甫一心以教育為終身事業。上世紀30年代，梅縣縣長因洞悉他的德才，聘請其出任梅縣教育局局長，被婉言推辭。他認定今生祇為教育，不為仕途。

1950年前後，私人辦學格局調整，毅新小學更名為"梅光小學"。1970年前後，又併入城西小學。

走到長巷一端的梅州師範學校附屬小學，彭鏗華説，他父親創辦的小學最後輾轉併入了這所學校。教學樓前，校園中央，巍然立着一座黛瓦紅檐的千年古寺，大覺寺。1904年，城西學堂在寺內開辦，一度校寺並存，暮鼓晨鐘，書聲朗朗。

1945年抗戰期間，中山大學從廣州至雲南最後內遷梅縣，各學院分散在梅縣各地復學。據說理學院看上了這座建於南朝的古寺，於是，師生在長巷裏進進出出，重新開課。有意思的是，這座森森古寺也曾是城西小學的羽毛球訓練場，2004年獲"湯姆斯杯"團體賽冠軍的中國羽毛球運動員、曾任國家羽毛球隊主教練的陳其遒[31]，在該校讀小學的時候，就在古寺中開始他最初的訓練。

追昔撫今，彭殷甫終生執着辦學的影子，伴隨着兒子彭鏗華的人生。2012年，他特意拿出多年積蓄人民幣壹佰萬元，為這所小學捐資建了一座"彭殷甫教學樓"，是對父親興學重教遺願的一個紀念。[32]

9

1893年冬，康有為給《嘉應州志》寫序，"州雖鄙僻，而文學華茂。當乾隆世，英賢飆舉，逾侔吾廣，今雖少替科。"足見當年嘉應州雖然地處邊遠客家地區，但崇文重教之風遍及城鄉，文化學術鼎盛。在乾隆盛世，英才賢能大批湧現，在廣東地區，雖朝代更迭，但還少有其他地方能取代它的地位。

河北籍知州王之正曾在其著作中這樣讚嘆："士喜讀書，多舌耕，雖窮困不肯輟業。"清代以來，梅州大地書院、學宮、私塾、社學、義學等各類學校遍及城鄉，有"十室之邑，必有一校"之說。

---

31 陳其遒，1978年1月4日出生於廣東梅州，中國羽毛球運動員，2004年湯姆斯杯賽團體冠軍。2005年退役，2008年起先後擔任中國國家羽毛球隊女雙、男雙組主教練。
32 彭鏗華等：《愛心育人彭殷甫》，2012.9。

　　1935年，廣東省教育廳考查全省國民教育，梅縣列居第一。1936年，梅縣第一部學校年鑒《梅縣學校年鑒》出版，據載，全縣有小學590餘所，小學生5萬多人；中學15所，學生4千多人。[33]1945年，國民政府教育部報告全國普及教育情況，江蘇武進名列第一，梅縣位居第二。[34]至1949年止，將梅縣教育放在全國範圍來看，當時全國小學入學率祇有20%，文盲率高達80%看，則梅縣之教育，仍是讓人刮目相看[35]。

　　我又想起客家博物館的純厚樓、先勤樓。我在客家地區穿鄉過鎮，走街串巷，似乎處處都可以發現此地"何以人才輩出"的答案。

　　在梅城中心的元成路，不過幾百米的馬路，太史第、剌史第、文魁和武魁的門坊，百十步就有一家。在城東的攀桂坊、城西的紅杏坊漫步，處處是文風鼎盛，丹桂飄香的昭然老宅，客家人"崇文重教"的歷史遺風撲面而來。想起梅城裏院士廣場石碑上的那句話：

　　"梅人無植產，恃以為生者，讀書一事耳"。

　　青石存史。

33　《梅州市志》，廣東人民出版社，1999.9。

34　《梅縣志》，1945.11.5。

35　教育部：《中國普及九年義務教育和掃除青壯年文盲報告》，中國教育和科研計算機網，2012.9.11。https://www.edu.cn/zhong_guo_jiao_yu/zong_he/zong_he_news/201209/t20120911_841283.shtml

25　一個德國人掠過客家山區的目光

> 風景不僅僅是地理意義上的，對於那
> 些居於巨幕背後的人們來說，它同時有着
> 傳記性質和個人色彩。[1]

1

初秋的下午，天氣出奇地好。豪俊和家頂樓的書房，散射的天光從天窗和東窗漫進來，布滿書房的每個角落。

牆壁上長條橫幅黑白老照片"梅江全景"，流淌的河水和岸上參差的房屋明亮起來。此刻的梅江，靜謐的畫面恍如夢境中閃過的一幕，世俗而略顯神性。

我們在書房裏面對"梅江全景"的沙發上靜靜地坐着，彷彿回望那段過往的歲月。我們喝茶，來自梅州的清涼山茶在中國風格茶

1　約翰・伯格（John Berger，1926-2017）語。為英國藝術史家、小說家、畫家和公共知識分子，被譽為西方左翼浪漫精神的真正傳人。引文見約翰・伯格：《幸運者：一位鄉村醫生的故事》（黃月譯），中國美術學院出版社，2019.10，P7。

具上沁出清香。主人從來不問我是否喝咖啡。在客家地區，喝茶是自然的事。

豪俊和忽然對我說，臉上有點得意，“有件東西，你或者感興趣看看？”

書架下，放着幾個紙皮盒子，像是從別處搬過來的，或許是他父親的遺物。我點頭，等待着後面的故事。

他轉身走過去，彎腰，打開其中一個小盒子，小心奕奕地捧出一臺黑色的小機器，擺在我面前鋪着白色臺布的茶幾上。

一臺老式的折叠相機。

相機皮帶上有它的型號：“Maximar 207”。事後查知，這是德國蔡司依康（Zeiss Ikon）公司大約在1914–1926年間的產品，是當時比較好的相機。那時，豪天立正在籌備前往中國的旅行。這可算是古董級相機，在一些收藏家的收藏目錄裏，偶然還可以看到這款相機的記錄。

1926年，豪天立帶着它去中國，他留下的不少照片，都出自這個相機。豪俊和相信父親當年是一個攝影愛好者，“他喜歡攝影”。

書房玻璃門外間，還放着幾個淡灰色的紙盒子。他說，那裏面，全是他父親當年在梅縣拍攝的底片和照片。上世紀初二三十年代的照片？此前，我已經看過豪天立拍攝的一些照片，沒想到那祇是一小部分。

豪俊和從盒子裏取出一些玻璃片，問道，見過這種底片嗎？那是一些玻璃底片，這樣的底片，盒子裏還有一大摞。

這是上世紀初攝影術早期使用的玻璃底片。我曾在某個博物館見過，不過卻從來沒有觸摸過這樣的底片。

豪俊和接着説，這部 "Maximar 207" 相機，是父親在中國早期（1926-1934）用的，"那時我還沒有出生"。

"後期1936到1947年，他用的是另一臺相機。我記得我們的全家福都是用那個相機拍的。我還見過他用於沖洗照片的木框架和鐵盆。1936年之前，他的舊相機必須使用玻璃底片。"

那個年代，攝影還祇是中産階層一種稀罕時尚。我問，那你父親是什麼時候學的攝影？豪俊和説，那時他還小，不記得父親是否提過學攝影的事。也許可以在巴色差會檔案館裏找到答案，因為他出發到中國之前幾年，在巴塞爾讀書，攝影很可能在那個時期學的。

我想起樂育中學校史室裏那部豪天立家庭私人相册。

相册中一些家庭合影，無疑出自上世紀的德國照相館。大家衣著體面，頭髮梳得整整齊齊，或站或坐，彷彿某種儀式。背後是照相館裏常見的手繪佈景。但更多的梅縣生活照，現在可以肯定出自豪天立之手。

這部私人相册，百年過後，你看到的也許不僅僅是一個家庭的生活史。正如約翰·伯格所説的，它已經不是一部純粹的私人相册了，其中，家庭的私密性已被時光沖淡，照相希罕年代所顯現的那種儀式感，不僅僅是個人或家庭的記憶，已成為一部歷史檔案，等待有心人的發現。

相機是豪天立的珍愛之物。在他的回憶中，他第一次獲得一部相機是1925年在巴塞爾。那時他即將遠赴中國，基督教青年會的兄弟特別送給他一份禮物，就是這部"Maximar 207"。在往後的日子裏，這部相機將成為他記錄當下的一雙眼睛。

在初次離開歐洲前往中國那一個多月的遠航中，鏡頭中的所有記憶，展示着世界的變化與差異。他挎着相機在船艙和甲板上來回走動，即使在大風大浪之際，也沒忘記拍攝，以至巨浪嘩啦一聲湧上甲板，差點打濕這部相機。

到達中國後，所見一切，都讓他感到新鮮。他處處留意，那些把他們從汕頭載往梅縣的"勇敢的船夫"和帶蓬的河船、兩岸的竹林和掩映在樹叢中的客家房屋、潮州府韓江上的古老石橋，抵達中國大陸的這些最初印像，也一一進入他的鏡頭。

有了這些照片，豪天立於我不再是一個抽像的名字。我看到了他的人生之路。離開巴塞爾、遠渡重洋、走向東方，一步一步接近中國；看到一個英氣勃發的青年，在異國他鄉的生活和工作；看到一個家庭的誕生和子女的成長；二十多年後，又如何舉家離開中國，返回闊別已久、歷經戰火洗禮的故國家園，就像一部漫長的紀錄電影。

這些老照片還讓我認識了他的父母和家人、他們夫婦和子女，還有他的生活圈子，老師、同事和朋友，以致我甚至能把他們的名字和相貌聯繫起來。有些場面反覆出現，同事、學生們的留念合影，騎馬、旅行、洗禮，子女的出生、長大，樂育中學的學生和校園等等。照片看得越多，熟悉面孔就越多，在這個"大家庭"裏，萬保全、露潤黎和經褆福等經常出現。

這些視覺的記憶，把他前半生的歷程，活生生地還原在照片上，整齊地存放在這幾個塵封的箱子裏。我相信它們是文本之外的另一種敍述，"一系列的照片形成了一個陳述：一個與文本有着相同地位，可與文本相較，但又不同於文本的陳述。"[2]約翰·伯格説。

2

照片是向他者傳遞信息的重要載體。在豪天立二十年拍攝的照片中，圍繞他生活的這個具像的中國（客家）日積月累被記錄下來。粗略地翻翻這些照片，它們有幾類。

最多的，是他們在中國的生活照。他們拍攝的時候也許祇是為了留念，但照片中卻承載着大量信息。故鄉的親朋好友，甚至差會總部的不少人，對遙遠中國甚為陌生，更不用説邊遠的客家山區了。照片可以直觀地呈現每個人的身體和精神狀態、子女順利出生和成長，他們的生活方式和周遭的自然環境。當他們被送回德國和瑞士的時候，親友們通過照片不但了解他們一家的生活，同時也認識了另一個世界——他視野中的中國。

在豪天立剛到中國寫給未婚妻瑪格麗特的信中，附上了自己住所内外拍攝的照片。望眼欲穿的瑪格麗特終於看到那個穿着中式服

2　約翰·伯格:《第七人》(劉張鉑瀧譯)，中國美術學院出版社，2019.10，Pviii。

裝，正在伏案寫信的未婚夫，桌面上擺着書和她的照片。背景中可見房間和窗戶，床和蚊帳，鏡頭所及，一目了然。她舒了一口氣："那些在你房間拍攝的照片，讓我知道了很多。在那張桌子上，你在學習，在給我寫那些可愛的信。"她寫道，"其他屋子裏拍的，我也非常喜歡，因為很長一段時間，我都在想像你周邊的一切。"

另一組照片記錄了豪天立在香港結婚後，夫婦倆回梅林的長途跋涉。八個客家挑夫，前後各四人抬着那架裝在大木箱裏的鋼琴。隨後的馬匹馱着其他沉重行李，艱難地走過田間小徑、狹窄木橋。

照片也記載了他們和當地人的互動。在梅林安頓下來後，當地人時常不請自來，到他們家中作客。照片上，斐玉霞在家中邊彈邊唱，鋼琴上一對蠟燭發出光芒，身邊圍了一圈客家朋友，周圍是輕鬆、友善的氣氛。新家是什麼樣子，客家人長什麼模樣？親友都能看個清楚。

有一首歌唱道，一張圖畫承載的，勝過千字的描述。在一個特定的年代，即便是普通的生活照或風景照，都有實質內容，是那個時代的印記。

看到這些照片後，豪俊和之前所描述的一切關於他父母的往事，恍然間具體而鮮活起來。尋常的人生，如大風掠過的湖面，瞬間歸於沉寂。這一張張照片，像一個頑強的敘述者，帶人走過一道時光的長廊，回到從前。照片曾給他們的親戚朋友送去溫暖和安撫。今天，它們於我，或其他感興趣者，則是不可或缺的直觀歷史呈現。

3

巴色差會檔案館館藏的客家歷史照片之豐富，讓人倍感到驚喜。

這包括豪天立在內的傳教士們，近一個世紀以來在各自駐地拍攝的照片：香港、李朗、老隆、五華……梅縣；從市鎮到鄉村，從風景到人的活動。照片隨攝影者寄回的報告一同來到總部，一張又一張，一年又一年，累積成為豐富的影像檔案。每一張看來都平淡無奇，如小小的水滴，但經年累積，卻構成了一個個斷面並最終匯入歷史圖景的大河之中。

現在，這些照片相當一部分已經整理、轉換成數字文件，可以在網站上搜索查看。每張照片都可以據需要用大、中、小三種尺寸打開，還附上詳細的說明，如拍攝時間、地點和拍攝者，以及照片上的人或景物的名字。

從十九世紀中葉開始，傳教士是最早給中國帶來攝影術的傳播者之一。中國最早期的攝影資料中，有大量是他們留下的。他們常常行走於窮鄉僻野，拍攝的照片，具有重要的紀實價值。

1869年，晚清時期，英國攝影師約翰・湯姆森[3]曾在中國作了長達八千公里的旅行，遍及大半個中國，拍攝了大量照片。最後他出版了一本攝影集《用照相機穿越中國》。據回憶，當時所到之處，大多數西方人尚未涉足。他寫道，"如果當年偉大的馬可・波

3　約翰・湯姆森（John Thomson，1837–1921），出生於蘇格蘭愛丁堡，著名攝影家、地理學家和探險家。被西方攝影界尊為"紀實攝影"的鼻祖之一。

羅能用幾張照片來說明他漫遊古老中國的經歷，那麼他的美麗傳説
會更加動人。"

　　圖像在新聞和信息傳播中具有無可替代的作用。我收藏的一本
1885年上半年的《倫敦插圖新聞》（The Illustrated London News）合
訂本，沉重的厚本，灰綠色布封面上燙金的圖案和文字。封面右上
角已經褪色，書脊上的粘膠也已脫落，但內文和精美的插圖完好。
這是贈送者在倫敦舊貨市場上的意外收穫。那個年代，攝影術還未
被廣泛用於新聞傳播，內裏所有的插圖，都是精緻生動的銅版畫。

　　那時攝影記者也還未出現。為了增加報道現場直觀效果，所以
派出的記者，是優秀的畫家，通過畫筆重現新聞現場，並把它呈現
給讀者。由此，歐洲不少著名的畫家，都成為"本報特派畫家兼記
者"。為刊物寫稿的也有不少名作家，包括斯蒂文森、哈代等。
在文字之外，畫面給讀者身歷其境的感受，大大優化了新聞傳播
效果。這份刊物，創刊於1842年，是世界公認最早以圖像為主的畫
報。1892年，隨着照片和制片技術的成熟，刊物才逐漸用照片代替
版畫插圖。

　　豪俊和看我對老照片感興趣，又在箱子裏翻了一遍，拿出另外
一包照片，並說這你也可能感興趣。細看，這叠不是家庭照片，而
是他父親在旅行時拍攝的客家風情照片。像嘉應城（梅縣）中安靜
的學堂、老隆城中人來人往的熱鬧街市、興寧貼着斑駁醫藥街招滿
目蒼涼的老城南門、橫跨河面似乎在搖搖晃晃的獨木橋。還有小鎮
街頭的兒童、市井裏的理髮匠、廟宇裏的神龕、梅江邊的蓬船、河
邊的水車、山坡上簡陋的客棧等等。

梅江邊梅城南門一帶。（梅縣，1930年前後，豪天立攝影）

興寧縣城廟宇前的理髮攤。（興寧，時間不詳，豪天立攝影）

豪天立：從嘉應州到興寧途中的客棧，我們常常在那裏吃午餐。（1930年間，豪天立攝影）

城鎮間的長途汽車。（1940年代，豪天立攝影）

興寧縣城南門（迎薰門）。（興寧，1930年代，豪天立攝影）

河源縣老隆鎮河邊的蓬船。（河源老隆鎮，1930年代，豪天立攝影）

老隆鎮街市。（老隆，1930年代，豪天立攝影）

長樂城城門（五華，1930年代，豪天立攝影）

　　這批照片，雖然年代久遠，但保存完好，大都聚焦清晰，留下了上世紀初客家地區難得一見的影像。極少有西方人如此深入到一個客家鄉鎮的底層。這是一個德國人掠過客家山區的獨特目光。

　　近百年過去，這些照片，正如一些西方學者所言，大量客觀、詳細的社會影像，是研究社會文化最寶貴的資料，不但有影像學的價值，而且具有社會學與人類學的意義。照片提供了文字文獻裏稀缺的直觀感受。那些片斷的、瞬間的影像，可以融入重大的歷史脈絡之中，是歷史事件的重要助證。

　　從文化交流角度看，照片傳遞的信息，無疑有助於東西方文化的交流。可供探究客家與中國、中國與世界的關係；中國文化的多樣性、複雜性和豐富性；中國的建築、自然、人和文化等等。

　　照片當年寄回巴塞爾並進入檔案庫後，繼續流向世界各地。在網上，無論中外，回憶客家歷史所使用的客家老照片，不少都顯示出處為美國"南加州大學"。這似乎有點奇怪，未聽說過南加州大學曾經與客家地區有過什麼關聯。巴色差會檔案員告知，檔案館與世界多個機構有合作關係，共享資料，為歷史、文化或其它學科的研究提供方便，南加州大學便是其中一個合作方。

　　沒有料到的是，這些"失去的記憶"，近百年後又以各種方式傳送回中國，回到客家地區，甚至回到了歷史發生的"現場"。

　　那年夏末，我在梅州清涼山尋找當年德濟醫院肺病療養院的遺址。從西陽鎮拐上環山的蜿蜒鄉道，車到山上，路邊立着療養院舊址的路牌。山坳裏的湖秋塘村在陽光下一片沉寂。一位梁姓女村民告訴我，她家幾代人都住在這裏，以種茶為業。療養院的事，她聽老人家提過，就在她家對面的山上。山坳下有幾個池塘，沿山坡往上，茶樹環繞，有一片平地，就是原來療養院所在的地方。她説，去年醫院還有人來看過，説準備重建舊址。説畢，她轉身從裏屋拿出幾張黑白老照片，正是當年德濟醫院療養院的舊照。驚問照片從何而來？道是山上寺院住持從國外帶回來的。

看來，這些上百年的照片正以各種方式、不同的渠道從歐洲轉輾流入。在梅州樂育中學校史室、梅州市人民醫院院史館等博物館；在一些書籍、雜誌等出版物、博客、甚至民間個人收藏，都曾看見過相關老照片。相信相當部分都來自巴色差會檔案館這個源頭。

2019年夏天，當我再次訪問豪俊和時，計劃一定要細看豪天立當年留下的玻璃底片，那些近百年前留下的底片裏，想必會有豪天立對身處的客家世界的觀察與紀錄。

但豪俊和不無遺憾地告知，那些玻璃底片，已經全部捐贈給巴色差會檔案館。

一個人悄然退場後，照片仍為他所在的這個寂寞的世界，存留一份在場的證據，如約翰·伯格所言，"風景不僅僅是地理意義上的，對於那些居於巨幕背後的人們來説，它同時有着傳記性質和個人色彩。"

26 告別

> 車窗外的客家山村，在他們的視野中
> 逐漸消隱。這些熟悉的風景，如同一幕回
> 放的電影，將成為漸行漸遠的記憶。

1

期待已久的那一天終於到來。

1947年3月15日。兩輛滿載行李的客車從梅縣黃塘開出，緩緩
駛出城外。山路蜿蜒，吱吱嘎嘎的車後，捲起一陣黃色的塵土。

車上載着兩個家庭，兩對德國夫婦和一群子女，還有一件件大
大小小的行李。車窗外，梅江，春江水暖，河水清亮，遠山葱蘢。

21年前，1927年夏，豪天立和露潤黎，經過漫長的旅行，終於
從歐洲抵達這個"世界遙遠的一角"，山明水秀的客家山區。現
在，他們將要結束這段長達二十年的客居生涯，拖家帶口，離開梅
縣，回到世界的另一端，德國。

車窗外的客家山村，在他們的視野中逐漸消隱。遠處山巒下飄
着縷縷炊煙的圍屋，在池塘邊草地上悠然吃草的水牛，這些曾經熟

悉的風景，將要成為漸行漸遠的記憶。

這時，車上的英俊少年豪俊和內心有一種莫名的興奮。1936年他隨父母來梅縣的時候才10個月，尚未記事，現在他已經11歲，是三個弟妹的哥哥。那個從中國到德國的骰子遊戲，母親為他們設計的棋盤上的假想旅程，現在果真開始了。

多年後，豪俊和回憶道，"我的兩個哥哥姐姐和德國家鄉的面貌，被父母描述得如此生動有趣，以至我們也同樣地有了迫切的願望，希望最終有一天我們會回德國老家。"

2

1945年，二戰結束。荷蘭作家伊恩·布魯瑪把這一個年份稱為"零年"，這是另一個年代的開始，"是現代世界誕生的時刻"[1]。

瑞士雖未捲入戰事，此時的巴色差會大樓似乎也終於緩過一口氣，慢慢恢復了元氣。向海外召回和派出傳教士的卷宗，包括中國的議案，再次回到差會議事日程中。

二戰期間，梅縣的傳教士們猶如斷綫風箏，失去了與總部的聯絡。他們中有些早已超過了原定的服務年限，卻無法回國。現在，新傳教士將從瑞士巴塞爾來到梅縣，老的一批回國，也提到議事日程上了。

1　[荷]伊恩·布魯瑪(Ian Buruma):《零年：1945——現代世界誕生的時刻》（倪韜譯），北京日報出版社，2019.8。

　　因為戰事，豪天立在中國的任期不得不一再延長，從原計劃的6年，延長到11年。在離家二十多年後，他和妻子都想念德國的親友，也時刻放不下留在巴塞爾的兩個逐漸長大的子女。自1936年一別，他們全靠書信和照片聯繫。全家團聚的願望，越來越迫切。

　　在過去的11年裏，不但世界和歐洲發生了巨大的變化，小家庭的變化也不少。

　　1946年3月8日，豪天立在外剛參加了一個短期的洗禮課程，回家後便收到兩個姐姐的來信，得知母親不久前已經去世。消息如雷轟頂。他與家庭最親密的紐帶，彷彿被猛然扯斷。有一段日子，他沉浸在深深的悲哀中，回家的願望從來沒有如此迫切。"她們向我傳達了這個噩耗，母親去世前唯一願望，就是再看我一眼，然而這個願望卻沒能夠實現。我親愛的母親多年來一直非常活躍，她畢生的精力都奉獻給了巴塞爾差會。"

　　還有一個消息令他異常擔憂，他在德國的積蓄將無端地消失。多年來，豪天立為6個孩子今後的教育，以及他們一家回國後的生活儲備一些積蓄。但傳聞政府頒佈的某些條例，會讓傳教士喪失他們的儲蓄。1946年4月22日，他在梅縣匆匆給巴色差會一位與其保持聯繫的總務格茲勒（Heinrich Gelzer）牧師寫信，"這些儲蓄，有些是戰前就已經為子女積攢的起來的（戰爭期間不可能攢錢），希望用於他們今後的教育。那些出賣舊物得來的錢，則是希望從中國回家後，可以為家裏重新置辦家當。"

　　一個月過去了，沒有任何回音。1946年5月29日，他再次致信格茲勒，追問這筆存款的處置，"我們還不知道為6個子女攢下來的教育經費會發生什麼變故。或許差會可以查看這些錢的來源，並向有關當局解釋一下？"他有點無奈地説，正常情況下，他們在通信中是不會談論這種日常瑣事的，"但是我們無法承受失去這些存款的損失。"

幸而，事情最後並沒有想像中嚴重。在德國比爾的姐姐來信説，我們不必再為此事擔心，法律祇適用於那些儲蓄超過某個標準的人，而"我們沒有超過這個指標"，所以不用擔心。

妻子的健康狀況也讓豪天立擔憂。他給格兹勒的信中説，"我夫人早年患了嚴重的肺栓塞，身體欠佳，她極需要醫療輔助。露潤黎醫生建議我們趕緊回國治療。我們已經得到您的批准很久了，一旦有機會我們將立即啓程。"

回國後的工作也需要考慮，他説，他在中國前後待了20餘年，希望這些經歷有助於回國找工作，"那麼我們的歸途就更加充滿了希望。"

終於，格兹勒1946年6月7日和7月4日的兩封回信都到了。信中安撫豪天立説，"您親愛的母親去世給您帶來了巨大的痛苦，我和妻子都十分悲傷。考慮到您尤其是您妻子的健康情況，我們會儘快安排您返鄉"，"崇真會對你們能夠繼續堅守崗位致以感謝。"

格兹勒又説，"我非常理解，您現在為未來的工作焦慮。我們已經向瑞士當局提出申請，你們的歸途可以進入瑞士。委員會保管了你們旅居海外時的居留證明以及救濟金。此外我也委托了高級教士哈滕施泰因博士為您找到一份工作，即作為福音會的一員，直接在教堂工作。"最後格兹勒安慰豪天立道，"我們每天都要在各種需求和壓力之中保持耐心，保持凝聚力。因為基督這樣告訴我們：死亡帶來的苦痛祇是暫時的，因為我們生活在基督所承諾的勝利和復活中。"

在梅縣，豪天立忙着做回家的準備。他把全家護照寄到上海辦理簽證，靜待歸國的那天到來。

眼下，他仍有不少工作要趕在回國前完成，"我們會以神的名義繼續工作。"

他伏案寫作，用德語為《禮拜儀式》一書編寫了長達40頁的前言；完成了過去一年長達20頁的年度報告，然後通過回瑞士的同事轉交總部。

一有時間，他放下手上工作，趕到醫院去看望馬愛仁姑娘。馬愛仁和他同期從德國來華，在德濟醫院服務了二十年，是醫院的護士長。但現在馬姑娘重病在身，躺在病床上，實施第二次胰島素治療也並不是非常有效，一周前就開始處於昏迷狀態，偶爾才會睜開眼睛。豪天立和妻子坐立不安，焦慮地陪在她身邊，以減輕護士的工作。他祈禱她的病痛能夠緩解，以便帶她一起回國。

新的傳教士將要來接替他們的工作，他以切身體會給差會建議，應該保證年輕的同事有足夠的時間學習漢語和客家話，這是開展工作的重要根基，唯有這樣，"他們在之後的日子裏，才能擔負更大的責任"。

7月底開始，他還負責教會主席團工作，期待能夠得到大家的支持，"我將從心底裏感激大家。"

秋天，樂育中學新學年教學工作又將開始，會有更多的學生學習德語，他要到學校給他們上課。

　　10月上旬，他要去蕉嶺和新埔做秋季福音宣講，這次宣講時間預計從10月4日到14日。除了該地區的全部傳教士外，還有另外三名同事參加。

　　還有更多的工作，豪天立説，"我希望在離開之前，能有那怕一點空閒，來處理積壓的工作。"

　　3

　　回家那一天終於到來。豪天立回憶道："1947年1月初，終於從香港傳來了消息，我們可以回國了。我們得到一個機會，乘輪船越洋旅行回德國。"全家馬上動手，一起開始捆扎越洋運輸的大小行李箱。

　　1947年1月12日，他致信格兹勒，前些天柏恩明（Emile Bach）兄弟啓程回家了，"我們原希望一同出發，但那艘輪船沒有空額了。我們祇好預訂這條航綫的下一班船，也就是霞飛元帥（Marshal Joffre）號，它將於3月中旬啓程離開香港。承蒙主恩惠，這一班還能搭上。如果露潤黎醫生和家人想要同行，我們會很高興。我們將會在四月底抵達馬賽，然後在美麗春光中到家。"

　　豪天立和斐玉霞收拾行裝。當年母親給他訂做的那個專門保護冬天衣物的鐵皮箱還在，連"運往汕頭"的字樣都還留在箱子上。他把書和筆記，還有用過的中國典藉，放在一個大木箱裏。有紀念意義的物品，一個銅鑼，在當地定製、有龍鳳和"玉霞"兩字的銀質蛋糕刀、瓷器等，一一包裝好放在箱子裏。所有箱子，都堆在屋子的一角。這些行李將從梅縣另行托運到德國漢堡，再轉往斯圖加特。

傳教士離開中國時，多會在留下一些歐洲物品的同時，帶上當地的一些紀念品回國。韋嵩山醫生還記得他早年離開嘉應時帶的一些特別的中國物品，"我搜集了滿清官員的制服，還有來自城裏一個小神殿的一尊佛像。中國的瓷器需要小心地包裝。我們賣了風

1947年3月15日，豪天立帶着一家大小，離開梅縣返回德國。（梅縣，1947）

琴、法國圓號和其他身外物。最後帶着20個箱子出發。"[2]

斐玉霞用了11年的第二架鋼琴，曾陪伴他們和同事、學生度過了多少難忘的歲月。他們決定留給心光盲女院的女孩做紀念。在他們的栽培下，她們有些已經可以彈奏鋼琴了。

3月9日，豪天立和時任德濟醫院院長的露潤黎醫生兩家一起，舉辦了向各界朋友的告別活動。這兩個老朋友，一塊從德國來華，現在又一起回德國，前後20年，兩家人結成了終生友誼。兩位男士互為對方子女的教父。

和當地朋友道別時，豪天立沒有料到，大家對妻子斐玉霞讚譽有加。多年後，豪天立對孩子們説，"當地人稱讚你們媽媽，説她在梅縣的這些年來，為大家做的事一點都不比我少。對此我感到驕傲和高興。"豪天立仍然記得，妻子剛來時，周圍的客家人對她不會講客家話感到失望。

斐玉霞是傳教士配偶群中的一員。她們隨夫來華，十數年到幾十年不離不棄，與丈夫"彼此支持，同心事奉，互相分擔、分享喜悦，分擔困苦"。她們照料家庭、教育子女、熱誠接待來訪的中外客人，讓"家庭成為一個基督家庭的典範"。[3]儘管她們的身影出現在許多老照片上，卻極少見諸文獻記載，成了失聲的一群。

三兒子豪俊和在梅縣11年，對母親有更多的了解。他回憶道，"就專業工作來説，當然我父親做得更多。但母親給予父親極

2　韋嵩山：《我的生平回憶》（手稿），1938。存梅州市人民醫院院史室。

3　吳寧：《早期基督教新教傳教士夫人在澳門的活動》，廣西民族學院學報（哲學社會科學版），第27卷第3期，2005.5。

大的支持。熱心幫助身邊的每一個人，包括我們家的廚師和園丁。在朋友面前，她總是謙遜、友好。基督精神的愛與平靜一直伴隨着她，影響她的待人處物。她受過良好的教育，喜歡閱讀，可以讀拉丁文和希臘文。她的個性和品質，溫暖着身邊每一個人。""母親以真正的基督教方式教育我們。她給我們講聖經和童話故事，並幫助我們理解聖經。她教我們閱讀、做遊戲、製作手工藝品。她與我們一起祈禱，與我們一起唱讚美詩，安撫我們。"

臨行前，他們在德化門大院的芭蕉林前與留守的傳教士和家人拍告別留念照片。相片中的萬保全、梅斯德和谷靈甦等相處多年的同事以及他們的家人，將會留下來，直至任期結束。

豪天立和露潤黎兩家和當地朋友道別，離開了他們生活了十餘年的德化門、離開了祇有一牆之隔的樂育中學和一河之隔的德濟醫院。春風吹拂，黃塘河畔的樹發出了新芽。他們在這裏度過了整個青春時代，留下了永生的記憶，留下了自己的故事。

樂育中學給豪天立贈送了一份特別禮物，作為他從教十餘年的紀念。這是一個錫制的雕花茶罐，罐子分三截，內膽是一個茶杯。罐外雕花精細，圖案上蝕刻着幾個有力的大字："活水流湧永生"，句出《約翰福音7：8》"我賜的活水，要流湧到永生"，落款是"豪天立牧師回國紀念，樂中勉勵會敬贈"。

期待已久的歸程終於成行，但此刻同時湧上心頭的卻有幾分不捨。和熟悉的一切告別，真的是他們內心的真正的追求嗎？他們默默祝福，再見，中國，再見梅縣，再見，所有的客家朋友們。願上帝保佑你們。

3月15日，兩家分別登上兩輛滿載行李的汽車上路。汽車行駛在高低不平的泥土公路上，越過崇山峻嶺到達龍川縣老隆鎮。

老隆鎮，是當時崇真會總部的所在地。崇真會乾事樓立在小鎮的一個山坡上。離開中國前，豪天立一行要來這裏和同事、好友們話別。

4

2020年12月，一個寒冷的冬日，冷雨拂面，龍川縣老隆鎮。

從梅州到這裏，走高速祇需90分鐘的車程。我們在老隆鎮東風西路，找到了基督教崇真總會乾事樓[4]的舊址。

乾事樓建於1925-1927年，由德國工程師設計和督造。門前馬路，現在是老隆鎮一條熱鬧的街道，馬路兩旁停滿了小車。中午放學時間，人行道上身穿校服的學生來來往往。

乾事樓大門在馬路邊，門右側牆上立一石碑，用中英文記錄了乾事樓的歷史。它是原來東江、梅江和珠江三江流域客家地區崇真總會轄下167所教會的中心。"何樹德總牧、葛禮和牧師、寶奇珍牧師（Albert Bachmann，瑞士籍）及數十位中外同工曾在此工作，主管崇真會會務。"碑上說，現在，它是客家地區17座"洋樓"中僅存的一座，"屬珍貴的歷史遺產"。

4　崇真總會乾事樓，1925年建於在龍川縣老隆鎮鐵場坑一座小山上，坐北向南，由兩棟西牧樓和兩棟華牧樓、辦公區、職員房、工人房和倉庫、雜物房、辦米房、汽車房和馬房組成，依次坐落在山坡和山腰。總建築面積約3000多平方米。

豪天立當年曾多次到老隆參加總會的會議，現在回國的途中再到此地，一是和崇真總會的主事告別，二是和當年在梅林曾經救助過他們的湯恩錫先生道別。湯恩錫在1937年後，由崇真會總牧何樹德調往總會任財務，全家由梅林搬到老隆，一直到80年代。

在門內福音堂一側的宿舍樓中，我們拜會了湯恩錫的兒子湯兆平牧師。湯兆平就出生在這棟乾事樓裏，如今七十開外，頭髮略顯灰白，但身體硬朗，精神。在他搬出的影集中，有不少關於這棟樓的歷史照片。湯家客廳牆上，相框裏也鑲着乾事樓的黑白老照片。相片中立於半山坡上的幾棟"洋樓"，建築樣式，和巴色差會在三江流域所有建築相似，彷彿出自同一個設計師之手，是當年顯赫的建築群。

從福音堂沿斜坡上，是一個院子。當年乾事樓所在的地方有幾棟老建築。其中一間作為辦公室，大門蹚開，裏面整齊地擺放着桌椅。從院子向外面坡下望去，從前的水田，現在已經是熱鬧的街道，完全辨認不出舊貌。當年，華人總牧何樹德、幫助豪天立完成《禮拜儀式》一書的總乾事鄔漢謙等，都曾在這裏生活和工作。

豪天立一家在老隆受到了湯恩錫的熱情招待。臨行時，他對湯恩錫說，"願上帝與你們同在，希望以後還有會面的日子。"

此別天各一方，"彼此就沒有了音訊"，兩人直到去世，都未能謀見。

1992年，豪俊和和弟弟從德國來梅州重訪故地，帶着父親生前的囑托，專門來老隆探望時年92歲的湯恩錫。這是時隔45年後的重逢。當年分別時，豪俊和是11歲的少年，相逢時已是56歲壯年。彼此感慨良多，得以一敘當年的蹉跎歲月，算是還了老一輩的夙願。這是後話。

回到當年，與同事朋友道別後，豪天立一衆人在老隆登上了一艘蓬船。就像二十年前從德國來的時候那樣，河船沿東江逆流而上，最後抵達廣東省會廣州。

5

在廣州，他們興致勃勃地和正在廣州讀大學的樂育中學校友會面。老廣州以珠江為界，分為河北、河南和芳村三塊，僅有海珠橋連通河南河北，芳村則在珠江白鵝潭以西，過江全靠渡船。

據校友彭素宜回憶，古希曉和畢業於樂育中學的哥姐等幾個同學，因懸壺濟世的理想，也因為德語基礎不錯，此時已經離開梅縣來到廣州，順利進入中山大學醫學院就讀。聽說老師豪天立回國路過廣州，幾年未見，自然要好好一聚。

豪天立雖然來自歐洲，但他們前後在粵東的客家山區裏生活了二十餘年，遠離都市，是廣州人所說的"大鄉里入城"（鄉下人進城）。所以，校友們決定帶老師搭乘江邊艇家的划渡，沿江瀏覽珠江兩岸風光。小艇經西堤一帶廣州當時最熱鬧的商業區，建築華洋結合，商鋪林立。再從沙面島擦過，穿過白鵝潭江面，到對岸的芳村去。那裏已屬郊外，但有一座廣州唯一的德國教堂，是師生們選定聚會的地方。

當年芳村類似梅縣黃塘，在廣州算是城外荒郊之地。芳村以花地聞名，顧名思義，遍布花圃，是花農栽培鮮花和廣州人過年買花的地方。此地早年中外教會辦的各類學校有12所，其中包括美國長老會分別在1872和1882年主辦的真光和培英中學、中華基督教會1888年在白鶴洞主辦的協和神科大學、德國信義會主辦的信義神學院。

豪天立師生一行要去的德國教堂在下芳村，由德國信義會巴陵會（Berlin Missionary Society）始建於清光緒八年（1882年），頗有規模，由六幢哥德式建築樓和一座哥德式鐘樓組合而成，當地人稱其為"芳村大鐘樓"。六幢哥德式建築中的一幢是信義神學院，其餘分別為禮拜堂、傳教士樓、鐘樓和辦公樓。1891年，巴陵會在教堂附近創辦了一所德文專科學校，是華南地區最早的德語學校，後改名為私立中德中學。該校特別重視理化及德語，規定德語不及格者不得升級。據《芳村文史》記載，該校高中畢業生可免試直升上海同濟大學或德國柏林大學就讀。曾就讀於梅縣樂育中學的羅潛，也在這所中德中學讀過。他1928年中學畢業後考入中山大學醫學院，1935年到漢堡大學醫學院進修，獲醫學博士學位。隨後到柏林大學醫學院藥理研究所進行科研工作，回國後曾任中山大學醫學院院長。

德國教堂和孫中山領導的興中會有着某種關聯。1902年，教堂聘請了一名"漢文教習"（中文教師），是興中會一名領導李植生，時任南粵興漢大將軍府總參謀長。因為這種關係，當年孫中山領導興中會策劃廣州起義，得到過教堂德國牧師阿·高力加的幫助，教堂和附近一些廠房成為起義秘密據點和武器、糧食收藏處。

現在，教堂雖然整體荒廢，原來的塔樓也已倒塌，僅餘的禮拜堂卻仍在芳村珠江邊的一個路口面江而立。老教堂所在的這條路，以"信義"命名，叫信義路。因為修建從河南通往芳村的洲頭咀過江隧道，正好從教堂的下面通過，廣州市為保護這幢歷史建築，一度將教堂整體移離原位，隧道建成後又完整搬回原處。現在，搬移時的鋼管包裝仍嚴密地包裹着教堂，周圍攀滿了綠色的藤蔓。附近的建築和廠房，都是有了點年頭的紅磚建築，已改建為文創基地"信義會館"。

師生們到德國教堂敘舊，豪天立憑窗所見，是開闊的珠江，江對面的河南，河岸是灰色的河灘和一排排木屋。歲月如湧流，逝者如斯。樂育校園的時光令人難忘，話短情長，大家不免都有些惆悵，不知道如此一別，何時方能再聚。

事前，古希曉和哥姐等幾個高年級的校友商議，要給老師一份紀念品。他們最後精心挑選了一個精緻的像牙球，送給老師和師母，以感謝老師多年教育之恩。像牙球雕，是廣州傳統工藝一絕，雕藝精湛，一個大球裏有若干層互相嵌套的小球，每層都可以自由轉動。這種"珍品"，韋嵩山曾在廣州"又窄又擠"街道的像牙商店驚訝地見到過，知道每造出一件，都需要"長年累月的工作"。

七十多年過去，這個隱含師生情誼的像牙球由父親傳給了兒子，完好地保管在豪俊和家中，成為對師生情誼和中國歲月的永恒紀念。

豪天立一行別過廣州的學生，小住兩天後，從廣州大沙頭的廣九火車站[5]，踏上前往香港九龍的火車。廣九鐵路由港英政府與清政府共同修建，在宣統三年（1911）正式建成通車。火車隆隆前行，經過深圳河當年由詹天佑設計改造的羅湖鐵路橋，抵達香港九龍。

兩家的長輩和孩子都激動異常。孩子們在客家山區梅縣長大，從未見過城市的高樓，未見過火車，更沒有乘火車的經歷，這於他們來說，是一次驚喜的歷程。

還有驚喜等着他們。

6

山中方七日，世上已千年。山外的世界已經發生了巨大的變化。豪天立在香港得到好消息，從香港到歐洲的旅程，不再需要乘搭一個多月的輪船在海上顛簸。"在香港，我們領取了法國航空公司的機票，取代了原來的海上旅行。"坐飛機？聽到消息後，豪俊和和三個弟妹高興得跳了起來。

飛行讓世界縮小。在二戰中幾乎毀滅殆儘的法國航空公司剛剛從創傷中復航。豪天立和露潤黎兩家幸運地登上法航的飛機，"客機載着我們經過西貢、加爾各答、卡拉奇、巴士拉、開羅、突尼斯和巴黎。4天之後，我們回到了瑞士巴塞爾，見到了闊別多年的萊

5 廣九火車站，即舊廣州火車站，站址在廣州市越秀區大沙頭白雲路，是廣州歷史最悠久的火車站，建於民國初期，西方近代建築風格，九廣鐵路的終點站。1974年新廣州站竣工啓用後，該站即被拆除。

茵河。"豪俊和回憶道。

這次旅行對在梅縣出生長大的孩子們來說，是前所未有的經歷。在他們的人生體驗中，梅縣才是他們的故鄉，對剛剛踏入的瑞士，反倒倍覺陌生。

在巴塞爾，當豪天立帶着一家大小，站在巴色差會大樓前的時候，不由得一陣激動，淚水幾乎迷糊了雙眼。21年前，他接受使命從這裏踏上去前往中國的旅程，直到進入客家地區的群山之中。同事們為他送行的聚會仍歷歷在目。如今大樓依舊，但卻顯得比記憶中小了。

他們終於家庭團圓，見到了已經長成小伙子和大姑娘的哥哥俊民和姐姐俊嫻。兄弟姐妹弟妹相見，激動異常，他們既熟悉又陌生，除了豪俊和外，以前衹在照片上見過。

大哥俊民（羅格爾）回憶道：

1947年4月，父母和四個年幼的弟弟妹妹回到歐洲，我們終於團聚。他們之中三位小的弟妹，我們僅僅在相片上認識，從未謀面。我們全家一起高興地慶賀這次團聚。

為了紀念這一時刻，全家穿上整潔的衣服，到照相館拍攝了一張久別重逢的全家福。照片上，豪天立夫婦坐在扶手椅上，身邊是六個子女。四個男孩西裝領帶，女孩則是淺色的上衣和裙子。

在巴塞爾，他們沒有在巴色差會住太長時間。他們被安排在瑞士布勞恩瓦爾德山區和格拉魯斯的城堡中休養，度過了一個短暫的

從中國返回後，豪天立全家團圓合影。（巴塞爾，1947）

假期。在安靜的小鎮散步時，他們路過教堂、禮拜堂和城堡，遠眺阿爾卑斯山的積雪。梅縣的山和水，梅江邊的小鎮，不時浮現腦海。他們終於確信，自己真的回來了。

假期結束後，他們跨越國境，回到了滿目瘡痍的德國。

豪俊和時年11歲，他回憶說：

我們乘汽車越過瑞士德國邊界，進入被戰爭毀壞了的德國。

在魏爾海姆市和費爾巴赫，日夜思念我們的親友，懷着極大的喜悅等待迎接我們的歸來。

第
四
部

生
命
的
湧
流

27 基斯海姆 ——"中國給了他一切"

中國給了他一切，唯獨沒有帶給他辮子。[1]

1

豪天立一家的歸來，在故鄉魏爾海姆，受到親朋好友的熱情歡迎。和老父威廉上一次見面，已整整11年過去。讓豪天立難過的是，在這幢熟悉的老屋裏，再也見不到母親凱瑟琳娜。她一年前去世，身影定格在牆壁上那張1934年拍攝的全家福。

豪天立貪婪地呼吸着魏爾海姆的空氣。他離開德國時與大家告別的聖彼得教堂還在，教堂上鐘樓俯瞰着城鎮和大地。戰爭的痕迹隨處可見。

他們一家到蒂賓根的熱帶醫學研究所檢查身體。在亞熱帶地區的異國他鄉生活了這麼長的時間，要確認身體一切正常。

---

1 諾瓦克牧師語。見豪俊和：《豪天立1900–1983》，P2。

豪天立在離父親家不遠的地方，租了一個房子，安頓下來。

生活仍有某種不確定性，他打算開始新的生活。他辭去巴色差會的職務。未來工作，面臨兩個選擇，一是在符騰堡州立教堂接任牧師一職。1935年，他在蒂賓根通過第二次州考試，有資格申請永久牧師職位；二是代表地區教會，到某所學校擔任神學老師。

從1930年開始，他在中國曾先後在中學和大學任教，在教學方面積累了豐富的經驗。從某個角度看，也許豪天立的中國經歷，冥冥之中幫助他做了決定，他選擇在離魏爾海姆不遠的基斯海姆中學做老師。

德國是世界上第一個實施《義務教育法》的國家。早在1717年，普魯士國王威廉一世就頒布了一項《義務教育法規》，規定"所有未成年人，不論男女貴賤，都必須接受教育"。這是一個高度重視教育的國度，以至普魯士元帥毛奇[2]在普法戰爭勝利後曾說："普魯士的勝利，早就在小學教師的講臺上就決定了。"

巴色差會給巴登–符騰州有關部門提供了一份證明，用詞平實、客觀，稱豪天立是一個稱職的教師。這份證明收藏在差會檔案館的歷史文獻中。

證書簽署人證實，豪天立1926–1947年間，在中國為巴色差會服務。

在完成他的語言（漢語）學習後，他在中國五華和梅縣的中

2　毛奇（Helmuth Karl Bernhard von Moltke，1800–1891年），普魯士元帥，著名軍事家，軍事理論家。

學、國立中山大學分校分別擔任德語、英語、音樂和宗教教師。

請巴登-符騰州文化部根據他的學識以及在國外學校服務的經歷，協助他在國內尋找新的工作。

我們很高興為豪天立先生作證。在他所從事的所有工作中，特別是在學校工作中，具有極高的效率和責任心。[3]

也許豪天立應該慶幸，二戰後德國師資嚴重不足，給他提供了機會。當時擔任巴登-符騰堡州文化部長的是特奧多爾·豪斯（Theodor Heuss），他面臨的一大難題是"學校缺乏有能力的老師，無法對接受了十二年納粹宣傳的年輕人進行教育"。豪斯戰前是自由派記者和政治家，堅定的自由主義者，1932年曾出版了一本反對希特勒的書《希特勒的道路》[4]。1949年9月，豪斯當選為第一任聯邦德國總統。至今，斯圖加特還有一條街以他的名字命名。

1947年9月，豪天立在基斯海姆市擔任普通中學和高級文理中學神學課程的教學。

基斯海姆在斯圖加特的東南方，是一個美麗的小城。古老的城牆，窄小的步行街，中世紀的老建築保存完好。聖馬丁教堂的鐘聲全城都能聽到。城裏的"馬克斯之屋"，是德國著名的農業發明家、作家馬克斯·希特（Max Eyth, 1836-1906）的出生地。他還是德國農業協會的創立者。那裏原是一所文法學校，現在是一個小型博物館。

3　巴色差會檔案館文件，1953年12月。
4　[荷]伊恩·布魯瑪：《零年：1945——現代世界誕生的時刻》，北京日報出版社，2019.8，P182。

豪天立先在低年級（5-10年級）後在高年級（11-13年級）任教。他的任務是按照新教信仰教學生。在高年級的課程中，他還就相關哲學主題和學生們展開討論。

作為牧師，豪天立仍不時在星期天禮拜中傳道。也有人邀請他為家人和朋友舉辦洗禮和婚禮服務。

他每天奔走於住家和學校兩地。從魏爾海姆到基斯海姆9公里，須乘火車來回。車窗外，鐵路沿綫的樹林一晃而過，讓他不時想起五華和梅州山區的小道，想起了他騎過的老馬和自行車。那些生活，如有作家寫道，伴隨着"不安與刺痛，親切與安慰，光明與陰影"，離他越來越遠。

在故鄉，他開始另一段人生旅程，書寫另一個故事。

也許他當時並未意識到，彷彿是某種宿命，這個故事，仍然不免與他的過去，與中國有關。

2

他面對雙重挑戰：作為戰敗國德國的新環境，和個人與家庭的新節奏、新生活。

首先面對的是戰後滿目瘡痍的故園。戰後的德國，日子非常艱苦。伊恩·布魯瑪説，"德國人的生活的確處境困難"，"柏林尤其窘迫，但從德國各地傳來的信息來看，其他地方的情況一樣不容樂觀"，"德國不僅要安頓本國國民和返鄉的士兵，還要應對從捷克斯洛伐克、波蘭、羅馬尼亞遠道而來的1000多萬講德語的日耳曼族難民……幾乎所有人都變得一貧如洗。這股龐大的難民潮大大增加了四處遊蕩、尋找食物和栖身之所的流民的數量。"[5]

豪天立和家人目睹周遭的一切，城鎮成了廢墟，很多房屋被戰火摧毀。從東德湧入的難民潮，滿臉菜色的難民陳述自己在戰爭中的各種不幸。豪俊和回憶，"戰爭結束兩年後，許多城市仍是殘垣斷壁。我們要憑食品券才能購買食物，其他日用品也極為稀缺，也要憑供應票券購買。"相對於留在德國的同胞，或許豪天立是幸運的。整個二戰期間，長子長女在瑞士生活，而自己和其他家人則身在梅縣，全家人都躲過了歐洲那場殘酷戰爭的浩劫。

回國找到教職後，豪天立就把俊和、俊嫻、俊生都安排在自己任教的學校裏讀書。而長子俊民則留在瑞士巴塞爾完成高中畢業考試。

1956年，為了起居和工作方便，豪天立在基斯海姆學校附近蓋了一幢房子，全家才算安頓下來，而他自己也無需每天在鐵路上來回奔波。從相片看，房屋寬敞，一樓有3個房間、起居室和飯廳，二樓有4個房間，恰好容下這個8口之家。房屋有一個後院，臺階從車庫引嚮綠色樹籬圍成的拱門。全家歡欣雀躍，"這對我們全家都方便多了"，豪俊和回憶説。

至於那些從中國帶回來的沉重木箱和鐵皮箱，搬進了新屋後終於有機會全部打開。豪天立母親當年特地為他制作的鐵皮箱，從魏爾海姆運到中國，又從梅縣運回德國。箱子裏收藏着從中國帶回來

5　[荷]伊恩·布魯瑪:《零年: 1945——現代世界誕生的時刻》(倪韜譯)，北京日報出版社，2019.8，66–67。

的物品、圖書和資料，還有青春歲月。

　　從梅縣回來，豪家孩子忽然發現自己進入了"另外一個世界"。熟悉的客家面孔全消失了，在外頭再也聽不到熟悉的"鄉音"，客家話。在自己的國家，身邊的人全是客家人稱為"番鬼"的"外國人"。生活上的一切細節，都要從頭學：新的生活方式、新的學校、新的教育模式。

　　1887年，司徒雷登[6]隨傳教士父母從中國回美國時也是11歲。他回憶道，剛回國時的經歷"至今讓我記憶猶新"。"對於年幼的我們來說，那簡直就是一次驚心動魄的探險。在船上時，女招待稱我們是她所見過的所有孩子裏'最無知'的，在其他孩子看來十分平常的事情，我們竟然一無所知。""最可怕的是，我們不知道同齡美國人的語言、習慣、行為標準等等。我們成了表兄眼中的古怪親戚，他們甚至都羞於提起我們。"[7]

　　回到德國相當長一段日子，父母和子女間對話，仍常常夾雜着一種當地人完全不明白的"暗語"，就像電影《風語者》中的印第安納瓦霍語，祇有族人才能明白，成為戰爭中的密語。他們在梅縣時習慣使用的客家口頭俗語和詞匯，仍然參雜在日常的交流中。豪俊和回憶，像"M-oi（不喜歡）"、"M-si（不

6　司徒雷登（John Leighton Stuart，1876–1962）出生於杭州，父母均為美國在華傳教士。美國基督教長老會傳教士、外交官、教育家。1904年開始在中國傳教，曾參加建立杭州育英書院（即後來的之江大學）。1908年任南京金陵協和神學院希臘文教授。1919年起任燕京大學校長、校務長。1946年任美國駐華大使，1949年8月離開中國。

7　[美]司徒雷登：《原來他鄉是故鄉——司徒雷登回憶錄》（杜智穎譯），江蘇人民出版社，2014.7。

用）"、"do-jia（多謝）"、"man-man shit（慢慢吃）"、"shit fan（吃飯）"、"mao sjong gon（沒關係）"、"M-pa（不怕）"、"xiaosim（小心）"、"ded njin wui（讓人害怕）"、"ded njin sjak（讓人疼愛）"、"hak si njin（嚇死人）"以及形容聲音的土話"bilibolo（噼嚦啵咯）"等常常脫口而出。幸而，他們在梅縣時生活在一個德國家庭，一個講德語的圈子（德國和瑞士），所以德語首先是他們的第一語言。

3

豪天立的内心非常平靜。作為一個傳教士，一個教師，他完成了上帝賦予的使命，二十多年的青春時光，有磨難也有幸福，有挫折也有歷煉，都留給了客家山區的民眾，留給了他幫助過的學生和信眾。他在那片遙遠而蒼茫的客家大地上，找到了生活的意義。

他還記得，那條通嚮"世界遙遠一角"的道路，從10歲就開始尋找，並用了20年的時間，去實現理想。有時，他會翻出從梅縣帶回來的筆記和書，那些難忘的日日夜夜，那些熟悉的面龐一一閃現，就像電影膠片一樣在他的腦海裏回放。

"生命的意義，就在於幫助他人找到生命的意義。"奧地利心理學家維克多·弗蘭克爾在《活出生命的意義》（*Man's Search for Meaning*）一書中寫道，這彷彿是豪天立20年中國生活的一個注腳。他從未後悔過這個選擇。

在兒子豪俊和的眼中，父親雖然回到德國，但中國仍然在他的

生活中如影相隨。他的教學，總是不由自主地與他在中國的經歷有
關。無疑，他對中國的哲學、文化、客家民俗的研究，以及在客家
地區生活的親身體驗，既是他學識的構成部分，也作為血液流動在
他身體之中。他本身就是一個西中文化的載體。

他的教學受到了學生的歡迎。豪俊和回憶，"由於他豐富的學
識和執教才能，不久就在學生和同事中獲得很高的威望。他在那裏
主要為高年級的學生講授神學、聖經學、教會史、哲學。他也講述
許多有關古老中國的文化與哲學，講述許多關於巴色差會在中國的
有趣經歷，直到1965年退休。"

當地的諾瓦克（Jörg Novak）牧師引用魏爾海姆人對豪天立的
評價："中國給了他一切，唯獨沒有帶給他辮子。"[8]

---

8 豪俊和：《豪天立1900–1983》，P2。從照片上看，豪天立到中國不久，頭髮就逐漸掉
光。

28　成為"漢學家"

> 他意識到，那片他曾經尋找人生意義
> 的大地，就是他所擁有的一切。

1

在家鄉，豪天立不論到哪裏，幾乎都會引起人們關注。

聽說他曾在中國的客家山區工作、生活整整20年時，人們馬上會激起好奇心，"在哪？你是怎麼過來的？"學生、朋友，幾乎所有人，都詢問中國的情況，他在那的經歷。

是的，他接觸的不少德國人，對中國幾乎一無所知，也極少接觸曾經在遙遠東方生活如此長時間、擁有如此豐富閱歷的人。他的知識不僅僅來自閱讀、更來自親身經歷。

一個人的過去，決定了他的現在，甚至將來。那些記憶，是他生命中青春和熱情的積澱，值得用一生來呵護。

在梅縣，和他一起的傳教士、醫生和教師，都有最直接的中國經驗，有些待在中國的時間甚至比他更長。但回到德國以後，他對中國的了解和切身體驗與其他同胞相比，顯然是一種優勢。

他猛然發現，那個曾經和他如此親近的中國，在大多數同胞眼中，依然是那麼遙遠，那麼陌生。他意識到，那片他曾經尋找人生意義的大地，就是他所擁有的一切，他要緊緊地抓住它。他忽然有了一種使命感：讓同胞了解中國。

一個多世紀前，德國百姓往往通過家中的青花瓷盆、牆紙、中國水彩畫、絲綢和茶葉等來感知這個神秘的遠東古國。他們想像中的中國圖景，也多停留於瓷盆上的簡筆畫，小鳥、曲徑通幽、仕女在橋上裊裊婷婷。少數知識分子可能讀過利瑪竇和馬可・波羅等傳教士及探險者關於中國的著作。即便到了上世紀40年代末，對大多數德國人來說，不論從地理還是心理上，中國仍然是世界“遙遠的一角”。

豪天立懷着重新燃起的熱情，開始了他新的“布道”。他將知識和理念從一個世界搬到另一個世界的工作，就從給學校的學生解答有關中國的提問開始。在學校，他和高中生討論與哲學有關的主題，從康德、黑格爾、克爾凱郭爾和薩特開始到馬克思，哲學與基督教信仰的關係，隨後視野逐漸引嚮了東方，孔子、老子和莊子等。

豪俊和回憶，“我父親喜歡在課堂上通過自己的經歷來展開談論。例如，人們如何通過對基督的信仰擺脱對邪靈的恐懼、孔子的道德準則、中國基督教社區的狀況等，以激發學生的興趣，引發更多討論。”

　　有了反饋，豪天立打算把"布道"從校園拓展到校外。國民大學是他下一個目標。國民大學，也有譯作成人教育中心，是德國最重要的成人教育機構，起源於19世紀末德國大學擴展運動。它數量多，遍布全國。它扎根社區，由國家推動、地方政府設立。學校提供繼續教育多種形式課程，學習時間機動。祇要通過考試，學生便可以獲得相應學歷畢業證書或職業資格證書。[1]

　　1963年，豪天立開始在基斯海姆的國民大學舉辦關於中國的講座。次年4月29日，他有機會參加了在附近舉行的一次成人教育組織會議，他的講座受到更廣泛關注，隨即被邀請到巴登–符騰堡州更多地方講演。

　　1965年，他65歲退休，有了更多時間回憶、閱讀、研究、關注中國，以便更有條理、更深入地準備演講。他的精力，不是花在研究、寫作和演講上，就是在往返講演的途中。準備講稿的過程，是再次通往中國的旅程，從那可以回到那些過往的歲月，這是另一次返回中國的精神之旅。他相信，世界的連結，首先在於彼此的溝通和理解。

　　或許，在他看來，講演報告與傳教使命相通。過去他嚮客家人傳播福音，現在他讓國人了解中國。起初，他瞄準基斯海姆附近城鎮的居民。隨着演講消息不脛而走，演講半徑逐漸擴大，變成了巴登–符騰堡州的巡迴講演。

1　國民大學(Volkshochschulen)，英文名稱為adult education centre，直譯中文即為"成人教育中心"。其它譯名包括成人教育中心、繼續教育學院、民眾高等學校、社區學院等。（doc88.com）

德國當地媒體稱豪天立為"中國問題專家"。（1965）

2

1965年9月10日，黑森林邊緣著名療養勝地小鎮，弗洛伊登施塔特。

英王喬治五世、瑞典女王、洛克菲勒和馬克・吐温等都曾在這個地方留下過足迹。

晚上8點。夜空中已經有微微的涼意。但開普勒體育館的音樂廳這天晚上卻依然熱鬧。當晚節目不是音樂會，而是一個關於中國的系列講座。音樂廳門口張貼着一張海報：

中國地理與民族學，歷史發展與政治系列講座

主講：喬治・埃米爾・奧滕里特（Georg Emil Autenrieth）牧師

面向公眾開放演講和五個系列小組討論會：

內容：

9月10日（星期五）：紅色中國

9月24日（星期五）：國家

10月7日（星期四）：中國人

10月15日（星期五）：基督教在中國：前期

10月22日（星期五）：基督教在中國：後期

10月29日（星期五）：中國民眾如何成為共產主義者

地點：弗洛伊登施塔特市，開普勒體育館音樂廳

時間：每晚8點

費用：每晚1馬克；連續5晚3馬克（年輕人半價）

購票請與Inzighofen的成人教育教學辦公室聯繫。

（注：奧騰里特牧師從1927到1947年在中國為巴色差會服務，並在廣州中山大學任講師。）

如有必要，將考慮舉辦有關中國語言、寫作，文學和哲學的研討會。

講座受到好評。當地媒體報道說，講座和研討活動參加者有80

人左右（多數全程參與）。每晚8點開始，豪天立圍繞一個特定主題展開演講，同時利用黑板、地圖、幻燈片或電影片段來豐富演講的內容。之後，他和聽眾一起展開討論，自由、隨意、熱烈。聽眾對他在中國的親身經歷特別感興趣，這些故事具體而生動，聞所未聞。直到10點前後，活動結束。

報道還說，"演講者通過自己從1927年至1947年間對中國國情多年的親身體驗，生動地介紹了中國的地理、民族、社會、歷史和政治背景，演示條理分明、結構嚴謹，內容實在、氣氛輕鬆。主講者一個個難忘例子讓聽眾獲得罕見的專業知識。演講具有鮮明的個人色彩，尤其是關於漢語及書寫之間的獨特聯繫，讓人記憶猶新。"

聽眾似乎意猶未盡，"在最後一晚，許多與會者都希望稍後能接着舉辦有關中國文化，語言、文學、藝術，以及宗教和哲學的研討會。"

在某些城市，如卡爾斯魯厄，類似的講座則更多。1968年3月，他在那裏的一個大廳進行了4次演講，熱烈的討論，贏得了掌聲。

當年在五華和梅縣，豪天立曾逐個村、鎮去布道，探訪信眾，幫助一個又一個學生讀書、升學。現在，在巴登–符騰堡州，他也逐個城市去舉辦講座。從1964年到1979年，他在不下於27個城市舉辦講座：基希海姆、弗洛伊登施塔特、門根、海登海姆、萊昂貝格、埃賓根、布雷滕、卡爾斯魯厄、施瓦本格明德、吉恩根、埃因根、穆拉克、康斯坦茨、戈斯廷根、普法爾茨格拉芬韋勒、蘇爾根

(黑森林)、巴特舒森里德、巴特紹爾高、奧倫多夫、因兹霍芬、埃伯巴赫、希爾斯巴赫、威爾弗丁根、馬格寧寧根、韋斯特海姆。他甚至走出國門，到瑞士的比爾演講。

3

他的演講究竟有些什麼內容，會引起德國人的興趣？20年的中國生活，如何構建了他的知識和精神世界？

掃描一下他當時演講的目錄，也許可以從中一窺他的"漢學"（客家學）研究成果。這些分門別類的內容，既有相對的系統性，也有鮮活的事例和細節，都源自長年的觀察與思考：

如何從文化意義上理解中國人？

1）語言　2）書寫　3）文學與藝術（詩歌、小説、戲劇、音樂）　4）繪畫　5）建築、寺廟　6）雕塑　7）學校與教育　8）風俗習慣　9）宗教與哲學　10）禮儀　11）家庭　12）社會　13）政府　14）飲食文化　15）茶道，還有技術和科學等等。

他還談到：地圖、海洋、河流、山脈、草原、氣候、道路植物、森林、動物；城市、風景、路徑、運輸、橋梁、船、市場、水果、遊戲、寺廟、衛生；工業和農業等。

呈現從中國帶回來的資料或小物件，成為講座最有趣味的引子。這些小物品，會形象地呈示一種文化，帶出一個有趣的故事。

如關於中國禮儀，他出示一款中國舊式請束。上面用中文書寫："王大人臺鑒，敬啓者，擬明日十點鐘趨侯……"；而回復者則寫："李先生鈞鑒，敬復者，按惠函悉明日十點準……"，講解中國舊式請柬格式和用語，以及其中包含的禮儀和習俗，給聽眾帶來直觀而有趣的感受。

他也向聽眾解釋中國的"革命標語"，他用中文寫出標語，然後用德語逐條解釋，"槍杆子裏面出政權"，"走武裝鬥爭的道路"，"擁政愛民、擁軍愛民"，"備戰、備荒、為人民"等。

他還不時給德國的雜誌和報紙寫文章。在《東西信使》（Ost-West-Kurier）中，發表了《中國青年的過去和現在》等文章。

在媒體記者拍攝的一張照片上，年近80歲的豪天立坐在一張巨幅的中國地圖前，身着深色套裝，左手食指和中指間夾着一根雪茄，面帶微笑，看上去輕鬆自如。記者在照片下寫着"中國問題專家喬治·埃米爾·奧騰里特"。

豪俊和為整理父親這方面的資料，花了不少時間，"我有父親很多的手稿，演講稿、信件和剪報。"

在手稿中，豪俊和發現父親對中國人有如下的描述："良好的想像力，創造力，科學（天文學），可靠，進取，勤奮，謙虛，勇敢面對，民族自豪感，家庭意識，生育的快樂，社區意識，節制，繆斯，慶祝活動，大家庭。"在談到這些方面的時候，豪俊和說，他講中國人的靈魂，實際上有一個參照物，就是德國人的靈魂。[2]

是的，對中國，特別是對客家文化與客家人的研究和了解，以

2　豪俊和郵件2020.6.21。

他20年的體驗、觀察以及隨後的研究為基礎，豪天立無疑把自己培養成為一個"漢學家"（客家學）。他的研究不局限於"書齋"，不拘泥於文獻和書本，他的結論和成果，包含着社會學、民俗學的內核，他的實證研究，來源於現實生活的"田野"。

有學者認為，西方漢學的發展歷史大體經歷了"遊記漢學"、"傳教士漢學"和"專業漢學"三個階段。"遊記漢學"的代表人物是馬可·波羅，"傳教士漢學"的開啓者是羅明堅[3]和利瑪竇。兩者的分水嶺，在於後者開始學習中文，研讀中國典籍，翻譯中國的重要文獻。是否懂漢語，是兩者最重要的區別。而傳教士漢學與專業漢學的區別，則在於後者已經進入了西方的東方學體系，按照近代西方人文學科的方法研究中國。但無疑，傳教士漢學直接催生了專業漢學的研究，促進了歐洲專業漢學的興起。[4]

豪天立的研究，也許可歸入"傳教士漢學"的範疇。他掌握漢語和客家話，能用漢語書寫，他甚至能分辨不同地方客家話發音的差別；生活在客家人的世界，與他們會話、交流，和他們一起處理生活中的事情，包括生老病死；閱讀了大量中國文學、宗教和哲學的經典，研究中國地理、自然和歷史；並直接感受了中國人對西方人的感受和看法。所有這些，在德國語境中，讓他意識到，自己所擁有的，極少人能和他相比。他的一手中國"經驗"，是他精神上

3　羅明堅（Michel Ruggleri 1543-1607），字復初。生於意大利那波利。明末來華的傳教士。明萬曆七年（1579）奉派抵中國澳門，學習漢語。後隨葡萄牙商船至廣州傳教，住肇慶天寧寺。是西方"傳教士漢學"的真正奠基人之一，為以後的西方漢學發展做出了重大貢獻，與利瑪竇同時被稱為"西方漢學之父"。
4　張西平：《歐洲的傳教士漢學何時發展為專業漢學》，原載《文匯學人》，2016.4.22。

的富礦，是一張無與倫比的"通行證"。

4

他希望自己的中國知識能夠與時俱進。離開二十多年後，他期待能夠重返中國，重返梅縣。

豪天立一直珍藏着當年梅縣樂育中學學生們寫給他的畢業留言本。有時，他會把它拿出來翻看，照片上一張張年青的面龐，曾經是如此熟悉。他想念他們。

在梅縣，他想念家鄉；在德國，他渴望重返中國。

他更想回梅縣樂育中學去走走看看，那些年擔任教師的歲月，是他人生中最重要的經歷，雖然他離開後，多年幾乎音信全無，但梅縣的歲月仍不斷在他的夢境中浮現。

豪天立有幾次重返中國的機會。豪俊和回憶，"1966、67年，他兩次隨卡爾斯魯厄國民大學組織的團隊返回中國旅行。一路上他瞪大了眼睛，努力去辨認從前的事物，辨認那些發生了的變化。中國文化大革命時他途經香港，祇能在導遊的陪同下才可以行動，無法訪問梅州，看望老朋友。旅行中他也去了印度和日本，這些東方國家的文化讓他着迷。1974年，他再次返回中國，參觀了西安新發現的兵馬俑。可惜仍無法重返梅縣。"[5]

雖然離開了中國，但在精神上，他仍然在中國（客家）的土地

5　豪俊和2020.6.21郵件。

上行走。他依然有很多事情要做。

　　1979年，妻子瑪格麗特病重，豪天立不得不減少演講，陪在妻子身邊。

晚年的豪天立與斐玉霞。（基斯海姆，1975年前後）

　　他終於等來了一個機會。1980年，他得知梅州市樂育中學78周年校慶的消息，於是通過香港朋友設法，給學校寄出一封短函和一小筆禮金作為祝賀，以表達對學校的懷念。他知道中國經歷了天翻地覆的變化，事過景遷，不肯定人們是否還記得他的名字，所以特別在短函上提醒一句，"1937–1947，我曾在這個學校擔任德語和英語教師"。

　　可惜的是，他沒來得及等到來自樂育中學的消息。

1981年，同甘共苦的妻子瑪格麗特去世。兩年後，1983年，豪天立，這個與世紀同歲的83歲的德國老人，也帶着他的客家記憶，那7000多個日日夜夜，與世長辭。他重返梅州的願望，生命中完美的句號，終究沒有劃成。豪俊和説，"他沒能經歷中國的重新開放、與梅縣的老朋友敘舊。我感到非常遺憾。"

落葉歸根，他和妻子一起，長眠於他的出生之地，魏爾海姆安靜的墓園裏。

父親去世後，兄弟姐妹們商量，把基斯海姆的房子賣掉。從中國帶回來的物品，睹物生情，各人分別選取了一部分，以作紀念。父母的所有文件，則由豪俊和保存。

就在豪天立去世後一年的1984年，一封意外信件忽然從遙遠中國來到，輾轉到了豪俊和手上。這是梅縣樂育中學的來信，裏面有一份聘書。瞬間，豪俊和彷彿忽然抓到一條從天而降的彩帶，不禁喜悲交集，喜的是終於恢復了和學校的聯繫，而且信中學校誠聘父親豪天立擔任校友會名譽會長，悲的是父親竟等不到這一天的到來。

"好似奇迹一般，在1984年11月10日，新組建的樂育中學校友會，推選出前任教師豪天立為名譽主席。"和梅縣的聯繫，中斷了幾十年。豪俊和手上拿着這份來自梅縣、中文打印的聘書，逐字逐句一讀再讀。

他問自己，"到底發生了什麼？"希望返回梅縣，返回樂育中學，一直是父親生前的心願，難道這封聘書就是父親等待的生命中完美的句號？

29　虔貞女校, 百年廢墟重生

> 在我們清國，女孩在家中請女教師提
> 供教育，所有有經濟能力的家庭都會雇請
> 女家庭教師。我們現在還沒有女子就讀的
> 公立學校……[1]

1

1896年8月28日，大清帝國前直隸總督兼北洋大臣，73歲的李鴻章從英國乘"聖路易斯"號郵輪抵達美國紐約。

據《紐約時報》報道，李鴻章在美國受到了"史無前例的禮遇"，美國總統克利夫蘭接見了這位曾經的中國重臣。由於這是中國高官第一次到訪美國，總督馬車所到之處，馬路邊站滿頭戴禮帽的紳士、身着落地長裙的淑女和看熱鬧的普通百姓。美國《哈珀斯周刊》（Harper's Weekly）描繪："美國人民用熱烈的歡呼、萬人空巷的奇迹和熱情洋溢的問候來迎接這位享有大清一品'伯爵'等

1　李鴻章語。見《李鴻章訪美：接受《紐約時報》記者采訪實錄》，鳳凰資訊，2008.7.8。

各種稱號的長者。"

1896年9月2日上午9時多，李鴻章在紐約華爾道夫飯店接受《紐約時報》記者專訪。記者事後在採訪手記中回憶道，李鴻章大多數時候都有一副職業外交家的面龐，"神情淡然甚至是面無表情"，但總體上"為人親和，舉止優雅"，回答問題坦誠。次日，9月3日，《紐約時報》做了綜合報道。[2]

其中關於教育有以下有意思的一問一答：

記者：閣下，您贊成貴國的普通百姓都接受教育嗎？

李鴻章：我們的習慣是送所有男孩上學。(翻譯插話：在清國，男孩，才是真正的孩子。)我們有很好的學校，但祇有付得起學費的富家子弟才能上學，窮人家的孩子沒有機會上學。我們現在還沒有你們這麼多的學校和學堂，我們計劃將來在國內建立更多的學校。

記者：閣下，您贊成婦女接受教育嗎？

李鴻章(停頓一會兒)：在我們清國，女孩在家中請女教師提供教育，所有有經濟能力的家庭都會雇請女家庭教師。我們現在還沒有女子就讀的公立學校，也沒有更高一級的教育機構。這是由於我們的風俗習慣與你們(包括歐洲和美國)不同，也許我們應該學習你們的教育制度，並將最適合我們國情的那種引入國內，這確是我們所需要的。

2　同上。

李鴻章可能不知道，就在他到訪美國之前十餘年，中國已有一批女子學校先後問世。其中，巴色差會在廣東省開辦了多家女子學校。同治七年（1868年），在五華開辦了"存真女子學校"；1891年，又在深圳開辦了"虔貞女校"。雖然還不是公立學校，但專門為女子辦學，更早時已經開始。

梅州。2016年初冬。

在離開梅州的頭一天晚上，在旅館走廊上隨意拿起一份當天的《梅州日報》。一則消息，引起了我的關注：《為未來客家文化遺產保護提供新思路》。

消息說，深圳一個客家村落成功"復活"了一所古老女校。這所1891年開辦的女子學校叫"虔貞女校"，是瑞士巴色差會從香港進入內地開辦的第一所學校。它甚至比梅縣樂育中學還更早一些。報道說，將虔貞女校舊址改造成為一個社區文化中心，為保護客家文化遺產"提供了新思路"。

同是巴色差會辦的學校，虔貞女校和樂育中學是否有些什麼聯繫？

在消息的字裏行間，還發現，梅州城之內，有一家以"客家學"研究為中心的"嘉應學院客家研究院"，該院宋德劍教授參加了在虔貞女校舉辦的活動並做了發言。

第二天早上，我趕到嘉應學院，拜訪了宋教授。我想，既然有這麼一個研究機構，想必對巴色差會在梅州的這段歷史，已經有過研究？

　　沒想到梅州藏着嘉應學院這麼一個美麗校園，綠樹葱蘢，校舍整齊，視野開闊，曲徑環繞的湖面，輕波蕩漾。更沒想到，1924年開辦的梅州歷史上第一個高等院校嘉應大學，也是嘉應學院的源頭之一。這仍與一位教育有心人士有關。1902年曾參與創辦務本中西學堂的黃墨村，既是大學的創辦者之一，也是首任校長。

　　研究院在校區安靜一隅，大門前掛着各種有關客家研究機構的牌子。我在辦公室見到了時任副院長的宋德劍先生。

　　1989年成立的這個機構，是國內客家學研究的重要基地之一。這裏的學者試圖運用歷史人類學田野調查方法，廣泛收集與整理客家文獻、口述史及客家文物，開展客家歷史文化相關課題研究，搶救、保護客家傳統文化資源。研究院的抱負是立足本地，面向世界，開展"走向世界的客家學研究"。

　　《梅州日報》上關於虔貞女校的報道，有宋教授參加深圳大浪"客家文化高峰論壇"時的一段發言，會議地點就在深圳的虔貞女校。

　　教授送我一本他的專著《民間信仰、客家族群與地域社會——粵東梅州地區的重點研究》，[3]其中第九章題為"近代中西宗教文化的互動與交流"，是關於五華大田樟村基督教信仰研究。

　　研究說，客家人沒有統一的宗教信仰，他們是多神論者，不論是儒、佛、道，還是天、地、神、鬼、巫，都有人信奉，甚至同時信仰崇拜。

3　宋德劍:《民間信仰、客家族群與地域社會——粵東梅州地區的重點研究》，暨南大學出版社，2015。

"近代西方教會在中國傳教的過程中，為了適應傳教的需要創辦許多教會學校。清咸豐八年（1858），隨着樟村教堂的建立，教會學校也隨之產生。當時教會學校取名樂育學校，祇招收教友子弟，就讀學生來自粵東五華、龍川、紫金、河源、興寧、梅縣等地。同治七年（1868），樟村教會又辦了存真女子學校，……開創了女子也能上學讀書的先例。"存真女子學校，創辦時間比深圳虔貞女校還早。

"同年，瑞士巴色差會在五華元坑建宗源書室（初小）、養正書室（高小）。同治十二年（1873），元坑教會增設中書館（中學），此為廣東省東、梅兩江第一所中學，也是瑞士巴色差會在中國創辦的第一所中學。

"可以說，這些教會學校的開辦不但客觀上傳播了近代科學文化知識，更主要的是培養了不少男女傳教士，有力地推動了基督教在客家地區的傳播。"

研究顯示，基督教從一開始進入客家地區就重視對信眾的現實關懷。他們在香港籌得一筆錢，作為樟村教會濟貧庫基金，救濟有困難的教徒，從而強化了教會的影響力。另外，傳教士在傳道的同時，使用西醫、西藥為教友及村民治病。

研究院的另一位學者周雲水在一項研究報告中寫道，五華縣宗教局一位負責人在談到當地民眾信仰基督教的原因時認為，一是基督教具有系統化的神學理論，比較規範；二是神職人員對教徒表現出相當的現實關懷，對有困難信眾會探訪禱告，如生老病死，特別是信徒逝世時全部信徒都會去送葬，很風光，不像非基督教徒，祇有有錢人的葬禮才能辦得場面大。所以很多老年人都信基督教。

基督教還有很強的社會教化作用。許多教義，比如誠實守信、助人為樂、克勤克儉，要求教徒不做損人利己和其他壞事，反對酗酒、賭博等，這些都對教徒的思想為行為具有一定的約束和規範作用。[4]

2022年初夏，我再訪客家研究院。研究院已經從原來的老樓搬到寬闊氣派的新樓辦公，樓前廣場，遠望起伏山巒，一片開闊。院長肖文評博士帶我參觀他們設在一樓的小博物館"客家文化展館"，入門正面玻璃屏風上有一個大大的篆體"客"字。

博物館經過精心布展，研究院多年收集的客家民俗老物，清代橫匾、刻在竹子上的楹聯、石板上的太極圖，鎏金木雕家具，開裂的石碑，甚至當年出走南洋的舊皮箱等，相當部分已屬"逝去之物"，在民間也不多見了。肖教授說，每件藏品後面都有故事，有些由學生捐贈，比如一套"奶奶的嫁衣"，就是從家中經年保存的箱底翻出來的。

館內一個小區，展示研究院近年的研究成果，其中大部分已經成書出版。比如"客家學研究叢書"，《全球化背景下客家文化景觀的創造》、《基督徒心靈與華人精神》，以及肖教授所著的《白堠的故事——地域史脈絡下的鄉村社會建構》等數十種。這些，無論在廣州或者梅州的書店，都難得一見。

4　周雲水:《論靈性資本在客家鄉村建設中的作用——粵東客家族群基督教信仰的實證研究》，贛南師範學院學報，2012年第一期，P30。

　　僅館内所見，研究院的客家學研究，確已走向世界，和國外多家研究機構開展交流合作。一套《客家傳統社會叢書》（36卷）在燈光下熠熠生輝。肖教授説，這套叢書由法國遠東學院[5]勞格文[6]教授主持，教授從1994年開始就到梅州來開展田野考察，前後不下十次。叢書中的《客家傳統社會》（上下編）[7]一書，就由勞格文本人親自撰寫。客家學研究，從歐洲到中國，又從中國返回歐洲。

　　離開嘉應學院，忽然大風驟起，暴雨傾盆而下。我們在校外路邊一側，看到一座與周邊現代建築風格"格格不入"的圍龍屋，屋前一片開闊水塘，塘邊仁立七對楣杆夾石，彷彿告訴來訪者，這是一座另有故事的老屋。我們急急進入避雨，抬頭一看，前廳上方三面，都掛着"文魁"的橫匾，沒料到，這居然是中國現代言情小説開山鼻祖張資平的故居——留余堂。

　　留余堂内的一幅幅對聯，顯示張氏家族的詩書傳承：

結廬老梅樹下

讀書深柳堂中

5　法國遠東學院（EFEO），1900年成立於西貢，二戰後遷往巴黎，是法國一所專門研究東亞、南亞和東南亞文明的國家機構，研究範圍涉及歷史學、人類學、民俗學、考古學、藝術、文獻學等，附屬於巴黎文理研究大學。

6　勞格文（John Lagerwey），哈佛大學博士，法國漢學家，宗教史和民族志學者，法國遠東學院教授。從1980年代開始在中國東南地區做大量的田野考察工作。

7　[法]勞格文：《客家傳統社會》（上下編），中華書局，2005.12。

　　燈火夜深書有味

　　墨花晨潤字生香

　　字裏行間，透着濃濃書香。據留余堂張氏後人説，屋內的這些對聯，也可視為對子孫後代的家訓。從這裏走出去的張資平，在中國小説史上留下一筆，是水到渠成。

　　這正是梅州城迷人之處，在城內那些不顯眼的橫街小巷漫步，考院前、張家圍、黄泥墩、攀桂坊、紅杏坊，走着走着，忽然冒出一座牆面斑駁、氣宇軒昂的老宅，如追根溯源，則大有來頭，大多文墨飄香，源遠流長，仿如一幕百年戲劇的真實布景。

　　2

　　2017年1月，深圳龍華新區，大浪辦事處浪口社區。

　　據稱，浪口是以吳、劉兩大姓為主的一個客家村落，其先人是清朝初年從廣東嘉應（梅州）遷徙來的客家人。

　　虔貞女校，是客家村落裏一棟跨越百年的老學堂。歷經時代變遷，很長一段時間，學堂內外荒草叢生，敗瓦頹垣。

　　深圳市文物保護部門鑒定，虔貞女校是目前我國保存較為完好的教會舊址之一。女校1891年由基督教瑞士巴色差會從香港遷入浪口，是深圳僅存的基督教早期進入廣東傳教辦學的見證，具有重要的歷史研究和文物保護價值。2007年，虔貞女校被列為區級文物保護單位。

　　大浪辦事處對這棟老建築的命運，有不一樣的眼光，他們決定重修女校舊址，並賦予其新的使命。

　　從2014年始，修復工作歷時兩年。他們在深圳市文物保護部門和寶安區、龍華新區的幫助下，全新的虔貞女校又重現在浪口人的眼前，包括教學樓、宿舍樓、福音堂、校門、院落和圍牆等。

　　重修同時，舊址歷史挖掘也在全面開展。2012年到2013年，大浪辦事處歷時一年多，邀請多位研究者和攝影師，深入民間采訪和拍攝，采集了近50位曾經就讀過虔貞女校的老校友珍貴記憶，保存了大量影像口述資料。

　　為了全面還原歷史的原貌，唐冬眉、王艷霞等作家、學者受命遠赴瑞士、德國尋根溯源。她們在瑞士巴色差會檔案館，發現了大量與虔貞女校有關的歷史資料。這些資料，從史學、人類學和文化研究的角度向世人揭示了一段鮮為人知的歷史。

　　2013年12月，大浪辦事處將搜集到的豐富資料，在華僑城創意園舉辦"百年虔貞女校歷史發現首展"，披露他們從瑞士巴色差會檔案館獲取的關於浪口歷史的影像資料。展覽再現了十九世紀末二十世紀初，巴色差會在香港與深圳（浪口），以及在廣東沿東江溯江而上，特別是在五華、梅縣等邊遠客家地區辦學的過程和細節。這段歷史，甚少見諸已有的文字和圖片記載。

　　歷史遺產的發現和保護，將有可能改寫當地的歷史。有研究者認為，虔貞女校這一深圳與西方文明交流與融合的個案，將深圳客家地區開放包容的歷史往前推了整整一個世紀。該觀點引起學界廣泛關注，亦喚起了公眾對文化遺產保護的意識。浪口村民認為，在男權的封建社會，敢於打破傳統，開辦女校，提倡男女平等，也在一定程度上反映了客家人主動接受現代化的一種積極姿態。

經過四年的歷史挖掘和整理，采訪超過了一百名虔貞校友、浪口村民，以及曾到過中國的傳教士、教師以及他們的後人，作為研究的初步成果，先後出版了書籍《虔貞女校》（唐冬眉、王艷霞著）、畫册《虔貞百年》，並由導演鄧康延拍攝制作了紀錄片《虔貞女校》。

3

虔貞女校作為歷史遺産改造的個案，無疑是一個別有特色的範例。

2016年，老學堂在設計師的精心打造下，成為煥然一新的"虔貞女校藝術展覽館"。女校前是一個寬闊的廣場。館内既展示浪口和虔貞女校的歷史，同時傳承了學堂的教育功能，連續舉辦了"虔貞學堂"、"虔貞論壇"等系列活動。學堂開辦針對女性活動的社區教育課程，讓社區孩子有學習藝術的機會。

當年在學校教過書的傳教士老師，也許從未想過她（他）將被學生永遠地記住。在展覽館裏，有瑞士女教師吉惠民[8]的專題介紹，大幅的黑白肖像，堅定的眼神，簡樸的黑色外衣。肖像下面，放着一部當年使用過的小型風琴。展館裏還有她和學生們一起做手

8　吉惠民（Hanna Gmünder 1892–1981），女，瑞士籍，教師，在華時間1920.11–1949.9。

工的照片、學校使用過的《客話讀本》等。電視片裏，學生們的歷史口述重現了當年學校和教師的活動。

深圳對歷史文化遺產的保護和使用，眼光獨到，大器而務實。大浪辦事處邀請國內外專家、學者，成立了"虔貞歷史研究會"，從城市、建築、歷史和教育等多個角度，深入探討和研究虔貞女校存在的歷史意義及其影響。研究會將借用這個平臺，大力促進和協助學者進一步開展客家文化的研究。

在學校門口，我們巧遇美國人類學家、藝術家馬立安（Mary Ann O'Donnell）。她背着斜挎包，架着一副看上去有點年頭的老式眼鏡，她的板寸頭髮型和一口流利普通話特別引人注目。她來自美國休斯頓，已經在深圳住了二十多年。她的博士論文，則更多與城中村有關。她以人類學者的視角，追蹤城中村的每一點變化。

馬立安認為，教會給"偏遠和邊緣地帶"送來一流的教育，讓"弱勢的教育權利"得以實現。弱勢的地域和人群獲得教育的改善，往往是一個社會獲得改善的前提。近現代中西文化交流的歷史中，華南邊緣族群獲得的機會與所做的選擇，對今天的文化和教育具有啟發意義。

楊宏海教授認為，客家人是較早接觸西方文化並與之交流的族群，這是深圳客家文化研究的重要發現，也是"客家學"新的學術增長點。[9]

馬立安從2005年開始在名為"深圳筆記"（Shenzhen Noted）

---

9 《南方論叢》2017年第1期。

的博客上記錄和陳述自己目睹的深圳歷史變遷和文化景觀。新任館長楊桂瑤説，馬立安現在既是駐館交流學者，也是少年藝術教師。

馬立安和大浪辦事處工作人員、藝術家共同策劃了"虔貞學堂"、"虔貞論壇"、"虔貞影像"等歷史活化項目。每周日開展的"藝術童萌"——對孩子們的藝術教育課，是目前虔貞學堂的主要部分。除此外，藝展館也舉行過大浪客家文化高峰論壇、客家文化嘉年華、紀錄片觀影會等活動，成為客家文化的研究中心。

由此，虔貞女校，一個曾經的中西文化交融載體，不僅存在於浪口客家人的記憶裏，而且繼續融入新浪口人的現實生活中。

虔貞女校，深圳客家村落一所舊學堂遺址的翻新和活化，見證了客家文化的包容開放，也見證現代教育的種子在深圳落地生根。如今，一系列對虔貞女校的"活化"，是對歷史最好的保留與回饋，也為探索文化遺産保護和使用提供了一個可供借鑒的樣本。

虔貞女校，無疑也見證了深圳人的胸懷和眼光。

30　旅途中有一種快樂

> 他和父親的命運有着某種神秘的聯
> 結。就在他隨父母一起離開德國到中國，
> 開始生命中第一次遠航的時候，就已經注
> 定了。

1

北愛爾蘭首府，貝爾法斯特。

2017年9月19日，巨風捲起貝爾法斯特灣的層層大浪。城外黑暗樹籬一帶，狂風大作，發出嚇人的呼嘯聲。我們的車在風中瑟瑟發抖，狂暴的巨風把樹籬粗大枝條"咯拉"一聲從樹幹猛然扯下，葉子在空中狂舞。黑沉沉的烏雲，壓在大道盡頭樹林中一棟孤獨的大宅上，讓人不禁想起"呼嘯山莊"的意象。

海邊，巨人之路[1]已經關閉，但仍有行者入內，彎着腰，一步一步地小心挪動，才不至於狂風吹倒。

是夜，風勢明顯減弱，祇是突然下起了細細的冷雨。

1　巨人之路，位於北愛爾蘭貝爾法斯特西北約80公里處大西洋海岸，由數萬根大小不均的玄武岩石柱聚集成一條綿延數千米的堤道，1986年被列為世界自然遺產。

城北的海濱路，海堤對開，是黑沉沉的貝爾法斯特灣，祇聽到海浪撞擊堤岸的陣陣濤聲。和大海一路之隔的白修院長老會教堂（Whiteabbey Presbyterian Church）卻燈火通明，來自美國的歌手邁克・卡德（Michael Card）的音樂會在教堂裏舉行。大院內教堂前後的空地已經停滿了車。觀眾魚貫而入。當我們在大院外找到泊車位，再進去的時候，已經座無虛席。

音樂會已經開始。舞臺沒有特別的修飾，臺中央擺着一架鋼琴，邁克在鋼琴前輕鬆地自彈自唱，磁性的嗓音和鋼琴聲，在教堂穹頂下繚繞，暖意如絲幕般從高處飄下，將寒冷阻隔在教堂的大門之外。

邁克唱道：

從頭到內心，從內心到靈魂
如果我們希望找到，真相必須成為一個旅程
它是一座橋樑，一條狹窄而蜿蜒的小道
事實是真理必須旅行，如果它將被告知

我們悄聲在舞臺一側的座位上坐下，既離歌者很近，又可以看到臺下的觀眾。從美國來的邁克看來即使在此地也頗有知音。他戴着眼鏡，留着絡腮鬍子，穿着自然質樸，深藍色的長袖T恤，藍色的牛仔褲。大約是觀眾對他的歌曲已經很熟悉了，共鳴之處，席上的觀眾會不由自主地隨他一起和唱。民謠風格的音樂，詞曲全都由他自己創作，比如上面這首《橋》，內容大都與旅行和聖經有關。

　　邁克不是一個純粹的歌手，他有音樂和基督教教育的博士學位，是美國知名的基督徒音樂家。他出身於音樂世家，父親是爵士樂長號手，母親是古典樂小提琴手。他出版了37張音樂專輯，27本書。他在全世界巡迴演唱，多次來英國。在這個9月，他在英國有十場演出，基本上都在各地的教堂和社區舉行。

　　音樂會氣氛熱烈。邁克喜歡和觀眾交流。一首歌過後，會轉身面對觀眾，即興交流，談旅行的見聞和對聖經的體驗。他談自己的家庭、父母，旅途所見所想，"我在學業、音樂或個人方面學到的大部分內容，都是通過與人互動來實現的"，他說。

　　然後他又轉過身去，再次埋首於音樂之中：

旅途中有一種快樂
在途中我們可以愛上一盞燈
生命中有一種奇跡和野性
遵從它的人將獲得自由

　　教堂外，夜雨朦朧。我們跨過愛爾蘭海，進入貝爾法斯特灣的第二個晚上，在這個海邊教堂聽一場這樣的音樂會，讓旅程增添了別樣的色彩。

　　接受觀摩的邀請，完全是一次偶遇。發出邀請者，是來自美國費城的喬納森・德哈特（Jonathan DeHart）夫婦。在從蘇格蘭過北愛爾蘭的過海渡輪上，我們在船上咖啡廳相遇，分享同一張桌子。喬納森夫婦看上去有50來歲的樣子，是那種看上去隨意而樸實無華的美國人。交談中意外獲知，喬納森父母都是傳教士，曾在巴基斯坦服務，他本人隨父母在巴基斯坦生活，一直到16歲才回美國。他的先輩最早生活在德國，後來輾轉到了荷蘭、比利時，最後在美國扎根。現在他本人是輪船機械師，夫人休（Sue）是教師。

聊起這次旅行，他們説一是紀念結婚30周年，另外一個重要原因，是他們畢業於音樂學院的兒子莫薩斯（Moses DeHart）跟隨他老師——就是音樂會的歌手邁克·卡德——一起來英國，"我兒子有機會和這樣一位知名音樂家一起工作，他感到很榮幸。"

喬納森夫婦説，如果你們有興趣，歡迎來參加明天晚上的音樂會。

喬納森讓我想起了豪俊和，問道，在巴基斯坦的16年生活，對人生是否有什麼影響。喬納森頓了一下，説，當然有，這是我一生中幾乎最重要的影響。我在那裏長大，永遠也忘不了那裏人。直到現在，我還一直關注巴基斯坦的一切。在我的個人收入中，常常會拿出一部分捐助那裏的人，雖然微不足道，卻是一份心意。

一個人少年時期的生活，不但會植入記憶之中，並且會影響一生。在貝爾法斯特的那個夜晚，我從喬納森想到了豪俊和，那個在梅縣山區度過了將近11年的德國男孩。

2

對豪俊和來説，中國，梅縣，是他從未失去的記憶。

豪俊和是豪天立的第三個孩子，是兄妹六人中唯一在德國出生的一個，但他在中國生活的時間卻最長。生命之樹的年輪裏，從10個月到11歲，每一層都有抹不去的客家記憶。他一直認為，梅州是他的"第二故鄉"，梅江，是他第一次認識的大河，離開已經近四十年了，除了德國，那裏是他一生中度過時間最長的地方。

記憶的閘門不時打開。他想起小時候在梅縣住過的那個大院德化門，上小學那幢兩層的德語學校，和小伙伴一起去玩的樂育中學校園，那裏的一草一木，以及那些客家朋友們。雖在德國出生，卻在中國度過童年。豪俊和回德國並完成高中學業後，面對人生旅程的選擇。

他或許覺得，自己和父親的命運有某種神秘的連結。他的命運就在他不到1歲的時候，隨父母一起離開德國到中國，開始他生命中第一次遠航的時候，就已經注定了。1936年"格奈澤努"號客輪離開熱那亞碼頭，汽笛鳴響，彷彿是某種儀式，宣示着他和父母之間終生構成的那種緊密的關聯。

3

也許父子間的關聯，如沙朗斯基所説，在"生物傳承"之外，尚有另一條"精神遺傳綫"。[2]

蒂賓根大學圖書館是一座宮殿般的古典建築。大門兩側，雕刻着兩列彪炳顯赫的世界文化巨人頭像，左側是亞里士多德、牛頓等

2　［德］尤迪特·沙朗斯基：《逝物錄》（陳早譯），中信出版集團，2020.4，P18.

科學家，右側有荷馬、但丁、莎士比亞、歌德等文學家。在先哲們的注視下，從這個大門進去的師生，頓時喚起心中對科學與文化的敬畏。

1934年，豪天立在新教神學院上完他的課之後，從這個大門進去，然後在一個安靜的角落坐下，埋頭整理堂上的筆記，並繼續修改《禮拜儀式》書稿。22年後，1956年4月，豪俊和20歲，也進入這個學院。當他走過圖書館前的臺階時，也同樣感受到先哲們的目光。

他看到了前面父親的背影，他的生命進程彷彿在某個時刻就此確定。

進入蒂賓根大學，對豪俊和來說，也許既有情感上的影響也有實際上的考量。據他回憶，父母從不在選擇未來生活方面，以自己的意見影響兒子。不過，他們雖從未有宣之於口的約定，卻無疑始終包含着鼓勵。他們對兒子進入神學院的選擇感到高興，並在開學後，到學校去看望。

豪俊和上課、閱讀和思考，彷彿覺得，冥冥之中，有一種力量在牽引着他的人生。這所學院曾經有過的校友，讓他倍感自豪，他回憶道，"許多著名的哲學家和詩人，像黑格爾和荷爾德林；甚至像開普勒等科學家都曾在這所大學裏學習過。"

可以相信，他在父母身邊的歲月，精神啓蒙已經開始。父母是人生第一導師，他從他們身上繼承了某些精神遺產。"我那時就想成為一個牧師"，他的目標和父親小時竟然如此相似，或許真有某種比個人的意願更強大的東西在為他做出選擇。

如果有什麼可以確定的話，那就是當年豪天立知道自己學習兩年之後，就要帶着修改好的《禮拜儀式》回到中國去。相比之下，兒子豪俊和的未來在神學院期間卻仍有很大的不確定性。

豪俊和在蒂賓根讀了三個學期，緊接的三個學期，到了波恩大學。德國大學有一個古老習俗，允許學生在學期間在不同的大學學習，"學生不應該祇在一所大學裏接受教育，而是要連續在幾所大學裏學習。……就一個人的通識教育來説，這種方式可以讓他接觸不同的人，不同的環境，這對於拓展其心智，培養個性都非常有效。" [3] "學生還可以選擇教師，如果他不願意跟隨他們，隨時可以離去並另覓他處，沒有什麼能夠阻止他這樣做。"[4] 豪俊和當時"像許多同學一樣，把課程安排在不同的大學，有些在柏林，有些在哥廷根，也有些在巴塞爾。這取決於有哪些教授和哪些課程你特別想去聽。"

在波恩大學度過三個學期後，他回蒂賓根完成最後四個學期的課程。他的專業是新教神學，他選擇的課目有舊約和新約、教堂史、教會教義學、倫理學、心理學和傳道等。

根據慣例，語言上也必須具備相應的能力。所以，除了德語和英語外，希臘語、拉丁語和希伯來語都是必修課。

豪俊和不是一個光顧埋頭讀書的人。父母賦予他挺拔、健壯的

---

3 [德]弗里德里希·包爾生：《德國大學與大學學習》（張弛等譯），人民教育出版社，2009.4，P306。
4 同上，P185。

身軀，是幾個子女中長得最高的一個。課餘，各種愛好塞滿了生活的每一個空間。他尤其着迷於飛行、音樂和滑雪。

他喜歡在空中翱翔的自由感。1956年夏季，他開始學習滑翔機，次年在波恩拿到了滑翔機執照。1965年在香港，他繼續學習飛行，並在1967年獲得了機動飛行執照。在波恩時，一個巨大的誘惑忽然不期而至，他有機會到漢莎航空公司當飛行員。

神學和飛行，這是兩條完全不同的人生道路。有一陣子，他在這兩者之間徘徊不定。有一天，耶穌的聲音忽然在耳邊響起：「人活着，不是單靠食物，乃是靠神口裏所出的一切話。」（聖經馬太福音4.4）。

於是，他不再猶豫，拒絕了當飛行員的誘惑，繼續攻讀神學，並堅定地知道，「自己必須服侍上帝而不是自己的願望。」

但飛行仍然是他的業餘愛好。他持有機動飛機執照，可以開4座的小型飛機，帶3名乘客一起飛行。一次，他駕着飛機飛越家鄉的施瓦本山，用上帝的視角俯視家鄉的大地，感到前所未有的興奮。飛機下是魏爾海姆、蒂賓根、烏爾姆和紹恩多夫，那是家的所在。

哪怕到中國旅行，他也忘不了飛行。1992年夏天，他在中國西北的嘉峪關滑翔基地參加國際滑翔節活動。那一帶的強盛波狀氣流和熱力上升氣流，使之成為世界三大滑翔機基地之一。在那，他隨着上升的氣流，滑行了大約2個小時，飛過沙漠和戈壁灘。天空明淨，藍得像一塊畫布。他發現了另一個中國，不同於家鄉，也不同於梅縣地區。

豪俊和學生時代就是一個大提琴手，弦樂器發出的聲音讓他着迷。1954年還在神學院的時候，他就開始練習。他家中的兩把大提琴説明他對這種樂器的感情之深。書房裏的一把，是1956年他剛到蒂賓根大學讀書時買的，“這是一把很好的大提琴，我猜大概有120年了，我喜歡它。”但更讓他自豪的，是他多年前收藏的另一把制作於1790年的古琴。它的體積小一點，但音色更加柔和、優美，是妻子送給他的禮物。他把這把古琴放在客廳的鋼琴旁邊。

他最喜歡的演奏形式是弦樂四重奏。1970年以來，他經常與朋友或同事相約，在家裏演奏，海頓、勃拉姆斯和門德爾鬆。勃拉姆斯的E小調奏鳴曲是他偏愛的獨奏曲。

有意思的是，他對中國的民族弦樂器也有所愛。在蘇州，他專門去民族樂器廠買了一把“虎丘牌”專業二胡作為收藏。

每逢假日，他還喜歡和朋友們到阿爾卑斯山去滑雪。

1961年2月，豪俊和經過5年的學習，通過了蒂賓根大學的畢業考試。同年3月，他作為一個助理牧師開始在教會服務。經過第二輪考試後，他像父親當年那樣，走進了瑞士巴色差會的那幢大樓，成為其中的一員。

父親當年的困惑是，“是印度，還是中國？”

但豪俊和知道要去哪裏，他的快樂，就在旅途之中。

4

他等待重返中國的機會。

11年客家地區的生活是他人生的底色，父母的經歷和體驗，是豪俊和最為直觀的啓蒙。家中的中文書籍，伴隨着他的成長，讓他想到父母的一生，他們都惦記着中國。

雖然他會講客家話，但在梅縣，他沒有上過正式的中文課。父母教他德語和英語，在德國人辦的小學由傳教士老師教的其他課程。他的同學大多是在梅縣出生的德國和瑞士同齡人。他知道自己對漢語的了解還很少。他想學習漢語。

上天賜予他一個機會，讓他心想事成。

1965年，巴色差會派他到香港，原計劃是先用兩年時間學習漢語，然後為香港崇真會工作，給他們上神學課。他在蒂賓根大學神學院受過正規的神學教育，而且曾在客家地區生活，是適合不過的人選。豪俊和極樂意接受這個任務，覺得這是一個走進中國，學習漢語的絕好機會。

語言既是一種生活方式，也是一種文化的載體。對兒子學習漢語想法，豪天立和斐玉霞都非常支持。中國文化的浸潤，已經成為他們家的遺傳基因之一。雖然豪天立教過兒子一些基礎漢語，但他有切身體會，學習語言最有效的方法，是在當地的語言環境浸淫。

11月，德國的仲秋已經有點冷，巴登-符騰堡州的森林，葉子開始變黃。快到而立之年的豪俊和高大英俊，他打點行裝，告別父母，踏上了通往中國之路。

雖然飛機可以大大縮短德國和中國的距離，但他沒有選擇乘坐飛機，而是選擇親身體驗父母將近40年前走過的海路。他從法國馬賽港登上 "Messagerie Maritim" 號客輪，途經蘇伊士運河、也門亞丁、印度孟買、錫蘭科隆坡，新加坡、越南西貢，最後抵達香港，前後整整四個星期。雖然距父親當年首次到中國的時間已將近四十年，這條航綫卻沒有多大改變。祇不過是上船地點從意大利熱那亞改為法國馬賽，地中海的另一個重要港口。

世界已經發生了巨變，但這次航海旅行還是讓他感受到，父親當年是如何感知這個世界的。

香港崇真會，因為主要嚮客家人傳播福音，所以人們也叫它“客家人的教會”。在崇真會，豪俊和被安排在西貢樂育神學院講課。聽課的牧師和信衆都是向香港的客家人。

據資料介紹，到2019前後，香港大約有200萬客家人，這樣算來，四個香港人就有一個客家人。1970年以前，多數客家人在新界的鄉村居住，過着歷代客家人簡樸的農耕生活。但年輕的客家人在城市化進程中已逐漸走出鄉村，融入主流社會，客家傳統村落的生活方式日漸式微。[5]

崇真會給豪俊和介紹了學習漢語的老師。因為他童年時代11年的生活經歷，至少在客家話聽力和發音方面已打下了很好的基礎。所以，學習還是從客家話開始。他先後跟幾位私人老師學習，其中一個老師李世安是梅縣人，曾在梅縣教育界擔任過官職，豪天立當年在梅縣時就認識他。李世安在中國哲學和文學方面有很好的修養。在西貢，豪俊和到老師家裏上課。

5　魏敬東：《香港客家人印象》，http://www.locpg.gov.cn/jsdt/2019-11/07/c_1210344897.htm。

豪俊和在香港隨中國老師周瑞英學習粵語。（香港，1966）

　　隨後，豪俊和發現粵語才是香港當地的日常語言。無論在香港還是廣州，以及珠江三角洲一帶，通用語言是廣州人叫白話的粵語。甚至教會中學的師生也都講粵語。豪俊和走到香港街頭，聽到的不是客家話而是粵語。甚至原來講客家話的青年人，進入城市以後，也逐漸被粵語同化。一年後，他在九龍找了一個老師開始學粵語。

　　豪俊和還發現，普通話也相當重要。在生活中，香港人用的是粵語，粵語和英語都是香港規定的公用語言。但那個年代在香港制作的電影或者流行音樂，不少都用國語（普通話）[6]。

6　劉鎮發：《香港兩百年來語言生活的演變》，知乎，https://zhuanlan.zhihu.com/p/94779407。

　　法國漢學家潘鳴嘯[7]1971年到香港學習和工作，他回憶，那時相當多的香港電影，還有流行歌曲什麼的，用的都是普通話。他甚至參加過一部港產電影《巴黎殺手》的拍攝，演的就是那個殺手。拍攝時演員講的是粵語，"但奇怪的是，電影拍完後，對白全部找人配音改成了普通話。"[8]

　　豪俊和意識到，在中國，普通話有更普遍的應用，所以他也考慮學習普通話。

　　在香港的兩年，豪俊和試圖尋找回梅縣的機會。從地圖上看，梅縣似乎觸手可及，可惜那時外國人在大陸的旅行受到限制，再加上爆發了文化大革命，他沒法和梅縣的朋友們取得聯繫，失去了重訪"第二故鄉"的機會。

　　值得高興的是，其時父親豪天立剛從學校退休，夫婦倆迫不及待起程，重返中國。他們的中國之行在香港落地，在那裏和兒子見面，很高興兒子的中文已經大有長進。因為旅行全程必須隨旅行團一起行動，他們重返梅縣的願望，無法實現。

　　學習了兩年漢語後，豪俊和自我感覺寫作、客家話和粵語的表達能力已經大幅提高，他忽然感覺到一種前所未有的快樂。崇真會計劃讓他到教會的一所中學去給學生用英語上神學課。學校設在九龍深水埗以前的"巴色差會樓"，那裏曾是差會傳教士往來和休療

7　潘鳴嘯（Michel Bonnin），在巴黎獲哲學學士，中國語言與文化學碩士及歷史學博士學位。於法國社會科學高等研究院教授中國當代史。

8　崔命：《1966–1976：一個漢學家眼中的香港》，搜狐文化，2016.6.30。https://cul.sohu.com/20160630/n457045193.shtml。

的地方。不過當時這所學校已有中英文教師各一在擔任相關課程，所以他未能到任。

他曾希望在香港停留更長的時間，並試圖在香港中文大學找一個教職。學校回復説，他們已經有足夠的師資。

上帝在關上一個門的同時，打開了一扇窗。就在那時，他收到家鄉符騰堡州立教堂的消息，説那裏的學校正好缺少神學教師，希望他回去。這樣，1967年底，他從香港回到德國。

1968年1月15日，他開始在紹恩多夫的馬斯·普蘭克高級中學（Max-Planck-Gymnasium）教神學。他在離學校8公里遠的地方租了一個公寓住了下來，開始了三十多年教師的生涯。

其時，中國社會正面臨巨大的不確定性，他重返中國的想法，不得不暫時擱置。

5

1984年，中國改革開放最重要的頭幾個年頭。

有望重返中國的第一個訊號忽然來到。

梅州市樂育中學發出了請豪天立擔任校友會名譽主席的聘書。

這是一封特別的聘書，在校友會名譽會長的名單上，豪天立是唯一的外籍人士，名單上還有他當年的學生楊泰芳。

消息傳到魏爾海姆市，市長海爾曼·鮑爾頗感自豪，他致信樂育中學，"豪天立先生被貴校友會選為名譽會長，我們深感榮幸。本市的市民在國外受到這樣的讚揚，這一舉動加深了人民之間的聯繫。"9

豪俊和興奮無比。"重返中國，重返梅縣"，既是父親遺願，也是自己心中的願望。這個願望沒有隨着時間的推移而日漸淡薄，反而像窖藏的老酒，因歲月的積聚而愈加濃烈。

自從收到聘書後，回梅縣的想法一直在腦子中盤旋。他的兩個女兒，對中國這個自小從爺爺奶奶與父親口中聽到的名字感到好奇，甚至偶爾也會聽到他們用一種陌生的"代碼"對話。她們好奇，梅縣這個講着一種特別語言、有着完全不同生活方式的神秘之地，到底是個什麼樣的地方？

兩年後，1986年，好消息不期而至。樂育中學正式邀請豪俊和訪問梅縣。這無疑是中國對外開放的訊號，重訪"第二故鄉"的想法終於成行。

他回憶道，回童年生活的地方是一生中最難忘的經歷。帶着多年父親的夙願，他回到了童年生活的地方，訪問父親教書的學校。

計劃的過程中，他不由得一陣興奮和緊張，"它是否會讓人感到陌生，還是讓我感覺到那還是我的家？我可以見到那些老朋友嗎？"

他匆匆收拾行裝，把相機和攝像機塞進行囊。他還連忙聯繫在梅縣一起長大的德國玩伴，露潤黎醫生的兒子露愛光和谷靈甦老師的兒子谷道仁，把喜訊轉告他們，並邀請他們同行。最終，他和大女兒等一行7人踏上了期待已久的中國之旅。

9　引自《樂中簡訊》，廣東省梅縣市樂育中學編印，1985.11.3。

　　他常常喃喃自語，努力激活腦子中的客家話記憶，畢竟已有多年沒有使用了。但和梅縣的"自家人"交流，除用客家話還能用什麼話？

　　他們從慕尼黑飛到香港，再轉火車到廣州。又從廣州飛到興寧。興寧是當年坪塘神學院的所在，父親曾在那裏教過課。

　　透過飛機舷窗往下看，棉絮般的白雲下，粵東的群山、山間蜿蜒的小路、環繞綠色田野的河流、散落在大地上的鄉村、村落中對稱排列的客家圍龍屋和屋前的水塘，都是童年熟悉的畫面。這是他人生所有旅途中前所未有的快樂。飛機上，豪俊和與女兒坐在一起，在女兒好奇的眼中，一切都新鮮而陌生。

　　豪俊和突然想，如果父親也能經歷這一刻，旅途中的快樂必定是他最強烈的感受。

31　梅州——故園依稀

> 請賜我們以雙翼，讓我們滿懷赤誠，
> 返回故園。[1]

1

1986年7月10日，豪俊和忘不了這一天。

1947年3月15日，他隨父母告別梅縣。近四十年後，他終於回到了"第二故鄉"。已經逐漸模糊的客家記憶，又一次喚醒。他帶着荷爾德林的詩句，"請賜我們以雙翼，讓我們滿懷赤誠，返回故園"，踏上粵東客屬大地。

興寧機場很小，當豪俊和一行從飛機舷梯上走下，踏在堅實的土地上時，他原以為，這不過是一次完全私人性質的訪問，帶着父母的夙願，帶着兒時的記憶，悄然而來，悄悄而去。

但在梅縣，豪俊和、谷道仁和露愛光一行一下飛機，就受到意

1　弗里德希·荷爾德林（Johann Christian Friedrich Hölderlin 1770–1843），德國著名詩人，古典浪漫派詩歌的先驅。見其《帕特默斯》中的詩句。

料不到的禮賓式待遇。這是他們行前不曾料到的。

他們被迎進當地最好的酒店，華僑大廈。眼前這座大廈，讓豪俊和想起了他家中的那張"梅江全景"的照片，直到他們1947年離開的時候，梅縣城裏還沒有什麼像樣的高樓。

豪俊和回憶，"我們在離開四十年後，第一次回'故鄉'訪問，作為當年傳教士、醫生和老師的後裔，受到熱情接待。"令他特別感動的是學校領導和區長的一席話，"你們父母給我們送來了一所學校、一個醫院、一所盲女院和一座教堂。在當地居民中，他們享有很高的威望。他們離開家鄉、告別親戚朋友來到異國他鄉，克服了許多困難，投入艱苦的工作。他們幫助中國人民發展國家，並且在德國、瑞士和中國人民之間架設了一座友誼的橋梁。"

客家人的熱情待客之道，時時感染着豪俊和一行。主賓圍坐一堂，一起喝茶、敘舊。他們下駐的酒店房間清潔，配有電視機和電風扇。當地朋友反復告訴他們，你們遠道而來，我們萬分榮幸。

談起學校和醫院的舊事，大家對豪天立、谷靈甦兩位老師，曾兼任校醫的露潤黎醫生，似乎還記憶猶新。對豪俊和他們這群歐洲小孩子當年調皮搗蛋的事，也未完全從記憶中抹去。主人的熱情深深地打動了豪俊和與同伴。他覺得真是回到了故鄉和親人中間。

豪俊和對主人説，"這可是我的第二故鄉啊。我在這裏長大，我父親那個時候又是大家很熟悉的朋友，所以我必須回來。"人們對他這麼多年後還能講客家話彷彿有點意外。他說"客家人不是有句老話，'寧賣祖宗田，不賣祖宗言'嗎？我怎麼能忘記小時候學的話呢？"

那天陽光正好，華僑大廈門前空地上，曬着很多東西。前不久，梅縣才剛剛經過一場颱風洗禮，梅江水漫過河堤，梅城許多地方都被水淹了。

但這沒有影響豪俊和一行的興致，額上因激動而沁出密密細汗，東方亞熱帶溫熱、潮濕的空氣，曾經是他們久違了的感受。

2

梅縣樂育中學是這次訪問的邀請方。豪天立一生與教育結緣，樂育中學留下了他深深的足迹。

學校第一道門是老門，仍如豪俊和兒時記憶一樣，是民國風格的拱門。廖文琳校長和師生在新校門迎接他們。校門兩側的柱子張貼着紅色海報"熱烈歡迎德國朋友豪俊和先生來我校參觀指導"。校園通道一側長幅水泥黑板上，用中德雙語，寫着歡迎橫幅。

廖文琳把他們領到教師辦公室。那裏擺着當地產的荔枝和柚子。校長説，"我們今天很高興，你們是1949年以來，巴色差會來訪的第一批客人，這於我們是極大的榮幸。"擔心這些德國第二三代不了解樂育中學的歷史，他還給客人們作了詳細解釋，然後帶大家參觀校園。

近半個世紀的風風雨雨，校園已經有了很大的改觀，高大的教學樓聳立在過去寬闊的校園裏。一些歷史的舊痕仍被精心地保留下來。那些曾經在豪俊和夢中像電影般一幕一幕回放的畫面，重現於眼前，讓人觸景生情。他仍然記得，那棟兩層辦公樓"高超樓”，是為了紀念學校的創辦者之一、德國老校長凌高超；中式的亭子，“明露亭”，是紀念第四任德國校長湛明露；黃塘河上那座小橋“保全橋”，則紀念第五任瑞士校長萬保全。

踏上保全橋，豪俊和記得，當年黃塘河繞着校園，讓校園成為一個半島，保全橋跨在河道上，他們常常在橋上玩耍，河水從橋下流過。

尋找客家記憶的不光是豪俊和，還有同行的露愛光和谷道仁。露愛光的父親露潤黎博士曾任德濟醫院的院長，兼任樂育中學的校醫；谷道仁的父親谷靈甦和豪天立一樣，都是樂育中學的德語教師。“高超樓”經過重新修繕，二樓作為校史陳列室重現樂育當年的景象。豪天立和谷靈甦的照片陳列其中。樓前的那棵綠蔭蔽日的老榕樹，一如當年學生題贈給豪天立的畢業贈言那樣，已經“頂天立地”，舒枝散葉，張開了墨綠色樹冠。

賓主在校園內漫步尋舊，不意來到兒時的德語小學那棟兩層教學樓。老房子完好保留，讓人倍感驚喜。當年，包括豪天立在內的三個傳教士創辦小學並親自任教師，近三十個德國和瑞士學生得以在那接受啓蒙教育。

德化門大院，是當年傳教士居住區。豪俊和看到，儘管戰事烽煙和世事變幻，他們家住過的房子還在。這個院子，曾是他們三個玩伴的樂園。將近40年過去了，房子換了新的主人，建築也有點破敗，但黃色的牆壁、黛青色瓦頂、石頭的門框，一如往日。他在門前臺階上小坐，低頭看，拾級而上的臺階彷彿還留着當年的腳印。

花園裏雖然堆放着雜物，但彷彿還可以聽到兒時的歡笑和哭啼聲。
少小離家老大回，莫名的興奮和絲絲的陌生感一同襲來。[2]

1986年，豪俊和首次返回梅縣，在他曾經
住過的德化門老房子前。（梅縣，1986）

　　期間，豪俊和專程回了一趟五華。五華梅林傳教站，是他父親
在梅縣學習客家話後分配去工作的第一站。五華的幾個傳教站，是
豪俊和童年最早的中國記憶。他們住的房子仍在，祇是園子裏的樹
木經已長得又高又大。1930年，豪天立在五華私立樂育中學開始教
德語。房子的陽臺上，豪俊和還記得日本飛機的轟炸和受到的驚
嚇，“那時我才3歲，已經飽嘗戰爭的恐懼。”

2　作者2016年來訪時，德化門建築群已經拆除，原址成為醫院擴建的一部分。

他們尋找兒時記憶中的鄉村。清涼山中那個位於泮坑的瀑布仍然飛流而下，綠色潭水清沏如當年。想當年，那是他們的度假勝地。

3

那幾天，豪俊和還專門找到他小時候的保姆阿沾姐。後者當年一直把他當小弟弟看待，帶他去榕樹頭抓知了，和他們幾兄妹一起玩。現在阿沾姐已經70歲了，回想當年，她對豪俊和説，你那時候喜歡吃雞蛋炒飯，每天做，叫我多打幾個雞蛋，還不讓我告訴你媽媽。豪俊和連聲回應説，"是啊，是啊，我現在還回味着您做的雞蛋炒飯，我到過許多國家，吃過許多雞蛋炒飯，都沒有您做的香。"[3]阿沾姐不但做客家菜，還向他母親學習做德國菜和西式蛋糕。

從某種意義上説，阿沾姐她是引領豪家孩子進入客家世界的人生"導師"。孩子們在他們身上感受客家人的喜怒哀樂，他們的勤儉、樸實，他們的生活。久別重逢，阿沾姐似乎沒料想到當年的小毛孩已經比自己當年的歲數還大。他們就像40年前那樣，用客家話敍舊。阿沾姐高興地帶他看他們家的老房子，回憶生活中的點滴。大家高興之餘，也都十分意外，"這麼多年以後，我們還能重逢一敍當年之情。"

3　《兩代德國教師的中國情結》，《樂育中學九十五周年校慶特刊》1998.6，P37。原文轉自《海內與海外》雜誌，1998年第2期。

　　此行還見到父母的老朋友。無論是牧師的子女還是德濟醫院的工友，人們對他父母懷念之情，深深地打動了他。一位女士對豪俊和說："你父母撒下的種子，現在已經長大。"她曾經是一個教師，後來成為基督徒，學習神學並在教會工作。在文化大革命前後，曾入獄14年。

　　心光盲女院也是此行拜訪的目的地之一。幾經滄桑變幻，盲女院改叫梅州市福利院。在那裏，豪俊和一行見到了過去的老朋友。

　　讓他驚喜的是，福利院裏還擺放着他媽媽那部心愛的鋼琴。1947年回國前夕，鋼琴捐送給了心光盲女院。輕撫鋼琴，豪俊和深感歲月無情。母親已歸天國，鋼琴的黑漆也磨出了歲月的留痕。

　　曾被遺棄在醫院門口或街頭的盲女，被心光盲女院收容。她們讀盲文，學音樂，學彈鋼琴，唱讚美詩，還學編織等手工藝。時過境遷，許多舊事她們仍記憶猶新，特別是收留她們的"柏姑娘"，有的居然還記得幾句德語。

4

　　豪俊和的足迹還到了黃塘路一條小巷裏的黃塘福音堂。

　　進入福音堂，豪俊和受到了"兄弟姐妹"們的歡迎。他回憶道，"我就是他們的一員。我用客家話說，在家鄉的教堂，我經常想念中國教堂的兄弟姐妹。"

　　他們應邀參加主日崇拜。古繁良（音）牧師講道時說，我們基督徒永遠像"兄弟姐妹"一樣，無論來自哪個國家，説那種語言，什麼膚色，彼此生活的距離有多遠，我們都是"兄弟姐妹"。

豪俊和記憶中的黃塘福音堂，離德化門不遠，他父親在那主持主日崇拜。老教堂原在黃塘河畔的黃塘橋邊，因醫院擴建用地，政府撥給一個離原址不遠的地方重建，仍保留黃塘福音堂舊稱。

黃塘福音堂始建於1876年，至今有140多年歷史，原屬瑞士巴色差會，1924年崇真會總會成立，改稱崇真會黃塘福音堂。

2001年春節期間，陳麗華隨香港基督教崇真會黃埔堂的"內地新春交流團"訪問這個教堂。領隊的崇真會總牧羅祖澄以流利的客家話與當地人交流。陳麗華寫道：

黃塘教會的大門上，貼着喜慶的紅色對聯，上面用金色字書寫着"五洲四海敬拜真神上帝，天地南北頌讚救主耶穌"。步入門內，呈現眼前的是一座設計優美的二層半洋樓式教堂，寬敞的禮拜堂內可容納數百人。根據正廳處懸掛的碑文，這座建築剛剛落成一年多，不過教堂的歷史卻可以遠溯到130餘年前。

她還談到了歷史上香港教會與梅縣教會的"血緣"關係：

兩地教會之所以建立起交流的機制，是因為它們相信在近代中國基督教新教傳播史上，二者有着共同的歷史淵源，即同屬被視為"客家教會"的基督教新教組織巴色差會(The Basel Mission)。19世紀下半葉至20世紀上半葉，該會亦在緊鄰香港的粵東南及粵東北客

家人聚居區迅速拓展，建立起了超過 150 所教堂和傳教場所，1876
年建立的黃塘福音堂亦是其中之一。[4]

　　黃塘當年還曾有一所梅縣樂育神學院。1864年，巴色差會牧師
貝德明[5]在深圳李朗創辦了存真書院，1876年，改稱傳道書院，也
就是李朗神學院（Lilong Theological Seminary of Basel Mission）。崇
真會第一任華人總牧何樹德就是李朗神學院的畢業生。神學院在李
朗時間長達61年，是深圳歷史上第一所大學。1925年，因崇真會傳
教和發展重心移到粵東梅縣一帶的客屬地區，學生大都來自當地山
區，李朗神學院遷移興寧坪塘，遂改稱為興寧坪塘神學院。由曾擔
任樂育中學第五任校長的萬保全任院長，豪天立也在學院講過課。

　　22年後，1947年學院遷至梅縣黃塘，稱梅縣樂育神學院，僅僅
4年，1951年，神學院停辦，結束了它在中國內地前後87年辦學歷
史。神學院最後被併入香港西貢崇基神學院。

　　豪俊和記得，父親豪天立在五華和梅縣時，在幾位客家牧師的
協助下，歷時幾年，最後在油燈下完成了數百頁的客家話《禮拜儀
式》。黃塘福音堂，正是他父親當年實踐《禮拜儀式》的最好舞
臺。

　　那天，他們還應邀參加了梅縣東門堂教堂的主日崇拜。他給梅

4　陳麗華：《香港客家想像機制的建立: 1850–1950年代的香港基督教巴色會》，《全球客家
研究》第3期，2014.11，P139。

5　貝德明（David Bellon 1838–1904），男，德國籍，在華時間1864.7–1874.9。

州區的總牧師王守望送了一份特殊的禮物，一本客家方言的《聖經》。這部專門從德國帶來的《聖經》，是他父親生前用過的，上面有父親留下的印痕，有特別的紀念意義。

5

豪俊和一再說，1986年首次回"第二故鄉"，旅行中所見所聞，與老朋友以及"兄弟姐妹"們的重聚，大家發自心底的熱情，處處感動着他，是"終生難忘的記憶"。

自此，從德國重返中國的路途，不再遙遠。每逢暑期，他幾乎全部取消了其他的旅行，把航綫直接從德國畫向中國。而每次中國之行，都讓他有意外的驚喜。

廣州，是每次往返梅州的經停之地。1987和1990年，他分別應邀參加樂育中學廣州校友會舉辦的85和88周年校慶。1990年11月25日，在廣州吉祥路的百花園酒店"慶祝樂育中學88周年校慶"活動上，同時為九旬高齡的張道隆，曾省兩位老校長祝壽。豪俊和沒想到居然能與老校長們不期而遇。他知道，當年父親到樂育中學任教，就是這兩位老校長聘任的。老校長也沒有想到，這個外貌肖似豪天立的人，竟是那個在大榕樹下蹦蹦跳跳的小男孩。他不遠萬里從德國來參加校慶、他對學校和朋友的深切感情，令老校長頗為感慨。

豪俊和也很高興和父親當年的學生見面。樂育中學畢業生在廣州上大學的不少。江凱成曾在樂育中學度過整個中學時期，在廣州的聚會上，在眾多陌生的外國臉孔中，江凱成一眼就認出了他，"他模樣很像父親豪天立"。

難得的是豪俊和不但自己來，還一次又一次地帶上家人、學生以及其他德國朋友來。他回憶説，六兄弟姐妹，"1991年和妹妹一起回去，她1944年在梅縣出生；1995、1997年，哥哥和我一起回去；2000年，帶上姐姐；2014年，弟弟陪我。我們兄弟姐妹祇有一個弟弟沒回過梅州。"

若問他對"第二故鄉"的感情有多深？從1986年到2014年，豪俊和前後15次返回梅州。

1993年11月1日，豪俊和被樂育中學聘為第三屆校友會名譽會長，真正的"子承父業"。

6

在多次中國之旅中，有一次特別讓他難忘。

那是1997年9月的北京之行。在北京，他和夫人、哥哥豪俊民三人一起接受時任國家郵電部長楊泰芳和夫人的邀請，共進晚餐。前文提到，楊泰芳是他父親的學生，1944年畢業於樂育。

楊泰芳在豪俊和的記憶中與眾不同。在父親的遺物中，有樂育中學1944屆高中畢業生給他父親的"畢業贈言"。其中寫得最長、最有感情的，就是這位楊泰芳同學。

他們在一個知名的餐廳會面。聚會中，用客家話和德語交談。席間，楊泰芳對豪家兄弟説："中國有一句老話，一日為師，終生為父。"[6]他拍着豪家兩兄弟的肩膀説，你們父親是我的老師，"所以，我們就是兄弟啊。"

興之所致，楊泰芳用德語唱了一首歌，説這是從你們父親那裏學來的。隨後，楊泰芳贈送一本精緻的《紀念郵票集》給客人留念。

豪俊和和哥哥感動不已。父親在中國的服務，雖然多年過去，並沒有因風吹雨打被遺忘，他仍得到懷念和尊敬。它也讓豪俊和有所感悟，在意識形態之外，友誼，對中國人來説意味着什麼。

1999年，豪俊和夫婦再次應楊泰芳之邀到北京見面。

2002年，樂育中學百年盛典。他們同為榮譽嘉賓，又得以在梅州相會。楊泰芳把樂育中學稱為"我們的母校"，給學校題寫了"百年樂育"的賀詞。

在豪俊和看來，中國人對教育高度崇敬的態度讓他欽佩。"一日為師，終身為父"。他明白了為什麼父親教過的學生，大都一輩子也忘不了他。

6　"一日為師，終生為父"，出自姜太公的《太公家教》，意為哪怕衹教過自己一天的老師，都要像對待父親一樣敬重。

32　在天堂，我們祇會講客家話

> 我83歲了，或許，再也回不了梅州
> 了。

1

清光緒《嘉應州志》：雁洋堡在"城東南六十里，東界大埔
縣"。雁洋堡即今廣東梅縣雁洋鎮。

據史料記載，此地古時多湖洋低窪水田，每年入秋，候鳥南
飛，大雁成群結隊從北方南下，嘉應州這片林地水泊，自然是友善
的棲息之地，一時群雁畢至，停歇於水榭湖畔之間，於是此地得
名"雁洋"。

近年，或是得益於生態環境改善，有報道稱，林業工作者和村
民重新發現多群豆雁從冰天雪地的北方歸來，在魚塘周圍嬉戲、覓
食，風吹草動，即展翅高翔，在空中盤旋。雁群在此地停留數日之
久。

雁洋鎮的詩意想像，誕生出雁鳴湖、雁南飛等與"大雁南飛北歸"相關的生態景區。

大雁南飛北歸，讓人想起那群在梅州出生長大，返回德國和瑞士的孩子們多年後回來尋找"第二故鄉"的故事。

2

有兩張照片在敘述這個時光的故事。

它們拍攝於不同年代，相隔六七十年；不同地點，分別是中國和德國，遠隔萬水千山。

第一張拍於1946年，黑白照片，地點是梅縣黃塘德化門內的芭蕉林前。這是一張群體合影，照片中一群德國、瑞士傳教士和他們的子女，男士西裝領帶，女士大衣長裙。排在前三排的孩子，大都在梅縣出生，稍大一點的也就八九歲左右，幾個年幼孩子則倚在哥姐的身邊，都打扮得整整齊齊的。有心人根據照片中各人位置，查核和標示出上面每一個人的名字。孩子群中最高的男孩，是豪俊和，他家四兄妹均在其中。[1]照片中的歐洲人與背景中的客家園林，形成了這張照片微妙的戲劇感。

第二張拍於2011年，彩色照片，也是一張合影。照片中的德國人有好幾十個，全是老人家。鏡頭從上向下俯視。他們隨意站在兩幢房子之間的臺階上，年紀看上去七八十歲上下。拍攝地點是斯圖

---

[1] 見曾福全編著：《以愛還愛——瑞士巴色差會在中國和香港的傳教士名錄》，2022.5，P158。

加特的傳教士之家。

如果不加以説明，這兩張照片看上去全無關係。

但豪俊和解釋説，照片中的老人，和上一張照片中的小孩，"幾乎是同一批人"。細看，果然，豪俊和與妹妹就在他們中間。再認真看第一張照片上每個人的名字，你就會相信，梅縣那群天真爛漫的小天使和斯圖加特的這群老人家，真的是同一批人。我後來知道，第一張照片中的孩子，有些結為夫婦，而有些則傳承父業，成為傳道人員，再次返回中國。

轉眼，他們離開"第二故鄉"梅縣，返回德國已經六七十年了。這是一群特別的"客家人"。

1947年，巴色差會傳教士家庭在梅縣德化門內的告別合影。後排左起：一斐玉霞、二豪天立、五梅斯德，右二萬保全；後二排：右三谷靈甦，右五露潤黎。前二排孩子中，中立最高者為豪俊和。（梅縣，1947）

在梅縣出生長大的德國孩子，現在已經是七八十歲的老人。在斯圖加特基督教之家的聚會。
（斯圖加特，2011）

　　這個德國群體與中國客家人曾經有過緊密的聯繫，他們的生活經歷，身上浸淫的文化，跨越東西方。讓人不禁想起魯斯·尤西姆（Ruth Useem）所説的"第三文化個人"[2]。極少人留意到他們和普通德國人有什麼不一樣，甚至豪俊和自己也坦言，他雖然在梅縣生活了近11年，但回德國後，身上中國的痕迹似乎也在逐漸褪去。時間和空間在這幾十年中被壓縮成一條細綫。豪俊和的經歷祇是這個群體中的一個個案，而這個群體的客家記憶，每個人的心路歷程，

2　第三文化個人（Third Culture Individual），由美國社會學家、人類學家魯斯·尤西姆（Ruth Useem）提出概念，指那些成長時其文化背景由家長的第一文化（雙親也有可能是不同文化），和成長地的第二文化，融合而成"第三文化"。

都極為相似。

我再看到豪俊和六兄弟姐妹上世紀90年代的一張合影。

除了豪俊和在德國出生，其他5人都在中國出生。他們的人生軌跡，不但帶着父母濃重的影子，而且帶着"黃塘出品"的印記。他們成人之後，大哥俊民成為牧師；二姐俊嫻成為護士；俊和則和父親一樣，既是牧師也是教師，他甚至和父親入讀同一間大學；四弟俊生是工程師；五弟俊基當醫生；六妹俊蘭成為護士。在這張照片中，豪俊和也已經兩鬢飛霜，不復梅縣少時的模樣。

豪俊和六兄弟姐妹（除豪俊和外，都在河源、梅縣出生）。（德國洛奇市，1990年代）

從時間上看，那些在梅州出生的傳教士子女，如今也和豪俊和一樣，父輩多已仙逝，而他們本人，也大都過了古稀之年。退休後，兒時特殊的經歷使他們凝聚在一起。他們不時在瑞士或德國聚會，童年的生活，不論教堂、學校或醫院，都是聚會中的共同話題。他們的交流，有時從德語開始，以客家話結束。祇是那些當年流利的客家話雖然音調依然，用語上大多已經生疏。

中國重新開放以後，但凡親友中有人到中國旅行，他們過往的生活，又會成為話題，並問上一句，你們會到梅縣嗎？

"第二故鄉"的生活，是他們終生難忘的一段。退休後回梅縣尋根的願望，油然而起，成為他們共同的心願。他們的晚輩有時也被激發好奇，問道，梅縣？那是個什麼地方？

現代交通無疑使東西方的距離大為縮短，但對年輕一輩的德國人來說，中國依然遙遠。豪俊和說，"對我的兩個女兒來說，父祖輩生活過的中國仍像是一個謎。"

3

黃塘福音堂。咣——咣——咣……，上午九點，塔樓上大鐘鳴響，一共二十下。

豪俊和記得，2014年10月24–29日，前後5天，這是他第15次，也是最後一次回梅州。和他一起的，有在梅州出生的弟弟俊基。

梅州電視臺的記者一路上跟隨他們拍攝、采訪。在攝像機前，年輕的電視記者驚訝地發現，這位78歲的德國長者不但聽得懂客家話，而且竟然可以用地道的客家話來接受他們的采訪，這讓他們大為吃驚。

通過采訪，記者方了解到，梅州這個偏遠之地，竟曾經與歐洲挨得那麼近，而且交往長達一個多世紀。

今日的梅州，與注重歷史保護的歐洲相比，快變得讓來自歐洲的"客家人"辨認不出來了。那些在夢境中反復浮現的兒時景物，幾乎蕩然無存。城區處處高樓拔地而起，取代了當年低矮的客家建築。黃塘河邊的福音堂也易地重建，祇有內牆上的一塊石碑，提醒人們它的百年滄桑。

在教堂頂樓放眼四望，黃塘街景和兒時梅城西郊荒野相比，面目全非，巷道縱橫，房屋林立，街道熙熙攘攘。

塔樓上，一架古老的大鐘懸在頂上。教堂管事胡梅添説，這口福音鐘是建堂時在德國波鴻定制的。盡管教堂一再遷址，"它一直在福音堂上鳴響數十年。文革期間，福音堂停止聚會，教堂所有家具擺設都被單位和百姓掠走，就連福音鐘也被樂育中學搬走了。1978年落實宗教政策，中學也改用電鈴而不再敲鐘上課，大鐘閑置在保管室準備當廢品賣掉。感謝主，附近的信徒得知後，告訴教堂的何牧師娘。信徒到學校找到校長，説明情況，校方樂意原件奉還。就這樣，這口來自德國的福音鐘歷經曲折，終於物歸原主，回到它應在的地方。"

福音鐘的出生地波鴻，在德國著名的魯爾工業區。波鴻以礦業和鑄造業聞名於世，世界上許多教堂的大鐘，多出自那的鑄造廠。青島聖保羅教堂的大鐘，就是十九世紀末從波鴻購入，文革期間也曾遭到相似的命運，被輾轉賣到一個廢品收購站，文革後才被一個有心的教徒尋回。那悠遠的鐘聲，背後有着各自起伏跌宕的歷難。

如今，在醫院大樓的高處，可以俯視到不遠處黃塘福音堂的塔樓及紅色十字架。而教堂的鐘聲，則依舊可聞。

波鴻老鐘的鐘聲，迴蕩於梅州上空，仿如歷史的回音。

4

和梅州有着千絲萬縷關聯的，不僅豪天立一家。彷彿和那些南飛北歸的大雁一樣，回"第二故鄉"尋根的，還有更多傳教士的第二、甚至第三代。

1988年11月，梅縣樂育中學第五任校長萬保全的兒子萬戴權[3]偕夫人從瑞士回到梅州。進入校園，就看到三十年代為紀念他父親而建的"保全橋"。石橋歷經風雨，卻完好無損。師生仍記得他父親，讓萬戴權夫婦極為感動。學校英才輩出，滲透着父輩曾付出過的辛勞。校史裏，還專門提及萬保全對整個梅縣地區足球運動發展的貢獻。

萬戴權頗有感觸："看來當年我父親帶來的，並不局限於文化和足球技術，更重要的，是瑞士人民的友情和心願！"父業子承，萬戴權也是巴色差會的傳教士，他離開中國的時間，在1951年。

梅師德[4]是德濟醫院的第十任院長，也是巴色差會最後一批離

3　萬戴權（Paul Walter 1919–2003），男，瑞士籍，在華時間：1947.3–1951.5。

4　梅師德 (Hans Meister 1909–1988)，男，瑞士籍，在華時間：1937.9–1951.3。

開中國的傳教士醫生。他從1937年至1951年，在梅州工作生活了整整14年。1940年，女兒在該院出生，直至1951年2月全家才撤離梅州回瑞士。臨行前的2月5日，全體員工合影留念。這張"全體員工歡送梅醫師夫婦和安惠（惠施德）姑娘返國攝影紀念"照片，幸存下來，被醫院保留。

1951年3月，最後一對傳教士易定恩[5]夫婦離開河源。稍後，巴色差會在中國內地的最後一位傳教士都謀道[6]，於同年5月離開。

2012年9月19日，瑞士知名爵士打擊樂音樂家、時年45歲的盧卡斯・尼格利[7]到中國演出。作為梅師德的外孫，他得到梅州市公安部門的幫助，幾經周折，終於實現了多年的"尋根"願望。他風塵僕僕地從廣州來到梅州市，感慨地說"我終於踏上外公工作了14年的這塊美麗土地。我母親在這出生，我的'根'在中國。"

有記者記錄了這次尋根之旅[8]：

盧卡斯對中國、對梅州有一份特殊的感情，"外公、外婆還有媽媽，經常對我講起梅州，對於我來說，這裏就像是我的故鄉"。

隨着多次來華演出，盧卡斯心中"尋根"願望愈發強烈。一次，他和一位網名為"佛山大叔"的朋友聊天，不經意中提起外公和母親這段往事。2012年9月初，"佛山大叔"通過梅州市公安局的微博"平安梅州"，聯繫上警察公共關係科，希望幫助盧卡斯實

5　易定恩（Ernst Itten 1920-2020），男，瑞士籍，在華時間1946.10-1951.3。

6　都謀道 (Henry Dumartheray)，男，瑞士籍，在華時間1947.3-1951.5。

7　盧卡斯・尼格利 (Lucas Niggli, 1968-)語。瑞士音樂家，瑞士爵士樂和即興音樂家專業協會 (SMS) 主席。

8　柯鴻海：《瑞士音樂家梅州"尋根樂"》，南方日報，2012.9.20。

現這個心願。民警很快就確定了梅師德當年工作的德濟醫院，就是梅州市人民醫院。盧卡斯穫悉後，立刻出發踏上了這次梅州尋"根"之行。

在醫院的院史裏，他看到了外公在醫院工作時的許多照片，還有他母親童年的照片。此外，還見到了外公的同事，時年90歲的退休醫生鄭鶴齡。鄭鶴齡是德濟醫院醫專培養的中國醫生[9]，畢業後於1947年進德濟醫院工作，和梅師德有5年的共事之誼。

聽說老院長外孫來到梅州"尋根"，鄭鶴齡特意翻出一本厚厚的相册。裏面珍藏着60多年前德濟醫院醫生的照片，梅師德的就有好幾張。盧卡斯翻看相册，馬上認出了外公和眼前這位老人鄭鶴齡。他激動地緊握着老人的雙手，久久不願鬆開。

盧卡斯説，"來到了媽媽出生的地方，就像回到了家。見到了外公的同事，就像見到親人一樣親切。"他迫不及待地發短信給遠在瑞士70多歲的母親，母親和他一樣激動，並特意囑咐他一定要帶一些紀念品回去。"這一趟'尋根'之旅終於圓了我們一家幾十年來的心願。"

5

梅州市人民醫院院史館。這是一個微型博物館，剛剛重新裝修和布展。

9《德濟醫院培訓醫師畢業名錄》，《梅州黃塘醫院志》，1993.4，P26。

創院之初醫務人員使用的德語醫學書籍，各種醫療器械和設備，作為藏品陳列在館內。牆壁上，前十任外籍院長的照片，任職時間也清楚地一一列出。

1998年，德濟醫院創辦者、首任院長韋嵩山的外孫約翰內斯・馬肯森（Johannes Mackensen），專程從德國柏林回梅州尋訪先輩足跡。此行約翰內斯給醫院贈送了外祖父的回憶錄《我的生平回憶：為我的孩子們而作》中的部分手稿。該回憶錄是他外祖父生前"尚未完成"的手稿，儘管是復印稿，無疑為醫院提供了一部重要的歷史文獻。

露潤黎醫生也曾經擔任院長，他的兒子露愛光，1986年和豪俊和一起回梅縣"尋根"。他在醫院的院子裏長大，父親還兼任過樂育中學的校醫。

黃塘河喚醒了露愛光一段關於"生與死"的記憶。1946年6月26日，天降暴雨，梅江發大水，黃塘河段河水溢到岸上。當地報紙報道，居住在德濟醫院的三個德國女孩在河上的一段木橋上觀看河水，這時"一陣急流湧到，木橋即遭衝毀，三女童亦為水衝入河中"。正危急間，恰巧露潤黎醫生夫人、露愛光的母親在場。她連忙伸手救援，可惜力不從心，自己也墜入河中。她懷抱兩個落水女童載浮載沉被河水衝向下流，一直衝至盲妹院橋。而盲妹院橋卻也不幸斷了一段正懸在路邊。此時，樂育中學學生張時聖正在斷橋旁。往呼喊聲看去，猛見一個婦女抱着兩個小孩被水衝來。待衝至斷橋中間，張時聖不顧危險，探身伸手將落水三人逐一拉上斷橋，三人因而穫救。不幸的是，落水的第三個女童未能及時援救，被急流衝走。被激流奪去生命的，是威重謨牧師[10]的女兒海迪。[11]

黃塘地區的變化，除了學校外，最大的還是醫院。這個在1896年由巴色差會創建的德濟醫院，現在已發展成為一個有13幢大樓，3500個床位的大型醫院。來"尋根"的瑞士、德國"客家人"幾乎不敢相信眼前所見。在他們依稀的記憶中，"直到我們1947年離開時，醫院還很'袖珍'。今昔的巨變讓人感嘆。"豪俊和道。

6

回梅縣尋"根"至今未停。一位不具名女士在網上尋找自己曾在梅縣工作過的先輩。她說："在1913到1916年間，曾有一批德國基督教女傳教士來到中國嘉應州（廣東梅州）傳教，同時創辦了心光盲女校，接濟、護理盲女。當時因為缺乏沙眼治療的技術手段，很多女嬰因此目盲。其中有一名女傳教士叫Kaete Meinhof，是我公公的太姑媽。

"當時在嘉應州地區，有一位德國醫生Dr Wittenberg，漢名韋嵩山。他在梅州創辦德濟醫院並任院長。他於1909年回德國後，教會在德國尋找接任，Kaete Meinhof的哥哥，即我公公的太爺爺Dr Meinhof，本打算於1913年啟程往中國接任這個職務，卻因為一戰爆發，沒有成行。

"公公的父親日下已經九十歲，非常希望知道他姑媽在梅州地

10　威重謨（Wilhelm Weickum 1907–1982），男，德國籍，在華時間1934.10–1949.5。
11　曾國梓：致豪俊和信，2007.09.02。

區準確生活過的地方，並打算明年去梅州一遊。他給了我他姑媽在中國的照片和明信片。

"因為網絡資料有限，過去嘉應州包含的地域十分廣闊，而近百年的變遷顯然讓很多地方已經物是人非。我不能確定照片上的地方在哪裏。如果哪位梅州的朋友能告知一二，將十分感激！

"根據公公父親所提供的信息，我翻譯了照片上的標題。問題是地名的舊式拼音真不知道漢字是什麼。光看照片，真的覺得當時的嘉應城很美。我設置了一個相冊，請問廣東梅州的朋友這是在哪裏？"

7

樂育中學校史室裏保存着許多歐洲訪客留下的紀念册、地圖、錄音帶、圖書及各種紀念品。那是傳教士的後輩留給學校的紀念，是這所學校與眾不同的歷史注腳。

據《樂育中學校刊》1985–2014年不完全統計，先後有四五十批主要來自德國和瑞士的訪客，每批人數少則三幾個，多則達二十餘人。他們多為在梅縣出生的傳教士子女，至今都保留中文名字。他們或夫婦、或兄弟姐妹、或携子女同行。這些當年的歐洲少年，現在不少子承父業，在醫療、教育等機構從事研究或管理工作，擁有博士學位的不乏其人。

來訪者人數最多的一個訪問團，是豪俊和帶領他所在的馬斯·普蘭克高級中學中文班師生，共27人。萬保全的孫子萬樹强

（Georg Walter，1950年11月2日出生於德濟醫院）花甲之年生日的紀念方式，是回梅州訪問學校。隨着大量"尋根"訪問，有德國學生也開始到學校進行為期半年到8個月不等的短期學習與交流。

上述訪客，還數豪俊和回來的次數最多。從1986到2014年28年間，一共15次。而且，他每次除了親人，還帶上同事、學生和其他朋友。

值得一提的是，也有傳教士本人從德國或瑞士回梅州尋舊。從瑞士來梅縣的易定恩和都謀道，是巴色差會最後派出，也是離開梅縣客家地區最晚的兩位，時間分別是1951年3月和5月。易定恩1920年出生在瑞士托芬鎮，1946年到梅縣。退休後1987–2005年18年間，他携夫人或自己一人先後7次368天回訪中國，回訪梅州。易定恩生活儉樸，一生中祇有單車，沒有汽車，省下的錢，全都放在探訪的旅程上。一路上，他操着熟練的客家話，看望客家教會，會見客家朋友。每到一地，不忘帶回一小石子，回家貼上所取地方的名字，放在架子上，以紀念當地的客家朋友。到99歲時，他還能唱好幾首客家話兒歌。客家人和客家話，幾乎是他生活的全部，他曾多次説，"在天堂，我們祇會講客家話。"[12]

都謀道出生在日内瓦湖畔小鎮尼昂，小鎮四周是層層叠叠的葡萄園。就在1947年豪天立離開梅縣的時候，他由差會派出，與新婚妻子來到中國，先後在五華、羅崗和梅縣等地的傳教站工作。離開中國後，他被派到印尼的加里曼丹。1988年第一次重訪梅縣，10年

12　曾福全：《以愛還愛——瑞士巴色差會在中國和香港的傳教士名錄，1846至現在》，2022.5，P18–19。

後，再次與友人回梅。在所有曾在梅縣地區工作的傳教士、醫生和教師中，因為年齡和精力的原因，易定恩和都謀道是為數不多的本人能親自回梅縣的人。

何道根[13]早年曾在樟村、老隆、紫金和梅縣傳教，練就一口流利的客家話。退休回德國後，常找去過梅縣的老同事聊天，為的是能講客家話。晚年，也許是大腦深處的條件反射，在醫院彌留之際———一如易定恩所說，“在天堂，我們衹會講客家話”———對醫生、護士也講客家話，弄得醫護人員一時不知所措。讓我想起，那位一輩子衹講拉丁語的人文主義學者伊拉斯謨，在生命最後一分鐘，出於對死亡的原始恐懼，突然忘記了拉丁語，僵硬嘴唇結結巴巴吐出兒時學會的家鄉話———低地德語：“我主與我同在！”———這是他一生中說的第一句也是最後一句荷蘭話。[14]

1991年8月，馬斯·普蘭克中學校友會副會長瑞華特先生，在隨同豪俊和教務長訪問樂育中學期間，即席朗誦了一首他和夫人創作的短詩，表達中、德、瑞三國人民的共同心聲：

在遙遠的地方，

閃耀着一顆友誼之星。

這友誼啊，使人和睦相親。

缺陷被你彌合，

13　何道根（Hermann Hofmeister, 1908–1990），男，德國籍，在華時間：1935.11–1949.5。

14　[奧]斯蒂芬·茨威格 (Stefan Zweig)：《鹿特丹的伊拉斯謨：輝煌與悲情》（舒昌善譯），生活·讀書·新知三聯書店，2016.4。

橋樑由你建成，

你帶來了地球上的和平！

8

或許可以看作是對瑞士、德國後人陸續訪問梅州的回應，1998
年夏天，湯兆平離開老隆，踏上了訪問瑞士和德國的旅途。這是他
第一次離開國土。時年55歲的湯兆平是老隆教會牧師，任廣東省基
督教三自會副主席，龍川縣基督教三自會主席、協會會長。他父親
和祖父，當年曾和瑞士、德國牧師在教會共事。豪天立初到梅林
時，與他父親湯恩錫是同事。在土匪出沒的年代，湯恩錫和父親曾
伸出救助之手，幫助豪天立夫婦平安度過一段動蕩的歲月。

此行，湯兆平夫婦在豪俊和家裏住了十多天，有機會再敘父輩
在梅林共事的往事。湯兆平中學祇學過俄語，所以他和豪俊和的交
流，祇能靠客家話。他覺得豪俊和客家話講得"滿可以的"。

最讓湯兆平驚訝的，是豪天立的遺物在豪俊和書房堆得"像小
山似的"。德國人對歷史的珍重可見一斑。在資料中，湯兆平看見
了豪天立在樂育神學院任教時給學生的評語。其中給學生"魏宜
嘉"的評語，至今記憶猶新，因為這位學生正是湯兆平的姐夫。

在客居那十幾天，湯兆平發覺，與主人除了用客家話交流外，
還可以用鋼琴"對話"。湯兆平從小跟父親學鋼琴，而他父親湯恩
錫的鋼琴則是師從德國教師申乃德。其時湯恩錫在古竹樂育中學讀
書，喜歡音樂，學過德語。校長申乃德見他好學，於是教他讀五

綫譜和彈鋼琴。由此，鋼琴由父傳子，陪伴湯氏父子一生。在湯兆平現在的家中，有一臺"珠江"鋼琴，譜架上放着《安靜平和最為寶》（第89號）等五綫樂譜。而豪俊和的鋼琴，則得自母親的家傳。那些天，豪家客廳一側的鋼琴，湯兆平幾乎每天都在這裏練習，他彈畢，豪俊和接着彈，是那段難忘假期一種特別的回憶和溝通方式。

湯兆平第二次訪問德國和瑞士是在2006年，走訪了法蘭克福、斯圖加特和巴塞爾等地。此行讓他最難忘的，是有機會探望幾位在梅縣工作過的傳教士，如易定恩等，客家人"勤勞、樸實、刻苦耐勞和與人為善的品格"依然在他們心中。他還有機會和在梅縣出生的二十多位傳教士子女會面敘舊。

7月的一個下午，他們在德國埃斯林根一個小山上的餐廳聚會。客家話自然是聚會的"官方語言"，湯兆平發現，這些在梅縣度過童年的第二代，曾作為"第二母語"的客家話已經略顯生疏，他充分理解，"畢竟他們離開梅縣回德國已經六七十年了"。不過有意思的是，聚會時卻常常爭論某個物件的客家話發音，誰更準確。

到訪他們的家中，和豪天立家一樣，都無一例外地保留着從中國帶回來的紀念：中國古籍孔子、孟子的綫裝本、佛教的天堂地獄報應圖、皇帝或官員的出行圖、二十四孝圖等等，五彩繽紛。這些"藏品"，連湯兆平也說，"我從未見過"。

說起往事，後人們均以他們的先輩在客家地區工作和生活過而頗感自豪和榮幸，特別是出生在客家地區的，更是以此為榮，"不但有榮譽感，還有歸屬感，仍將中國視為自己的故鄉，視客家人是他們的兄弟姐妹"，對那段"客家生活"仍充滿感情。他們的生活依然簡樸，每年都有定期的聚會，共同回憶在中國的時光。愛屋及烏，德國某個山地，環境和客家地區酷似，他們就把那個地方稱為"客家山村"，常常結隊去遊玩。

但並不是所有第二代都有共同的感受。前崇真會執行幹事曾福全長期保持與他們的聯繫。據他的觀察，現今傳教士子女對他們父輩在客家地區的工作有兩種不同的看法。一部分不想提及雙親在中國的事，因在他們年少時，適逢戰亂，父母把他們帶回德國或瑞士並留在那裏，不在身邊，生活十分艱苦，長大後陰影仍存留在心中。而另一批子女則剛好相反，他們常掛念客家地方和生活。所以曾福全多次帶他們回來探訪客家地區，到他們父輩當年住過和工作過的地方。

無論在瑞士或是德國，如果他們在街上遇到一個中國人，通常會很熱情地主動打招呼，甚至請回家作客，聊天、吃飯。湯兆平有個客家朋友就有過這樣的奇遇。一次，他在瑞士伯爾尼街上行走，遇到幾個瑞士人，操着客家話，對他問長問短，末了還拉他到餐廳吃飯，"弄得我莫名其妙"，坐下聊開後才知道，原來他們都在客家地區生活過，都很想知道梅縣現在怎樣了，"看來我是沾了客家人的光"，他對湯兆平說。

湯兆平還見過上世紀20年代曾在梅縣遭綁架的萬保全、賀允恭和經褆福三位傳教士的後人，談起這段往事，"不見得他們有任何怨言，反而說，不怪這些村民，祇因為他們太窮的緣故……"

在瑞士巴塞爾，巴色差會檔案館，湯兆平有了意外的收穫，他發現那些曾經遺忘的記憶，大多可以在這裏找回。他找到了傳教士們留下的許多珍貴老照片和資料，包括湯兆平自己出生的地方，老隆崇真會幹事樓。

此行，香港崇真會副會長曾福全，還和湯兆平一起來到德國科爾韋斯特海姆（Kornwestheim），找到巴色差會早期到興梅地區的黎力基牧師的墓地。湯兆平回憶，對他來說，這也是一次"尋根之旅"。

9

2016年10月的一個晚上。紹恩多夫，夜幕降臨。夜色中有點涼意。

我們和豪俊和夫婦共進晚餐。

小城沒有中餐館，豪俊和夫婦開車帶我們到附近小鎮的"中華酒樓"進餐。酒樓的裝飾，和許多在國外的中餐館相似，裝飾着中國繪畫、宮燈，如舞臺布景。老板娘顯然和他們夫婦相熟，熱情招呼我們在一張圓桌坐下，並端上茶水。夫婦倆常來，也許除了自己家外，祇有在這裏才能找到一絲中國的感覺？

茶過幾道。問豪俊和：在客家地區長大，11歲才回德國，是否覺得自己和同胞有什麼不同？

他笑笑說，我也常問自己這個問題。我原以為，盡管11歲離開中國，但我畢竟在德國出生，回國後接受的又是德國教育，隨後主要在德國生活和工作。我在學校工作三十多年，辦公桌旁的都是德國同事。有一陣子，我認為中國離自己越來越遠，覺得自己和同胞沒什麼兩樣。但是，當我和太太踏上梅州土地時，不過幾天，她就說，原來你身上還有這麼多中國的東西。我這才猛然反省過來，自己和其他德國人還真的有區別，有些事情語言是沒法描述的。

2017年10月。我離開紹恩多夫的時候，我和他在家門口話別。門口的花叢，鮮花開得燦爛，遠處的坡地上，綠草如茵。

我問，豪先生，下一次你打算什麼時候再回梅州呢？

他沉默小許，黯然地說，"我83歲了，或許，再也回不了梅州了。"

33　紙和茶

> 人性在小小的茶碗中實現了東西的相
> 合。[1]

1

離開紹恩多夫後，北上柏林。

我們住在選帝侯大街的一幢老宅子裏，距離威廉皇帝紀念教堂[2]
祇有數步之遙。

上了年頭的豪華老宅，寬闊樓梯鋪着紅地氈，玫瑰紅石立柱，
穹頂修飾着巴洛克風格的壁畫，依稀可辨當年的氣派。二樓咖啡廳
牆壁上，是大幅裝飾風格油畫，叫"豪華的革命"，畫面上戴着軍
帽的香奈爾女郎向進來的每一個客人微笑。

1　[日]岡倉天心（1863-1913）：《茶之書》（呂靈芝譯），四川文藝出版社，2019.5，P10。
2　德國柏林威廉皇帝紀念教堂，19世紀末，威廉二世為紀念他的祖父、德意志帝國的第一
個皇帝威廉一世而建。教堂在1943年11月的盟軍轟炸中嚴重損毀。戰後，柏林市民力保留
舊教堂鐘樓殘骸，以警示世人，殘骸四周建造四棟新建築：八邊形的教堂中殿、六邊形的鐘
樓、四邊形的禮拜堂以及前廳，成為柏林一個難得的景觀。

在柏林牆倒塌之前，這一帶是西柏林最熱鬧的商業區。現在，威廉皇帝紀念教堂的廢墟依然挺立，仿如一部二戰的啓示錄。選帝侯大街上的名牌商店一家接一家。但兩邊的小街，卻安靜異常，馬路兩旁有不少雅緻的小餐館和畫廊。

我們在柏林文學之屋（Literaturhaus Berlin）二樓的咖啡館小坐，翻看筆記。備忘錄提示，附近布雷多街（Bleibtreustrasse）4號有一家小茶館，叫"紙和茶"（Paper & Tea）。

找到它並不困難，就在不遠一條狹窄的小街上。沿街照例有許多小店。在咖啡館遍地的柏林，這樣一家小茶館，特別突出。門口掛着一個牌子："親愛的，你喝咖啡我喝茶"。

這個早上，店裏空無一人。柔和的燈光，乳白色的家具，櫃子裏外，置着一個個白色的瓷皿，陳列來自全世界知名茶產地的茶葉，就像實驗室的樣品展示。空氣中沁着茶葉的清香。

創業的彥斯（Jens De Gruyter）人到中年，出生於德國茶文化世家，舅舅是一名茶商，為德國的高級酒店和餐廳提供茶葉。舅舅讓彥斯品嘗世界各種茶葉，細心分辨其中細微的差別。彥斯想，雖然同胞們以喝咖啡為主，但茶的美妙，品茶過程中產生的雅趣，國人尚未透徹了解。他要在柏林開一家店，讓大家了解茶的藝術，於是，"Paper & Tea"應運而生。歐洲難找到純正的茶葉，他把目光投向東方，在亞洲各地包括中國旅行，尋找最好的手工茶源。

走在Paper & Tea，猶如一次全球茶源地的旅行。小店時尚的現代設計，講究的燈光布置，讓人從視覺、味覺、觸覺和嗅覺全方位體驗茶的藝術。牆壁上乳白色的櫃子，陳列着款式各異的茶具，透着東方的美學感覺和優雅氣息。與其説"Paper & Tea"是茶館，倒不如説是一家袖珍的茶博物館。

俯身細看瓷皿上的標籤，發現好幾種來自雲南和福建的紅茶、白茶和普洱。在柏林與這些茶葉不期而遇，彷彿見到多年不見的朋友。

店裏也陳列着各種類型的紙張和紙製品。問看店的姑娘，店名叫"紙和茶"，兩者可有什麼關聯？

她回答説，將紙與茶這兩種看似毫無關聯的物品作為店名放在一起，是因為它們背後的連接點——都來自千年前的中國，帶着這個古國的文化和文明。在歐洲，"紙和茶"是個中國符號。

"紙和茶"，一個小小的店内，潤物無聲，交匯着東西方的文化。"親愛的，你喝咖啡我喝茶"，聽上去像是一句東西文化交流的暗語。

如果時光倒流幾個世紀，杯子裏沁着芬芳的清茶，要經過多少時光、走多長的路，才能最後落到柏林那幢貴族老宅的茶桌上？

2

公元645年春天。中國著名的僧侶、學者和傳教士玄奘在印度訪學12年後，帶着700卷佛經，返回長安。

玄奘返回後，應唐太宗之邀，閉門譯述。在翻譯佛經的同時，他完成了《大唐西域記》一書，説，"所聞所歷一百二十八國，今所記述，有異前聞，皆存實錄，非敢雕華……"，書中的歷史地理、語言文化、物產風俗、宗教信仰，都是他親身經歷。翻譯出來的經卷，後來被印刷成書，連同域外前所未聞的故事，幾乎傳遍了中國。這個 "西天取經" 的故事，更因小說《西遊記》而幾乎無人不知。

納揚·昌達是全球化的研究學者，他在《大流動》一書中說，"像玄奘這樣的傳經者其實還有很多，得益於他們的虔誠和勇氣，佛教傳遍了整個亞洲，之後又逐漸傳入世界各地。" 在他看來，"弘揚佛法的佛家弟子，不僅培養了人們的全球意識，還增強了人民之間的聯繫，這種聯繫不僅推動了貿易的發展，而且促進了不同文化之間的深度整合……"[3]

從4世紀開始，印度到中國傳經，中國到印度朝聖的人數也驟然增多。佛教刺激了人們對中國絲綢的需求，"由於越來越多的朝聖者攜帶成批絲綢走上這條道路，歷盡艱辛祇為把這種豪華的禮品獻給寺院以示虔敬，絲綢之路因此而聲名鵲起——眾所周知，來自中國的絲綢源源不斷，沿着這條通道運往世界各地。"

印度和各地的佛學交流活動推動了佛法的傳播，而圍繞佛學精義進行討論也漸成風尚。人們 "以更加開放的心態，對待印度的風俗、習慣、食物和家具"，"而禮佛的必備物品，比如熏香、佛像等也成為印度的主要出口物品。"

"飲茶本是中國人從公元1世紀開始形成的習慣，而佛教的傳播也助長了飲茗之風。在漫長的冥想過程中，僧侶借飲茶保持清

3　[印]納揚·昌達（Nayan Chanda）：《大流動》（Bound Together）（顧捷昕譯），北京聯合出版公司，2021.3，P170–173。

醒，因而品茗之風，在各地得以廣泛傳播。”納揚・昌達認為，佛學從宗教到文化的交流，促進了絲綢和茶葉的貿易，而飲茶風尚由南向北，由東向西的形成，也與佛學的傳播有着必然的關聯。[4]

1906年，日本明治時期的思想家岡倉天心發現，雖然東西方文化差異巨大，但“人性在小小的茶碗中實現了東西的相合。”[5]

3

鳳羽，雲南大理白族小鎮。

茶馬古道從這個白族小鎮穿過。鎮中央光滑的石板路旁，臨街窗口有小櫃臺的石頭老房子，是從前的商鋪。當年，那些往來的馬幫駄着茶葉等小商品，在小鎮歇腳過夜，第二天又繼續趕路。

1639年，農曆三月初一，明代旅行家徐霞客在鳳羽兩條古道的交匯處歇息七天。他繞着鳳羽壩子考察遊歷，讓鳳羽給今人留下了“桃花源”般的遐想。鎮上的石板路，留下他的足迹，入夜，馬幫鈴聲由遠而近，客商駄夫摩肩接踵，馬匹人聲鼎沸交雜，讓旅行家清夢難圓。

鳥吊山腳，有一個已被遺棄的白族古村落，名大澗村。如用白族話發音，則叫禱告村。如今，60多棟石頭老房屋，大多人去樓空，夕陽下空山鳥語，一派廢墟之美。有三幾户人家仍住在山裏，

4　[印]納揚・昌達（Nayan Chanda）：《大流動》（*Bound Together*）（顧捷昕譯），北京聯合出版公司，2021.3，P170–173。

5　[日]岡倉天心（1863–1913）：《茶之書》（呂靈芝譯），四川文藝出版社，2019.5，P10。

是靠山吃山的牧羊人、養蜂人。從雜草叢生的殘垣斷壁，不難看出，老房子不事張揚的建築造型和精緻的石砌工藝，顯示白族民間建築曾經達到的藝術高度。

如今，這個村子和附近山谷的主人封新城，原是一家叫《新周刊》雜誌的執行主編。2016年，他告別了一手創辦的雜誌，在鳳羽鎮的佛堂村蓋了一處隱居之所，號稱"退步堂"，開始"慢生活"。每日早晨，在面對蒼山的書房，用精緻的黑陶壺，點火，煮上一壺"封老爺茶"——當地產的古樹老茶。

沿着古道上山，村莊棟棟房子的廢墟，讓人聯想到意大利托斯卡納和法國普羅旺斯的石頭房子和村莊。無任何記載顯示，白族人與他們歷史上有過任何交往。此情此景，祇能讓人驚嘆，人類一些審美和智慧，無論出自本能或所處環境，有時竟是如此地接近。

越往山上走，山泉從古道邊的溪澗瀉下。石塊鋪成的古道在村中穿過，時斷時續，幾乎隱沒在雜草叢中。數百年的馬踏人行，讓石頭光潔可鑒，恍如時光的隧道，留給後人對馬幫在古道上馱着鹽巴、茶葉翻山涉水的遐想。

茶馬古道是西南陸上絲綢之路的重要組成部分，盛於明清，二戰後期最為興旺。我在雲南怒江大峽谷走過一段茶馬古道，這是在犬牙交錯的峭壁上硬鑿出來的小道，怒江在懸崖下奔騰而過。遙想當年穿行的馬幫，在過去多個世紀，把茶葉從雲南運往南亞、西亞，最後送到俄國和歐洲大陸。曾幾何時，茶是歐洲的稀罕之物，寄托着人們對東方文化的猜測與幻想。

在高黎貢山下的小村莊龍上寨，仍保留民間傳統的古法造紙。

龍家作坊是村子眾多作坊中的一家，堅持祖傳的古法技藝。家中收藏有乾隆時期的文件，用的就是他們家的紙。作坊一角，摞着上百個紙本子，是清華大學專門訂制的。

茶和紙，也許就是這樣馱在馬背上穿山而過，在古道歲月磨光的石頭上，留下了物質文明由東往西，由西向東，來回緩緩流動的記憶。

在這種互動之中，傳教士起到了一定的促進作用。利瑪竇的《中國札記》對中國的茶風、茶俗有詳細而具體的描述。葡萄牙傳教士克魯茲曾於1556年在廣州定居，他花了四年時間來往於中國貿易口岸和內地，弄明白了茶的來龍去脈。回國後，他把親歷所見所聞匯成《中國茶飲錄》，成為歐洲第一本介紹中國茶的專著。手上捧着這本書，桌上放着東方茶具，杯子裹沁出縷縷清香，曾激發了歐洲人對東方的好奇與遐思。

茶在歐洲人的家中成為神奇之物，並悄然融入了日常。18世紀英國作家塞繆爾·約翰遜（Samuel Johnson）就曾描述，"以茶水消磨黃昏，聞茶香慰籍長夜，品茶味迎接清晨"。[6]

二十世紀以前，西方人尋求的中國商品中，唯有茶葉長期居於支配、主導地位。茶葉為西方貿易帶來了巨額利潤，以至美國東方學者艾勞·普里查德（Earl H. Pritchard）認為："茶葉是上帝，在它面前其他東西都可以犧牲。"[7]

6　[日]岡倉天心（1863-1913）：《茶之書》（呂靈芝譯），四川文藝出版社，2019.5，P10。
7　《西方飲茶荒誕事：曾經以為有紅茶樹和綠茶樹》，鳳凰網，2009.9.22。news.ifeng.com/history/shijieshi/200909/0922_7182_1359720.shtml

查爾斯·蘭姆説，"世上最愉悅之事當屬悄然行善，並在偶然之中教人察覺。在茶道中，那是藏美，是内斂。是平靜徹底的自嘲中潛在的高貴氣質，因而也是幽默本身，是哲學的會心一笑。"[8]

的確，茶是一種文化，同時也是一種哲學。在東風西傳，西風東漸中，茶已不再衹是一種飲料。它的儒雅和温和，升華為某種修養，某種人格力量和精神境界。

那些對異域文化的遐想和渴望，原是世界文化交流互動的原動力。它猶如一種信仰和宗教力量，是全球化原始的溪流。

4

"親愛的，你喝咖啡我喝茶"。

豪俊和愛喝茶。在他家後園涼篷下，我們品嘗"清涼山"綠茶。綠色茶葉罐内，是來自梅州的茶葉。紅色花邊的茶壺和杯子上，小鳥在鳴唱，一派東方的情調。

1986年梅州之行歸來後，豪俊和一直處在激動之中，就像再次撥動沉寂已久的琴弦。相機、攝像機拍攝的影像，是旅行的收穫，有許多故事，從父親到自己，關於"第二故鄉"，彷彿仍在梅江上流淌。

此刻，豪俊和放下杯子，一時沉浸在回憶之中。上世紀六十年代到現在，豪俊和沒有想到世界變化如此迅速，無論是德國，還是

8　[日]岡倉天心（1863–1913）：《茶之書》（呂靈芝譯），四川文藝出版社，2019.5，P14。

中國。

　　他在香港學習了兩年中文，雖然並不確切知道可以做些什麼，但內心無疑包含着對中國文化和重返中國的某種祈望。

　　他同時希望身邊的德國人，也了解中國。他從樂育中學的歷史知道，了解另一個國度，學習語言是好的開始。要讓同胞了解中國，就要從學習漢語開始。他靈機一動，那為什麼不可以在自己的中學種下第一顆種子呢？

　　1969年，他開始嘗試在普蘭克高中教授漢語。那時，巴登-符騰堡州還沒有任何一所學校設置中文課程。經過申請，政府同意他在學校開設有關漢語的講座。此舉開創了該州漢語教學的先河。

　　豪俊和深知，紹恩多夫是一個小城，而自己的影響力也有限。不過，他仍然全力投入。那是一個人的“戰鬥”，就像他父親第一

豪俊和在任職的學校首開中文班。（紹恩多夫，1970年前後）

次到梅林傳教站一樣，那不也是一個微不足道的客家小村子嗎？他準備教材、教法，組織課程、講課，所有程序都自己獨立完成。

當然，他不可能教客家話。所以他開始自學普通話。那時他還沒有大陸通用的漢語拼音，他不得不用其他方法來注音。沒有教材，就自己編寫。

1970年，中文班共有15個學生。使用拼音教學後，改進了學習方法，並且有了語言實驗室練習聽力和口語。

他相信，了解中國文化，語言是重要的載體。

馬斯·普克蘭高級中學沒有圍牆，正是上課時間，大樓裏非常安靜，長長的走廊裏和教師辦公室也沒有幾個人。在一張照片上，學校走廊中央的柱子上張貼着"巧婦難為無米之炊"的宋體字條幅，點綴出一種別樣的氛圍。豪俊和擔任該校教務長期間，沒有獨立的辦公室。那張用了三十餘年的辦公桌，與同事的並排在一塊。

在他曾經上中文課的教室裏，他拿起粉筆，演示自己是如何在綠色的板上書寫漢字。因為在香港學漢語，所以寫的都是繁體字。我們坐在學生的座位上，遙想他當年講課的情景。

在德國的一個小城教漢語，曾引起了香港來客的好奇。一個從香港來的教會代表團專程來參觀，他們坐在課室最後一排，觀察德國學生如何理解和書寫漢語。

為了豐富課堂內容，豪俊和利用一切可能的機會。他相信由中國老師授課，會有更好的效果。一旦遇到從中國來的老師，他就邀請他給學生上課。天津來學習德語的中國留學生、梅州來的英語教師，都曾站在講壇講課。這樣的機會，似乎也刺激了學生的好奇心和求知欲。他組織"中國語言和文化"活動，請中國老師介紹中國歷史，介紹書法和演示如何用毛筆寫字。

他還組織學生走出校園，參觀斯圖加特附近的中國花園"清音園"[9]。園內叠山理水，一池碧水，廳榭、山亭，粉牆、灰瓦，錯落有致。園名為"清音"，以知音為友誼長存的典故，包含着中德友誼長存的祈望。學生們聽老師解釋水榭門邊"萬鬆時灑翠，一澗自流雲"對聯含意。

豪俊和也爭取各種機會，在其他中學舉辦"中國語言和文化"講座，樂此不疲。

就像父親豪天立當年在樂育中學播下德語和德國文化的種子一樣，漢語教學和中國文化的種子，通過他的努力，在巴登–符騰堡州播下了。

5

一封忽如其來的電子郵件，讓豪俊和驚覺50年前在學校裏播下的種子，是如何發芽生枝的。

2021年6月的一天，他在書房打開電腦，一封電子郵件飄然而至。發件人是萊因哈德·哈勒（Reinhard Härer），閱畢，方記起是

---

9 清音園，位於德國斯圖加特北部，是一座中國江南風格的園林，是世界園藝博覽會代表中國參展的項目，於1993年展出；建築面積2000平方米，以瘦西湖"靜香書屋"為藍本，融入揚州園林的山水花木元素。

豪俊和在學校中舉辦各種推介中國文化
的活動。（紹恩多夫，1980前後）

在馬斯·普蘭克中學時教過的一個高中生。屈指一算，彼此大概50
年沒見過面，也沒有聯繫過。

　　哈勒的郵件，並非普通禮節性的問候。他目前是一家出版社資
深的哲學編輯。他給當年的老師寫道，"我和您也認識的一位朋友
麥克（Eckhard　Mack）認識好幾年了，最近我們一次又一次地談起
您。真是難以置信，已經過去了半個世紀，但我們談起您，心中總
是充滿了感激。"

　　"回想學生時代，記憶已經支離破碎，但我由衷地讚美您，您
善良、富有同情心、理解力強，有國際化視野。您以寬容、開放
和感同身受的方式接觸中國思想，極大地影響、拓寬了我們的視
野。"

看到學生對自己過去的工作有如此的評價，豪俊和頗為欣慰。當時，他在學校祇是神學教師。香港兩年學習和生活，激活了兒時的梅縣生活以及家庭的長期熏陶。他創辦漢語課、舉辦有關道家、儒家以及中國哲學的講座。

課堂的細節還活在學生的記憶之中也讓他驚訝。哈勒在電子郵件中寫道，"我還記得您在課堂上解釋中文"王"字，說它連接天、地、人；上與下、超越與內在，所有事物都是相互聯繫的。您也說到'道和陰陽'互為補充的生活態度，以及'天人合一'的整體導嚮。這些彷彿在我腦海裏播下的種子，一直陪伴、激勵着我。"

老師講述的梅州生活，還留在哈勒的記憶中。那是1972年，同學們隨豪俊和到阿爾卑斯南蒂羅爾[10]旅行，一路上他們聽老師講故事和展開討論，客家人的生活讓哈勒認識到世界之大，生活的多樣化。

1976年，哈勒高中畢業，進入蒂賓根大學。"先是攻讀哲學、宗教研究和民族學，後來是哲學和德國研究"。在此期間，"中國哲學一直陪伴着我。尤其是道家思想，老子深刻的'無為'，莊子的蝴蝶夢，都深深地刻在我的腦子裏。"哈勒對中國哲學着迷，要感謝歐洲漢學界的貢獻。他如饑似渴地閱讀法國漢學家康德謨[11]

10　南蒂羅爾位於阿爾卑斯山南麓，是意大利最北端的一個省，有超過一萬公里的標記明顯小徑，遠足者沿途看到要塞、尖峰和峻峭的岩石表面等令人振奮的奇觀。

11　康德謨(Max Kaltenmark 1910 - 2002)，奧地利裔法國漢學家。主要研究中國的宗教思想和道教文學。著作有《老子和道教》、《中國哲學》等。

12　維克多・馮・施特勞斯(Viktor von Strauss 1809–1899)，德國漢學家，1870年翻譯和評注的《道德經》是目前學界公認的最早及最有價值的德文譯本。

的《中國的哲學》、德國漢學家維克多‧馮‧施特勞斯[12]的德語《道德經》譯本（1870）、德國漢學家衛禮賢[13]等有關中國哲學的著作，以及貝爾托‧布萊希特[14]關於中國的戲劇和詩歌。

　　哈勒的碩士論文題目是《關於馬丁‧布伯[15]早期作品中的神秘主義》。馬丁‧布伯在1910 年出版的德文版《莊子‧齊物論》[16]讓他更加接近莊子，深感莊子"與我特別親近"。

　　哈勒在郵件中還談到德國作家黑塞。他頗有興致地對老師說，"我讀過一本好書，《尋找印度，找到中國：詩人赫爾曼‧黑塞生活和工作中的中國痕迹》[17]。他很早就在外祖父的書房中接觸了大量關於亞洲/南印度的書。"當時年輕，充滿活力和旅行欲望"。他也提到了赫爾曼‧貢德爾特博士（Hermann Gundert），他是黑塞的外祖父。他著作中一個判斷讓哈勒感到驚訝，"黑森人[18]的思想似乎更接近中國人而不是印度人"。

13　衛禮賢，（Richard Wilhelm 1873—1930），德國漢學家。翻譯出版了《老子》《莊子》和《列子》等道家著作，著有《老子與道教》、《中國的精神》、《中國文化史》等，在"中學西播"方面做了大量工作。

14　貝爾托‧布萊希特（Bertolt Brecht，1898–1956），德國戲劇家、詩人。布萊希特戲劇是20世紀德國戲劇的一個重要學派，對世界戲劇有很大影響。與中國戲曲淵源深厚，他的兩部經典之作《四川好人》和《高加索灰闌記》，一部以中國南方作為故事背景，一部取材於元雜劇。

15　馬丁‧布伯（Martin Buber，1878—1965），奧地利-以色列-猶太人哲學家、翻譯家、教育家。

16　德文版《莊子‧齊物論》（Reden und Gleichnisse des Tschung-Tse），見孔夫子舊書網。另見2014 年出版的《馬丁‧布伯作品集》中的《中國哲學和文學》（Buber Gesamtausgabe: Schriften zur chinesischen Philosophie und Literatur）。

17　《尋找印度，找到中國：詩人赫爾曼‧黑塞生活和工作中的中國痕迹》（India sought, China found: Chinese Traces in the Life and Work of the Poet Hermann Hesse），豪俊和2021.6.26郵件。

18　黑森林（Schwarzwald）是德國最大的森林山脈，位於西南部的巴登-符騰堡州，黑森人泛指生活在該州的人。

除了在出版社任資深哲學編輯外，哈勒還在經營一家以科學文獻為主要的網上古籍書店。他在郵件中說，"你當年在學校種下的世界種子，在我心中結出了果實。"

哈勒用黎巴嫩裔美國詩人紀伯倫的詩句結束這封郵件：

"每顆種子都承載着一種渴望"。

6

豪俊和不但把種子撒在學生的心田，也想讓更多國人了解中國。回中國的次數越多，他對中國的感受越真切。他像是茶馬古道上那些堅忍不拔的行商，抓住一切機會，向德國運送一切他視之為中國文化的事物。他想讓喝咖啡的同胞，品嘗"茶"的滋味。無論是在學校還是教會、社團組織以及報刊，他都迫切地分享自己的所見所聞。

上世紀初，他父親靠印在粗糙紙張上的海報向客家人宣講上帝。如今，豪俊和用現代的設施向公眾"布道"。他精心制作彩色幻燈片和視頻短片、籌辦小型的展覽。他成功地取得了市政府的支持，場地、書寫板和投影等設備都提供方便。他利用晚上的業餘時間舉辦講座，向有興趣的聽眾介紹中國。在場聽眾中，不乏大學教師等知識界人士。

由於豪俊和的一系列活動，熱心的聽眾逐漸形成一個關心中國文化、政治、經濟、教會和生活方式的圈子。參加活動的人越來越多。德國有句諺語："一個人的努力是加法，一個團隊的努力是乘法"。豪俊和也知道"眾人拾柴火焰高"的中國諺語。1999年，他準備做"乘法"，牽頭成立了"德中友誼促進協會"，並擔任主席。

德國俱樂部眾多居世界之冠，據說各種俱樂部有60萬個之多。俱樂部是志趣相投者匯聚之地，它一般不以盈利為目的，報名即可。最早的俱樂部，據說是1749年的"柏林星期一俱樂部"，是個讀書會。

"德中友誼促進協會"在豪俊和組織下，開展了一系列活動。所有與中國有關、公眾可能有興趣的活動，都會進入他的視野。

音樂是世界性語言，他本人是音樂發燒友。1996年4月，他邀請四個年輕的中國音樂學生到紹恩多夫舉辦專場弦樂四重奏音樂會，演奏中國作品。音樂會分別在市政廳和學校舉辦。音樂會結束後，他安排演奏者和當地學生座談、邀請她們到家裏作客。他也組織過中國學生和本地吉他樂團進行交流。

教堂也經常舉辦音樂會。2013年12月，福建一個合唱團來訪，他們和當地教會合唱團一起，在紹恩多夫的中心教堂舉辦合唱音樂會。

在梅縣，最熱鬧的節慶是客家人的春節。家家戶戶門口貼上大紅對聯，城裏、鄉間鞭炮聲此起彼伏，鄉戲、舞火龍讓孩子們樂不可支。豪俊和家二樓拐彎處，掛着一面中國銅鑼。這是他父親的遺物。輕敲銅鑼，會發出震動人心的聲響。這是豪俊和兒時對客家各種節慶的記憶。梅縣客家地區的漢樂大鑼鼓，逢年過節，吹吹打打，咣咣鏘鏘，穿街過巷，熱鬧非常。

　　2005年，中國農曆雞年春節，促進會在紹恩多夫嘗試舉辦"中國文化周"。活動從2月開始，在市政廳組織了幾場中國藝術展覽。市長偕同夫人應邀出席了這次活動。2月11日（農曆初三）晚上，市政廳舞臺大幕徐徐拉開，中國音樂會如期舉行。節目單上德中文對照，都是經典的傳統曲目：

　　燭影搖紅/光明行/平湖秋月/步步高/月夜/空山鳥語
　　漁舟唱晚/高山流水/二泉映月/草原上/賽馬

　　香港和加拿大藝術家舉辦了畫展、書法和剪紙展覽及講座，古老的篆刻藝術。此外還有哲學講座，由中國哲學家介紹古老的中國哲學。

　　此後，春節的活動一發而不可收。紹恩多夫連年組織慶新春的中國文化推廣活動。

　　來自中國的藝術表演品種和形式越來越豐富。北京宣武區的藝術團帶來京劇；少林拳教練帶領一群德國弟子表演少林功夫；觀眾現場練習太極拳；中國語言學校的老師演唱中國歌曲。節目表演者有華人，也有德國人，兩者節目穿插進行。友好促進會的一位成員是吉他樂隊指揮，他帶領樂隊加入到春節活動中來。

　　活動影響力越來越大，有時多達數百人前來觀看。人們在鋪着紅色桌布的長桌兩邊就坐，邊品嘗美食，邊觀賞節目。不少女士身穿着紅色外套，她們知道，紅色在中國意味着喜慶。

7

重建德中交流之橋，增進相互了解，人與人的接觸，是最好的途徑。豪俊和一方面向德國人介紹中國、帶他們到中國去，一方面邀請中國人到德國進行交流訪問。

在他的張羅下，1989年5月，一個由7人組成的廣州和梅州代表團來到德國訪問。代表團對當地學校、教育政策、基督教、社會福利，市政管理和經濟發展等方面進行了三個星期的考察。他們拜訪斯圖加特教育局，會見紹恩多夫市和洛奇市（Lorch）等地方的市長。並與斯圖加特縣政府、教會和相關機構，以及巴色差會有關人士進行交流。

為了促成此事，他先是籌措經費，解決代表團往返德國的機票和食宿，然後安排和落實具體行程。事無巨細，親自執行把關。

2001年3月23日至4月27日，他特別邀請梅州樂育中學的林森雲校長和李老師來訪，為密切今後的交流與合作打下基礎。在德中友好促進會的支持下，他們參觀了德國著名的企業等機構。

沃爾夫岡・弗雷奇公司是"德中友好促進會"的成員機構，與中國有着密切的合作關係。2003年10月，公司創辦人弗雷奇先生在促進會舉辦講座："從紹恩多夫到中國的友誼之橋"，講述公司與中國合作的成功之道。

豪俊和希望有一種更長遠、穩固的交流方式。於是，他利用自己擔任馬斯·普蘭克高級中學教務長之便，籌劃與樂育中學結為姊妹學校。經過努力，兩校成功地締結了合作協定。兩名德國女學生先後到廣州學習一年漢語兼教英語，而且獲得良好的效果。其後，有學生到樂育中學邊教邊學，也取得了不錯的成績。學生夏洛蒂曾隨豪俊和一起到梅州進行交流，在加深了對中國的認識之後，她又以留學生身份到北京進修漢語。

　　豪俊和對語言作為一種橋梁的認識，隨着多次往返中國而愈加強烈。客家話顯然縮短了自己與客家人的距離。而廣州何凱宣教授來德國訪時，他流暢的德語，也讓他能迅速與當地人融通。豪俊和在自己的學校裏開闢了漢語課後，看到了語言可以促進對文化的理解。他向樂育中學提出建議，是否有可能恢復德語教學？如果需要，師資和教材由他來幫助解決。

　　1982年2月27日，時任同濟大學校長李國豪教授到訪樂育中學，與校領導和部分教師座談，也對樂育中學"恢復德文課問題提出了許多寶貴意見"，"回到上海後，還寄來一批德語教材和學習資料，供師生學習。"[19]樂育中學校友也有類似的建議。《樂中簡訊》，"校友來信摘登"：何凱宣曾寫信，希望母校復辦德語班，"李國豪校長（同濟大學）已返梅。出席嘉應大學開學典禮，他曾來我家談敘。他很關心母校恢復德語教學問題……"中山醫學院附屬第三醫院院長廖適生來信："……當時我省僅有兩間中學（樂育與中德）是學德語的。如果沒有這兩家教德語的中學及當時以

19　《同濟大學李國豪校長來我校視察》，引自《樂中簡訊》第一期，廣東省梅縣市樂育中學編印，1984.2.12，P2。

德語為第一外語的的同濟及中山大學醫學院，則無同濟及中山醫的老一輩留德專家——包括造船、土木建築工程、醫學等專家。……我總感覺到樂育把德語教學廢去了，是一件憾事！”“樂育中學原學德文，作為樂中的一個特色之一，是否有可能和必要恢復樂中母校這一特色？”[20]

豪俊和的書房，有一個厚厚的文件夾子，裏面全是他在當地推廣中國文化活動的報道、活動請柬和照片等。

2014年，豪俊和建立並擔任德中友誼促進會主席15年。他希望將此工作交托給年輕人。經選舉，誕生了新主席。而豪俊和則以名譽主席的名義繼續關注促進會的工作。

豪俊和說，“我得益於父親在中國當傳教士的20年。如果他們沒有成為中國人民的好朋友，如果我沒有在中國生活11年，我就不可能會試圖在德國推廣中國文化了。”

這是在紹恩多夫的另一個“紙和茶”的故事。

20　《樂中簡訊》第四期，廣東梅縣市樂育中學校友會編印，1986.11.4，P2。

34 生命如河

> 歷史是一堆灰燼，但灰燼深處有餘
> 溫。[1]

1

消逝之事和物，或會留下足音。"過去人"或會以某種方式，把信息留給"未來人"。

在英國導演諾蘭的電影《信條》（Tenet）[2]中，故事發生的時空在正向和逆向兩條綫上同行，歷史、現實和未來在不同的時空敘述中交錯、變換，讓人眼花繚亂。但一句聽來神奇，細想卻不無道理的對話，道破了"過去人"與"未來人"之間的關係，以及互相

---

1 黑格爾（Georg Wilhelm Friedrich Hegel, 1770–1831），德國哲學家。句出其哲學著作《美學》。

2 克里斯托弗·諾蘭執導的驚悚片《信條》。它以"逆轉時空"的概念，順向時間會變成逆向時間，萬事萬物都"向後倒行"的方式，講述了一名特工被派去執行一項重要的任務，拯救了世界。

溝通的可能。

片中，男主角問印度女士普希亞：

"過去的人能和未來人溝通嗎？"

普希亞回答道："能呀，電子郵件、信用卡、短信，任何記錄都能直接和未來的人溝通……"

現實生活中時空不會逆轉。但毫無疑問，無論是過去還是現在留下的記錄，如普希亞所說，都可能在將來某一天，與未來人溝通。那些逝去之物、行者留下的足音、書寫者留下的文字，有可能被重新發現和構建，並讓後人發現某些啓示。

豪天立留下的日記、筆記、報告、寫過的書和拍攝的照片，這些泛黃的歷史記載中所包含的信息，正穿越近百年時光隧道，與現在甚至未來人溝通。他們所屬的時代盡管已經逝去，他們留下的足音卻並未完全被淹沒。

那些記錄中的碎片，彷彿一塊塊拼圖，或許可望一定程度上抵抗時光消逝帶來的遺忘。

2

萊茵河西岸的巴塞爾。大河從城中穿過，河水與時光一起流逝。

世界在變化，傳道街21號的巴色差會大樓內的機構也在變化。隨着機構重組，它的名字現在叫"使命21"（Mission 21），一個由亞、非、歐和拉丁美洲的伙伴教會和組織構成的全球社區。它依然向外派人員，祇是不再是傳統意義上的傳教士。這些外派人員包括專業技術人員和神學家，他們可能從事某個技術項目，也可能在高校教授神學。2001年後，差會大樓大部分改為酒店，二樓成了"使命21"的辦公區。

離開巴色差會檔案館的地下資料庫後，那收藏的一頁頁有關豪天立的檔案，依舊在腦子裏翻動。一種奇妙的感覺油然而生。人的一生，從降生到告別人世，竟然就這樣化成一頁頁筆記，一行行文字，永記在那些發黃紙頁上。在這個世界留下的足迹、對世界的切身體驗、走過的每一片人世的荒地，一一都留在那。

再微小的個體，都是一個時代創造的獨有之物。

在看似偶然的地方，比如印度或中國，度過人生中的一個片斷，那麼那個地方的一切，也會刻蝕在生命的銅板上。如果説，豪天立前半生曾在中國尋找過人生的意義，那他的足迹必然全都刻錄在那片蒼茫而堅實的客家土地上。

人的生命，有時就如眼前的萊茵河，或急流直下，或安靜流淌，但終是生生不息。

這道從阿爾卑斯山淌下的冰泉，由南至北穿越歐洲大陸，流經瑞士、法國、德國，最後在荷蘭匯入北海。在這條大河的滋潤下，兩岸風光綺麗，土地肥沃豐厚。

從2016年到現在，從梅州到德國、瑞士，探尋豪天立的人生軌迹已歷時六年。所獲的片片斷斷，仍仿如一塊塊被水浸過的拼圖，無論是形狀還是圖案，一時都難以拼接還原。

2

我決定沿萊茵河北上,目的地是德國科隆。

我現在確切地知道,一路上經過沿河的不少地方,都可以找到與中國(梅州)曾經有過着某種關聯。

我要去找一個人,雖然我不認識他,但我知道他就在那裏。

離開巴塞爾,我駕車沿萊茵河北行,從瑞士進入德國巴登-符騰堡州的黑森林地區。沿途風景優美,林木森森,東面不遠是斯圖加特、蒂賓根、魏爾海姆和紹恩多夫,那是豪天立的故鄉。那一帶生活着日爾曼民族的一個分支,施瓦本人。施瓦本地區出了不少在各個領域做出傑出貢獻的人,愛恩斯坦、黑格爾、席勒、黑塞、戴姆勒、博世等。他們講的施瓦本語,和標準德語很不一樣,就像客家話與普通話一樣。他們勤勉節儉,清心寡欲,對宗教極度虔誠。

黑塞的外祖父赫爾曼·貢德爾特博士是施瓦本人,曾在印度傳教,他的一句話讓我頗感驚訝,"黑森人的思想似乎更接近中國人而不是印度人",他的這個推論從何而來?

至少,我現在知道,許多到梅縣的巴色差會傳教士,多來自黑森林地區,他們中不少是施瓦本人。他們在這出生、求學、在教堂裏祈禱,而後輾轉到了瑞士的巴塞爾,最後又到了中國,在梅縣一帶停駐,長達多年,甚至終生。從中國回來後,他們回到美麗的故鄉,繼續他們的生活。他們與中國的聯繫,他們的中國經驗,很大程度上改變了他們的生活。

斯圖加特,是他們過去和現在都經常交集的地方。豪天立曾經在這裏的基督教青年會任職，露潤黎博士在這裏結婚。他們每一個人，都帶着黑森人和施瓦本文化的因子，來到中國的客家地區。待他們從中國回來、上了年歲，這裏又是他們不時聚會的地方。

我在斯圖加特，走進離火車站不遠的聖埃伯哈德教堂。教堂附近是王宮廣場。教堂內，一支穿着深色西服的銅管樂隊正在演奏。我在後排的座位上坐下。

年輕的韋嵩山醫生在黃塘河邊吹響法國圓號，那時還是19世紀末期，這支法國圓號和吹出來的曲子，以及這個青年醫生的醫術，到底帶給客家人什麼驚奇？

人類往往通過各種努力，讓世界彼此關聯。在斯圖加特西面，萊茵河東岸的卡爾斯魯厄，是曾擔任古竹樂育中學校長申乃德的出生地。在古竹樂育中學，他教物理、化學等科目，也教學生鋼琴。他的學生不但會彈鋼琴，更成為一代教育家。豪天立晚年，也曾在那裏的國民大學講課，他的講座內容，卻是關於中國，關於客家人。

幾十年後，卡爾斯魯厄見證了中國互聯網發展史上的里程碑事件。1987年9月20日20:55，卡爾斯魯厄大學實驗室收到了從北京計算機應用技術研究所發出的電子郵件。這是中國向國際社會發出的第一封電子郵件。在該校韋倫・措恩(Wernen Zorn) 教授的指導下，郵件輾轉經過意大利和德國網路，抵達卡爾斯魯厄大學。措恩教授用英、德兩種語言起草了這封郵件，參與實驗的中德科學家一起在上面簽名。郵件上寫着“越過長城，走向世界”。報道說，這個晚上，“揭開了中國人使用互聯網的序幕”。

　　繼續北行，萊茵河在巴登-符騰堡州的河段一會兒拐到法國境內，一會兒又回到德國，在邊境上來回穿行。河谷兩岸，是葡萄酒產區。河流和國境綫把這個地區分為兩半，各有一條迷人的公路，分別稱為"德國葡萄酒之路"和"法國葡萄酒之路"。因河水的潤澤，丘陵土坡上，金黃色的葡萄葉和紫紅色成熟的葡萄，渲染得漫山光采奪目。沿途許多小鎮，美不勝收，酒莊更是多不勝數，可供品嘗當地產的葡萄酒。那裏的雷司令白葡萄酒，常出現在中國的餐臺上。

　　北上，公路以東幾十公里處的德國小鎮默辛根(Mössingen)，是梅縣樂育中學（務本中西學堂）創辦者之一馬謨鼎的故鄉。1888年，他22歲時加入巴色差會，6年後，1894年前往中國。離開巴塞爾前，他拍了一張照片，頭髮微卷，留着鬍子，眼神堅定。深色西服裏，白色的平領襯衣熨得筆挺。1902年，他做了一件在梅縣地區劃時代的事情。他也許曾寫信回默辛根，告訴親人他在異國他鄉村創辦了一所學校，廣東最早的新學堂之一。那時他36歲，躊躇滿志，充滿了信仰的熱忱。

　　10年後，這所學校為中國輸送了第一批優秀的醫學人材。樂育中學的畢業生孔錫鵬、李梅齡、曾志民、梁伯強等30多人，在中國的醫學院畢業後，先後在德國獲得醫學博士學位，學成歸國。樂育成果不斷，讓馬謨鼎頗感寬慰，在他看來，這是客家地區的人們對他們的寬容和接納最好的回報。

　　北上到曼海姆，萊茵河分出一條支流，內卡河。沿內卡河往東南溯江而上，途經海德堡和蒂賓根。內卡河邊一棟古老的修道院，是蒂賓根大學新教神學院的校舍。豪天立和豪俊和父子，都曾是這個學院的學生。德濟醫院的醫生韋嵩山和露潤黎，也曾經在這裏攻讀醫學。豪家父子，帶着中國的生活體驗，進入學校，又帶着學校的神學和哲學思考，返回梅縣。豪俊和後來在他的學校推廣中國文化，他的學生除了前文提到的哈勒之外，還有多少進入了這所大學，或者到中國留學？

　　萊茵河從美因茨到科布倫茨這一段"中上遊萊茵河谷"[3]或許是最精彩的河段，河邊立着一個牌子，"聯合國世界自然遺產"。

萊茵河谷。（德國萊茵河谷，2019，楊和平攝影）

3　中上遊萊茵河谷（Upper Middle Rhine Valley），在美因茲(Mainz)和科布倫茨(Koblenz)間，50公里長的萊茵河谷，薈萃了幾百年歷史、自然與人文渾然一體的景觀。兩岸山坡上遍布葡萄園，點綴着很多羅馬時代的古堡。

兩邊峽谷陡峭，山上的古堡和河岸美麗的小鎮讓人目不暇接。葡萄園、森林依山而上，延綿65公里。登上古堡往下看，萊茵河宛若大地一條動脈，船隻一艘接一艘往來駛過。豪天立站在梅江邊的時候，常常情不自禁想起家鄉的這條大河和兩岸的風光。

我們在科布倫茨郊外的一幢河邊老宅入宿。進城，乘纜車直上山頭的埃布倫賴特施泰因要塞。居高臨下，可以瞭望對岸科布倫茨城區，萊茵河與摩澤河(Mosel)在城中的德意志之角（Deutsches Eck）匯合。"河流就是自然生命之神的象徵，而他們的交匯，則象徵着神靈的匯集、理想的匯集。"[4]德意志之角像一艘巨輪的船頭，平臺上立着馬背上威廉一世紀念雕像。紫紅色的晚霞逐漸褪去，城市發出寶石般耀眼的光芒。

我們特意在沿岸小鎮雷馬根（Remagen）小停。1945年3月7日，盟軍在這攻佔了萊茵河唯一一座德軍還沒來得及炸毀的魯登道夫鐵橋。十天後，德軍終於把大橋炸毀。但此前的十天，美軍包括一個裝甲師在內的六個師衝過河東岸，站穩了腳根，把德軍在萊茵河段的防綫撕開了一個口子。現在，在河的左岸，依然可以看到被炮火熏成灰黑色的橋頭堡在兩岸屹立，紀念二戰中關鍵的"雷馬根之役"。

雷馬根之役期間，豪天立在梅縣樂育中學和中山大學醫學院給學生上德語課。二戰期間，豪天立一家天各一方。長子長女在瑞士，夫婦和四個子女則在梅縣，有幸躲過了那場禍及德國每一個家

---

4 泰戈爾：《泰戈爾眼中的中國》（徐志摩譯），譯林出版社，2015.4。

庭的戰爭，不能不說是命運對他們的眷顧。

　　戰爭使師生間的關係瞬間發生了微妙的變化。在盟軍成功在諾曼底登陸的次日，歐洲的信息來到梅縣山區，學生趁老師進入課室之前，把當天的報紙號外放在講壇上。頭版的大字標題映入豪天立的眼簾。

　　其時，中國已對德意日宣戰。盡管東江各個傳教點的德國牧師都由瑞士巴色差會派出，但他們仍被集中到梅縣黃塘。他們居住的房頂上，塗上一個巨大的十字，以示這是中立國瑞士人的所在，以防日機的轟炸。

　　也許看在上帝的份上，梅縣的美國人在關鍵時刻救了德國人一把。為了證明豪天立未染指戰爭，1945年5月5日，當地美國天主教會的福特主教給他開具了一紙證明："Emil Autenrieth（豪天立）牧師，出生於1900年4月13日，是巴色差會的傳教士，他在該地區工作了20年。在戰爭期間，他沒有給盟軍的任何敵人提供任何幫助。在戰爭期間還盡可能地與中國當地政府官員合作。他贏得了中國人民和當地美國社區的尊重。"[5]

　　離開雷馬根後沿萊茵河再往北走，快到波恩了。多年前，曾在萊茵河附近的錫格堡（Siegburg），訪問邁克斯堡修道院（Michaelsburg Abbey）。修道院裏立着德國著名猶太哲學家伊迪絲·斯坦修女的塑像。一位身着黑色長袍的中年修士樂意帶我們上

5　資料存巴色差會檔案館。

修道院最高的鐘樓處眺望。他晃着開門的鑰匙微笑説，"看，這可是通向天堂之門的鑰匙。"

貝多芬的故居藏在波恩的一條小街裏。當年為了買一張貝多芬原版激光唱碟，曾專程來這。猶豫之間，一旁的德國男孩不假思索地替我做了決定，"當然是'貝九'啦！"離貝多芬故居不遠是市政廳。巴洛克風格金碧輝煌的大廳，掛着巨幅油畫。貝多芬是豪俊和母親喜愛的作曲家之一。豪俊和從父母那繼承了音樂的遺傳，鋼琴和大提琴都能演奏。這些大師的作品，被他父母帶到了梅縣。有多少個夜晚，他們和中國朋友和學生們一起感受樂曲中的喜怒哀樂，給客家子弟帶來自遠方世界的藝術熏陶。

開車經過波恩大學，大學主樓曾經是科隆選帝侯的宮殿。淡黃色牆壁懷抱着寬廣的綠色草坪，師生們或坐或躺，怡然地在綠茵草坪上閱讀、閑聊。這個校園曾踏訪多次。此行我尋找的是韋嵩山留下的足迹。作為梅縣德濟醫院的創辦者，他青年時期曾有幾個學期在這裏的醫學院求學。春花秋實，人生果實是在客家山區收穫的。

有多少人知道，那把打開德濟醫院大門的鑰匙，最早是在萊茵河畔這所米黃色宮殿的教壇上開始鍛造的？

波恩大學的克裏斯特利布教授對韋嵩山影響至深。韋嵩山回憶，克里斯特利布是符騰堡人，一頭白色長髮，一雙明亮的眼睛，看起來令人敬畏。他説話簡短、深沉，有説服力。周日晚，是開放給學生的時間，會讓學生陪他散步。下午，他也往往會散步兩到三個小時。和他散步，就等於隨時接受嚴格的考驗。一次，韋嵩山跟隨他散步。教授突然停下，並用施瓦本語對韋嵩山説："注意，你一定會到中國去！"

這句話當時聽起來沒頭沒腦的，仿如神喻。韋嵩山在瑞士巴塞爾醫學院完成學業，並成為差會的傳教士醫生後，果然被派到中國。一個從宮殿般的校園走出來的醫生，怎麼會在梅縣那樣荒涼貧脊的山區開辦一所醫院，每天面對從四鄉前來求醫的客家鄉民？

波恩大學也留下了豪俊和的足迹。有三個學期，他從蒂賓根大學來到這裏，跟喜愛的老師修讀神學和哲學，也曾坐在在萊茵河畔的草地上，看河水流淌，想起小時的黃塘河和梅江河。

河水無言，緩緩流過。幾隻紅色的小划艇，在河面滑過，艇後水面上拖出的波紋輕輕蕩開，又歸於平靜。讓人想起出生於萊茵河邊卡爾斯魯厄的德國詩人馬蒂亞斯·波利蒂基的詩句：

你抬起頭，

有那麼一次，你可能聽到：

時間的汩汩湧流，

就在光

與萬物的背後。[6]

此刻，風和日麗，河面平靜，鳥群歡快地掠過水面，躍上藍天。陽光下，岸邊的營地，一臺臺白色的房車，掩映在粉紅黛綠的花樹叢中。我忽然想起梅州芹洋半島濕地對開的梅江河面，也是這

6　馬蒂亞斯·波利蒂基（Matthias Politycki，1955–）德國當代著名作家、詩人，句出其詩集《在光與萬物背後》，貴州人民出版社，2020.12，P42。

樣開闊、舒展，江邊紅色棧道旁一片片金燦燦的黃秋英盛開，彩蝶
紛飛。時光飛逝，再次走近那些曾踏遍梅縣山區的傳教士，他們大
多也已作古。發生過的一切，曾經有過的故事，如流淌的大河，看
似歸於平靜。我不能確定自己對他們的了解有多少，不過卻真切地
感受到在"光和萬物的背後"，世界萬物的互相聯繫，萊茵河與梅
江雖遠隔萬水千山，但也曾經有過堪稱緊密的聯繫與交互，那逝去
時光水面下的汩汩湧流，其實掩藏着人類和平共處、相互了解的渴
望。

3

波恩和科隆，是兩個連在一起的城市。在波恩乘坐有軌電車，
貝多芬的一曲交響樂沒有聽完，就到了科隆，德國第四大城市。

上世紀九十年代初，我曾在科隆學習和生活了一段時間。除了
偶爾晚上有作業外，時間比較充裕。下午4點下課之後，所有時間
都歸自己。於是，這裏幾乎每一條街道都給踏遍了。那是初次獨立
走出國門，乍到科隆，盡管人生地不熟，放下行李後，馬上拿着地
圖，奔向萊茵河。

從魯道夫廣場向東，穿過新市街（Neumarkt），聖使徒教堂旁
的老牌攝影店仍在，當年曾在那買了一臺徠卡小相機。往前走是科
隆老城的鬧市區，不太寬的街道布滿了各式時尚店。老市街（Alter
Markt）上是一幢幢羅曼風格的老建築。沿小巷往前走，即豁然開
朗，江風撲面，迎面便是寬闊的萊茵河。

　　沿河堤朝北走，是萊茵河畔最巍峨的建築，科隆大教堂。霍亨索倫鐵橋一橋飛架，躍過江面。大教堂旁那座頂部像風帆般揚起的建築，是路德維希博物館和科隆交響音樂廳。

　　如想登上大教堂的頂部，須沿着那彷彿總也走不到頭的轉梯向上走。拖着沉重的步子好不容易到達到頂部平臺時，我氣喘吁吁，大汗淋灕。環顧四周，操各種語言，不同膚色的遊人，無疑來自世界各個遙遠之地，此刻都聚集在平臺之上，透過各個方向的窗戶，俯看下面的人間世界。大地上，萊茵河反射着天光，像一條藍色的緞帶，不慌不忙地繞了一個大彎，穿過田野和森林，繼續向西北方向流去。抬頭，恍然另一個世界，教堂哥特式的雙塔塔尖直指無盡的蒼穹，那是離上帝最近的地方。

　　有人説，你看世界的方式，就是世界看你的方式。

　　4

　　在科隆的那段時間，以為已諳熟這個城市。其實不然。

　　我從巴塞爾遠道而來要尋找的那個人，其實就站在當年常常路過的那條Minoriten街上。他在哥特式方濟住院會教堂（Minoritenkirche）旁，而且已經有些年頭了。當年時常踩着地上的落葉，從教堂邊走過，和他擦肩而過，卻從來沒有留意到他的存在。

　　他也有個中文名字，湯若望（Johann Adam Schall von Bell）。湯若望1592年5月1日出生在科隆一個貴族之家，就在這個小教堂受洗。城中有一條小街叫沙爾街（Schall Strasse），他曾經在那的學校讀書。

我再一次經過這個教堂。它是科隆眾多美麗的哥特式和羅馬式教堂中的一個。從十三世紀開始，它就立於這條街上，附近科隆大教堂一帶，是人來人往的繁華商業區。

有說湯若望出生在教堂附近的新市街47號，但也有說他出生在科隆市郊一個小村子呂符騰堡（Luftelberg）的貴族古堡中，對此，其家族後人也未能確認。可以肯定的是他在科隆的三王冕貴族中學讀的中學。[7]

我的老師芭芭拉（Barbara Skerath）小時在科隆生活。多年前，她曾帶我們在萊茵河上旅行。她送了我一張古老的版畫，畫面是1531年漢薩同盟時期的科隆。版畫上，科隆老城教堂林立，教堂的尖頂從城市上空升起，有天使飛翔其間。那個年代，萊茵河上泊着許多單桅的帆船，人們要穿過河岸高高城牆下的城門，才能進入城內。現在再看這張畫，會想起嘉應州（梅縣）老城河邊的上南門和下南門，以及豪俊和家中的照片"梅江全景"，它們竟是如此相似。

如今，湯若望的雕像仍然立在小教堂旁的樹蔭下。多年風雨侵蝕，漢白玉石像已變得面目模糊，難以辨認。每天有多少人像我以前一樣，從他身邊匆匆走過，卻很少往這個身穿清代官服的科隆人多瞧一眼？

---

7 李香琴：《湯若望傳》，東方出版社，1995。

　　朋友從北京寄來一本厚重精美圖册，《青石存史——“利瑪竇和外國傳教士墓地”的四百年滄桑》。[8]書中這樣描寫湯若望這座雕像：

　　“沒有清代頂戴花翎，沒有天文儀器；他眉頭緊鎖，兩手一攤，一副一籌莫展的樣子，胸前一隻常常出現在朝服上的仙鶴，代表着他曾在中國朝廷為官。”[9]

　　雕像前地面，嵌着一塊銅板。細看，左上角鑄着一個圓形的航海羅盤圖案，其他地方，是大寫的德文，歲月在有些字母上磨出了銅光：

　　1592年5月1日，湯若望出生於德國一個貴族家庭。早年曾在意大利羅馬求學，研讀自然科學。1618年作為傳教士前往中國。1630年，他成為皇家天文學家和數學家，並修訂了中國的曆法。1644年，他被委任為北京天文臺的負責人，在中國享有聲望。他還是順治皇帝的朋友和顧問，被晉升為清朝的高級官吏。他在中國受到的尊敬和愛戴遠遠超出其他外國人。1666年，他在北京去世。中國人至今還在紀念他。他永遠活在中國人的心中。

　　在《青石存史》一書中，有如此記載：

　　1623年（天啓三年），湯若望進入明王朝的都城北京。

8　北京行政學院：《青石存史——“利瑪竇和外國傳教士墓地”的四百年滄桑》，北京出版社，2011.7。
9　同上，P50。

在京期間，湯若望繼續刻苦學習漢語，並開始試着測算日食和月食。他將從歐洲帶來的有關數理和天文學的書籍的目錄呈獻給朝廷，還在自己的住所展示從歐洲帶來的科學儀器，請官員和學者來參觀。

1634年（崇禎七年）2月2日，湯若望向皇帝進獻了一架從歐洲帶來的望遠鏡。從此，中國皇帝第一次借助西洋望遠鏡觀測日食和月食。為了表彰效力的外國人，1639年（崇禎十二年）1月6日，春節前夕，皇帝御筆題寫"欽褒天學"匾額，專門賜予在京傳教士，並在他們的住所南堂舉行隆重的儀式，衆多朝廷官員和外國傳教士出席。

書中記載，"當時的南堂不僅是宗教場所，也是一座展示西方文化的博物館。明末《帝京景物略》就描寫了南堂中的簡平儀、龍尾車、沙漏、望遠鏡、自鳴鐘和西洋樂器等。這些西洋奇器令當時的中國人耳目一新。"

到清順治年間，"鑒於湯若望在天文歷算領域的傑出才華和敬業精神，朝廷命他擔任欽天監的掌印官，全權領導國家的天文歷法事務。他成了中國歷史上第一位主管欽天監的洋人官員。"欽天監，相當於古代的國家天文臺，承擔觀察天象，頒布歷法的重任。

湯若望"在修歷、制器、著書、觀象等各方面，都做出了引人注目的成就。"他在歷年研究的基礎上，完成了《西洋新法歷書》等巨著。至今，故宮博物院仍珍藏着他精心制作的一個小巧玲瓏的象牙日晷。

湯若望的副手，來自比利時的傳教士、天文學家南懷仁

（Ferdinand Verbiest）也得到了康熙皇帝的信任，他受康熙之托，設計一門大炮，該物件旋即派上用場，效果極好。南懷仁寫道："基督教如同美麗的女王，倚在天文學的胳膊上正式出場，她輕鬆地吸引了這些不信教者的目光。而且，她常常身着繁星閃爍的衣袍，能夠輕易地接近各省的統治者和行政長官，並受到格外友善的對待。"[10]

湯若望在中國生活長達43年。由於他才華出眾，盡職盡忠，得到了清王朝的信任和重用。皇帝先後加封他"通政使司通政使"等多種官銜和封號，賜他三品官銜，加俸一倍，後又晋升為一品"光祿大夫"。順治皇帝親政後，不但特許他隨時進宮覲見，而且親自到他的住處拜訪了二十多次，在那裏吃飯、喝茶。甚至有一次，還在湯若望的住所為自己做壽，大宴群臣。[11]

《青石存史》一書在前言中説，以利瑪竇和湯若望等為先驅的來華傳教士，"為中西兩大文明架起了一座橋樑。17–18世紀兩百年間，持續地將西方文化介紹到中國，同時將中國文化介紹到西方，造就了被稱為'西學東漸'和'中學西傳'的全方位的文化交流。"

1666年8年15日，湯若望在北京去世。按其遺願，安葬在北京阜成門外車公莊三塔寺利瑪竇的墓旁。現在，"利瑪竇和外國傳教士墓地"就在北京行政學院景色宜人的校園裏，"青磚砌就的圍

10　[英]埃德蒙·德瓦爾（Edmund de Waal）：《白瓷之路》，廣西師範大學出版社，2017。
11　北京行政學院：《青石存史——"利瑪竇和外國傳教士墓地"的四百年滄桑》，北京出版社，2011.7，P51–56。

牆"，被"綠樹和修竹簇擁"。

現在，他從歷史的注腳中走了出來。

5

《寫給無神論者》（ *Religion for Atheists* ）一書作者阿蘭·德波頓，被稱為"英倫才子"。[12]

他曾說，"我自己生長在一個堅定的無神論者家庭裏，我的雙親是不信教的猶太人，在他們心目中，宗教信仰跟迷戀聖誕老人差不太多。"至於他自己，"我意識到，自己對來世重生或者天國神仙一如既往地抵觸"。[13]

我大致和德波頓一樣，可以歸為"無神論者"。

在紹恩多夫時，我曾給豪俊和鄭重其事地推介這本書。我希望知道，一個蒂賓根大學新教神院的畢業生，一個神學教師，是否會閱讀這類無神論作家的書。

一年後的2019年夏天，再見到豪俊和時，他舉起一本書給我看，是德文版的《寫給無神論者》。

他說，"這是一本好書。"

阿蘭·德波頓在書中說，"但這並不能證明我理當放棄各路宗教中的音樂、建築、禱告、儀式、宴飲、聖地、朝拜、會餐、經

12　阿蘭·德波頓（Alain de Botton），1969年出生於瑞士蘇黎世，畢業於英國劍橋大學。著作包括《哲學的慰籍》、《旅行的藝術》、《身份的焦慮》等多部。

13　阿蘭·德波頓：《寫給無神論者》（梅俊杰譯），上海譯文出版社，2014，P7–11。

卷。"

　　他認為，"早期的基督教自己就十分擅長挪用他人的出色思想，它還狼吞虎咽地吸納了無數異教徒的行為方式，而現代的無神論者居然回避這些東西，誤以為它們天生屬於基督教。當年新興的基督教順手拿來了冬至節慶活動，把它重新包裝成為聖誕節；它也吸收了伊壁鳩魯關於在哲學群體中共同生活的理想，將其轉變為今人所知的修道院制度；還有，在舊羅馬帝國的城市廢墟上，它不動聲色地把自己安插到了原先供奉異教英雄及異教主題的廟堂外殼之中。"

　　這本書的譯者梅俊杰在"譯序"中評價，"與我等無神論者一樣，作者並不相信上帝的存在，也不認同宗教中的超自然內容。但不同之處在於，作者願意更加通達地看待宗教，能夠透過其超自然體系，鑒別並吸收其中所包含的諸多有益要素，希圖借此豐富世俗生活，促進個人的身心健康和社會的和諧友愛。"

　　在東西文化交流的宏大敘事中，宗教和信仰一直在民間以潤物無聲的方式交流。這種交流，有時出於個人的感受和體驗，出於某種情感的需要，出於某種人類直接的情感和本能。它超出了民族、國家和意識形態這個宏大的體系。

　　在巴塞爾，一個陽光明媚的中午，瓦藍色的天空透亮澄明。我和豪俊和以及兩位瑞士檔案員共進午餐。餐後，我們談到了他的父親豪天立，問豪俊和，為什麼你父親會選擇做傳教士，會到中國去？

豪俊和認真地注視着我，彷彿在思量我這是不是一個嚴肅的問題。

然後，他不假思索地說，"因為信仰"。

6

魏爾海姆，古老的公墓在小城一隅。這個早上，朝陽初照，小草尖上露珠閃着晶瑩的光。四周異常安靜，祇有小鳥的啼音。

1983年，時年83歲的豪天立辭世，安葬在這個墓園裏。他的妻子瑪格麗特早他兩年在這裏等候。這對夫婦，從1928年開始，歷經磨難，終生相伴，安祥的臉上總是帶着隱隱笑意，一生就如那條波瀾不驚的萊茵河。

1981年2月19日，在魏爾海姆公墓，卡爾·里皮牧師致詞：

瑪格麗特·伊麗莎白·豪天立女士（斐玉霞），婚前姓氏弗里茨。

經歷了長期的苦難之後，我們的兄弟喬治·埃米爾·豪天立牧師的妻子，於1981年2月16日去世，享年78歲。

墓志有以下片段：1903年6月23日，瑪格麗特出生於印度達爾瓦德，是巴色差會傳教士克裏斯蒂安·弗里茨夫婦的第三個孩子。1905年，弗里茨夫妻二人帶着子女回到德國。兩年後，當他們再次回到印度，瑪格麗特不得不留在德國，輾轉於朋友和親戚家。這種情況直到父母在1907年回烏爾姆才結束。瑪格麗特從小學一直到高中,目標是成為一名傳教醫師。然而第一次世界大戰挫敗了這個計劃,她成了一名護士,並希望在戰爭結束後去印度服務。

1926年11月3日,她與正準備前往中國的傳教士喬治·埃米爾·豪天立訂婚。兩年後,1928年在香港舉行婚禮後,為了能與在丈夫一起,儘管中國內戰動亂,她還是去了梅縣。在1934年第一次休假回德國之前,她已經生育了兩個孩子。然而當他們於1936年回到中國時,長子長女不得不待在家鄉。因為戰爭,第二次中國居留期被延長,這對於被迫與子女分離的她來說是一個沉重的負擔。

在1947年告別中國時,中國人對她的丈夫説:"雖然你的妻子沒有佈道,她已然憑借她的品行和作為,像你一樣宣揚了神的光輝。"

回國後,這個八口之家尋找新的定居地,最終在基希海姆·特克市落了户。豪天立兄弟在高級中學作為牧師擔任宗教課老師。1975年,豪天立太太的身體垮下來了,再也沒有完全康復。近幾年更是飽受疾病磨難,直到她於2月16日從中解脱。

我們的豪天立兄弟、他的六個子女和孫子、巴色差會和其他巴塞爾地區的兄弟姐妹都來為他們的姐妹哀悼。他們與逝者有着人生中密切的聯繫,主讓他們看到了她的信仰。[14]

兩年後,1983年5月30日,在豪天立的葬禮上,同樣是卡爾·里皮牧師致辭:

14　見巴色差會檔案館資料。

傳教士喬治・埃米爾・豪天立，1900年4月13日出生於魏爾海姆市，於1983年5月26日因心力衰竭去世，享年83歲。

我們的豪天立兄弟於1926年至1947年在中國傳教。這是一個非常不安定的時期，那片土地變得十分動盪不安。1928年夏天，豪天立兄弟帶年輕的妻子回梅縣，在該地區的一個傳教站工作。1934年，豪天立兄弟帶着妻子和兩個孩子回德國休假。1936年再次前往中國時，這兩個孩子不得不留在故鄉。

五華和梅縣是他們第二次赴華期間的主要活動範圍。第二次世界大戰爆發，中國也被捲入，帶來了許多災難。巴色差會當時主要"集中"在兩個站點，其中豪天立一家就在梅縣。他在學校任教，同時也在一所為傳教士子弟設立的德國學校教書。此外，由於戰爭的動盪，中山大學也從廣州搬遷到了梅縣，他也在中山大學講課。期間，中國教會完成了禮拜儀式的改良，其中豪天立起了決定性的作用。他編寫了一本關於禮拜儀式和一本靈修的書，以及新的客家歌集。他的長子長女留在家鄉，夫妻倆又養育了四個孩子。直到1947年，豪天立一家才回到故鄉。

新的開始並不容易。在基希海姆・特克市，豪天立在高級中學擔任宗教老師。並在那工作到1965年退休。在他的墓碑上清楚地記載了豪天立兄弟是如何完成他的教學傳教任務，在教區、教堂、基督教青年會的工作，以及人們關於他的感恩話語。

在退休的日子，直到他生命的最後一刻，豪天立兄弟還在惦記着他所愛的中國、為之奉獻一生的成人教育和成人高校。他通過報

紙、自發的中國之旅保持自己對中國的關心。大量的哀悼者見證了
他在教會、教區、學校和其他地方的貢獻。上帝給了豪天立兄弟充
實的一生。其後代見證了我們的參與。[15]

諾瓦克(Jörg Novak)牧師回憶豪天立，"這個光頭的男人，雖然
沒有從中國帶回辮子，但他有着許多關於那裏的國家、人民、差
會、教堂、教會等各種各樣的經歷、經驗、傳説和故事"，"中國
給了他一切"。

這個早上，天有點涼。豪俊和穿着藕色長風衣，帶着花束，踏
着露珠，來到墓園。墓園非常安靜。

陽光透過高高的墨綠色柏樹，照在一塊與衆不同的墓碑上。這
就是豪天立夫婦的長眠之地。

豪俊和在墓碑前獻上鮮花。墓碑上彷彿仍散發着父母的餘溫。
多少次，他與父母在這裏默默對話。這是今人與逝者的對話。

在豪俊和看來，父母的一生，"就像是在生活的道路上做了一
次緊張的旅行。"他曾經帶着故鄉的情感與語言，在遙遠的異鄉生
活了二十年。他們有着與同胞相比更為寬廣的人生邊界。他以一己
卑微的個體，在精神的家園走完了從世界的一端到另一端的旅程。
如今，他的人生使命完成，帶着靈魂的泰然與平靜，在此安息。

黑格爾説，歷史是一堆灰燼，但灰燼深處有餘溫。

15　見巴色差會檔案館資料。

　　放眼四顧，這是公墓裏唯一一座寫着中文字的墓碑。一個比半人略高的十字架，從上而下，是幾個端正的楷書大字：

　　"我就是生命"。

尾聲

　　此刻，我在梅州。從我寄住公寓16樓上1602房的陽臺向外遠望，視野開闊，左方是矗立的一列高層公寓，右方是樹木蔥蘢的梅花山；馬路兩旁，路樹如綠色彩帶一直延伸到遠處的梅江河邊。斜陽下黛色的遠山，層次分明，留下油畫般輕輕抹過的筆觸。

　　終於在電腦前敲下了這個標題。

　　雖然走過書中提到的許多地方，但我知道，因為"年代久遠"，有關這對德國父子的"拼圖遊戲"，依然未曾完成。

　　那張拍攝於上世紀四十年代，十數個歐洲家庭，父母和孩子的合影，不時會在腦海浮現。歐洲人和背景上的客家大屋，大門上古雅的中文楹聯，激發了我對歐洲和客家地區最早的"戲劇性"的想像。誰會想到，彼時的梅縣黃塘，曾與歐洲有如此緊密的聯繫？

　　照片中的每一位歐洲人，都有屬於自己的"客家"故事。那群照片中的孩子，多在梅縣地區出生長大，除了德語，客家話也曾是他們的"第二母語"。他們的生活和思維方式，毫無疑問也與這片土地緊密相連。人與人，世界與世界，常以這樣意想不到的方式在發生聯繫。

國內一個口述史研究中心的一位學者曾肯定地說，這是一個很好的口述史素材。這個題材，應該進入他們中心的"電影故事庫"。的確，照片中每一個人都是一個文化交流的載體，他們的人生經歷，都是一部中西文化交流史。

我曾拜會一位九十多歲的老作家、出版界的前輩，他以其豐富的人生閱歷和歷史文化視角，對本題材的歷史和文化價值給予了充分的肯定。這是我進入和完成寫作最早的動力。

我選擇了一個很小的切口，從一對德國父子"記憶中的客家"進入，以便以一己之力完成力所能及的工作。幸而，很快便聯繫上了豪俊和，本書主角豪天立的兒子。在這位謙和的長者身上，不但看到了他的父親，還看到了一個人的童年如何影響一生，看到了中國這個"第二故鄉"如何讓一個德國孩子產生終生的眷戀。

感謝豪俊和。他的《豪天立1900-1983》，收錄了他父親的晚年回憶、哥哥和他本人的客家故事。這本36頁的小冊子，是我遇到的最早、最重要的"拼圖"，是我認識那位素未謀面的德國人豪天立最重要的文本。2016年，我們首次在德國紹恩多夫會面時，豪俊和正好80歲。除了偶有小疾外，身體尚健康。他明白我的意圖後，不厭其煩地從他父親的遺物中，尋找可能對我有用的資料，從德文譯成英文，並通過電子郵件發給我。這些收藏在他家書房的老文件，報告、筆記、日記、通信以及老照片，為此書提供了最重要的素材。

感謝巴色差會檔案館的兩位檔案員、歷史學者，莫澤博士和萊茵女士。我到巴塞爾查閱相關資料時，他們按我的提綱，提前將資料從檔案庫裏找出來。由於大部分文獻的原件都是德文，有些字迹已經有點模糊，在找到這些文件後，他們不厭其煩地向我解釋每一份文件的內容，讓我決定取捨。整個過程中，他們體現了高度的專業精神和極大的耐心。萊茵女士還指導我如何使用他們的電子資料庫。當我在寫作中需要查閱某方面資料的時候，她不祇一次遠程為我提供幫助。

本書關於豪天立當年學生的採訪，不少是由我的老同事江曼青和黃慰汕完成的。這些當年梅縣樂育中學的學生如今年事已高，大都八九十歲了，要對他們進行採訪，是一件艱難的工作。感謝他們的回憶，豐富了當年學校的細節。有些受訪者在接受採訪後不久，就不幸離世。

我採訪王啓華教授時，他已經96歲了。他是樂育中學的1945屆畢業生，他的回憶有助我確證了一些歷史事實。作為懂德語的客家人，他的知識幫助我掃除了不少德語文獻中客家地名及人名的障礙。

本書的第17、19章的初稿是由江曼青完成的。她是我多年的老同事。在一次茶聚中，她不經意中給本書提供了最早的綫索，激發了我的好奇，才有了後面一系列的探尋。

作為電視導演，黃慰汕完成了紀錄片《一對德國父子的客家傳奇》的拍攝和制作。2019年12月，該片（兩集版）在北京獲得了"第九屆中國紀錄片學院獎"之"最佳歷史文獻紀錄片"提名獎。

感謝曾福全先生。他提供了本書的大量背景資料，還多次幫忙聯繫有關當事人，使本書内容更為詳盡、準確。

感謝陳祖富先生，在他的引領下，我得以身歷故事中人物曾經生活的許多地方。在梅城的大街小巷，以及四鄉，我也感受到曾經有過，如今漸行漸遠的客家文化。

闞俊波以極大的耐心和專業技術調整了本書中使用的百年老照片。張萍精心為此書的版式設計和排版做了大量的工作。

嘉應學院客家研究院的肖文評和宋德劍兩位學者和我分享了他們的客家學研究，他們的著作幫助我增加了對客家，特別是他們重教興學傳統的了解。

劉遠是本書最早的支持者之一。他在影像資料的發掘方面提出了很好的建議，並支持了紀錄片的創作。

江歡成、江尚成、吳惟粤和陳海元憑記憶畫出樂育中學1940-1960年代的校園平面圖，讓我對黃塘地區有了直觀的認識。

樂育中學的前任校長黃小眉和現任校長梁立新，不但接受採訪，還為我提供了學校的歷史資料。梅州市人民醫院（原德濟醫院）的院長和有關部門也慷慨地提供了院史室的資料，供我參考。

感謝王鐸女士和安東先生。在他們的幫助下，我得以獲得更多德文相關原著，並通過他們的聯絡，請熱心人士解讀那些用"薩特林"手寫體書寫的德文信件。這種字體，現代德國人大多讀不懂了。

竺培愚先生在倫敦大英圖書館多次幫我查閱地圖和複製相關資料，讓我得以用更寬闊的視域審視手頭上的資料。

Laura Maynard 和Andrew Crisell兩位熱心的英國學者，在我寫作時提供了不少方向性的專業意見，Laura甚至是本書的第一個讀者、批評者和閱改者。他們總是在我需要幫助的時候出現。

特別感謝徐建平先生和龍奇奇女士，本書的最後完稿和得以出版，他們是最有力的支持者。

我的妻子楊和平，在我寫作的前後六年間，一直提供最直接的幫助，她陪同我完成了幾乎全部的採訪和實地調查，她同時是本書很多照片的拍攝者。沒有她的支持和幫助，我的這幅"拼圖"一定不能完成到現在這個樣子。

尚須感謝的人很多，不一一列出，在此一並致謝。

（2022年5月，梅縣，梅花山下）

附1：豪天立（Georg Emil Autenrieth）簡歷（1900–1983）

1900年

4月13日，出生於德國符騰堡州的魏爾海姆市（Weilheim an der Teck）。

1918年

5月7日–1919年1月14日，服務兵役，參加炮兵部隊訓練，8月被投入比利時西綫。幾個月後一戰結束，返回家鄉。

1919–1925年

在瑞士巴塞爾(Basel)巴色差會（Basel Mission）神學院讀書（其中兩個學期在巴塞爾大學學習哲學）。

1926年

2–6月，在茨威布呂肯市城市傳道會工作。

7月1日，巴色差會宣布派出中國傳教。

7月–9月，到英國倫敦接受英語強化訓練。

9月，在德國費爾巴哈（Fellbach）學習中文。

11月3日，與瑪格麗特·費里茨（斐玉霞，Margarete Fritz）訂婚。

12月12日，在魏爾海姆聖彼得教堂被按立牧師聖職。

1926年

12月28日，離開巴塞爾，踏上中國旅程。

12月29日，從意大利熱那亞（Genoa）乘遠洋客輪前往香港。

1927年

1月31日，抵達香港。在巴色差會香港語言學校學習中文和客家話，為時5個半月。

7月9–20日，從香港經汕頭前往梅縣。抵達後繼續學習中文和客家話。

1928年

6月，派出長樂（今五華）梅林傳教站。

9月18日，瑪格麗特從意大利熱那亞登船，10月20日抵達香港。

11月3日，從梅林到香港，與斐玉霞舉行結婚典禮。

12月4日，從香港返抵梅林。

1930年

1月3日，大兒子豪俊民（Roger）在河源仁濟醫院出生。

3月14日，調往長樂（五華）傳教站。期間，參與五華私立樂育小學事務。

1932年

4月30日，二女兒豪俊嫻（Adelheid）在梅縣德濟醫院出生。

1933年

五華私立樂育中學任教。

1934年

4月，完成客語《禮拜儀式》初稿寫作。

1934年

10月25日，第一任期結束，取道香港，回德國休假。

1935年

2月20日，任布羅韋勒聖瑪麗恩教堂牧師，並到蒂賓根（Tübingen）大學新教神學院繼續深造，準備教會第二級神學考試。

1936年

1月8日，三兒子豪俊和（Klaus）在蒂賓根出生。

9月30日，結束聖瑪麗恩教堂職務，準備赴中國第二階段任期。期間，通過教會第二級神學考試。

1936年

10月13日，離開巴塞爾，再赴中國。第二任期預計為時6年。

長子女豪俊民和豪俊嫻留在瑞士接受教育，携三兒子豪俊和同行。

乘遠洋客輪從熱那亞前往香港，經汕頭到梅縣，再取道陸路回到五華傳教站。

1937年

1月30日，調往五華縣鶴樹下傳教站。

10月10日，四兒子豪俊生（Veit）在河源仁濟醫院出生。

1938年

1月，全家遷往五華城。期間，繼續在五華私立樂育中學任課，並在興寧坪塘神學院開講座。

1939年

結束客語《禮拜儀式》撰寫。4月22日，工作再度調整，遷往梅縣。

開始在梅縣樂育中學任德語和英語教師。

1940年

2月22日 五兒子豪俊基（Christian）在梅縣出生。

1942年

因二戰與巴色差會聯繫中斷，未能如期回德國，第二任期延長。

1944年

1月11日，六女兒豪俊蘭（Sigrid）在梅縣出生。

1945年

9月，國立中山大學內遷梅縣，受聘中山大學醫學院講師，教授德語。

1947年

3月15日，全家離開梅縣，取道廣州、香港回德國。

從香港乘法國航空公司飛機，抵達瑞士巴塞爾。短期休療後回德國魏爾海姆。

1948年

9月，在基斯海姆（Kirchheim unter Teck）普通中學任教師，教授神學。辭去巴色差會職務。

11月，兼任斯圖加特市基督教青年會秘書長。

1950–1956年

兼任魏爾海姆市基督教青年會首任主席。

1965年

從基斯海姆普通中學退休。繼續學習、研究中國典籍，先後在德國卡爾斯內厄等多地及瑞士的成人教育中心開設關於中國歷史、文化和哲學等講座，前後長達十餘年。

1966年、1974年

兩次到中國旅行，均未能如願回梅縣。

1981年

2月16日，妻子瑪格麗特（斐玉霞）在基斯海姆逝世。終年78歲。

1983年

5月26日，在基斯海姆市逝世，與妻子合葬於出生地魏爾海姆市。終年83歲。

1984年

11月10日，被梅縣樂育中學校友會聘為名譽主席。

(注：本文已經豪俊和校正，2022-2-26)

附2：廣東省東江梅江區域圖（1926-1947）

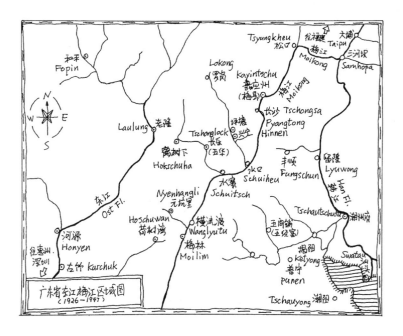

附3：梅縣東街西街合圖（1918）

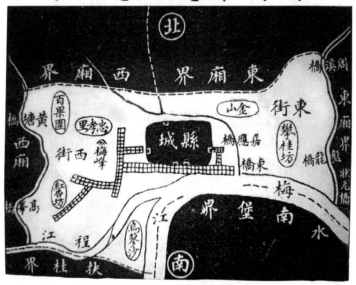

注：黃塘在城西西廂界黃塘橋一帶。據1918年《梅縣地理》教科書複製。

附4：巴色差會在梅縣黃塘示意圖（1930-1940）

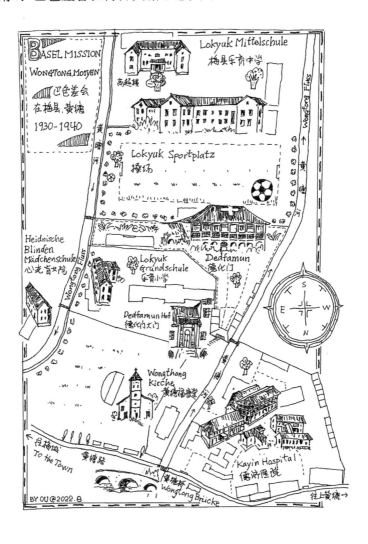

附5：圖片列表

第7章

11、停泊在熱那亞港口的"德富格靈"號遠洋輪。（意大利熱那亞，1926）

12、豪天立（後排左一）一行傳教士們在輪船上合影。（1926）

第8章

13、在香港巴色差會之家的中文語言學校學習中文和客家話。豪天立（左四）、露潤黎（左五）和教師經緹福（右五）。（香港，1926）

第9章

14、瑪格麗特從德國寫給豪天立的信（編號1），從烏爾姆到香港。

第10章

15、河船將豪天立一行從汕頭沿韓江、梅江送到梅縣。（梅縣，1927）

16、豪天立：嘉應傳教站德化門大院。1927年9月27日至1928年4月28日，我住在右側的房間。（梅縣，1928，豪天立攝影）

17、梅縣黃塘福音堂。（梅縣，1946）

18、黃塘福音堂旁邊的黃塘橋。（梅縣，1928，豪天立攝影）

19、豪天立在德化門住所內。（梅縣，1929）

20、豪天立：梅城南門外，流動的梅江河，我最近在這裏掉進水裏。（梅縣，1929，豪天立攝影）

第11章

21、五華梅林傳教站。教堂、小學和住舍都在圍墻內。（五華梅林，時間不詳）

22、從傳教站到附近村落走訪，騎馬是最方便的方式。（五華梅林，1929年前後）

第12章

23、1928年11月3日，豪天立和瑪格麗特在香港巴色差會之家舉行婚禮。（香港，1928）

24、1928年12月27日，瑪格麗特從梅林寫給豪天立父母的信。

25、瑪格麗特到梅林後向客家老師曾經棠學習中文和客家話。（五華，1929）

26、客家朋友在豪家聽斐玉霞彈鋼琴。（五華，1930年前後）

27、豪天立與五華大田的信眾在靈修會後合影。（五華，1933）

第13章

28、豪天立和五華私立樂育小學高小第四屆畢業生合影。（五華，1930）

第14章

29、聖瑪利恩教堂牧師樓。（布羅韋勒，1935）

30、豪天立一家回德國休假時和父母、兄弟姐妹全家合影。父親威廉·奧騰里特（前排左三）、母親凱瑟琳娜（前排左六）。（魏爾海姆，1934）

31、內卡河畔的荷爾德林塔。（蒂賓根，2017，楊和平攝影）

第15章

32、不到一歲的豪俊和與客家船夫在返回梅縣的河船上。（梅江，1936）

第16章

33、豪俊和與父親在家中學唱歌。（五華，1936）

34、豪俊和與客家小伙伴。（五華，1937）

35、豪天立一家和中國助手。（五華，1937）

36、由傳教士自辦的德國小學，老師和學生。（梅縣，1946）

37、德化門大院內，歐洲家庭還保留着自己的生活方式，下午茶聚。（梅縣，1945年前後）

38、斐玉霞為孩子們手繪的童話書。（梅縣，時間不詳）

第17章

39、巴色差會大樓（瑞士巴塞爾，2017，楊和平攝影）

40、巴色差會檔案館的地下檔案庫。（左起）豪俊和、莫澤博士和萊茵女士。（巴塞爾，2017，楊和平攝影）

41、梅縣縣政府1946年9月簽發的批准豪天立一家在梅合法居留、工作證書。

第18章

42、梅州市樂育中學高超樓。（梅州，2016，楊和平攝影）

43、馬謨鼎1903年為《開設嘉應樂育中西學堂序》立誌。

44、梅縣樂育中學當年的校舍和操場。（梅縣，1939年前後）

第19章

45、梅縣樂育中學詩歌班合影。豪天立（前排左五），校長曾省（左六）。（梅縣，1944夏）

第20章
第21章

第22章

46、豪天立和國立中山大學醫學院畢業生合影。（梅縣，1945）

47、豪天立：清涼山療養院和度假屋。我去年夏天曾在這裏住過。（梅縣，1940年前後，豪天立攝影）

48、心光盲女院院長柏恩慰帶女孩們走過黃塘河上的小木橋。（梅縣，1938年前後）

第23章

49、樂育中學操場上打籃球的學生。（梅縣，1944前後）

50、萬保全和樂育中學足球隊。（梅縣，1925年前）

51、樂育中學校園內黃塘河上的"保全橋"，紀念第五任校長萬保全。（梅縣，拍攝1946年前後，豪天立攝影）

第24章

52、梅縣城中的學堂。（梅縣，1939–1945年間，豪天立攝影）

53、東山書院（梅州，2016，楊和平攝影）

第25章

54、梅江邊梅城南門一帶。（梅縣，1930年前後，豪天立攝影）

55、興寧縣城廟宇前的理髮攤。（興寧，時間不詳，豪天立攝影）

56、豪天立：從嘉應州到興寧途中的客棧，我們常常在那裏吃午餐。（1930年間，豪天立攝影）

57、城鎮間的長途汽車。（1940年代，豪天立攝影）

58、興寧縣城南門（迎薰門）。（興寧，1930年代，豪天立攝影）

59、河源縣老隆鎮河邊的蓬船。（河源老隆鎮，1930年代，豪天立攝影）

60、老隆鎮街市。（老隆，1930年代，豪天立攝影）

61、長樂城城門（五華，1930年代，豪天立攝影）

第26章

62、1947年3月15日，豪天立帶着一家大小，離開梅縣返回德國。（梅縣，1947）

63、從中國返回後，豪天立全家團圓合影。（巴塞爾，1947）

第27章

第28章

64、德國當地媒體稱豪天立為"中國問題專家"。（1965）

65、晚年的豪天立與斐玉霞。（基斯海姆，1970）

第29章

第30章

66、豪俊和在香港隨中國老師學習中文。（香港，1966）

第31章

67、1986年，豪俊和首次返回梅縣，在他曾經住過的德化門老房子前。（梅縣，1986）

第32章

68、1947年，巴色差會傳教士家庭在梅縣德化門內的告別合影。後排左起：一斐玉霞、二豪天立、五梅斯德，右二萬保全；後二排：右三谷靈甦，右五露潤黎。前二排孩子中，中立最高者為豪俊和。（梅縣，1947）

69、在梅縣出生長大的德國孩子，現在已經是七八十歲的老人。在斯圖加特基督教之家的聚會。（斯圖加特，2011）

70、豪俊和六兄弟姐妹（除豪俊和外，都在河源、梅縣出生）。（德國洛奇市，1986）

第33章

71、豪俊和在紹恩多夫高級中學首開中文班。（紹恩多夫，1970）

72、豪俊和在學校中舉辦各種推介中國文化的活動。（紹恩多夫，1980前後）

第34章

73、萊茵河谷。（德國萊茵河谷，2019，楊和平攝影）

（注：照片除署名外，均為豪俊和提供）。

時間的湧流

作　　者：區念中
責任編輯：黎漢傑
設計排版：張萍
圖片處理：闞俊波
封面設計：YANG OU
法律顧問：陳煦堂　律師

出　　版：初文出版社有限公司
電　　郵：manuscriptpublish@gmail.com

印　　刷：陽光印刷製本廠

發　　行：香港聯合書刊物流有限公司
　　　　　香港新界荃灣德士古道220-248號
　　　　　荃灣工業中心16樓
　　　　　電話 (852) 2150-2100 傳真 (852) 2407-3062

海外總經銷：貿騰發賣股份有限公司
　　　　　電話：886-2-82275988 傳真：886-2-82275989
　　　　　網址：www.namode.com

版　　次：2023年8月初版
國際書號：978-988-70074-8-7
定　　價：港幣158元 新臺幣600元

Published and printed in Hong Kong